경영학원론

황복주 · 이영희 · 신진교

유원북스

머 리 말

2012년 우리나라의 1인당 국민총소득(GNI)은 2만 2,720달러로 이는 10년 전인 2002년 GNI가 1만 2,100달러인 것에 비하면 2배 가까이 증가한 것이며, 1961년 1인당 GNI가 82달러였던 것에 비하면 가히 폭발적인 성장세라 할 수 있다. 한편, 1997년 우리나라의 경제에 먹구름이 드리워진 외환위기를 비롯하여 2008년 미국의 리먼 부러더스 투자은행의 파산으로 촉발된 금융위기는 글로벌 경제를 위기에 몰아 넣었다. 최근에는 그리스에서 촉발된 유로존의 위기가 확산되면서 또 다시 유럽연합은 물론 세계경제가 커다란 위험 국면에 직면해 있다.

그러나 우리나라 경제는 수 차례의 경제위기 파고를 극복하고 비교적 빠른 시간에 괄목할 만한 체질 개선을 이룩함으로써 선진국 대열에 합류하고 있다. 이러한 놀라운 성과는 자본주의의 꽃이라 할 수 있는 기업과 경영자들의 막중한 역할과 불굴의 도전정신에 기인한 것이라 할 수 있다.

21세기의 역동적인 기업환경의 변화로 기업들은 혁신에 기반한 새로운 경영방식을 필요로 하며, 무한경쟁 상황하에서 국제경쟁력을 갖춘 일류기업으로 거듭나기 위한 전략적 노력이 중요한 과제로 등장하고 있다. 이에 따라 경영학이 시대적으로 큰 관심을 불러일으키고 있으며, 경영학의 적용범위도 기업경영은 물론 공공기관이나 국가경영 등의 비영리조직에까지 확대되고 있는 실정이다. 경영학은 실용적인 응용과학으로서 그 연륜이 더해지고 적용범위가 확대되면서 학문적 폭과 깊이가 더해지고 있다.

본서는 대학에서 경영학을 전공하고자 하는 학생과 전공에 관계없이 경영학을 처음 접하는 신입생이나 일반인들을 위해 쓰여졌다. 저자들은 경영학의 기본지식과 체계를 간략하게 설명해 주고 짧은 시간 내에 경영학의 기본지식을 습득하고 응용할 수 있도록 하는 데 초점을 두고 집필하였으며, 각 장의 주제에 맞는 최신사례와 재미있게 읽을 수 있는 경영관련 내용을 수록하였다.

이와 같은 관점에서 본서는 전체적으로 총 3부 17개 장으로 구성하였다.

제 1 부는 경영학의 기초로서 경영과 경영학, 경영자, 경영학의 역사, 기업에 대한 이해, 창업과 기업의 성장·발전, 경영혁신, 기업윤리와 사회적 책임 등에 대하여 다루고 있다.

제 2 부는 경영학의 요체라 할 수 있는 경영관리론으로서 계획수립, 조직, 지휘, 통제 등의 경영관리 과정을 다루고 있다.

제 3 부는 경영학 각론 분야로서 마케팅관리, 생산관리와 정보시스템, 인적자원관리, 재무관리, 전략경영 등의 기능별 경영관리를 중심으로 다루고 있다.

본서는 경영학 전반에 대한 저자들의 토론과정과 이해를 바탕으로 하여 공동 집필하였다. 본서를 집필함에 있어 수 년간에 걸쳐 축적된 강의 자료와 여러 선학들의 훌륭한 저작물에 힘입은 바가 크다. 저자들이 나름대로 많은 의욕과 열정을 기울이면서 집필을 완성하였지만 여러 가지로 부족한 점이 없지 않다. 미비한 점은 향후 계속 수정 · 보완해 나갈 것이며, 독자들의 많은 조언과 충고를 부탁드린다.

끝으로 출판시장의 어려움에도 불구하고 본서를 출판하는 데 적극적으로 도와준 유원북스의 이구만 사장과 임직원 여러분께 깊은 감사를 드린다.

2013년 2월

저자들 씀

차 례

제 2 부 경영관리론

제 9 장 계획수립

제10장 조 직

제 3 부 기능별 경영관리

제13장 마케팅관리

제14장 생산관리와 정보시스템

제17장 전략경영

제 1 부

경영학의 기초

제 1 장

경영과 경영학

학|습|목|표

우리 사회에는 다양한 형태의 조직이 있으며, 그 조직들은 저마다 고유의 목적을 가지고 있다. 경영학이란 조직의 목적을 달성하기 위하여 경영활동을 어떻게 수행하고 관리해야 하는지를 합리적이고 체계적으로 정리한 지식체계를 말한다. 경영학은 기업의 경영을 연구대상으로 하는 학문으로 출발하였으나 오늘날에는 비영리조직의 경영을 포괄하는 학문으로 연구영역이 넓어지고 있다. 제1장에서는 조직과 경영에 대한 기본적인 이해를 하고, 경영학이 어떤 학문인지를 살펴보고자 한다.

경영이란

경영진이 하는 일이란 제대로 돌아가는 조직을 만드는 일이다. 경영은 다른 사람을 감독하는 것이 아니고, 응용경제학도 아니고, 계급제도상 가장 높은 특권층 자리를 차지하기 위한 것도 아니며 영리회사에만 해당하는 것도 아니다. 경영이란 공동의 성과를 가능하게 해 주는 규율이다. 경영의 사명은 가치창출인데, 그 가치란 조직의 바깥에서 안쪽으로 정해 주는 것이다. 기업의 경우 고객과 소유주가 그 가치를 정하는 것이며, 정부기관이나 비영리기관의 경우는 그보다 넓은 의미에서 사회가 정하고 조직에 요구하는 것이다.

경영은 성취할 만한 사명과 함께, 즉 창출하려고 하는 가치와 함께 시작된다. 모든 성과의 기본이 되는 공통요소는 바로 목적을 명확히 하는 일이다. 그래서 제대로 된 경영이냐 아니냐를 판단하는 첫 질문은 '성취하려는 것이 무엇인지 명확히 이해하고 있고 조직 내의 모든 사람들이 그 목적을 제대로 알 수 있도록 효과적인 의사소통을 했는가'이며, 두 번째 질문은 '조직이 그 목적을 달성하기 위해 어떻게 해야 하는지에 대해 또박또박 설명할 수 있는지'의 여부이다.

전략을 통해 한 기업이 다른 기업들과 어떻게 차별화할 것인지 정해진다. 회사의 활동범위를 어디까지로 정할 것인가, 명령체계를 어떻게 그을 것인가 등 조직의 구조를 디자인하는 것은 전략수행도구를 창조하는 것이다. 그래서 제대로 된 경영인지를 알아보기 위해서는 회사를 위한 디자인이 목적에 부합할 뿐만 아니라 외부적 경쟁상황과 회사가 갖고 있는 능력에 대한 내부적 현실, 그리고 가치를 전달하기 위해 실행해야 할 조치들과 조화를 이루고 있는가, 약속한 대로 결과를 내놓고 있는가, 실행이 하는 일은 목표를 설정하고 그 신뢰도를 측정하도록 추적하는 것이다. 또 오늘의 성과를 내일의 성과와 조화가 되게 만드는 혁신활동이기도 하다.

우선순위를 정하고 그에 따라 자원을 배분하는 것도 실행하는 일이다. 직원들에게 책임감을 부여하는 것도, 공통된 사명을 추구하기 위해 사람들에게 에너지를 불어넣고 고무시키는 일도 실행의 몫이다. 만일 이런 모든 것을 제대로 하지 못한다면 경영은 성공할 수 없다.

조안 마그레타, *What is Management?*, 김영사, 2007.

제 1 절 조직이란

우리 사회에는 다양한 형태의 조직이 있다. 조직(organization)이란 공동의 목적을 달성하기 위해 조직구성원들이 업무를 체계적으로 분담하면서 함께 노력하는 사람들의 집합체라고 할 수 있다. 조직의 유형에는 제품이나 서비스를 생산·공급하는 기업인 영리조직뿐만 아니라 정부, 학교, 병원, 군대, 관공서 등과 같은 비영리조직이 있다. 또한 조직의 공식성 정도에 따라 공식조직과 비공식조직으로 구분하기도 한다.

1 영리조직 대 비영리조직

영리조직이란 제품이나 서비스를 생산하여 소비자들에게 판매하고 부가적인 이익을 창출함으로써 존재의 목적을 갖는 기업이 가장 대표적인 예일 것이다. 기업의 목적은 나중에 상술하겠지만, 간단히 말하면 이익의 창출에 있고, 그런 의미에서 기업은 영리를 목적으로 하는 대표적인 조직이다. 기업은 가장 좋은 제품을 가장 적절한 가격에 소비자들에게 공급하고, 종업원들을 고용함으로써 사회에 기여하는 것이다. 물론 잉여이익을 사회에 환원하여 좋은 일에 사용하는 것이야말로 바람직한 일이지만, 지나치게 기업복지나 사회복지에 기여하다가 기업 자체가 도산한다면, 그것처럼 어리석은 일은 없다.

미국 경제는 디트로이트를 중심으로 한 자동차산업, 보스톤·뉴욕을 중심으로 한 금융산업, 실리콘 밸리를 중심으로 한 벤처산업 등이 중요한 영리조직들의 활동 무대이다. 이보다 규모는 작지만 할리우드를 중심으로 한 영화산업과 테네시주 내슈빌을 배경으로 한 음악산업 등도 중요한 영리조직의 무대이다. 우리나라도 울산·거제도의 조선산업, 울산·광주 등의 자동차산업, 수원·기흥의 전자산업 등이 중요한 영리조직의 무대가 된다. 이처럼 영리조직인 기업은 제품생산과 밀접하게 관련되어 있다.

경영학은 사회과학의 한 분야로서 주로 기업을 연구대상으로 하지만 넓은 의미로는 영리·비영리조직을 포함하는 모든 조직이 경영학의 연구대상이 된다. 따라서 경영학은 기업, 더 나아가 모든 조직의 경영을 연구하는 학문이라고 할 수 있다.

비영리조직의 대표적인 예로서 정부를 들 수 있다. 실제로 한 사회를 떠받치는 두 기둥은 영리조직인 사적 영역(Business Sector)과 정부 등 비영리조직인 공적 영역(Public Sector)은 가장 중요한 조직이다. 실제로 미국의 경우 워싱턴 DC를 중심으로 이루어지는 경제력이 중요한 축을 이루고 있다.

우리나라도 정부기관을 지방으로 이전하여 균형발전을 이루려고 하는 시도도 정부기관이 그 만큼 중요한 조직이기 때문이다. 최근에는 학교나 병원 등도 영리조직과 같은 비즈니스 마인드로 경영하여야 한다는 논리가 이용된다. 실제로 우리나라와는 달리 미국은 병원도 하나의 산업으로 보고 영리법인으로 인정하는 추세이다.

2 공식조직 대 비공식조직

조직을 연구할 때 조직의 공식성 정도에 따라 공식조직과 비공식조직으로 구분한다. 기업 내부에는 공식조직과 비공식조직이 모두 존재하며, 관리의 대상이 되기 때문에 모두 중요하다.

일반적으로 공식조직이란 의도적으로 조직의 체계를 공식화된 규칙이나 규정에 의해 통제되는 조직을 말한다. 특히 학교나 회사 등 정형적인 조직은 공식조직의 대표적인 예라고 할 수 있다.

체스터 바나드(Chester Barnard)는 조직을 유지하는 데 성공하려면 다음과 같은 3가지 요건이 충족되어야 한다고 주장하였다.[1] 즉, 조직의 목적과 자발적인 구성원들의 공헌의사, 그리고 의사소통이다. 최근 조직의 비전, 전략 등이 중요하게 강조되는 것도 모두 조직의 목적을 강조한 것이며, 조직구성원들의 자발적인 협조를 유도하기 위한 종업원 동기유발 등이 중요하다. 그리고 이러한 목적을 달성하기 위해서는 조직구성원 간의 활발한 커뮤니케이션이 매우 중요하다. 우리나라 기업들은 여전히 수직적인 조직이라면, 서구의 기업들은 매우 수평적인 조직형태를 취하고 있다.

이에 비해 비공식조직이란 조직의 공식적인 위계나 역할과는 관계없이 개인적·사회적으로 자연스럽게 연결되는 조직이다. 현대사회에서는 인적 네트워크가 강조되면서 비공식적인 조직이 더욱 중요하게 되었다.

따라서 회사나 직장에서 자발적으로 형성되는 동아리, 동창회, 동호회 등은 비공식적인 조직으로 구분할 수 있다.

---

1) Chester Barnard, *The Function of the Executives*, Harvard University Press, Cambridge, M.A., 1968.

제 2 절 경영이란

경영의 개념에 대해서 오랫동안 학자들 간에 다양하게 정의되고 논란이 되어 왔다. 경영이란 아주 간단히 말하자면, 경영자가 하는 일을 말한다. 이를 좀더 구체적으로 정리하면, 경영이란 조직의 목적을 가장 효율적·효과적으로 달성하기 위하여 사람을 움직이고, 작업활동을 통합·조정하는 활동을 말한다. 그러나 관리는 그보다 더 실천적인 개념이다. 따라서 경영의 개념과 관리의 개념이 어떻게 다른 것인지, 경영의 개념이 더 광의의 개념인지 등에 대해 논란이 계속 있었다.

1 경영의 개념에 대한 정의

현대 경영(Management로서 경영관리론)의 기틀을 제공한 프랑스의 페이욜(H. Fayol)은 경영을 계획, 조직, 지휘, 조정, 통제하는 것이라고 정의하고 있으며,[2] 미국의 드러커(P. F. Drucker)는 경영을 조직의 방향을 제시하고 리더십을 통해 조직의 여러 자원을 어떻게 활용할 것인가를 결정하는 것이라고 정의하였다. 또 마쉬와 더글라스(J.L. Massie & J. Douglas)는 경영을 조직의 구성원들이 공동의 목적을 달성하기 위해 여러 자원(자본, 인력, 원자재)의 이용을 지휘하는 과정이라고 주장했다.

쿤츠와 웨이리치(H. Koontz & H. Weihrich)는 경영을 집단 속에서 함께 일하는 구성원들이 어떤 목표를 효율적으로 달성하기 위한 경영환경을 설계하고 유지해 나가는 과정이라고 정의하고, 이 정의에 담긴 의미를 다음과 같이 설명하고 있다.[3]

① 경영은 계획, 조직, 충원, 지휘, 통제 등의 경영관리기능을 포함한다.
② 경영은 어떤 유형의 조직에도 적용되며, 조직의 모든 단계에서 경영자 또는 관리자가 필요하다.
③ 모든 경영자의 목표는 잉여(이익)를 창출한다는 점에서 공통점이 있다.
④ 경영은 효과성(effectiveness)과 효율성(efficiency)을 의미하는 생산성과 관

2) Henri Fayol, *Industrial and General Administration*, Paris, France : Dunod, 1916.
3) Koontz and Weihrich, *Management*, New York, N.Y. : McGraw Hill, 1990.

련이 있다.[4)]

경영에 관한 학자들의 다양한 견해를 종합해 볼 때, 경영이란 경영자가 조직의 목표를 효율적으로 달성하기 위해 조직구성원들 간의 상호협력을 통해 경영관리기능을 수행해 나가는 과정이라고 정의할 수 있다.

2 경영과 관리의 개념은 어떻게 다른가

경영학을 영어로 표기할 때 통용되는 비즈니스 어드미니스트레이션(Business Administration)과 매니지먼트(Management)는 각각 우리말로 번역하면 "(기업)경영"과 "관리"의 의미로 이해되는데, 이것은 조직의 운영을 포괄하는 모든 행위로서 경영과 관리를 같은 개념으로 보고 있다고 할 수 있다.

그러나 엄밀하게 말하면, 경영과 관리의 의미는 구분된다. 경영(business administration)이 조직의 목적을 설정하는 기능이라면, 관리(management)는 그 목적을 달성하기 위해 노력하는 실천적 기능이라 할 수 있다. 즉, 경영은 관리보다 포괄적이며 상위적인 개념으로서 거시적·장기적·기획적이며 경영계층상 최고경영층과 관련된 기능으로서의 특성을 갖는다.

반면에 관리는 경영보다 하위적인 개념으로서 경영에서 설정된 목표나 경영계획을 효율적으로 수행하기 위하여 기업의 여러 자원을 적절히 배치하고 지휘, 감독하는 미시적·단기적·기계적인 실천기능이며, 주로 중간관리층이나 하위감

그림 1-1 경영과 관리의 관계

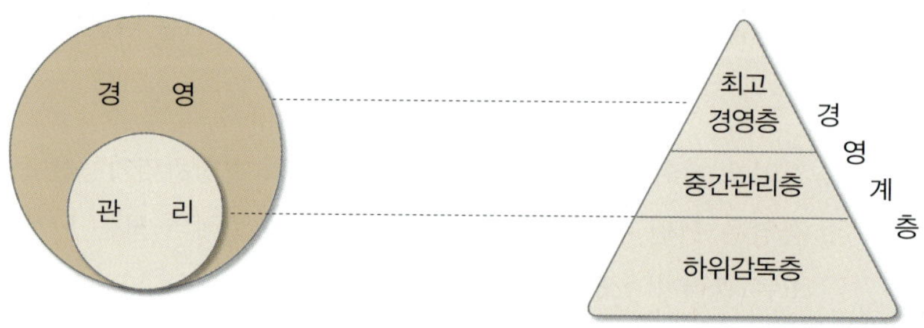

4) 생산성(productivity)이란 일정기간 동안 생산을 위해 투입된 생산요소(투입량)에 대한 산출량의 대비, 즉 산출량/투입량을 말하며, 개인이나 조직의 성과에 있어서 유효성과 효율성을 포괄하는 개념이다. 여기서 효과성(effectiveness)이란 목표의 성취도를 말하며, 효율성(efficiency)이란 최소의 자원으로 주어진 목표를 달성하는 것을 말한다.

표 1-1 경영과 관리 개념의 비교

경영(Business Administration)	관리(Management)
조직의 목적을 설정하는 기능	조직의 목적달성을 위해 실천하는 기능
거시적·장기적·포괄적 개념	미시적·단기적·협의적 개념
상위적·기획적 개념	하위적·실천적 개념
최고경영층	중·하위 관리층
전략적 개념	전술적·일상적 개념

독층과 관련된 기능으로서의 특성을 갖는다. 따라서, 경영과 관리의 관계는 [그림 1-1]과 같이 설명할 수 있다.

이상 정리한 경영과 관리의 개념을 하나의 표로 정리하면, 〈표 1-1〉과 같다.

3 우리나라 기업들의 영고성쇠

많은 기업들이 창업 이후 지속적인 성장과 발전을 이룩하여 장수기업으로 살아남는가 하면, 어떤 기업은 세월의 흐름 속에서 사라지게 되는 이유는 무엇일까? 그 이유를 한마디로 말한다면, 기업경영에 실패했기 때문이다. 지난 30여 년 동안 국내 100대 기업들 중에서 잔존한 기업은 16개사에 불과하다. 이는 그만큼 기업 간의 경쟁이 치열하였음을 의미하며, 기업환경의 변화에 적절하게 대응하면서 미래를 준비하지 못한 기업은 정상의 자리를 지켜내지 못했던 것이다.

〈표 1-2〉에는 우리나라 기업들의 영고성쇠를 한눈에 보여주고 있다. 1930년대의 10대 기업 중 1960년대까지 10대 기업으로 살아남은 기업은 화신뿐이었으며, 1960년대 10대 기업 중 현재까지 10대 기업그룹에 속하는 기업은 삼성과 LG뿐이고 나머지는 모두 바뀌었다. 특히 1997년 IMF 사태 이후에는 대우, 기아, 한보그룹 등의 많은 중견기업들이 퇴출되고, 은행을 비롯한 금융기관까지 문을 닫는 상황이 초래되었다. 흥미로운 것은 이 같은 추세가 우리나라에만 한정된 것이 아니라는 점이다.

삼성경제연구소에 따르면 1960년 이후 세계 100대 기업의 30년간 잔존율은 38%, 미국 기업은 21%, 일본 기업은 22% 정도에 불과하다. 그렇다면, 왜 어떤 기업은 세월의 풍파를 이기지 못한 채 몰락하는 운명에 빠지고, 또 어떤 기업은 오히려 승승장구를 하는 것일까? 시대를 막론하고 기업의 흥망은 경영환경의 변화에 어떻게 적응하느냐에 달려 있다.

표 1-2 우리나라 10대 기업순위의 변천과정

순 위	1965년	1975년	1985년	1995년	2005년
1	동명목재	대한항공	삼성물산	삼성물산	삼성전자
2	금성방직	재보공사	대우	현대종합상사	현대자동차
3	판본방직	제일제당	현대종합상사	삼성전자	삼성생명보험
4	경성방직	삼성물산	유공	대우	한국전력공사
5	대성목재	대우실업	호남정유	LG상사	농협중앙회
6	양회수출조합	삼양사	포항종합제철	현대자동차	LG전자
7	동일방직	기아산업	현대건설	한국전력공사	국민은행
8	동신화학	금성사	동방생명보험	포항종합제철	포스코
9	대한제분	럭키	삼성전자	유공	SK
10	제일제당	동양나이론	선경	LG전자	기아자동차

※ 2012년 10대 기업순위
1. 삼성전자 2. SK이노베이션 3. 한국전력공사 4. 현대자동차 5. GS칼텍스 6. 포스코 7. LG전자 8. 우리은행 9. LG디스플레이 10. SK네트웍스

※ 기업 순위는 매출액 기준임.

제 3 절 경영학이란

경영학이란 조직의 목적을 달성하기 위하여 경영활동을 어떻게 수행하고 관리해야 하는지를 합리적이고 체계적으로 정리한 지식체계를 말한다(참고로 영어로는 Business Administration이라고 하고, 정부경영을 대상으로 하는 행정학을 영어로는 Public Administration이라고 한다. 이들 두 학문은 조직경영을 한다는 측면에서 공통점이 있다. 따라서 미국의 조지워싱턴대학교의 경우 경영행정대학원을 함께 운영하기도 한다). 경영학의 발달사적 관점에서 살펴보면, 영리기업을 중심으로 발전되어 온 경영학의 원리 및 기법들이 다른 분야의 조직경영에까지 확대 적용되며 발전되어 왔다고 하겠다. 예를 들면, 기업경영의 원리는 대체적으로 학교경영이나 병원경영, 심지어는 교회경영에까지도 적용된다. 그렇지만, 본서에서는 오늘날까지 이론적으로나 실무적으로 경영학 발전의 근간을 이루고 있는 기업경영학(Business Administration)을 중심으로 내용을 전개하고자 한다.

사회과학에 속하는 경영학의 학문적 특성은 자유기업제도를 바탕으로 한 학문, 실천적 이론학문, 실용적 학문 등으로 설명할 수 있다.[5)]

1 자유기업제도를 바탕으로 한 학문

경영학은 자본주의 체제하에서 자유민주주의 제도와 자유기업제도(free enterprise system)를 바탕으로 탄생한 학문이다. 자유민주주의 제도는 많은 공산권 국가들의 몰락에서 보듯이 그 제도상의 문제점과 모순점에도 불구하고 인류사회와 문명의 발전을 가져오는 우월한 체제로 확인되고 있다. 또 자유기업제도는 사유재산의 인정, 이윤동기의 보장, 시장경제원리에 의한 자유시장제도, 정치적·경제적 자유, 공평한 경쟁기회, 계약의 존엄성 등을 바탕으로 운영되는 제도로서, 경영학은 이러한 제도적 기반 위에서 발전한 학문이다.

2 실용적인 실사구시의 학문

경영학은 기업 또는 조직의 경영을 연구대상으로 하고, 경영상의 실제 문제해결을 위해 노력하는 학문이다. 즉, 경영학은 실용적인 학문으로서 문제해결 지향적인 학문(problem solving centered discipline)이라고 할 수 있다. 경영학은 기업현장에서 발생하는 여러 가지 문제점들에 대해 해결방안을 모색하고, 그 과정에서 매우 분석적이고 합리적인 접근방법을 채택하고 있다. 그런 의미에서 경영학은 경영자의 의사결정을 요구하고, 경영자의 판단에 따라 기업의 운명이 달라지기도 한다. 따라서 경영학은 다른 어떤 학문보다도 실용적이고 실천적인 학문(practical science)의 성격이 강하다.

3 전문적인 과학과 기술의 학문

경영학은 이론적 학문과 실천적 학문으로서의 특성과 과학과 기술로서의 특성을 함께 지니고 있는 매우 전문적인 학문이다.

주로 기업을 연구대상으로 하는 경영학은 단순히 지식을 위한 지식의 체계라기보다는 '행동 내지 실천을 위한 지식의 체계'라고 할 수 있으며, 실천을 위한 이론을 추구하는 학문이라고 할 수 있다. 이것은 경영학이 이론(theory)과 실천(practice)의 양면적 성격을 지니고 있으며, 양자 간에 상호 보완적인 관계로 이해

---

5) 반병길, 경영학원론, 서울: 무역경영사, 1995.

그림 1-2 현대 경영학의 학문적 특성

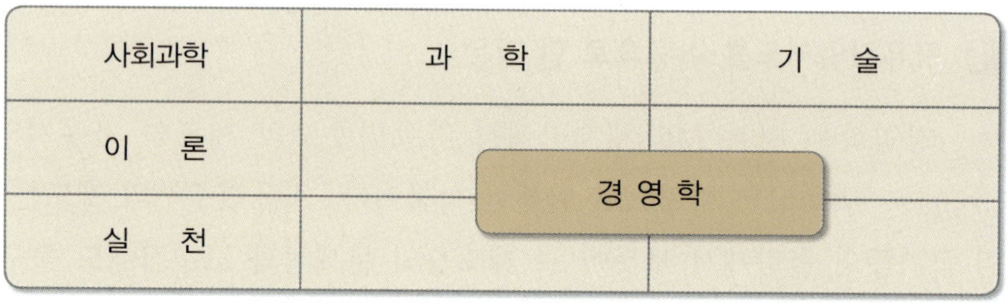

되어야 함을 의미하는 것이다. 따라서 경영학은 이론과학이자 실천과학의 성격을 함께 갖춘 실천적 이론학문이라고 할 수 있다.

한편, 경영학이 과학으로서의 특성을 갖는가 아니면 기술로서의 특성을 갖는가 하는 과학·기술 논쟁은 학자들 간에 오랫동안 논란의 대상이 되어 왔다. 경영학이 이론 학문과 실천 학문으로서의 이중적 성격을 지니고 있다는 것은 곧 과학과 기술로서의 성격을 함께 지닌 학문으로 볼 수 있다. 실천적 학문인 경영학이 기업경영상의 여러 가지 문제를 해결하기 위해서는 어떤 기술이나 노하우(know-how)가 필요하며, 이것은 경영학이 실무로서의 기술(art)임을 의미하는 것이다.

또 경영자는 그 실무적인 경영을 뒷받침하는 체계적인 지식이 필요한바, 그것은 과학(science)으로서의 경영학을 의미한다. 따라서, 과학과 기술의 관계는 서로 배타적인 것이 아니라 상호 보완적인 것이다. 경영학이 어떤 과학성에 기초하지 않고 단순한 기술론에 불과하다면, 경영자의 직관이나 경험에 의존하는 가치 없는 학문이 되고 말 것이다. 반대로 경영학이 이론으로서의 과학론에 불과하다면 경영실무와 거리가 먼 탁상공론의 경영학이 되고 말 것이다.

따라서 경영학이란 학문은 [그림 1-2]에서 보는 바와 같이 사회과학의 한 분야로서 이론적 실천의 학문이자 과학과 기술의 양면적 성격을 지닌 학문이라고 하겠다.

4 종합과학적인 응용과학

경영학은 기업을 포함하는 조직과 조직 내 개인이나 집단행동을 주요 연구 대상으로 하기 때문에 경영학의 학문적 본질을 규명하기 위해서는 경제학, 심리학, 사회학, 사회심리학, 법학, 통계학, 수학, 문화인류학, 철학 등의 다양한 학문분야의 연구결과를 토대로 하여 독자적인 학문영역을 구축해 나가는 종합과학적인(interdisciplinary) 특성을 지닌 응용과학이다. 즉, 경영학은 관련 인접학문 분야에 대한 이해를 바탕으로 이들을 원용하고 종합하여 조직의 효과성과 조직경영에 관한 지식체계를 정립해 나가는 학문이라 할 수 있다.

이에 비해, 경제학은 경제주체들에 의한 생산, 유통, 소비의 경제순환 관계를 중심으로 국민경제를 연구하는 학문으로서 개별경제 주체인 기업을 중심으로 연구하는 경영학과 밀접한 관련을 맺고 있다. 즉, 경영학에서 다루는 연구대상은 국민경제를 구성하는 개별경제인 것이다. 흔히 경영학과 경제학의 관계는 나무와 숲의 관계로 비유되고 있다. 개별경제인 기업의 경제행위에 관한 경제학의 이론정립을 위해서는 경영학의 도움을 필요로 하며, 경영학에서 기업의 활동무대인 국민경제의 동향을 이해하기 위해서는 경제학의 도움이 필요하다. 또 조직과 조직 내 개인이나 집단의 행동을 이해하기 위해서는 심리학, 사회학, 사회심리학 등의 도움이 필요하다. 그리고 기계작업이나 작업조건을 설계에서부터 인간요소를 응용하는 산업공학(IE), 계량의사결정을 돕는 경영수학, 경영과학 등도 경영학의 주요 인접과학이 되고 있다.

종합과학인 경영학의 인접과학을 그림으로 나타내면 [그림 1-3]과 같다.

그림 1-3 경영학의 인접과학

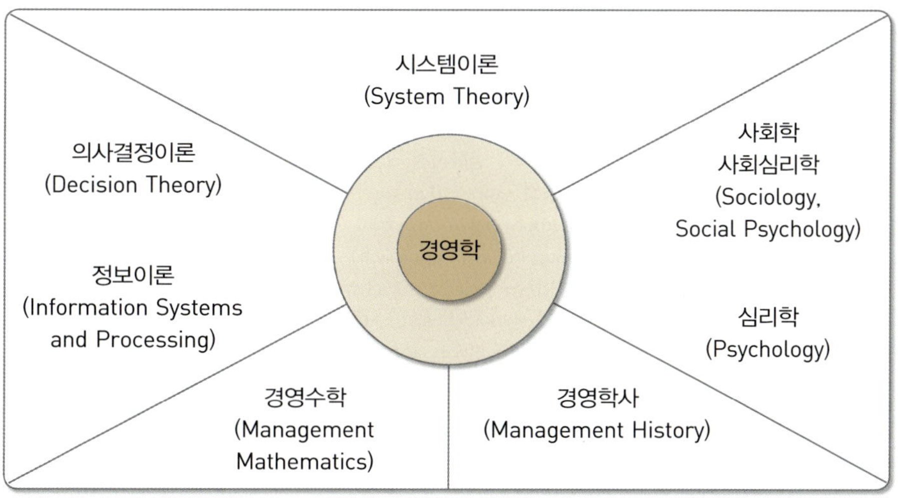

자료: H. Koontz, *op. cit.*, p. 63.

제 4 절 경영학의 접근방법

경영학은 학자들의 많은 학문적 성과에 기초하여 발전되어 왔으며, 따라서 경영학이 생성·발전된 국가적 배경이나 학자에 따라 다양한 접근방법으로 연구되고 있다. 경영학에 대한 다양한 학문적 접근방법은 학자들 간에 많은 논쟁과 갈등을 초래하게 되었다.

쿤츠(H. Koontz)는 학자들 간의 다양한 주장과 견해 차이에 의한 경영이론의 난맥상을 일컬어 "경영이론의 정글현상(management theory jungle)"이라고 표현하고, 당시에 전개되고 있던 다양한 경영이론들을 다음과 같은 6개 학파로 분류함으로써 경영이론의 체계화와 통일화를 시도하였다.[6)]

1 관리과정학파

관리과정학파(management process school)는 페이욜(H. Fayol)을 시조로 하고, 쿤츠와 오돈넬(H. Koontz & C. O'Donnell), 뉴만(W. H. Newman) 등에 의해 계승된 학파로서 기업뿐만 아니라 관청, 병원 등 비영리조직에 이르기까지 모든 조직과 조직 내의 계층구조에 필요한 보편적인 기능이라 한다. 이 학파는 경영자의 기능을 중시하며, 경영관리를 계획, 조직, 충원, 지휘, 조정, 통제 등의 제 과정으로

---

6) H. Koontz, "Management Theory Jungle," *Journal of Academy of Management*, Dec. 1961. 쿤츠와 웨이리치는 그후 경영이론을 다음과 같이 12개의 접근방법으로 세분하였다(H. Koontz & H. Weihrich, *Management*, 11st ed., New York, N.Y.: McGraw-Hill, 2006, p. 22; 김세영·양동훈·김원석 공역, 현대경영의 이해, 서울: 범한서적, 2006.

① 경험적 또는 사례적 접근방법(empirical or case approach)
② 對人행동적 접근방법(interpersonal approach)
③ 집단행동적 접근방법(group behavior approach)
④ 협동사회시스템적 접근방법(cooperative social systems approach)
⑤ 사회기술시스템적 접근방법(sociotechnical systems approach)
⑥ 의사결정론적 접근방법(decision theory approach)
⑦ 시스템적 접근방법(systems approach)
⑧ 수리적/경영과학적 접근방법(mathematical or management science approach)
⑨ 컨틴전시 또는 상황적 접근방법(contingency or situational approach)
⑩ 경영자 역할 접근방법(managerial roles approach)
⑪ 맥킨지의 7-S 접근방법(Mckinsey's 7-S approach)
⑫ 운영적 접근방법(operational approach) – 이전의 '관리과정학파'를 말하며, 저자들은 이를 다양한 경영이론의 통합적 접근방법으로 규정하고 있다.

보고, 각 과정에 대해 실천적인 경영관리 원칙을 도출하려는 접근방법이다.

쿤츠는 6개의 학파들 중에서 이 학파가 가장 주류를 이룬다고 주장하였다. 그는 나중에 이 학파를 '운영적 접근방법(operational approach)'이라고 칭하였고, 여타의 다양한 접근방법들의 개념이나 원리, 기법, 지식들을 통합한 접근방법이라고 주장하였다. 대부분의 경영학원론 교재들이 이러한 접근방법을 채택하여 쓰여졌다.

2 경험학파

경험학파(empirical school)는 경영관리를 경험으로 보고 과거의 성패에 관한 경험을 분석함으로써 미래의 상황에 도움이 되는 유효한 관리기법을 터득할 수 있다는 견해로서, 주로 기업의 사례(case)를 분석하여 조건이 다른 각 기업에 특수한 관리원칙을 적용하려는 접근방법이다. 이 학파는 데일(E. Dale) 등에 의해 주장되고 있다. 과거의 경험이나 사례를 기업의 상황(환경)이 변화된 현재나 미래의 경영관리에 그대로 적용하는 데에는 한계가 있다는 점에서 이 학파는 비판을 받고 있다.

3 인간행동학파

인간행동학파(human behavior school)는 인간의 행동이나 그 동기, 인간관계의 이해에 깊은 관심을 가진다. 따라서 개인심리학에 기초한 인간 상호간의 행동과 인간관계, 리더십, 모티베이션의 연구에 초점을 둔다. 인간의 행동은 매우 복잡하고 다면적이기 때문에 종래의 사회과학의 어느 한 분야만으로는 해명될 수 없다는 것이다. 따라서 심리학, 사회학, 사회심리학, 인류학 등의 지식을 응용하고 있으며, 메이요(E. Mayo), 뢰스리스버그(F.J. Roethlisberger), 아지리스(C. Argyris), 맥그리거(D. McGregor), 리커트(R. Likert) 등이 이 학파에 속한다. 이 학파는 계획, 조직, 통제 등의 경영관리 과정을 무시하고 있으며, 구성원들에 대한 심리적인 훈련만으로는 경영자의 역할을 효과적으로 수행하기 어렵다는 비판을 받고 있다.

4 사회시스템학파

사회시스템학파(social system school)는 조직을 하나의 사회적 시스템으로 보고 사회학적 연구에 중점을 둔다. 특히 조직을 사회집단의 문화적 제 관계가 통합화된 사회시스템으로 보고, 그 문화적 제 관계의 본질을 해명하려는 접근방법이다. 이 학파에 속하는 사람은 바나드(C.I. Barnard), 사이몬(H.A. Simon), 마치(J.G. March) 등이다. 이 학파는 조직개념을 너무 확장하고 있을 뿐만 아니라 경영자에게 요구되는 중요한 개념이나 원리, 기법 등이 간과되고 있다는 비판을 받고 있다.

5 의사결정학파

의사결정학파(decision theory school)는 경영관리의 핵심을 의사결정으로 보고 개인이나 집단의 의사결정의 성격과 과정, 형태, 기법, 의사결정자의 특성 등을 연구하게 된다. 의사결정(decision making)은 어떤 목적달성을 위해 두 개 이상의 선택 가능한 행동 대안들 중에서 어느 하나를 선택하는 것을 말한다. 처음에는 의사결정과정을 중심으로 수학적 기법의 사용에 치중하였으나 점차 사회심리학적 분야로 확대하고 있다. 의사결정이 경영자의 중요한 직무 중의 하나이기는 하지만 그 전부가 될 수 없다는 점에서 비판을 받고 있다. 다시 말해서 경영자의 직무는 의사결정 이상의 많은 요소들을 포함하고 있다는 것이다.

6 수리학파

수리학파(mathematical school)는 경영을 수리적 모델화 과정으로 보고, 경영 현상을 수학적 모델이나 수학적·통계적 분석방법을 적용함으로써 문제해결을 시도하는 접근방법이다. 경영과학(management science)이나 OR(operations research)은 이러한 시도의 산물이다. 이 학파의 대표적 연구자로는 슈와르트(W.A. Shewart), 본뉴만(J. Von Neumann), 모르겐스턴(O. Morgenstern) 등이 있다. 경영 현상들 중에는 수학적으로 모델화하기 어려운 것이 많이 있으며, 수학은 단지 경영상의 문제해결에 유용한 도구일 뿐이지 하나의 학파나 접근방법으로 인정받기에는 한계가 있다는 점에서 비판을 받고 있다.

이상에서 우리는 경영학이 실천적 이론학문이자 종합과학적 성격을 지니고 있으며, 다양한 접근방법으로 연구·발전되고 있다는 것을 살펴보았다. 그러나 아직도 학자들 간에 통일된 학문적 접근방법은 정립되지 못하고 있는 실정이다. 말하자면, 지금까지도 '경영이론의 정글' 상황에 있다고 할 수 있다. 그러나 이것은 현대 경영학의 한계적인 측면이라고 하기보다는 경영학 자체의 종합학문적 특성에 기인한 결과라고 할 수 있다. 따라서 경영학의 다양한 접근방법은 어느 한 면만 보기보다는 다양한 모습을 보여주는 좋은 예라고 할 수 있다.

제5절 고객은 우수경영조건

1 고객은 누구인가

공급이 수요를 초과하는 시대로 오면서 고객이 주요한 존재로 부각되었다. 시장점유율을 높이기 위해서는 기업이 생산능력을 증가시키게 되었고 이는 과잉공급으로 이어져 고객 중심 경제를 만들었다. 과거와는 달리 고객들은 정보력이 증가하였고 제품과 서비스에 대한 상당한 정도의 지식을 갖게 됨에 따라 주도권이 기업이 아닌 고객이 갖게 되었다.

고객은 내부고객과 외부고객으로 구분할 수 있다. 하지만 여기서 지칭하는 고객은 외부고객으로 기업의 최종 소비자를 일컫는다. 고객은 기업이 생산하는 제품과 서비스를 구매하거나 또는 그것에 의해 영향을 받는 사람들로 기업에게 가장 중요한 존재이다. 기업과 최종 소비자가 가까워지려면 중간에 있는 중개업자가 제거될 필요가 있다. 중개업자가 제거되어야 가격은 떨어지고 공급시간이 감소하고 고객서비스가 향상된다. 고객은 모든 업무의 중심이므로 제품과 서비스를 통하여 고객의 욕구를 충족시켜야 한다.

2 고객중심 조직

최고경영자에게는 모든 종업원도 고객이다. 좋은 리더십이란 조직의 사람들을 섬기는 것을 최우선으로 해야 한다. 항상 고객을 염두에 두면서 모든 직원들은 그들의 업무가 어떻게 고객과 연관이 있는지를 확실히 이해해야 한다. 고객과의 접촉이 없는 직원들도 고객만족의 의미를 알아야 한다. 결국 고객이 있기에 회사가 존재할 수 있기 때문이다.[7)]

기업은 고객의 욕구를 확실히 이해해야 한다. 고객이 원하는 것은 제품과 서비스의 품질이다. 좋은 품질의 제품과 서비스를 창출하기 위해서는 내부고객의 만족이 요구된다. 내부고객을 만족시키지 않고서는 외부고객을 만족시킬 수 없다. 그러므로 경영자는 내부고객과 외부고객의 욕구를 모두 만족시켜야 한다. 그럼에도 불구하고 내부고객의 욕구는 고려하지 않고 외부고객만을 고객으로 간

---

7) 데이비드 스튜어드 & 로버트 슈크, 섬김으로 성공한 기업경영, 가이드포스트, 2005.

주하는 경영자가 있다면 이는 훌륭한 경영자라 할 수 없다.

기업은 모든 역량을 고객중심으로 운영하여야 하는데, 그 이유는 모든 기업의 목적이 고객을 유도하고 봉사하고 그 고객과 지속적인 관계를 유지하는 것이기 때문이다. 고객만족의 증가는 고객중심적인 기업의 궁극적인 결과이다. 특히 고객중심이 되기 위해서는 고객에게 일관된 모습을 보여야 하며, 고객의 특징에 따라 운영체계를 세분화하여야 하며, 고객의 요구조건을 미리 파악하여야 하며, 고객중심 평가기준을 사용해야 한다.

3 고객욕구 및 고객감동

고객의 욕구를 정확히 파악하지 않으면 기업이 성공할 수 없다. 고객은 일반적으로 기본적·정상적 그리고 감동적 욕구를 가지고 있다. 기본적 욕구는 가장 저단계에 있는 고객의 기대로 구매하는 제품과 서비스에 당연히 포함되어 있을 것으로 기대되는 특징이다. 만약 이 특성이 부족하면 고객은 불만족을 크게 느낀다. 그러나 기본적 욕구가 충족되어도 고객만족으로 이어지지는 않는다. 정상적 욕구는 고객이 직접 표현하는 욕구로 충족되면 만족할 것으로 기대되는 욕구이다. 그래서 정상적 욕구가 충족될수록 고객만족을 더 느끼게 된다. 감동적 욕구는 가장 높은 단계의 욕구로서 고객이 기대하지 않는 욕구로, 감동적 욕구가 충족되면 고객은 감동을 느끼게 된다. 그런데 고객의 기대는 항상 동일하지 않고 시간에 따라 지역에 따라 다르다. 따라서 경영자는 고객욕구의 우선순위를 결정하여야 한다.

만족한 고객은 기업을 떠날 수 있지만 감동한 고객은 떠날 가능성이 줄어든다. 따라서 기업은 고객이 기대하지 않는 가치를 제공하기 위해서 항상 정성을 다하고 새로운 아이디어를 창출해야 한다. 고객감동은 고객과의 장기적 유대관계를 갖게 하고 신뢰성을 높임으로써 수익성을 증가시켜 경쟁력을 강화시킨다.[8)]

8) 안영진, 경영패러다임의 변화, 박영사, 2004.

연습 문제

1. 경영의 개념과 중요성에 대해 설명하시오.
2. 경영과 관리의 개념을 비교 설명하시오.
3. 기업경영의 성공과 실패 사례를 조사하고, 그 배경에 대하여 토의해 보시오.
4. 현대 경영학의 학문적 특징을 설명하시오.
5. 경영학의 접근방법에 대하여 논술하시오.
6. 고객이란 누구이며 왜, 기업활동에서 고객이 중요한가?

현장사례 글로벌시대의 기업경쟁력

급변하는 환경 속에서 기업이 살아남기 위해서는 스스로 변신의 능수가 돼야만 한다. 과거 지구에 빙하기가 닥쳤을 때 새로운 기후환경에 발빠르게 적응하지 못한 생물들이 지구상에서 소멸된 것과 같이 급격한 기업환경의 변화에 적절한 대처를 하지 못한 기업은 사라지게 마련이다.

그러나 최근 들어 어려운 경영환경에도 불구하고 두드러진 실적을 내는 기업들이 많이 눈에 띈다. 요즘 성공하고 있는 기업들의 공통된 특징을 살펴보면 무엇보다 자기가 경쟁기업보다 더 잘할 수 있는 것이 무엇인가를 확실히 파악했다는 점이다. 자기의 핵심역량을 분명히 파악하고 이를 강화하기 위해 과감한 투자를 한 기업들이 성공을 거두고 있다. 이들 기업은 기술력을 바탕으로 차별화한 제품을 개발하고 독특한 영업전략으로 고객을 파고들어 시장을 장악할 수가 있었던 것이다.

지난 수십 년 동안 우리 기업들은 양질의 저임 노동력에 기반한 가격경쟁력에 매달려 왔으나 최근 성공하고 있는 기업들은 혁신적인 제품으로 틈새시장을 파고드는 것이 성공의 관건임을 우리에게 보여주고 있다. 앞으로 우리 기업들은 연구개발능력과 마케팅 노하우 확보에 총력을 기울여야 하며 또한 경영혁신으로 경쟁력 있는 조직으로 새롭게 태어나야 한다.

연구개발, 마케팅, 경영혁신은 모두 전문지식과 관련된 분야이고 우리는 아직 이 분야에서 많이 취약하다. 그런데 전문지식은 다른 종류의 자원과는 달리 시간이 지나면서 스스로를 진부하게 만들며 특히 중요한 지식은 빠르고도 비약적으로 변화하는 것이 특징이다. 이것은 기업이 생존하기 위해서는 현재 사용하고 있지 않은 기술, 그리고 아직 진입하지 않은 시장에 대한 정보를 제대로 수집, 분석하고 효과적으로 활용할 수가 있어야 함을 의미한다.

오늘날 세계 일류기업들의 중요한 특징은 기술의 변화 패턴과 소비자욕구의 변화 패턴을 예측하는 능력이 탁월하다는 점이라고 할 수 있다. 한국 기업들이 21세기에 국제경쟁력을 확보하기 위해서는 현재의 기술과 현재의 시장에 관한 정보가 아니라 기술과 시장이 장차 어떻게 변화해 갈 것인가에 관한 정보를 수집하고 분석하는 능력을 확보하는 것이 절실하게 요구된다.

이제 한국 기업들은 새로운 부가가치의 창출을 위해 발상의 전환을 시도해야 한다. 조직구성원들이 기술과 시장에 관한 전문지식을 충분히 갖추기 위해 부단히 노력해야 하며, 그들이 창조적·혁신적 아이디어를 마음껏 발휘할 수 있도록 경영혁신을 통해 경쟁력 있는 조직을 만들어야 한다.

과거 우리 기업들은 수익성보다는 외형적 성장에 급급한 나머지 자본비용보다 수익률이 낮은 분야에 무분별한 투자를 단행, 기업가치를 파괴하는 행위를 서슴지 않았다. 그러나 우리는 IMF 경제위기 이후 우리 경제질서 패러다임이 완전히 바뀜에 따라 기업가치를 파괴하는 경영을 해 온 많은 기업들이 시장에서 퇴출되는 것을 목격했다.

우리 기업들은 다시 한번 수익성이 따르지 못하는 성장투자는 기업가치의 파괴로 직결된다는 사실을 분명히 인식하고 사업단위별 수익성 검토를 통해 사업포트폴리오 재편 등 강력한 구조조정을 지속적으로 실시해야 한다.

한국 기업들은 글로벌경쟁력 확보를 위해, 기업가치 창조를 위해 조직의 모든 역량을 집중해야 한다. 경쟁력이란 경쟁을 통해서만 확보가 가능하며 글로벌경쟁력은 외국 기업과의 글로벌경쟁에서 살아남을 수 있는 경쟁력을 의미한다는 것을 깨달아야 한다.

자료 : 강호상, 매일경제, 2002. 8. 30.

문제

- 글로벌시대에 기업의 경쟁력을 제고할 수 있는 방안에 대하여 생각해 보자.

제 2 장

경 영 자

제 1 절 경영과정

제 2 절 경영자의 분류

제 3 절 경영자의 역할

제 4 절 바람직한 경영자

학 | 습 | 목 | 표

제 2 장에서는 기업경영의 주체인 경영자에 대해 공부한다. 경영자가 수행하는 경영과정을 이해하고, 가장 일반적인 분류기준이 되는 소유권의 형태에 따라 경영자의 유형을 분류하고 경영자가 수행하는 경영자의 역할과 바람직한 경영자상 등에 대하여 살펴보고자 한다.

비즈니스 모델

비즈니스 모델은 인터넷 붐의 중심에 있던 용어 가운데 하나로 한 마디로 돈을 버는 방법이다. 예를 들어 마이크로소프트의 비즈니스 모델을 만드는 데 하나에 50센트밖에 들지 않는 소프트웨어를 120달러로 뻥튀기해 파는 것이다.

영리회사든 비영리기관이든 모든 조직에는 실현성 있는 비즈니스 모델이 필요하다. 비즈니스 모델은 조직이 고객과 모든 이해관계자들을 위해 어떻게 가치를 창출하고 어떻게 성과를 낼 수 있을지 그 방법을 담은 가정들을 모아 놓은 것이라고 할 수 있다. 본질적으로 비즈니스 모델은 시장에서 끊임없이 테스트되어야 하는 이론이다.

경영의 규율은 그 비즈니스에 맞는 이론과 전체 시스템이 운영되는 방법인 모델을 통해서 실현되는 것이다. 중요한 결정과 실행들을 통해 모델을 현실에서 실험한다. 수익은 그 자체가 중요하기도 하지만 이 모델이 제대로 작동하는지 여부를 결정짓는 기준도 된다. 만일 기대한 결과를 얻지 못하면 비즈니스 모델을 다시 점검해 보아야 한다.

좋은 비즈니스 모델은 창업자들이 자금유치를 정당화하는 것은 물론, 회사가 버는 방법 이상의 것을 담고 있다. 즉 비즈니스 모델은 경영에 가장 핵심이 되는 체계적인 사고를 반영하고 있는 것이어야 한다. 성공적인 회사나 조직 뒤에는 누구나 이해할 수 있는 쉬운 비즈니스 모델이 반드시 있다. 성공적인 비즈니스 모델이란 지금 있는 다른 대안들에 비하여 훨씬 좋은 방법을 제시하는 것이다. 경영자가 해야 할 가장 중요한 일이 아마도 비즈니스 모델을 창출해 내고 실천하는 일이다.

조안 마그레타, *What is Management?*, 김영사, 2007.

제 1 절 경영과정

기업의 경영과정은 학자마다 접근방법이 다를 수 있다. 전통적으로는 경영자의 역할과 관련하여 경영과정을 계획, 실행, 평가의 과정으로 보았다. 이러한 과정은 Plan-Do-See의 사이클을 형성하고 있다. 아마 이것은 가장 간단한 경영과정이다. 이러한 경영과정을 좀더 확장하여 페이욜은 계획, 조직, 지휘, 조정, 통제의 과정으로 보았다. 페이욜의 주장은 1900년대에 미국에 그의 저서가 번역되면서 크게 영향을 미쳤고, 오늘날 대다수의 경영학 교재는 정도의 차이는 있지만, 그의 경영과정의 틀을 따라 논리를 전개하고 있다. 그러나 오늘날 컴퓨터나 정보시스템의 발달로 조정업무가 별도의 기능이라기보다는 전 경영과정에서 이루어진다고 볼 때, 경영과정은 계획, 조직, 지휘, 통제의 과정으로 볼 수 있다. 따라서 이들 경영과정의 기능에 대해 간단히 정리하면 다음과 같다.

1 관리과정 기능으로서 경영과정

계획이란 계획수립과 동의어로서, 조직의 비전, 미션, 목표 그리고 이들을 달성하기 위한 행동방안을 선택하는 것을 말한다. 조직의 비전, 미션, 목표는 조직이 나아가야 할 방향을 제시하여 준다면, 행동방안은 실천적 계획수립의 성격을 지닌다. 계획수립이 잘 되려면 미래에 대한 예측이 중요하다. 특히 오늘날과 같이 제조업에서 서비스업 위주로 산업이 재편되고, 정보혁명의 변화가 일어나는 시기에는 미래에 대한 잘못된 예측은 곧 조직의 쇠퇴를 가져온다.

조직이란 특정의 목표를 달성하기 위하여 연극에서 각 배우들에게 역할을 할당하듯이 조직구성원들에게 각자의 역할과 업무를 배정하는 활동이다. 물론 역할 배정에 앞서서 적절한 인재를 선발하는 일이 선행되어야 하고, 그 후에 조직활동이 이어진다. 반대로 조직업무를 미리 할당해 놓고 거기에 맞는 인재선발을 고려할 수도 있다. 조직활동의 결과가 구체적으로 표현된 것이 바로 조직도이다.

지휘란 조직구성원들이 조직 및 집단목표를 달성하도록 그들에게 영향을 미치고 동기유발하는 제반 활동을 말한다. 따라서 지휘에는 동기유발, 리더십, 그리고 커뮤니케이션이 가장 중요한 핵심 활동이다.

통제란 실행 결과가 계획된 내용과 일치하도록 조직구성원의 활동을 측정하고 수정하는 업무이다. 만일 조직의 성과가 원래 계획된 것과 편차가 심하다면 그 원인을 파악하여 다시는 그런 일이 재발되지 않도록 해야 한다. 최근에는 컴퓨터정보시스템의 발달로 진행상황이 실시간으로 보고되기 때문에 사후보다는 진행과정에서 통제가 이루어진다고 볼 수 있다.

이와 같이 모든 경영과정은 계획, 조직, 지휘, 통제의 과정을 거치게 됨을 알 수 있다. 예를 들면, 생산관리란 적절한 제품을 적절한 가격에 공급되도록 모든 생산활동을 계획, 조직, 지휘, 통제하는 일련의 과정을 말하기 때문이다.

2 시스템으로서 경영과정

기업도 공식조직, 영리조직으로서, 하나의 시스템을 형성하고 있다. 시스템이란 특정의 목적을 달성하기 위하여 여러 파트들이 상호 연관되어 모인 집합체를 말한다. 예를 들면, 기업에는 구매, 생산, 판매에 이르는 일련의 하부 시스템들로 이루어져 있으며, 이들 시스템을 지원하는 부서가 존재한다. 기업의 제품 제조과정은 투입, 변환, 산출이라는 Input-Output Process를 중심으로 이루어진다. 또한 기업조직은 외부환경 변화에 민감한 개방 시스템적 성격을 지니고 있다. 따라서 기업은 내부조직뿐만 아니라 외부환경에도 민감하게 모니터링할 수 있어야 한다. 왜냐하면 외부환경 변화가 곧장 기업내부에 영향을 미치기 때문이다.

이상 설명한 내용을 중심으로 정리하면, 관리과정의 하부 기능으로서 계획, 조직, 지휘, 통제하는 일과 투입, 변환, 산출의 I/O 시스템으로서 경영과정을 통합하면, 관리과정으로서 기능은 변환과정 내부에서 일어난다고 볼 수 있다. 투입은 제품의 원재료 등을 말하며, 이것이 변환과정을 거쳐서 제품이라는 형태로 산출되게 된다. 통신 서비스업 등도 비슷한 과정을 거치게 된다. 따라서 시스템의 일부로서 경영과정을 이해하는 일과 관리과정의 기능으로서 경영과정을 이해하는 일은 동떨어진 것이 아니다.

그림 2-1 시스템으로서 경영과정

제 2 절 경영자의 분류

기업경영에서 경영자의 중요성은 아무리 강조하여도 지나치지 않다. 예를 들면, GE의 잭 웰치 같은 경영자가 있었기 때문에 그의 후임자인 제프리 이멜트가 견고하게 기업을 경영할 수 있게 되었다. 그러나 비윤리적인 경영을 하다가 시장에서 사라진 엔론과 같은 기업의 경영자도 있다. 현재 우리나라 기업들의 경우 첨단산업을 제외하고는 기술이나 제품의 품질면에서 실질적인 차이를 찾아보기가 거의 어렵다. 삼성전자와 LG전자는 비슷한 제품군을 갖고 경쟁해 오고 있지만, 일찍부터 변화경영을 추진했던 이건희 회장의 리더십 때문에 일찍이 두 기업은 위상이 바뀌었다.

따라서 기업의 경쟁력 차이를 가져오는 가장 중요한 요인들 중의 하나는 아마도 기업이 보유하고 있는 인적자원의 질에 달린 것이라고 해도 과언이 아닐 것이다. 이건희 회장은 "만 명을 먹여 살릴 수 있는 인재를 찾아오라"고 임원진들에게 명령한 것도 같은 맥락에서 이해할 수 있다. 특히 경영자 집단은 기업이 보유하고 있는 인적자원(관리자, 종업원)과 물적자원, 기술자원 등을 관리하여 기업의 목적을 달성하려고 노력하기 때문에 대단히 중요하다. 따라서 경영자들만 전문적으로 소개하는 헌팅회사들도 생겨나게 되는 것이다.

경영자의 유형은 소유와 경영관계에 따른 분류와 경영계층에 따른 분류의 두 가지로 나누어 살펴볼 수 있다.

2.1 소유와 경영관계에 따른 경영자 유형

소유와 경영의 분리 상황에 따라 경영자 유형을 분류해 보면 소유경영자, 고용경영자, 전문경영자로 구분할 수 있다.

1 소유경영자

소유경영자(owner manager)란 자기 자신의 이익이나 목적을 추구하기 위해 기업을 설립하여 그 기업에 자본을 출자하고 직접 기업을 경영하며, 손익에 대한 책임과 의무를 직접 수행하는 경영자를 말한다. 소유경영자는 소유권과 경영권을 모두 보유하고 있기 때문에 창업기업가(entrepreneur)라고 하기도 한다.

일반적으로 출자자가 직접 경영에 관한 모든 의사결정과 지휘·감독을 하는 소유경영자는 소유와 경영이 미분화된 상태로서 개인 기업이나 영세한 소규모 기업에서 흔히 나타날 수 있는 경영자 상황이라고 할 수 있다.

그런데 오늘날에는 창업가 내지 기업가의 중요성이 더욱 중요시되어 가는 현상도 없지 않다. 예컨대 애플 컴퓨터의 스티브 잡스(Steve Jobs)는 21살의 나이에 자기 집의 창고에서 8비트 퍼스널 컴퓨터를 만들어 팔기 시작했는데, 그러던 것이 오늘날 매킨토시로 대표되는 애플 컴퓨터사의 사장자리에 오르게 된 것이다.[1] 얼마 전 회장 자리에서 물러난 빌 게이츠 역시 창업기업가로서 소유경영자였다.

보통 규모가 작은 중소기업에서는 제품이나 서비스의 직접 제공자로서 경영자가 직접 소유·운영하는 경우가 많으며, 한편 우리나라의 경우 대기업에서도 대주주 내지는 소유주가 직접 기업경영을 담당하는 경우가 많이 있다.

2 고용경영자

기업의 규모가 점차 커지고 경영활동이 점차 복잡해짐에 따라 1인 경영체제에 한계를 느끼는 소유경영자는 경영기능의 일부를 고용경영자에게 위양하게 된다.

고용경영자(hired manager)란 기업가의 대리인으로서 경영기능의 일부를 위양받아 기업을 경영하는 사람을 말한다. 고용경영자는 출자자인 기업가의 이익과 경영방침을 충실하게 대변하는 고용된 중역이며, 기업가의 대리인으로서 경영업무를 담당하게 된다. 고용경영자는 주로 개인기업과 가족운영형태의 기업에서 흔히 찾아볼 수 있다.

우리나라의 경우 기업주는 경영자의 전문적 능력보다는 소유경영자와 관련된 혈연이나 지연, 학연, 충성심 등에 기초하여 고용경영자를 고용하는 경향이 있다. 한때 세상을 떠들썩하게 만들었던 한보철강의 회장은 경영자들을 가리켜 머뭇거리지 않고 '머슴'이라고 말한 적이 있다. 대주주가 고용한 경영자는 아무리 전문성을 갖춘 전문경영자라 하더라도 이와 같은 한계를 갖고 있다.

---

1) 박내회, 경영관리론, 서울: 세영사, 1991, p. 449.

3 전문경영자

기업이 대규모화되고 경영활동이 고도로 복잡해지며, 주주의 무기능화가 촉진되면 소유경영자나 고용경영자가 아닌 전문경영자에 의한 과학적이고 합리적인 경영활동이 필요하게 된다.

전문경영자(professional manager)란 기업경영 전반에 걸쳐 전문적 식견과 기업 관리능력 및 전문가적 자질을 보유하고 있는 사람으로서 소유권자(주주)로부터 경영권을 위탁받아 실질적으로 기업을 경영하는 사람을 말한다. 고도의 전문적 지식과 의사결정능력을 가진 전문경영자는 소유와 경영 또는 소유와 지배의 분리를 전제로 하여 소유와 출자에 관계없이 경영활동상의 모든 기능을 독립적으로 수행함과 동시에 책임경영을 하게 된다.

바야흐로 현대 기업의 경영에서는 전문경영자가 기업을 지배하는 상황을 맞이하게 되는 것이다. 예컨대, 삼성그룹의 경우 윤종용 회장이 대주주인 이건희 회장을 대신하여 그 자리를 물려받아 삼성전자가 윤 회장을 중심으로 한 전문경영자에 의해 운영된 적이 있다. 일본의 토요타 그룹도 창업주인 토요타 가문이 아닌 전문경영자에 의해 회사가 운영되고 있다.

애플 컴퓨터의 스티브 잡스(Steve Jobs)는 직접 사장 자리에 올라 기업경영을 담당하여 왔으나 기업규모가 확대되고 경영내용이 복잡해짐에 따라 엔지니어인 자신은 연구개발(R&D) 분야에 집중적으로 시간을 투자하기 위해 펩시콜라社의 사장인 존 스컬리(John Scully)를 전문경영자로 스카웃하여 사장자리에 앉혔다. 〈표 2-1〉에는 소유와 경영의 분리에 따른 경영자의 유형을 비교해 주고 있다.

표 2-1 소유와 경영의 분리에 따른 경영자 유형

경영자 유형	소유와 경영의 분리상황	
소유경영자	소유와 경영의 미분리	소유=경영
고용경영자	소유와 경영의 형식적 분리	소유≒경영
전문경영자	소유와 경영의 실질적 분리	소유≠경영

2.2 경영계층에 따른 경영자 유형

경영계층을 형성하고 있는 경영자의 유형은 일반적으로 그 위계수준에 따라 최고경영층, 중간경영층, 하위경영층으로 구분된다.

1 최고경영층

최고경영층(top management)은 기업 전반에 걸쳐 장기적이고 거시적이며, 전략적인 의사결정을 내리는 가장 핵심적인 경영층으로서, 수탁기능, 전반경영기능, 대환경기능, 최고인사기능, 조직기능 등을 수행하는 계층이다. 기업의 회장이나 사장, 이사급에 해당되는 경영층을 말한다.

2 중간경영층

중간경영층(middle management)은 최고경영층을 보좌하고 최고경영층이 설정한 경영목표나 전략을 집행하며, 하위감독자를 지휘·감독하는 기능을 수행한다. 중간관리자로서 상하 간의 커뮤니케이션 또는 연결핀(linking pin) 기능과 부문 간의 상호조정기능, 자기부문의 종합조정자 역할을 수행하며, 부하들의 감독·지휘·교육 기능을 수행한다.

기업의 부장이나 차장, 실장, 국장, 과장급에 속하는 경영층을 말한다. 그리고 경영보다 하위적인 개념이라 할 수 있는 관리기능을 수행한다는 측면에서 흔히 '중간관리층' 또는 '부문관리층'이라고 칭한다.

3 하위경영층

하위경영층(low management)은 '하위감독층'이라고도 하는데, 중간경영층의 지시를 받고, 보고할 의무를 가지며, 일상적이고 단기적인 업무에 대하여 현장의 작업자나 일반 사무원들을 지휘·감독하는 계층을 말한다. 생산현장의 반장이나 조장, 직장(foreman), 사무직의 계장이나 대리급에 속하는 계층을 말한다.

[그림 2-2]에는 앞에서 논의된 경영계층에 따른 경영자 유형을 피라밋 모형으로 보여주고 있다.

그림 2-2 경영계층에 따른 경영자 유형[2]

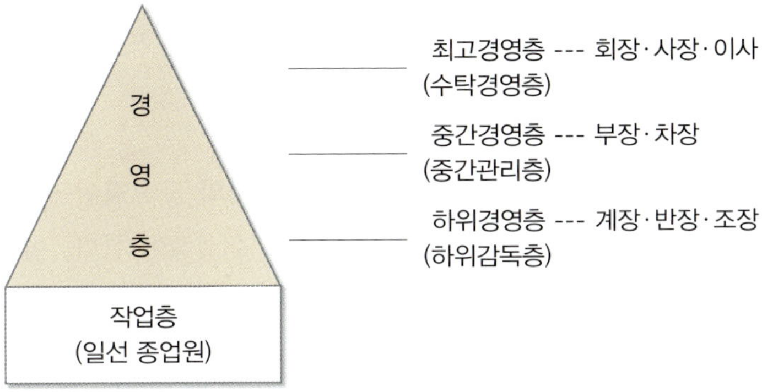

제 3 절 경영자의 역할

경영자는 경영활동의 주체로서 기업의 경영목표를 달성하기 위해 기업이 사용가능한 인적·물적자원을 최적의 상태로 활용하면서 계획, 조직, 충원, 지휘, 조정, 통제하는 등의 경영관리활동을 기본적으로 수행하게 된다. 그러나 외부환경과 교호하는 개방 시스템으로서의 기업을 운영하는 경영자는 실제상 관리직능상의 경영관리활동 이상의 어떤 직무나 역할을 수행해야 할 것이다.

민츠버그(H. Mintzberg)는 경영자들이 실제로 수행하는 직무(job)를 토대로 하여 경영자의 역할을 규명하고자 관찰법으로 실증적 연구를 실시한 결과, 모든 계층의 경영자는 그들에게 주어진 공식적 권한과 지위를 통해 대인적 역할과 정보적 역할, 의사결정적 역할 등 크게 세 가지 범주의 역할을 수행한다고 주장하였다.[3]

2) 통상적으로 최고경영층은 "경영자"(Executive)라고 호칭하지만, 중·하위경영층에 대해서는 "관리자"(Supervisor)라고 하며, 이들을 통틀어 경영층(management) 또는 광의의 경영자(manager)라고 한다.

3) H. Mintzberg, "The Manager's Job: Folklore and Fact," *Harvard Business Review*, July-August 1975.

1 대인적 역할

대인적 역할(interpersonal role)은 경영자가 기업이나 조직의 대표자로서, 리더로서, 섭외자로서의 역할을 수행하는 것을 말한다.

(1) 대표자로서의 역할(figurehead role)

경영자는 조직 또는 하위조직의 장으로서의 공식적인 권한을 가지는바, 법적·사회적 성격을 지닌 어떤 상징적 직무를 수행해야 한다. 이러한 직무에는 서류결제, 의례나 의식에의 참가, 공식적인 내방객 접견 등의 일이 포함된다.

(2) 리더로서의 역할(leader role)

조직의 리더로서 경영자는 조직의 기본적인 목적을 달성하기 위해 조직의 구성요소들이 전체적·통합적으로 운영될 수 있도록 해야 할 책임이 있다. 따라서 경영자는 하위자들에게 방향을 제시해 주고 구성원들의 동기유발을 최대화하며 직무수행에 적합한 환경을 만들어 주어야 한다. 리더의 역할로는 조직구성원을 채용, 훈련, 지휘, 보상, 승진, 해고 등의 역할이 포함된다.

(3) 섭외자로서의 역할(liaison role)

경영자는 조직 외부의 사람이나 집단과 여러 가지 관계를 맺고 유지하는 행동이 포함된다. 섭외자 역할의 본질은 새로운 접촉을 갖고 그러한 접촉을 계속 유지함으로써 상대방의 지지를 확보하는 것이다.

2 정보적 역할

정보적 역할(informational role)은 경영자가 정보를 수집하는 모니터로서, 또 수집된 정보를 보급하는 전파자로서, 그리고 조직이나 자기부서의 대변자로서의 역할을 말한다.

(1) 정보 탐색자로서의 역할(monitor role)

경영자는 올바른 의사결정을 위해 정보를 필요로 하며, 다양한 경로를 통해 끊임없이 정보를 수집한다. 이를 위한 활동으로는 보고서와 메모를 읽는 일, 회의나 브리핑에 참석, 현장 시찰 등이 포함된다.

(2) 정보 전파자로서의 역할(disseminator role)

경영자는 조직 내외부로부터 수집된 정보를 조직구성원들에게 전파하는 역할을 한다. 어떤 정보는 있는 그대로, 또 어떤 정보는 해설 자료를 첨부해서 함께 전달한다.

(3) 대변인으로서의 역할(spokesman role)

경영자는 하위자들뿐만 아니라 외부인들에게도 정보를 전달하고 조직의 가치를 반영하는 일련의 사항들을 발표해야 한다. 또 중·하위관리자들은 자신의 상사에게 보고를 해야 하고, 외부인을 대할 때는 자신의 조직부서를 대표하는 홍보인의 역할을 해야 한다.

3 의사결정적 역할

의사결정적 역할(decision role)은 경영자가 기업경영에 책임을 지는 기업가로서, 가용자원의 배분자로서, 혼란수습자로서, 대내외 협상자로서의 역할을 수행함을 말한다.

(1) 기업가로서의 역할(entrepreneur role)

조직이나 조직부서의 경영자는 기업의 발전과 기존 상황을 개선할 기회를 포착하기 위해 필요한 변화를 시도한다. 그러한 변화는 신제품 개발, 신장비 구입, 조직구조 재정비 등의 형태로 나타난다.

(2) 혼란수습자로서의 역할(disturbance handler role)

경영자는 노사분규나 계약위반사항 등 각종 위기상황에 대하여 적극적으로 대처하여 그 해결책을 강구한다. 즉, 예외적으로 발생하는 문제들을 해결하고 수습하는 데 많은 시간을 할애한다.

(3) 자원배분자로서의 역할(resource allocator role)

경영자는 자금, 인력, 자재, 장비, 설비, 용역 등의 자원을 배분할 수 있는 권한을 가진다. 이로써 경영자는 자원배분과 관련한 전략적 통제력을 유지하고 하위자들의 활동을 조정·통합한다.

(4) 협상자로서의 역할(negotiator role)

경영자는 조직 내외의 제반 갈등문제를 원만히 해결하기 위한 대내외 협상자로서의 역할을 수행한다. 경쟁사와의 분쟁이나 노조 대표자들과의 견해차이, 공급계약 등의 문제를 해결하기 위한 역할을 말한다.

그림 2-3 경영자의 역할

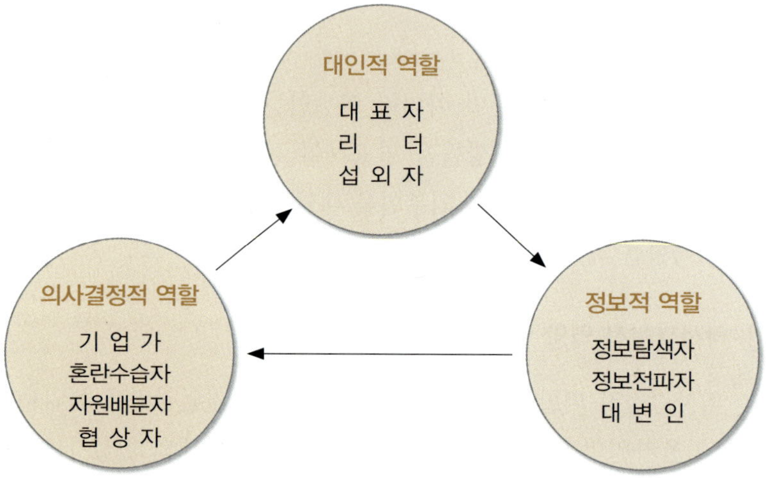

연구결과, 민츠버그는 경영자들은 전통적으로 그 본연의 직능으로 인식해 온 계획, 조직, 지휘, 통제 등의 역할을 수행하기보다는 실제상으로는 대인적·정보적·의사결정적 역할을 주로 수행하고 있다고 주장하였다. 그의 연구가 최고경영자를 대상으로 한 것이기 때문에 그 결과가 모든 계층의 경영자들의 일반적 활동을 나타낸다고 보기에는 다소 무리가 있다 하더라도 경영자의 역할 범주로서 기본적인 경영관리직능을 포함하여 대인적·정보적·의사결정적 역할의 중요성은 결코 간과해서는 안 될 것이다. [그림 2-3]에는 모든 계층의 경영자가 실제로 수행하게 되는 세 범주의 10가지로 된 역할구조를 보여주고 있다.

제 4 절 바람직한 경영자

미국의 수많은 경영대학원의 MBA 졸업생들이 꾸는 꿈은 앞으로 기업의 최고경영자가 되어 보겠다는 것이다. 우리나라의 젊은이들도 기업에 입사하면서 그 회사의 최고경영자가 되어 보겠다는 꿈을 꾼다면 그것도 나쁘지 않다. 그러나 최고경영자가 되려면 몇 가지 중요한 자질과 특성을 갖추어야 할 것이다. 이러한 자질과 특성은 학자마다 다르겠지만, 저자(혹은 저자들)의 입장에서 논리를 전개하고자 한다.

첫째, 경영자는 비전, 미션, 전략을 갖춘 인물이어야 한다. 조직의 환경이 급변하면서 경영자가 갖추어야 할 첫 번째 덕목 중의 하나는 바로 미래를 내다보는 안목과 그것을 눈에 보이는 형태로 전환하여 조직의 비전, 미션, 전략을 수립하는 일이다.

최근 미국의 자동차산업이 크게 위축되어 일본의 토요타, 닛산, 혼다 등 자동차업체들이 약진하는 가운데, 미국의 빅3로 불리었던 GM, 포드, 크라이슬러 등은 정부의 구제금융을 받을 정도로 어려운 지경에 처해 있다. 그런데 디트로이트에서 백악관으로 달려가면서 전용자가용 비행기를 타고 간 것이 구설수에 올랐다. 아무리 개인주의와 자본주의가 발달한 미국이라고 해도 돈을 얻으러 갈 정도로 어려운 기업의 최고경영자가 자가용 비행기를 타고 갔다는 것은 용납하기 어렵다는 것이다. 이에 비해, 시골의 조그만 구멍가게로 출발한 월마트는 전세계 시장을 누비면서 세계 1위의 소매업체로 등장하였을 뿐만 아니라 전 업종에 걸쳐 1위를 달리고 있다.

싸고 좋다면 어디든 달려가는 미국인들을 보면서 "날마다 가장 싼 가격에"(Everyday Low Price) 좋은 제품을 공급하기 위해 창업자인 샘 월튼은 출장을 갈 때마다 싸구려 여인숙에 묵었고 월마트 배송차량을 이용하기도 하였다. 그리고 배울 수 있는 것이라면 어디든지 달려가서 배웠다. 지금도 월마트는 1970년대 구로공단에서 배워간 아침조회시의 구호 외치기를 하고 있다. 이러한 Best Practice를 배우는 벤치마킹은 우리도 배워야 할 경영지침이다.

둘째, 경영자는 강인한 체력과 실행력을 갖춘 인물이어야 한다. 하루에 근로자들이 8시간 근무한다면, 경영자는 10시간 내지 12시간 일한다고 한다. 그리고 주말도 없이 회사를 위해 일하는 사람들이다. 그렇게 많은 일을 하려면 체력적으로 건강해야 하고, 계획한 비전, 미션, 전략을 달성하기 위하여 실행할 수 있는 능력을 갖춘 인물이어야 한다.

최근 실행(Execution)이 어느 경영과정 기능보다도 중요하게 강조되는 이유는 아무리 좋은 꿈을 꾸고 청사진을 그려도 적절한 시기에 실행하지 않으면 기회를 놓치기 때문이다. 제때 정확하게 실행에 옮기려면 과감한 결단력과 추진력이 함께 요구된다. 얼마나 많은 일들이, 실행에 옮겼느냐 혹은 그렇지 않느냐에 따라 달라지는 것을 목격하지 않았던가? 그래서 요즘에는 준비, 조준, 사격보다는 조준, 사격, 준비라고 한다.

셋째, 경영자는 부하나 조직의 업적을 제대로 평가할 줄 아는 인물이어야 한다. 그동안 우리나라 기업의 경영자들은 계획이나 평가보다는 실행에 능한 인물이 성공하였다. 일본이나 대만의 경영자들이 주저하고 있을 때, 반도체 라인을 과감하게 증설하였던 한국 기업들이 오늘날 전자사업에서 일본을 앞질렀다. 삼성은 일찌감치 소니를 앞질렀고, 금년에는 LG가 소니를 추월하겠다고 계획을 세웠다. 그러나 앞으로는 우리나라도 평가가 중요한 위치를 차지할 것이다. 왜냐하면 양적인 성과보다도 질적인 성과가 더 중요한 시대가 되었기 때문이다.

최근에는 대학도 종합평가나 학과평가를 실시하여 그 결과를 공개한다고 할 정도로 평가문제는 중요한 이슈로 등장하였다. 뿐만 아니라 학교정보를 누구나 알 수 있도록 공개하기에 이르렀고, 각 대학은 매 2년마다 자체평가를 실시하여 그 결과를 웹사이트에 올리도록 강화하고 있다. 마찬가지로 기업체들도 업적추진에 대한 결과를 평가하여 성공률을 높이는 것이 필요하다.

이상 바람직한 경영자가 갖추어야 할 자질과 특성을 간단히 요약하면, 기획력, 실행력, 평가능력을 갖춘 인재이어야 한다는 것이다. 이에 덧붙여 건강도 중요하지만, 결단력, 추진력도 아울러 중요하다. 그렇지만 과거와는 달리 불도저식으로 밀어붙이는 것이 아니라 부하들을 동기유발시키고 설득하는 리더십과 커뮤니케이션 역량이 필요하다. 따라서 이성적인 접근과 감성적인 접근이 균형을 이루는 "스마트 리더십"이 필요하다고 본다.[4)]

4) 이 말은 조세프 나이, Jr가 처음 사용한 말로 다음 책을 참고하라. Joseph Nye, Jr, *Power to Lead*/김원석 역, 조지프 나이의 리더십 에센셜, 서울: 교보문고, 2008.

연습 문제

1. 경영과정에 대하여 논하시오.
2. 경영자의 유형에 대하여 논하시오.
3. 경영자의 역할에 대해 설명하시오.
4. 바람직한 경영자상에 대해 자신의 견해를 중심으로 논하시오.

현장사례 [정주영 경영스타일] 고비마다 '불도저 경영'

포니와 함께 고 정주영(鄭周永) 현대그룹 전 명예회장은 맨몸으로 국내 최대 기업을 일군 만큼 '불도저 같은 저력으로 신화를 창조한 마술사'로 불렸다. 그는 평소 "나는 현대를 통해서 기업이 할 수 있는 모든 일을 다 해 냈다"고 말하곤 했는데 그 모든 일을 해 내기 위해 넘어야 할 산이 많았고 산 모퉁이를 돌 때마다 하나의 신화가 탄생하곤 했다.

▽신화의 시작 아도 서비스 = 새로운 사업을 궁리하던 정주영은 1940년 동업자 두 사람과 함께 사채를 얻어 자동차 수리공장 '아도 서비스'를 인수했다. 그러나 부푼 꿈을 안고 시작한 공장은 잔금을 치른 지 닷새만에 정주영의 실수로 불이나 잿더미가 돼버렸다. 겨우 목숨만 구한 정주영은 공장뿐만 아니라 고객이 맡겨놓은 자동차까지 태워버려 빚더미에 올라앉고 말았다. 그대로 주저앉을 수 없었던 그는 또 사채를 빌려 자동차 수리공장을 재개했다. 신설동 빈터에 무허가로 시작한 사업이었지만 남들보다 빨리 고치고 수리비를 비싸게 받는 식으로 사업을 확장해 나갔다.

－(중 략)－

▽살 길은 해외, 태국진출 = 국내 정치상황이 급변동하면서 세무조사 등의 곤욕을 치른 정주영은 해외에서 활로를 찾았다. 그 첫 성과가 1965년 태국 파타니 나라티왓 고속도로 공사를 따 낸 것이다. 선진 16개국 29개 업체와 겨뤄 따낸 이 공사는 공사계약금이 국내외 공사 전체 계약액의 60%가 넘을 정도로 규모가 큰 것이었다. 역시 시련이 닥쳤다. 태국의 엄청난 비와 나쁜 토질, 기술의 낙후성 등 때문에 공사는 진척이 안 됐고 현대건설은 또 다시 큰 손해를 입고 말았다.

그러나 이 공사에서 돈은 잃었지만 고속도로 공사의 경험이 나중에 경부고속도로를 수주하는 데 결정적인 역할을 하게 된다. 이후 베트남 캄란만 준설공사 등을 거치면서 현대건설은 해외진출을 확장했고 나중에 '중동특수'를 일궈낼 바탕이 됐다.

▽중동신화의 서막 주베일 항만공사 = 1976년 사우디아라비아가 발주한 주베일 항만공사는 공사금액만 당시 우리나라 예산액의 절반에 맞먹는 9억 3,000만달러(당시 환율로 약 4,600억원)로 세계 건설업계가 '20세기 최대의 역사'로 불렀던 일감이었다. 우여곡절 끝에 9억 3,114만달러로 낙찰받았다. 공사를 진행해 가던 정주영은 또 하나 아이디어를 구상해 냈다. 모든 기자재와 콘크리트 슬래브를 울산 조선소에서 제작해 세계 최대 태풍권인 필리핀 해양을 지나 걸프만까지 대형 바지선으로 운반하는 것이었다. 오일쇼크로 침체돼 있던 울산조선소에도 일거리를 주고 공사기간을 단축하기 위해 내놓은 극약처방이었다. 그리고 19번에 걸쳐 이 거대한 바지선 운반 작업은 시행됐다.

이처럼 주베일 산업항 공사를 성공적으로 끝낸 뒤 현대건설은 쿠웨이트 슈아이바항 확장공사, 두바이 발전소 등 중동일대 대형 공사를 잇따라 수주하게 됐다. 1975년 중동 진출 뒤 1979년까지 현대는 약 51억 6,400만달러를 벌어들였다.

동아일보, 하임숙 기자

문제

- 성공적인 기업가들의 성공사례를 읽어야 하는 이유와 이들 기업가들의 공통점과 차이점은 무엇인가? 국내외 성공한 기업가의 저서를 읽고 토론해 보자.

제 3 장

경영학 역사

학|습|목|표

현대 경영학은 19세기 말에서 20세기 초에 걸쳐 태동하였으며, 경영경제학을 중심으로 발전한 '독일 경영학'과 실용주의에 바탕을 두고 실천적이고 경영관리과정을 중심으로 발전한 '미국 경영학'이 양대 산맥을 이루며 오늘에 이르게 되었다. 제 3 장에서는 경영학의 제 이론을 고전이론, 행동과학이론, 시스템이론, 상황이론 등으로 나누어 살펴보는 기존 방식에서 탈피하여 경영학 관련 학자들의 주요 저서를 중심으로 경영학의 역사를 살펴보고자 한다.

한국 경영학의 발달

한국 경영학은 발달사적 관점에서 볼 때, 일제시대에 처음 도입되기 시작하여 미국 경영학과 독일 경영학의 영향을 받으며 발전된 오늘에 이르는 약 80년의 역사를 가진 학문이라고 할 수 있다. 경영학이 우리나라에 처음 도입된 것은 1935년 일제시대 때 보성전문학교(현 고려대학교)와 연희전문학교(현 연세대학교)에 상과가 개설되고, 경성고등상업학교에서 '경영경제학'이라는 과목이 개설되면서부터라고 할 수 있다. 그 당시 경영학의 중심내용은 경영학의 방법론과 경영자본론이었다.

8·15 해방 이후 각 대학에서는 상업통론, 상업개론 또는 상업경제 등의 명칭과 아울러 경영학총론, 경영경제학 등이 개설되기는 하였으나 일부 대학에서는 선택과목 정도로 그 중요성이 그다지 인정되지 못하였다. 또한 1950년에는 김인직이 영국 에쉬레이(W. J. Ashley)의 『경영경제학』(*Business Economics*)을 번역 출판하였는데, 이것이 우리말로 된 최초의 경영학 저서이다.

그 후 6·25 동란이 끝나면서 산업재건의 노력이 기업의 합리적 운영의 기운을 싹트게 하였고, 이에 부응하기 위해 학계에서도 활발한 경영학 연구가 전개되었다. 1950년에 계리사법을 계기로 현 공인회계사 제도가 확립되어 경영학에 대한 새로운 전기를 마련해 주었다. 1954년 4월에 고려대학교 상과대학에서는 한국 최초의 '경영학과'가 개설되었으며, 1959년 이후 연세대, 성균관대, 숙명여대, 서울대 등 여러 대학에서 경영학과가 신설되었다.

1956년에는 고려대학교에 기업경영연구소가 설치됨으로써 산학협동의 기틀을 마련하게 되었으며, 1957년 6월에는 한국생산성연구원(현 한국생산성본부)이 창설되었다. 그 후 여러 대학에서 기업경영연구소가 설치되어 우리나라에서도 기업진단이라는 용어가 널리 확산되기 시작했다. 또한 1957년 12월에는 한국경영학회가 창립됨으로써 한국경영학의 학문적 발전에 공헌할 수 있는 계기를 만들었다. 1958년부터 고려대와 연세대가 미국 워싱턴대학과 5년간의 교수교환계약을 체결한 것을 계기로 우리나라가 본격적으로 미국 경영학을 도입하는 단계에 이르렀다.

1960년대 이후의 한국 경영학은 경제개발계획의 성공적 추진과 1970년대의 고도 경제성장기를 거치면서 미국 경영학을 중심으로 발전되어 왔다.

1980년대에는 심화된 노사갈등, 시장개방 압력과 통상마찰, 기업 간의 치열한 경쟁상황 등으로 인해 전략적 경영과 경쟁우위전략에 대한 필요성을 낳게 되었다.

1990년대에 들어와 한국 경영학은 국경 없는 무한경쟁시대로 돌입하는 WTO체제와 IMF 관리체제를 겪으면서 글로벌 경영과 투명한 기업경영, 수익성 위주의 경영, 핵심역량 중심의 선택과 집중전략, 고객만족 경영, 서비스 경영 등을 주제로 한 학문적 발전을 거듭해 왔다.

2000년대에 들어와 세계경제는 장기불황의 늪에서 헤어나지 못하고 있으며, 기업 간의 무한경쟁 상황이 더욱 심화되고 있다. 이에 한국 경영학은 글로벌 스탠더드에 기반한 글로벌 경영전략과 디지털 경영체제의 구축을 화두로 한 학문적 연구가 활발히 진행되고 있다. 이제 한국 경영학은 선진 외국의 경영학을 도입, 모방하는 차원을 넘어 한국적 경영학을 발전시키고 확립하는 단계에 와 있다고 할 수 있다.

제 1 절 경영학 형성 이전시기

1 손무의 손자병법

병법(The Art of War(BC 500))을 쓴 사람이 누구인지는 확실하지 않지만 손무라는 장군이 저술했을 가능성이 크다. 일반적으로 군사적 상황을 경영이론에 전개할 때의 장점은 적(경쟁자)이 누구인지 분명하다는 사실이다. "주군은 화를 이기지 못해 전쟁을 일으켜서는 안 된다. 장군도 격노를 이기지 못해 전쟁을 일으켜서는 안 된다. 싸우지 않고 이기는 것이 최고의 방법이다. 최고의 공략법은 적의 전략을 공략하는 것이요, 두 번째는 적의 동맹국을 공격하는 것이다. 그 다음은 적군의 군대를 치는 것이고, 최악은 도시를 공격하는 것이다."『손자병법』은 최초로 전략의 개념을 내놓은 책으로 유명하다. 전략 개념은 지난 2500년 동안 끊임없이 재해석되었다.

『손자병법』의 전략은 감정에 휘둘리지 않는 것 그리고 정신을 한 곳에 모으는 것이었다. 『손자병법』의 본질을 요약하면 다음과 같다. 첫째, 적을 알고 나를 알아야 한다. 둘째, 싸움의 주도권을 잡아야 한다. 셋째, 적의 눈을 현혹시키는 속임수가 중요하다. 넷째, 정공법과 게릴라전술을 상황에 따라 적절히 구사해야 한다. 다섯째, 공격을 할 때는 단숨에 공격하고, 수비할 때는 꾹 참고 기다린다. 여섯째, 병사가 10배라면 포위를 하고, 5배라면 정면공격을, 2배라면 협공을, 호각지세라면 결사적으로 싸우고, 열세라면 도망간다. 일곱째, 상황에 따라 통합과 분산을 신속히 행한다.[1]

2 아담 스미스의 국부론

아담 스미스(Adam Smith)의 『국부론』(*The Wealth of Nations*, 1776)은 230년이 넘은 책으로 상업 및 경제의 기본 원리를 찾고자 하는 포괄적 목적의 연구서이다. "상업을 보다 효율적으로 관리하기 위해서 기업이 필요하다는 주장에는 근거가 없다. 직공을 규율하는 실제적이고 효율적인 방법은 기업을 활용하는 것이 아니다. 이들을 효율적으로 규제하는 존재는 바로 고객이다." "사람은 자신의 정

---

1) 황복주, 전략적 문제해결, 두남, 2008, p. 338.

신을 한 목표에 집중하면 그 목표물을 획득할 수 있는 보다 손쉬운 방법을 발견할 가능성이 훨씬 높아진다." 스미스의 핵심적 주장은 특정 상품이나 서비스의 가치는 생산비용에 의해 결정된다는 것이다. 만일 생산에 비용이 많이 들면 가격이 그 만큼 비싸지게 된다는 주장이다. 스미스가 남겨놓은 지적 유산 가운데 두드러진 것은 분업의 개념이다. "분업은 모든 직종에서 노동생산성을 높여준다. 이러한 분업의 장점으로 인해 여러 직종의 분화가 있게 된다."[2)]

3 찰스 바베지의 기계 및 제조의 경제

찰스 바베지(Charles Babbage)의 『기계 및 제조의 경제』(*On the Economy of Machinery and Manufactures*, 1832)는 공장이 지니는 경제적·사회적 중요성을 밝혀낸 최초의 책이다. "공장의 운영방식은 사람들이 생각하는 것보다 더 심오한 근거를 지니고 있는 원칙 아래서 마련된다. 그리고 이러한 운영방식은 높은 수준의 연구 분야의 기초를 닦는 데 유용하게 활용될 수 있다." 바베지는 두 가지 중요한 자신의 이론을 주장하였는데, 첫째는 규모의 경제이고 둘째는 분업이었다. 그는 "제조업에서 가장 중요한 원리는 분업이다"라고 썼다. "노동자 자신이 감시당하고 있다는 사실을 깨닫지 못하게 하면서도 그가 얼마만큼 일하는지 작업횟수를 셀 수 있다." "수요가 많은 상품제조에 쓰이는 기계도 낡아서 못쓰게 되지는 않는다. 마모되어 못쓰게 되기 전에 더 신속하게 그리고 더 효율적으로 제품을 생산하는 기계가 출현한다. 수익을 보다 높이기 위해서 5년 사용하면 기계에 들어간 비용을 충분히 회수할 수 있고, 10년을 쓰면 새로운 기계로 대체해야 한다."[3)]

제 2 절 1900~1929년의 경영학

1 테일러의 과학적 관리법

테일러(Frederick W. Taylor)의 『과학적 관리법』(*The Principles of Scientific Man-*

2) 아담 스미스, 국부론, 범우사, 1992.
3) 스튜어트 크레이너, 경영의 역사를 읽는다, 한스미디어, 2007.

agement, 1911)은 테일러[4)]가 미드베일 철강회사에서 근무하면서 경험한 것을 바탕으로 쓰여졌다. 테일러의 과학은 개별업무들을 세세히 연구·조사함으로써 얻어졌다. 업무 수행시 움직임 하나하나를 파악해 내는 방법을 사용하여 업무 완결에 필요한 최적의 시각을 계산해 낼 수 있었다. 이렇게 얻은 정보로 관리자는 근로자가 일을 제대로 수행하고 있는지 파악할 수 있게 되었다. "본질적으로 과학적 관리법은 산업 종사자들의 완전한 의식 전환을 요구한다. 자신의 업무, 동료 그리고 종사원에 대한 생각 등을 완전히 바꿔야 한다." 테일러의 과학적 관리법의 내용을 보면 과학적인 방식에 의해 하루의 표준작업량을 정하고 이를 달성한 사람에게는 높은 임률을 지급하고 달성하지 못한 사람에게는 낮은 임률을 지급하는 차별적 성과급제를 실시할 것을 주장하고 일을 계획하는 것과 실행하는 것은 분리할 것을 주장하였으며, 이 밖에도 직능식 직장제도, 작업지도표제도 실시 등을 주장하였다.[5)]

2 길브레스의 서블리그

길브레스(Frank Gilbreth) 부부는 과학적 경영관리를 실험적으로 실행에 옮기는 일을 했다. 길브레스 부부가 추구하는 방식은 스스로 시간동작 연구라고 명명한 방법이었다(*Motion Study*, 1911). 길브레스는 공정 흐름도를 발명해 내기도 했고, 사진의 도움을 받아 길브레스 부부는 인간의 동작을 분석했고 이로부터 16개 단위가 있다는 결론을 내렸다. 그리고 이들 단위를 서블리그(therblig)라고 불렀다. 길브레스를 거꾸로 쓴 다음 발음이 용이하도록 t와 h를 바꾼 것이다.[6)]

3 페이욜의 관리의 일반원칙

앙리 페이욜(Henri Fayol)의 『일반경영과 산업경영』(*General and Industrial Management*, 1916)에서 테일러가 생각하지 못한 방식으로 경영을 조직의 중심에 위치시켰다. "경영은 모든 사업활동에서 매우 중요한 역할을 담당한다. 사업규모가 크거나 작거나를 막론하고 산업, 상업, 정치, 종교 등 모든 조직활동에서 경영은 중요한 위치를 차지한다." 페이욜은 산업활동을 여섯 가지로 나누었는데, 이

---

4) 테일러는 1856년 부유한 가정에서 테어나 하버드대학에도 진학할 수 있었지만, 노동자의 길을 택했다. 패턴 제작공과 기능공으로 견습 생활을 마친 뒤 미드베일 철강에 입사하여 6년간 근무하면서 사업장 내 모든 직책을 거쳐 선임엔지니어가 됐다.

5) 테일러, 과학적 경영법, 한국능률협회, 1988.

6) 스튜어트 크레이너, *op cit.*, pp. 59~60.

를 보면 기술적 활동, 상업활동, 재무활동, 안전활동, 회계활동, 관리활동으로 분류하고 관리활동은 예측하고, 계획하고, 조직하고, 명령하며, 조정하고, 통제하는 것이라고 하였다. 또한 페이욜은 관리의 일반원칙을 다음과 같이 정리하였다. 분업의 원칙, 권한과 책임의 원칙, 규율의 원칙, 명령일원화의 원칙, 지휘통일의 원칙, 전체 이익우선의 원칙, 보상적정화의 원칙, 중앙집권화의 원칙, 계층화의 원칙, 질서의 원칙, 공정원칙, 고용안정의 원칙, 이니셔티브의 원칙, 단체정신의 원칙을 들고 있다. "경영관리란 미래를 전망하는 일이다"라는 금언은 비즈니스 세계에서 계획이 얼마나 중요한가를 나타내준다. 미래에 대한 전망이 경영관리의 전부라고 할 수 없다고 하더라도 최소한 경영관리의 중요한 부분이라는 점은 부정할 수 없을 것이다. 페이욜은 경영관리자의 역할이 기업의 성공에 필수불가결한 요소라고 보았다.[7)]

4 포드의 포드시스템

헨리 포드는 그의 생애와 비즈니스 철학을 담은 『나의 생애』(*My Life and Work*, 1923)라는 책을 60세가 되던 해에 출간하였다. 포드는 자신의 비즈니스 철학을 "가격을 내리고 기업활동을 확대하며 품질을 높이는 것이 우리의 정책이다"라고 간결하게 표현하였다. "가격할인이 가장 우선한다. 우리는 비용이 고정되어 있다고 절대 생각하지 않는다. 따라서 더 많이 팔릴 수 있다는 믿음이 있으면 최대한 가격을 낮춘다. 비용을 고려해 가격을 정해 놓은 것이 보통의 방식이다. 좁은 의미로는 그러한 방법이 과학적일지 모르나 좀더 넓은 관점에서는 전혀 과학적이지 못하다. 왜냐하면 판매할 수 있는 가격에 맞추어 제품을 생산할 수 없다면 비용을 알아도 무슨 소용이 있겠는가?" 포드는 가격할인 노력을 결코 게을리하지 않았다. 대량생산으로 저렴한 가격이 가능해진 것이 아니라 저렴한 가격으로 인해 대량생산이 가능해진 것이다. 또한 포드는 표준화에 목표를 두고 있었다. 포드회사는 모델 T만을 고집하는 바람에 거의 자멸의 위기에 몰린 적이 있다. 포드는 특유의 직설적 표현으로 경영관리 및 경영관리자는 필요하지 않다고 주장했다. 포드의 경영관리에 대한 불신은 결국 자신이 세운 회사에 좋지 않은 결과를 가져왔다. 포드는 순발력이 있는 혁신자였다. 다른 사람들의 아이디어를 상황에 맞게 가공하여 유용한 것으로 합성해 냈다. 그는 조립라인을 개발해 냈

---

7) *ibid.*, pp. 62~64.

다. 하지만 포드는 노동을 비인간화했다는 비판을 받는다. 그러나 그는 비즈니스 영역에서 시대를 앞서가는 국제적 안목을 지니고 있었다.[8)]

5 막스 베버의 관료제

독일의 학자 막스 베버(Max Weber)는 다재다능한 사람으로 주로 관료제의 아버지로 알려져 있다. 베버는 『사회경제조직론』(*Theory of Social and Economic Organization*, 1924)에서 산업 성장의 비인간적 결과는 피할 수 없다고 주장했다. 거대 조직은 구성원들에게 각자의 목표보다 조직의 목표를 우선하라고 요구한다. 조직이 피라미드를 짓든 전쟁을 치르든 또는 부품을 만들든 상관없이 구성원들은 조직의 목표에 충실해야 한다고 주장한다. 사람들은 그저 시키는 업무만 하면 그만이었다. 조직은 철저한 위계질서를 갖추고 있었다. "조직은 위계질서의 원칙을 따른다. 낮은 직위는 높은 직위의 통제와 감독을 따라야 한다." 승진제도와 업무분할을 엄밀하게 해 놓아야 한다. 조직은 마치 기계처럼 움직여 나간다. 시스템의 톱니바퀴 하나하나는 명확하게 규정된 자신의 업무를 수행해 낸다. "완벽한 관료주의 조직은 가장 높은 효율성을 갖는다. 또한 인간을 통제하는 가장 합리적인 수단이기도 하다. 정밀함과 안정성, 엄격한 원칙의 적용, 신뢰도 등에서 다른 어떤 형태의 조직보다도 뛰어나다. 하지만 베버가 관료제를 옹호했던 것은 아니다. 단지 관료제의 속성을 기술했을 뿐이다.[9)]

제 3 절 1930~1940년대의 경영학

1 메이요의 호손실험

오스트레일리아 사람인 메이요(Elton Mayo)는 호손실험에 참여하였으며 1933년에 『산업문명과 인간』(*The Human Problem of an Industrial Civilization*)이라는 책을 저술하였다. 호손연구는 1927년에서 1932년까지 웨스턴일렉트릭 시카

---

8) Henry Ford, *My Life and Work*, Doubleday, Page & Co., New York, 1923.
9) 스튜어트 크레이너, *op cit.*, pp. 72~77.

고 공장에서 실시하였다. 이 연구로부터 동기유발에 대한 중요한 결과를 얻을 수 있었다. 예컨대 작업환경을 바꿀 경우 설사 그 변화가 노동생산성을 높이기 위한 것이 아닐지라도 작업량의 증가를 가져온다는 사실을 발견하였다. 호손연구가 주장하고 있는 바는 동기유발이 비즈니스의 성공에 절대적으로 중요하다는 점이었다. 호손연구의 결과로 인간관계론 학파가 대두되었다. 근로자의 사기와 생산성 사이의 관련성을 알아보고자 다섯 명의 여성 근로자를 선정해 연구를 진행하였다. 이들은 동료로부터 떨어져 나오자 이들의 업무 효율성은 높아졌다. 선정이 되었다는 사실 때문에 이들 여성 근로자들은 자신들에게 사람들의 이목이 집중되고 있다고 느끼게 되었다. 선택받았다는 생각이 들자 긍정적으로 반응하게 된 것이다.

두 번째 중요한 것은 소속감이 생산성의 향상을 가져왔다는 점이다. 동료들로부터 호감을 얻으려는 욕구, 즉 사회적 본능은 이기심이나 이성적 논리를 압도한다. "인간의 본성을 전혀 고려하지 않는 비즈니스 방식만을 고집하는 한 파업과 사보타주(sabotage)가 산업현장의 일상적 모습이 될 것이다." 메이요는 팀워크 그리고 경영자와 근로자 간의 보다 많은 대화를 주문했다. 호손연구는 집단 사이의 비공식적 조직이 강력한 잠재력을 지닌 것임을 밝혀냈다. 이러한 잠재력을 활용하는 것이 기업의 몫이다. 호손연구는 고용주와 근로자 사이의 관계를 부모가 자식을 돌보는 듯한 관계인 양 여기고 있다. 이는 잘못된 생각이다. 그렇다고 해도 메이요를 비롯한 호손 연구자들의 연구결과는 한쪽으로 치우쳐 있던 경영이론을 바로잡는 역할을 했다.[10)]

2 카네기의 인간관계론

카네기(Dale Carnegie)의 『인간관계론』(*How to Win Friends and Influence People*, 1937)은 최초의 자기계발서이다. 카네기는 효율적인 화술과 인간관계란 강좌의 교재로 쓰기 위해 이 책을 집필했다. 카네기의 목표는 인간관계에 대한 실용적이고 실질적인 지침서를 쓰는 것이었다. 카네기는 비범한 세일즈맨이었다. 사람들에게 격의 없는 친구처럼 다가가서 구매약속을 얻어내는 뛰어난 재주를 지니고 있었다. 경쾌한 문체에 판매경험에 대한 소회를 담고 있는 카네기의 『인간관계론』은 판매전략에 대한 책이다.

카네기는 타인을 친구로 만들 수 있는 효율적인 원리들을 제시하고 있다.

---

10) *ibid.*, pp. 82~84.

첫째로 사람을 대하는 기본적인 기술들을 열거하고 있다. "상대를 비평하거나 비난하지 말라. 또 불평을 해서도 안 된다. 그 대신 우러나는 칭찬의 말을 하라. 그리고 상대방 가슴에 소유하고 싶다는 강렬한 여섯 가지 방법을 제시한다. 진정으로 상대에게 관심을 기울여라. 얼굴 가득 미소를 지어라. 상대의 이름을 자주 불러라. 상대의 말을 잘 들어라. 상대방의 이해관계에 맞추어 이야기를 하라. 상대방이 스스로 중요한 사람이라고 느끼도록 하라. 그리고 이 모든 것을 성의를 다해 실행하라. 카네기의 메시지는 지금도 유효하다. 사람이 중요하다는 점, 비즈니스 세계에서 사람들을 어떻게 관리하느냐, 그리고 사람들에게 어떻게 다가서느냐 하는 문제는 바로 성공의 열쇠이기 때문이다.[11)]

3 바나드의 경영관리자의 역할

체스터 바나드는 경영학 이론가이면서 또한 동시에 기업가로도 성공한 상당히 보기 드문 사람이다. 바나드의 『경영관리자의 역할』(*The Functions of the Executive*, 1938)은 경영에 대한 바나드의 날카로운 지적을 담고 있는 책이다. 바나드는 모든 이들이 의사소통의 통로를 확보하여 개개인들의 행위가 항시 조직의 목표와 합치되도록 해야 한다고 주장한다. "경영관리자의 핵심적 역할은 첫째로 의사소통 시스템을 마련하는 일이다. 둘째로는 구성원들이 최선을 다할 수 있도록 독려하는 일이다. 그리고 셋째로는 궁극의 목적을 명확하게 설정하는 일이다." 바나드는 최고경영자는 단기목표 달성만을 위해 모든 것을 투여하는 독재적 존재가 아니라 그의 임무는 조직이 지향해야 하는 가치와 목표를 명확히 설정하는 일이라고 하였다. 바나드는 개인의 힘만으로는 이룰 수 없는 목표를 달성하려는 필요에 의해 조직이 생겨난다고 보았다. "공동체 안에서 이루어지는 개인의 행위와 조직의 행위는 직·간접적으로 상호 연결되어 있으며 또 상호 의존적이다." 바나드의 이론은 시대를 앞선 듯 보이지만 개인보다 조직을 우선시하는 조직에 대한 충성을 매우 주요시했다는 점에서 그도 역시 시대의 한계를 뛰어넘지는 못했다고 하겠다.[12)]

4 사이몬의 조직이론

허버트 사이몬(Herbert Simon)은 1978년 노벨경제학상을 수상하였다. 그는

---

11) 카네기, 인간관계론, 씨앗을 뿌리는 사람, 2004.

12) Chester Barnard, *The Function of the Executive*, Harvard University Press, Cambridge, M.A., 1968.

오랜 동안 인간심리와 문제해결 및 의사결정을 연구하면서 1947년『행정행태론』(*Administrative Behavior*, 1947)을 출간하였다. 조직이론은 현실적인 이론이 되어야 한다고 사이몬은 말한다. "조직은 중요하다. 사람이 깨어 있는 시간 대부분을 조직 안에서 보내기 때문이다. 조직의 환경이 개인의 특성과 버릇을 만들어 낸다. 조직은 중요하다. 왜냐하면 책임 있는 자리에 있는 사람으로 하여금 권한을 행사하고 다른 이에게 영향력을 발휘할 수 있도록 해 주기 때문이다." "복잡한 의사결정은 마치 거대한 강과도 같다. 많은 지류로부터 무수한 근거들을 끌어온다. 많은 개인과 조직 단위들이 의사결정에 기여한다. 중앙집권화와 분권화의 문제는 복잡한 시스템을 효율적인 체계로 배치하는 문제다." 사이몬에게 있어 조직은 조직구성 도표에 불과한 것이 아니다.[13)]

제 4 절 1950~1960년대의 경영학

1 매슬로우의 욕구단계

아브라함 매슬로우(Abraham Maslow)는 미국의 행동심리학자다.『인간의 동기와 성격』(*Motivation and Personality*, 1954)은 욕구단계로 알려진 책이다. 욕구단계란 개념은 1943년에 처음 발표되었으며 매슬로우는 인간의 욕구는 단계로 이루어져 있는바, 인간에게 동기유발을 하기 위해서는 이러한 단계를 이해해야 한다고 주장했다.

첫 번째 욕구는 의식주의 해결을 원하는 생리적 욕구다. "빵이 없을 때 사람에게 빵이 전부가 된다. 그러나 빵이 충분하여 언제든지 배가 부르게 먹을 수 있을 때면 어떻게 될까?" 생리적 욕구가 충족되면 다른 욕구가 고개를 든다. 이 욕구가 안전욕구이다. 그 다음 단계는 사회적 욕구 혹은 애정욕구이고 다음 단계는 자아욕구 혹은 자긍심의 욕구이다. 그리고 마지막 단계는 자아실현욕구이다. 사람은 자신의 잠재된 능력을 발휘하기를 원한다. 욕구단계는 동기유발을 설명하는 합리적 틀이기는 하지만 인간 본성과 합치되지 않는다는 단점을 지니고 있다.

---

13) 스튜어트 크레이너, *op cit.*, pp. 103~107.

사람의 욕심에는 끝이 없다. 매슬로우의 욕구단계는 인간관계론이 독립된 학문 영역으로 성장하는 데 공헌을 했다. 또한 동기유발에 대한 인식을 크게 바꿔 놓았다.[14)]

2 드러커의 경영의 실제

드러커(Peter F. Drucker)는 전 세계에서 가장 영향력이 높은 경영이론가였다. 오스트리아 태생의 드러커는 런던에서 저널리스트로 일하다 1937년 미국으로 건너가 1946년에 『기업의 개념』이라는 책을 썼다. 그 책에서 드러커는 제너럴모터스가 경제적 조직이라기보다는 복잡하게 얽힌 사회시스템임을 보여주었다. 1954년에 출간한 『경영의 실제』(*The Practice of Management*)는 광범위한 내용을 담고 있다. 드러커는 "서구문명이 존속되는 한 경영이라는 제도는 기본적이고 주요한 제도로 계속 남아 있을 것이다"라고 주장한다. 드러커는 경영과 경영자를 경제활동의 중심에 두고 있다. 경영조직은 산업사회에서 두드러진 선도적 그룹이다. 20세기 시작된 이래로 경영조직처럼 빠르게 등장한 통솔집단은 지금까지 없었다. 비즈니스의 목적은 오직 하나 고객창출이다. 시장은 신이나 자연 혹은 경제적 힘이 아니라 비즈니스맨에 의해 창조된다. 비즈니스의 역할이 고객창조에 있으므로 비즈니스의 핵심기능은 오직 마케팅과 기술혁신 두 가지가 되어야 한다고 주장한다. "마케팅은 기능이 아니라 고객의 입장에서 보았을 때 마케팅은 비즈니스의 전부다." 드러커는 조직의 속성과 그 존재 이유에 대해서도 "조직 자체가 최종 목적이 아니다. 비즈니스 성과를 얻기 위한 수단일 뿐이다. 조직구조는 필수불가결한 수단이다. 따라서 잘못된 구조는 비즈니스 수행능력을 약화시키거나 심하면 완전히 파괴되고 만다."

드러커는 경영관리의 다섯 가지 기본 역할을 제시하고 있는데, 즉 목표를 정하는 역할, 동기를 유발하고 상호 소통이 원활하게 이루어지도록 하는 역할, 측정하고 평가하는 역할, 사원들의 능력을 개발하는 역할 등이 그것이다. "다른 이들과 구별되게 하는 경영관리자의 기능은 교육하고 선도하는 역할이다. 경영관리자가 해야 할 일은 다른 사람에게 비전과 성취능력을 심어주는 것이다. 바로 비전과 도덕적 책임이 결국 경영관리자를 경영관리자답게 한다." 드러커는 그러한 덕성을 갖추기 위해서 다음 다섯 가지가 필요하다고 주장한다. 첫째, 높은 성

---

14) Abraham Maslow, *Motivation and Personality*, Harper & Row, New York, 1954.

과를 요구해야 한다. 보수는 성과에 따라 이루어져야 한다. 둘째, 경영관리자는 자신이 맡은 직무에 대해 보람을 느껴야 한다. 승진을 위한 디딤돌로 여겨서는 안 된다. 셋째, 합리적이고 공정한 인사관리시스템이 마련되어야 한다. 넷째, 중대한 결정을 내리는 권한이 누구에게 있는지 명확하게 규정하는 헌장이 필요하다. 다섯째, 성실성은 경영관리자의 필수불가결한 덕목이라는 사실을 숙지하고 있어야 한다.

『경영의 실제』에 담긴 핵심 아이디어는 목표관리(MBO)이다. 또한 드러커는 미래의 경영관리자가 수행해야 할 7개의 새로운 과업을 제시하고 있다. 첫째, 목표관리를 해야 한다. 둘째, 좀더 많은 위험을 감수해야 하며 보다 장기적으로 바라보아야 한다. 셋째, 전략적 결정을 내릴 수 있어야 한다. 넷째, 모든 성원을 통합하는 팀을 만들어 낼 줄 알아야 한다. 다섯째, 신속하고 정확하게 정보를 전달할 수 있어야 한다. 여섯째, 비즈니스를 전체적으로 조망해 볼 수 있어야 한다. 일곱째, 몇 가지 제품이나 한 가지 산업분야에 대해서만 알고 있어서는 충분하지 못하다. 60년 전 첫 저작이 출간된 후 경영이론이 어떻게 변화되었는지 하는 질문에 드러커는 다음과 같이 대답했다. 첫째, 사람들을 조직하고 경영하는 방식으로서의 경영원칙에서 더 이상 정통이론이라는 것이 존재하지 않게 되었다는 점이다. 둘째, 인포메이션 테크놀리지에서 무게중심이 테크놀리지의 T에서 인포메이션의 I로 옮겨가고 있다는 점이다. 셋째, 격동과 혼란이 상시화되고 있다는 점이다. 즉 격동과 혼란이 정상적인 상태이다. 넷째, 21세기 가장 유망한 분야는 비영리 사회복지산업이 될 것이다.[15)]

3 파킨슨의 파킨슨의 법칙

『파킨슨의 법칙』(*Parkinson's Law*, 1958)은 관료제에 대한 의문이 제기되던 1958년에 출간되었다. 파킨슨의 법칙에 따르면 근무시간을 채우기 위해 업무는 계속 늘어나기 때문에 조직규모는 점점 더 커지고 그 결과 기업들은 생산량에 대한 충분한 고려 없이 규모만 커진다. "관료는 동료직원보다는 부하직원 숫자를 더 늘리려고 한다. 그리고 관료들은 일을 만들어서 서로에게 준다"는 점을 발견하였다. 파킨슨의 법칙에서 무능한 행정관의 퇴근 모습을 다음과 같이 그리고 있다. "어둠이 몰려오고 이제 사무실의 마지막 불이 꺼진다. 하루 업무가 끝났음을

---

15) 드러커, 경영의 실제, 한국경제신문사, 2006.

알리는 의식이다. 마지막으로 사무실을 나오면서 꾸부정한 어깨를 하고 입가에는 쓴 웃음을 짓는다. 그리고 늦은 퇴근, 백발, 이런 것들이 성공을 위해 치르는 대가라고 생각한다."[16)]

4 허즈버그의 2요인이론

허즈버그(Frederick Herzberg)는 직무충실(Job Enrichment)이란 말을 만들어 낸 장본인으로 기업이 숫자노름에서 벗어나 개인의 창조적 역량을 확대해 나갈 때 강력한 힘을 지닌 조직으로 탈바꿈할 수 있다고 주장한다. 『업무동기유발론』(*The Motivation to Work*, 1959) 집필을 위해 203명의 엔지니어와 회계사를 대상으로 업무와 관련해 만족하고 있는 점과 불만족스럽게 생각하는 점은 무엇인가라는 설문조사를 실시하였다. 조사결과 동물적 욕구를 충족시키는 요소(위생요소)와 인간적 욕구를 충족시키는 요소(동기요소)로 나눠진다. "위생요소는 주위환경으로부터 유해한 것들을 없애주는 역할을 한다. 위생은 치유하는 힘을 지니고 있지 못하다. 다만 예방하는 역할에 머문다. 위생요소에 문제가 생기면 업무에 대한 부정적 태도가 생긴다. 위생요소를 개선하면 긍정적 업무 태도를 방해하는 요인이 제거된다. 위생요소로는 지휘체계, 대인관계, 급료, 회사정책, 행정체계, 후생 복지혜택, 고용안정 등이 있다. 위생요소로만으로는 충분한 업무동기유발이 될 수 없다. 참된 동기유발은 성취, 자기완성, 일에 대한 만족감, 그리고 주위의 인정 등으로부터 생겨난다고 허즈버그는 말한다. 위생요소가 업무 불만족감의 주요한 원인이고 동기요소가 업무에 대한 만족감의 원인이라는 결론이다. 허즈버그의 연구는 기업의 보상 및 보수체계에 대한 심대한 영향을 끼쳤다.[17)]

5 맥그리거의 XY이론

맥그리거(Douglas McGregor)는 1950년대 인간관계론 학파의 중심인물로 『기업의 인간적 측면』(*The Human Side of Enterprise*, 1950)이라는 책에서 다음과 같이 쓰고 있다. "경영관리의 본질적 책무는 기업 여건과 업무 운영방식을 정비하여 사람들이 기업의 목표달성을 위해 전력하는 것이 곧 자신들의 목표를 실현하는 최적의 방법이 되는 그러한 환경을 만들어 내는 데 있다." 이 책에서 맥그리거는 X이론과 Y이론을 주장하고 있는데, X이론은 전통적인 당근과 채찍 이론이다. X

16) 파킨슨, 파킨슨의 법칙, 21세기북스, 2003.
17) Frederick Herzberg, *The Motivation to Work*, John Wiley, New York, 1959.

이론에 따르면 근로자는 본래 게으르고 또 노동을 돈을 벌기 위한 필요악으로 여기고 있기 때문에 항상 이들을 감독하고 동기를 부여해야 할 필요가 있다는 것이다. "X이론의 근본 가정은 보통의 사람은 본질적으로 일을 싫어하며 가능한 일을 피하려 한다. 따라서 기업의 목표를 성취하기 위해서는 사람들을 구속하고 통제하고 지시하며 또 징벌로 협박하여 일하게 해야 한다. 보통의 사람은 지시받기를 원하고 책임은 회피하려 한다. 또한 별다른 야망도 없으며 다른 무엇보다도 안전을 원한다." 한편 "Y이론의 가정은 노동은 놀이나 휴식처럼 자연스러운 것이다. 보통의 사람은 본래 일을 싫어하지 않는다. 통제하고 또 벌칙으로 협박하는 방식은 사람들로 하여금 기업의 목표를 이루게 하는 유일한 방법이 아니다. 목표에 충분히 공감하게 되면 이는 일에 대한 보상으로 작용하게 된다. 보통의 사람은 적절한 조건하에서는 책임을 받아들일 뿐만 아니라 책임을 적극적으로 원한다. 비교적 높은 수준의 상상력과 창의력을 발휘하여 문제를 해결해 내는 능력은 일부의 사람들에게만 허용된 능력이 아니라 대다수 사람들이 소유하고 있는 능력이다." 맥그리거의 XY이론에 대해 양 극단만을 염두에 둔 상호배타적 이론이라는 점에 대해 1964년 맥그리거가 사망하기 전 Z이론을 만들어 냈다. 오우치는 자신의 저서에서 일본의 경영방식(평생고용, 비공식 관리, 합의 의사결정, 점진적 승진, 회사에 대한 충성심, 품질에 대한 높은 관심)을 Z로 명명했다.[18)]

6 리커트의 리커트시스템

리커트(Rensis Likert)는 1932년 "태도측정기법"이라는 박사학위 논문에서 5단계의 점수로 태도를 측정하는 방식을 도입했다. 이 측정법이 '리커트 척도법'이다. 리커트는 경영관리의 형태를 시스템 1부터 시스템 4까지 총 4개로 분류했다. 첫째는 착취적이고 권위주의적인 형태의 경영관리이고, 둘째는 호의적 독재형태이고, 셋째는 자문협의 형태이고, 넷째는 참여형태의 경영관리다. 네 번째 형태가 비즈니스뿐만 아니라 개개인의 입장에서도 가장 바람직한 경영관리 방식이다. 또한 리커트는 형식적 권위가 완전히 배제된 시스템 5를 제안했다. 리커트는 그의 저서 『신경영관리론』(*New Patterns of Management*, 1961)에서 다음과 같이 말하고 있다. "각 시스템은 그 특성에 걸맞도록 구성원들의 모습을 형성해 가는 경향을 보인다. 권위주의적인 조직은 구성원들을 의존적으로 만들어 내며 그 결과 리더를 키워내지 못한다. 참여조직은 협동심과 창의성 그리고 리더십을 갖춘 사

18) 맥그리거, 기업의 인간적 측면, 미래의 창, 2006.

람들을 만들어 낸다." 이 책에서 저자는 맹목적으로 복종만 하는 조직인간의 종언을 고했다. 리커트는 구성원의 참여가 크게 늘어나고 개인주의가 강화된 미래의 모습을 그리고 있다.[19)]

7 챈들러의 전략과 구조

챈들러(Alfred Chandler)는 『전략과 구조』(*Strategy and Structure*, 1962)라는 책에서 전략을 "기업의 장기적 목표와 구체적인 행동방침을 결정하고 목표를 이루는 데 필요한 자원을 배분하는 일이다"라고 하여 전략을 마련하면 그에 따라 구조가 결정된다는 챈들러의 결론은 최근까지도 당연한 명제로 받아들여졌다. 하지만 톰 피터스는 "전략을 결정하는 것이 바로 조직의 구조다"라고 하였다. 이 책에서 챈들러는 다수사업부제 조직을 조망하고 있다. "조직의 운명을 책임지고 있는 경영 책임자를 조직운영과 관련된 잡무에서 해방함으로써 장기적 계획수립 및 그 평가작업에 전념할 수 있도록 했다. 전략과 구조는 또한 경영관리의 전문화에 일조를 했다. 챈들러는 경영이라는 보이는 손이 보이지 않는 손, 즉 시장보다도 더욱 효율적으로 소비자로 하여금 상품을 구매할 수 있도록 한다고 보았다.[20)]

8 블레이크와 모우튼의 매니지리얼그리드

블레이크와 모우튼(Robert Blake & Jane Mouton)은 1964년 매니지리얼그리드(Managerial Grid)에서 X와 Y이론이 조직 내 인간의 행위 가운데 일부분만을 설명해 주고 있음을 확인하고 3개의 축을 가진 모델을 도입, 생산성에 대한 관심도와 구성원에 대한 관심도 그리고 동기유발에 대한 관심도로 설명하였다. 생산성과 구성원들에 대한 관심도는 각각 1에서 9까지 값으로 매겨진다. 경영관리자의 5가지 유형은 다음과 같다.

- 1점(생산성), 1점(구성원) : 아무것도 하지 않는 경영관리자로 과제를 성취하려는 별다른 노력을 하지 않는다.
- 1점(생산성), 9점(구성원) : 컨트리클럽 관리자로 구성원에 대한 관심은 지대하지만 생산성에는 전혀 관심이 없다.
- 9점(생산성), 1점(구성원) : 생산성은 강조하지만 인적 요소는 무시한다.

---

19) 리커트, 신경영관리론, 법문사, 1975.
20) Alfred D. Chandler, *Strategy and Structure*, Doubleday, New York, 1962.

- 5점(생산성), 5점(구성원) : 일상적 업무에 충실한 조직형 인간이다.
- 9점(생산성), 9점(구성원) : 팀워크를 강조하며 개인목표와 조직목표가 잘 정돈되어 있다.[21)]

9 앤소프의 전략경영

앤소프(Igor Ansoff)는 『전략경영』(*Strategic Management*, 1965)에서 전략 및 계획 입안이 이루어지는 합리적인 모델을 제시하고 있다. 앤소프는 전략적 의사결정, 관리적 의사결정 그리고 운영적 의사결정을 들고 있는데, 이 모델은 "총체적 의사결정으로부터 보다 구체적인 의사결정으로 나아가는 단계적 모델이다." 각 단계에서 다음과 같은 과정을 거친다고 앤소프는 설명한다.

① 목표를 설정한다.
② 기업의 현 위치와 목표 사이의 차이를 산출한다.
③ 목표달성 수단을 제시한다.
④ 각 수단에 대해 차이 감소 특성을 테스트한다. 만일 차이를 크게 줄이는 것으로 확인되면 채택하고 그렇지 못하면 대안을 찾는다. 전략경영은 경영학 분야에 시너지(synergy)란 단어를 최초로 도입한 것으로도 유명하다.[22)]

10 드러커의 단절의 시대

드러커의 미래 연구 가운데 정점을 이루는 저서가 『단절의 시대』(*The Age Of Discontinuity*, 1969)이다. 이 책에서 드러커는 대량생산 및 노동기반 생산 시대의 소멸과 지식기반 정보화 시대의 도래를 정확히 예언했다. 드러커는 『단절의 시대』에서 '지식근로자'란 말을 만들어 냈다. 지식근로자란 사려 깊고 지적인 새로운 종류의 경영간부를 가르킨다. 지식근로자는 자신의 가치와 조직에 대한 공헌도를 숙지하고 있는 높은 교육수준의 지적인 경영관리 전문가이다. 지식근로자는 자신의 지식을 활용하고 스스로 판단을 내리며 책임 있는 리더십을 발휘하는 역할을 수행하는 존재이다. "지식근로자는 수입과 기회를 얻기 위해 기업이라는 조직체에 의존할 수밖에 없다는 점, 기업의 막대한 투자가 없다면 자신들의 자리

---

21) 블레이크와 모우튼, 새로운 관리자, 한국생산성본부, 1968.
22) Igor H. Ansoff, *Corporate Strategy*, McGraw Hill, New York, 1965.

가 존재하지 못한다는 점을 알고 있다. 하지만 또한 기업도 이들 지식근로자에 의존하고 있다는 사실 역시 잘 알고 있다." 1992년에 출간한 『미래경영』에서 드러커는 "지금부터 핵심적인 것은 지식이다. 노동집약, 원자재집약, 에너지집약에서 지식집약으로 바뀌어가고 있다." "지식근로자의 도래와 함께 생산과정 소유의 문제는 무의미해졌다. 지식근로자는 생산과정을 소유하고 있다." 경영학 교육에 대해서도 『단절의 시대』에서 미국 경영학과가 잘 훈련된 단순 사무직 직원들을 배출하고 있다고 꼬집으며 경영학 교육의 역할에 대한 비판을 제기하였다. 드러커는 민영화란 개념을 도입했으며 최소 정부를 주장했다. 이 책은 현재 우리가 살고 있는 상업주의 시대를 정확히 묘사하고 있다.[23)]

제 5 절 1970~1980년대의 경영학

1 타운센드의 조직을 일으켜 세워라

타운센드(Robert Townsend)의 『조직을 일으켜 세워라』(*Up the Organization*, 1970)라는 책은 최초의 대중적 베스트셀러였다. "평범한 회사의 경우 우편물담당 사환, 사장, 부사장, 속기사 등 모두는 세 가지 공통점을 지니고 있다. 즉 유순하다는 점, 지겨워 한다는 점, 그리고 굼뜨다는 점이다. 조직의 정해진 자리에 얽매어 있는 이들은 사적 혹은 공적 서열 조직이 만들어 내는 규정 및 규율에 노예로 전락해 있다. 이러한 규정과 규율은 어느 누구도 손댈 수 없기 때문에 존속 이유도 없이 계속 사람들을 옭아매고 있다." 타운센드는 현대 조직의 모든 것을 속속들이 파헤친다. "하버드 경영대학원 출신자는 절대로 뽑지 말아야 한다. 소위 엘리트라고 하는 이들은 내가 보기에는 성공에 필요한 기본 소양을 결여하고 있다. 즉 겸손함, 업무 일선에 서 있는 사람들에 대한 존중, 비즈니스의 속성에 대한 이해와 인재를 골라내는 능력, 아래로부터의 존경, 용기, 근면, 충성, 판단력, 공정함, 정직성 등이 결여되어 있다." 경영진은 "경영관리가 숲 속에서 잘못된 곳으로 향할 때 경고의 소리를 지르는 역할을 담당해야 한다고 하고 있다." 경영관리자는

23) 드러커, 단절의 시대, 한국경제신문사, 2003.

사무실 치장에 시간을 낭비해서는 안 된다고 경고하고 있다. 이 책은 그 시대의 산물로 조롱과 유머를 곁들인 조직사회의 행태에 의문을 제기한 저서이다.[24)]

2 민츠버그의 경영관리자의 역할

민츠버그(Henry Mintzberg)는 『경영관리의 성격』(*The Nature of Managerial Work*, 1973)에서 경영관리자의 일하는 특성을 다음과 같이 정리했다.

- 엄청난 양의 일을 쉬지 않고 빠른 속도로 처리한다.
- 다양한 종류의 파편화된 업무를 신속하게 처리한다.
- 지금 당장 해결해야 할 문제, 분명하고 틀에 박히지 않은 일을 선호한다.
- 의사소통을 할 때 글보다 말을 선호한다.
- 내적 그리고 외적 인간 관계망 내에서 행동한다.
- 상당한 구속을 받고 있지만 업무에 대해서는 통제권을 행사할 수 있다.

이러한 관찰로부터 민츠버그는 다음과 같이 경영관리자의 업무 역할을 밝혀냈다.

◆ 대인관계역할

대표자: 조직을 대표하여 외부사람과 접촉한다.
리더: 직원들에게 동기를 유발하며 직원들의 노력을 하나로 묶어 낸다.
연락자: 다른 기업들의 대표자와 연락을 취한다.

◆ 정보와 관련한 역할

정보수집자: 정보흐름을 파악한다.
정보제공자: 정보를 직원들에게 제공한다.
대변인: 정보를 외부 사람들에게 전한다.

◆ 의사결정과 관련한 역할

기업가: 변화의 물꼬를 튼다.
위기관리자: 비일상적인 상황을 처리한다.
자원배분자: 누가 무엇을 가져야 할지 결정한다.
협상자: 협상한다.

---

24) Robert Townsend, *Up the Organization*, Michael, Joseph, London, 1970.

"모든 경영관리 업무는 이러한 모든 역할을 포괄한다. 그러나 역할이 두드러지는가는 경영관리자의 직위에 따라 달라진다."25)

3 번즈의 리더십

번즈(James MacGregor Burns)는 『리더십』(*Leadership*, 1978) 서언에서 이렇게 말하고 있다. "오늘날 리더십 위기는 권력을 쥐고 있는 사람들의 무능력과 무책임함에서 원인을 찾을 수 있다. 그러나 리더십을 요구하는 목소리는 높지 않다. 무능력 때문에 생기는 근본적 위기는 우리 자신들의 무지라고 할 수 있다. 리더에 대해서는 잘 알고 있어도 리더십에 대해서는 전혀 모른다." 그는 리더십을 "일정한 동기와 목적을 지닌 사람들이 다른 집단과 경쟁 혹은 대립하는 과정에서 구성원들에게 동기를 일깨우고 목적하는 바를 이루게 하기 위해 제도적·정치적·심리적 자원 등을 동원할 때 리더십이 행사된다."

번즈는 두 종류의 리더십, 즉 변혁적 리더십과 거래적 리더십을 들고 있다. "변혁적 리더십은 리더와 그를 따르는 사람들이 서로 열의와 도덕적 수준을 높여주는 방식으로 한 사람 혹은 다수의 사람들이 다른 사람들과 관계를 맺을 때 생기는 리더십이다. 이는 모두를 향상시키는 리더십, 조직을 역동적으로 움직이게 하는 리더십, 활력을 불어넣는 리더십, 자긍심을 불러일으키는 리더십, 마음을 고양시키는 리더십, 우리를 새롭게 하는 리더십 등으로 부를 수 있다. 변혁적 리더십은 역동적 리더십이라 할 수 있다. 변혁적 리더십을 지닌 리더는 자신을 따르는 구성원과 긴밀한 관계를 맺는 일에 온 힘을 기울인다.

변혁적 리더십은 직접적 지시보다는 신뢰와 따뜻한 관심으로 구성원들을 따르게 한다. 변혁적 리더십을 발휘하려면 장기적인 비전을 설정해야 하고 구성원에게 재량권을 부여해야 한다." 반면에 거래적 리더십은 상호 호혜주의에 입각한 리더십이다. 즉 리더와 리더를 따르는 이들 사이의 관계는 수행평가, 급료, 표창 등과 같은 보상에 기초하여 형성된다. 리더는 목표를 명확히 설정하고 구성원의 협력하에 업무 및 활동을 조직해 낸다. 리더와 구성원 간의 이러한 관계는 서열구조와 상호 호혜적 관계 속에서 일하는 능력에 의존한다. 거래적 리더십에는 결과를 얻어내는 능력, 조직구성 및 절차를 통해 통제하는 능력, 문제를 해결하는 능력, 조직의 구조와 그 한계 내에서 계획을 세우고 조직하여 업무를 추진하는

---

25) Henry Mintzberg, *The Nature of Managerial Work*, Harper & Row, New York, 1973.

능력 등이 필요하다. 리더십에 대한 연구가 등한시되고 있던 시기에 번즈는 변혁적 리더십과 거래적 리더십이란 개념을 들고 나와 리더십에 대한 논쟁을 촉발시켰다.[26)]

4 오노 다이치의 토요타 생산시스템

토요타 생산시스템을 설계한 오노 다이치(Ohno Taiichi)는 토요타에서 근무했으며 나중에는 컨설턴트로 활약했다. 그는 토요타가 앞서가는 이유를 『토요타 생산시스템』(*Toyota Production System*, 1978)에서 명쾌하게 설명하고 있다. 토요타는 소비자가 가격을 정한다고 보고 판매가격에서 비용을 제한 것이 수익이 된다는 생각을 갖고 있다. 따라서 판매가격을 올리기보다는 비용을 낮추는 일에 노력을 집중하였다. 첫째, 저스트 인 타임(Just in Time)의 원칙이다. 낭비는 좋지 않다는 생각으로 원자재 부품 따위를 수요 직전에 납입해 비용절감을 하는 방식이다. 둘째, 모든 이들이 품질에 책임을 져야 하며 하자가 발견되었을 때 발견 즉시 바로잡아야 한다. 셋째, 가치흐름이라는 개념으로 기업의 생산활동을 공급자와 고객을 포함하는 연속적이고 총체적인 흐름으로 본다.[27)]

5 포터의 경쟁전략

포터(Michael Porter)는 경쟁전략 분야의 최고 권위자로 활약하고 있다. 그는 『경쟁전략』(*Competitive Strategy*, 1980)이라는 책에서 전략을 어떻게 경쟁할지 선택하는 것이라고 했다. 그는 세 가지 일반전략이 있다고 주장한다. 첫째, 차별화 전략이다. 고객의 만족감을 높이는 데 주력함으로써 고객이 비싼 가격에라도 구매하게 하여 높은 비용을 감당하는 방법이다. 둘째, 비용절감에 주력하여 상품이나 서비스를 낮은 가격에 제공하는 방법이다. 셋째, 집중전략이다. "이 세 가지 방향 가운데 최소한 한 방향으로 전략을 개발해 내지 못하는 기업은 전략적으로 매우 어려운 상황에 있다고 할 수 있다." 경쟁법칙은 다음 다섯 가지 경쟁요소로 구현된다고 하고 있다.

- 새로운 경쟁업체의 등장: 새로운 경쟁업체의 등장은 자원을 소모케 하고 수익을 감소케 한다.

---

26) James MacGregor Burns, *Leadership*, Harper & Row, New York, 1978.
27) 스튜어트 크레이너, *op cit.*, pp. 236~239.

- 대체상품 또는 대체 서비스의 위협: 경쟁력을 갖춘 대체상품 및 서비스는 가격책정시 제약을 받게 된다.
- 구매자의 가격협상 능력: 고객이 가격협상 능력을 가지고 있으면 이윤이 줄고 수익에 영향을 받는다.
- 공급자의 가격협상 능력: 공급자가 우위에 있으면 가격을 올릴 것이고 수익에 영향을 받게 된다.
- 기존 경쟁업체들 사이의 경쟁: 경쟁이 심해지면 마케팅 및 R&D에 투자하게 되고 가격을 내리게 되며 수익은 줄어들게 된다.[28)]

6 토플러의 제 3 의 물결

앨빈 토플러(Alvin Toffler)의 『제 3 의 물결』(*The Third Wave*, 1980)은 새로운 과학기술의 시대를 알리고 산업혁명이라는 제 2 의 물결에 대하여 종언을 고하는 책이다. 제 3 의 물결은 산업사회 이후의 사회를 가리킨다. 토플러는 "소비자가 생산과정에 깊이 개입하기 때문에 누가 소비자이고 생산자인지 구별하기 더 힘들어진다"라고 말한다. 이러한 새로운 존재를 '프로슈머'(prosumer)라고 했다. 토플러는 9시에 출근해 5시에 퇴근하는 근무형태가 사라질 것(재택근무)으로 예측했다. 미래의 조직은 상업적 문제 외에도 환경문제, 윤리규범 문제, 정치문제, 인종문제, 성적 차별문제, 사회문제 등에 관심을 기울이게 될 것이라고 예측했다.[29)]

7 파스케일과 애소스의 7S

파스케일과 애소스(Richard Pascale & Anthony Athos)는 『일본식 경영』(*The Art of Japanese Management*, 1981)이라는 경영서적으로 처음 베스셀러 기록을 한 책이다. 7S(전략, 구조, 스킬, 스태프, 공유가치, 시스템, 스타일)는 기업조직이 당면하고 있는 문제들을 너무 포괄적으로 표현하고 있기 때문에 밋밋하게 느껴지지만 그러함에도 불구하고 사람들의 상당한 관심을 불러일으켰다. "7S는 기업이 관심을 기울여야 할 7가지 주요 범주일 뿐이다. 7이란 숫자에 특별한 의미가 있는 것은 아니다." 7S를 활용하면 미국과 일본의 경영방식을 비교할 수 있는 방편이 생기게 된다. 일본이 성공할 수 있었던 것은 7S 가운데 소프트 S, 즉 스타일, 공유가치, 스킬, 스태프에 관심을 기울였기 때문이며 서구는 전략, 구조, 시스템 등

28) 포터, 경쟁전략, 경문사, 1985.
29) 토플러, 제 3 의 물결, 범우사, 1992.

하드 S에 여전히 신경을 집중하고 있다는 것이다. 이 책의 출간 이후로 서구경영도 소프트쪽으로 기울고 있는 경향을 보이고 있다.[30)]

8 피터스와 워터만의 초우량기업의 조건

피터스와 워터만((Tom Peters & Robert Waterman)은 『초우량 기업의 조건』(*In Search of Excellence*, 1982)의 특징을 8가지로 요약하고 있다.

- 실행지향
- 고객접근
- 자율성과 기업가 정신
- 인재를 통한 생산성 향상
- 실무위주의 가치지향
- 영역고수
- 형태의 단순화와 직원 정예화
- 느슨함과 죔을 동시적으로 확보하는 능력

조직이 실행지향적이어야 하고, 고객에게 더 가까이 다가가야 하며 자율성과 기업가 정신으로 무장해야 하고 직원들에게 동기유발을 해야 한다고 주장한다. "해결하기 어려워 보이는 문제로 고민하고 있다면 현장으로 달려가 실제로 문제를 해결해 내고 있는 우수한 사람들을 찾아내라. 그곳에서 혁신적인 해답을 얻게 될 것이다."[31)]

9 나이스비트의 메가트렌드

나이스비트(John Naisbitt)는 『메가트렌드』(*Megatrends*, 1982)에서 다음과 같이 말했다. "미래를 예측하는 가장 신뢰할 만한 방법은 현재를 이해함으로써 미래를 내다보는 방법이다." 그는 10가지 핵심구조 개편을 제시하고 있다.

① "우리는 산업사회에 살고 있다고 생각하지만 실제로는 정보의 창출과 분배에 기초하고 있는 변화된 경제환경하에서 살고 있다."

② "하이테크와 하이터치의 두 방향으로 동시에 발전해 나가고 있다. 하이

---

30) Richard Pascale & Anthony Athos, *The Art of Japanese Management*, Penguin, London, 1981.

31) 피터스 & 워터만, 초우량기업의 조건, 더난, 2005.

터치를 통해 새로운 과학기술에 인간적 숨결을 불어넣고 있다."

③ "이제는 세계로부터 고립되어 국가경제의 틀 안에서만 자급자족하며 살아갈 수 없게 되었다. 우리 모두 세계경제의 일부분임을 인정해야 한다."

④ "근시안적인 관점과 단기적인 성과에 얽매여 있는 사회로부터 좀더 장기적인 안목에서 일을 처리하는 사회로 변화해 가고 있다."

⑤ "도시와 국가, 또는 작은 단위의 조직들에서 아래로부터 혁신이 가능하다는 점을 우리는 새로이 발견하고 있다."

⑥ "획일적인 근로자 대신 보다 독립적인 인력(전문직종 종사자)을 요구하는 쪽으로 변해 가고 있다."

⑦ "정보를 곧바로 공유하는 시대이므로 대의민주주의의 기본 틀에 큰 변화가 일어날 것이다."

⑧ "위계질서를 지양하고 그 대신 격식을 차리지 않는 인간관계 네트워크를 선호하고 있다. 이 점은 특히 비즈니스 공동체 안에서 매우 중요한 의미를 갖게 될 것이다."

⑨ "점점 더 많은 미국인들이 북부의 오래된 산업도시를 멀리하고 남부와 서부에서 살아가게 될 것이다."

⑩ "선택의 여지가 제한되어 있는 양자택일의 사회로부터 다양한 선택이 가능한 사회로 급격히 변화되어 가고 있다."

이러한 추세 이외에도 나이스비트는 미래에는 부의 창출에 있어서 작은 규모의 비즈니스 주체들이 결정적인 역할을 할 것이라고 주장한다. "현실과 가짜 사이에 구별이 점점 모호해지고 있다. 기업의 상품 또는 서비스의 진본성(authenticity)은 더욱 중요해졌다. 기업들은 소비자들에게 보다 더 가까이 다가가야 할 필요가 있다."[32)]

10 오마에 겐이치의 기업경영과 전략적 사고

오마에(Ohmae Kenichi)는 당시 널리 퍼져 있던 단순한 믿음, 즉 일본의 경영은 애사심을 고취하는 활동과 평생고용이 그 본질이라는 믿음에 반박을 가하고 있다. 오마에는 일본의 성공은 일본의 전략적 사고에서 주요 요인을 찾을 수 있다고 주장한다. 효과적인 비즈니스 전략이란 기업이 얼마간의 희생을 치르고서

32) 스튜어트 크레이너, *op cit.*, pp. 281~286.

라도 경쟁회사보다 훨씬 앞서가도록 하는 것이라고 설명한다. 이러한 성과를 얻는 것은 다음 4가지 방식으로 가능하다. 첫째, 성공의 주요요인에 초점을 맞추는 것이고, 둘째 상대적 우위를 점하는 것이며, 셋째 공격적 이니셔티브를 추구하는 것이고, 넷째 전략적 자유도를 이용하는 것, 즉 경쟁회사가 소홀히 하고 있는 분야에 혁신을 집중하는 것이다. "비즈니스 전략수립에 있어 주체인 기업, 고객, 경쟁업체 등 전략적 3C는 각각의 이해와 목표를 지닌 살아있는 실체이다. 전략가의 임무는 경쟁업체보다 우수한 성과를 올리는 것이다. 전략가는 기업이 지니고 있는 장점을 적절히 활용하여 시장이 요구하는 바를 충족시킬 수 있는 전략을 짜내야 한다.[33)]

11 베니스와 내너스의 리더

베니스와 내너스(Warren Bennis & Burt Nanus)의 『리더』(*Leaders: Strategies for Taking Charge*, 1985)는 성공한 사람들에게서 성공한 비결을 알아보는 종류의 책이다. 이 책은 90인의 리더에서 4가지 공통된 특성을 찾아내 보여준다. 즉,

- 사람들의 이목을 사로잡을 수 있는 능력
- 취지를 전달하는 능력
- 신뢰를 심어줄 수 있는 능력
- 자신을 관리할 수 있는 능력

리더십은 학습을 통해서 얻을 수 있다고 베니스는 믿는다. "모든 사람은 각자의 삶 속에서 참된 무언가를 이루어야 한다. 직장이라는 조직은 그것을 이루기 위한 중요한 수단이다. 개인들 하나하나가 리더가 될 때 이들이 이루는 공동체는 결국 가장 훌륭한 조직체로 태어날 것이다." 이런 목적을 달성하기 위해서 리더십에 대한 잘못된 고정관념을 버려야 한다. 첫째, 리더십은 특별한 재주가 아니라는 사실을 이해할 필요가 있다. 둘째, 리더는 만들어지는 것이지 타고난 것이 아니다. 셋째, 리더는 카리스마 넘치는 인물이 아니라 매우 평범한 사람들이다. 넷째, 리더십은 조직의 상위에 있는 사람들의 독점물이 아니라 어떤 위치에 있는 사람들에게도 필요한 덕목이다.[34)]

---

33) 겐이치, 기업경영과 전략적 사고, 생활지혜사, 2003.
34) 베니스 & 내너스, 리더, 황금부엉이, 2006.

12 샤인의 조직문화와 리더십

1985년 샤인(Edgar H. Schein)의 『조직문화와 리더십』(*Organizational Culture and Leadership*, 1985)의 출간을 계기로 기업문화에 대한 연구가 봇물을 이루게 되었다. 샤인은 문화를 다음과 같이 기술한다. "한 집단이 외적으로는 환경에 적응하고 내적으로는 통합을 이루어 내는 과정에서 만들어 내고 발견하고 또 개발해 낸 기본적 전제들 가운데 새로운 성원들로 하여금 학습하게 할 만한 가치가 있다고 판단하는 것들을 이른다." 여기서 기본적 전제는 섭리(운명)를 대하는 태도, 현실과 진실에 대한 시각, 인간 본성에 대한 시각, 인간 활동에 대한 시각, 인간관계에 대한 시각 등이다. 기업문화의 생성 및 발전에 핵심적 역할을 하는 것이 바로 조직이 취하고 있는 가치관이다.

기업문화의 첫 번째 단계는 '탄생과 초기 성장'으로 이 시기에는 기업 창업자에 의해 문화가 규정된다. 문화는 정체성의 원천으로 간주되며 외부의 힘에 대항해 조직을 하나로 묶는 접합체의 역할을 한다. 다음 단계는 '조직의 중년'에 해당하는 시기이며 이때 새로운 문화의 대두로 본래의 문화가 희석되고 약화되면서 정체성이 상실된다. 이 단계에서 근본 문화의 재구성과 변화를 모색할 수 있는 기회를 얻는다. 새로운 문화를 구성해 내지 못할 경우에는 마지막 단계인 '조직노화'로 접어들게 되는데, 이때는 문화가 부담으로 작용한다. 이 단계에서는 문화를 바라보는 사람들의 시각이 감상적이다. 사람들은 타성에 젖어 특단의 조치를 취하지 않으면 결국 소멸하게 된다. 샤인은 문화가 기업전략에 보탬이 되도록 하기 위해서 다음의 영역이 문화에 반영되어야 한다고 본다.[35)]

- 핵심 사업이나 주요 과제
- 목표
- 목표성취를 위한 수단
- 진행정도를 측정하는 방법
- 교정 및 수정 전략

13 칼슨의 진실의 순간

얀 칼슨(Jan Carzon)은 스웨덴의 사업가로 위기에 처해 있는 스칸디나비아

---

35) 샤인, 조직문화와 리더십, 교보문고, 1990.

항공사 SAS를 구해 내 일약 세계적인 유명인이 되었다. 칼슨이 소비자 서비스를 도입하기 전까지는 SAS는 그저 그런 회사였다. 그런데 칼슨이 MOT(Moments of Truth)란 캐치프레이즈를 들고 나왔다. "고객과 접촉한다는 것은 고객이 제아무리 멀리 떨어져 있다고 해도 그들에게 좋은 인상을 심어줄 수 있는 기회가 된다." 고객과 접촉과정은 초기접촉, 최초사용, 문제해결, 후속지원, 추가구매, 다른 상품 추천 등으로 이어진다. 각 단계별로 만족도가 어떠한지 평가하고 또 고객 유형별로 만족도가 어떻게 달라지는지 평가하는 일은 고객의 행동양식을 이해하는 핵심적 사항이 될 수 있다. 이러한 과정을 철저히 이해하고 있던 칼슨은 수만 명의 SAS매니저들에게 교육을 실시했고 그렇게 하여 회사가 고객을 위해 정성을 다하고 있다는 모습을 극적으로 보여주었다.[36)]

14 고노스케의 번영을 향한 길

마츠시다 고노스케는 1917년 마츠시다 전자회사를 차렸다. 1988년『번영을 향한 길』(*Quest for Prosperity*, 1988)에서 고노스케는 다음과 같이 말하고 있다. "우리는 승리할 것이며 서구 산업사회는 패하고 말 것이다. 하지만 이를 바꾸기 위해 서구인들이 할 수 있는 일이라고는 별로 없다. 왜냐하면 실패의 이유가 서구인 자신들 내부에 있기 때문이다." 이 글을 읽고 전율하지 않을 서구의 경영인은 거의 없을 것이다. 마츠시다의 첫 번째 제품은 플러그 어댑터였다. 절연판 생산을 주문받으면서 마츠시다에게 첫 번째 기회가 찾아왔다. 납품일자를 정확히 지켰고 품질도 매우 우수했다. 그 다음은 자전거 라이트를 개발했다. 마츠시다의 성공사례로부터 배울 교훈은 엄청나다.

첫째, 마츠시다는 고객 서비스의 중요성을 서구의 어느 누구보다도 앞서 이해하고 있었다. "고객을 끄는 제품을 만들지 마라. 대신에 고객에게 도움이 되는 제품을 만들어라. 단골고객을 확보하는 일은 애프터서비스뿐이다."

둘째, 핸리 포드를 존경했던 마츠시다는 효율적 생산과 질 높은 제품을 강조했다. "재고가 바닥나는 경우가 있다면 이는 부주의의 소치다. 이런 일이 발생하면 고객에게 사죄하고 고객의 주소를 받아 놓아라. 그리고 상품을 보내주겠다고 약속하라."

셋째, 철저한 기업가 정신이다. 그는 위험부담을 안고 과감하게 도전했으

---

36) 칼슨, 고객을 순간에 만족시켜라, 성림출판사, 1996.

며 성공한다는 신념을 잃지 않았다. 마츠시다는 VHS비디오를 개발했고 다른 회사들에게 이 기술의 사용 면허를 내주었다. 소니는 베타맥스를 개발했는데 이는 VHS보다 월등히 우수했지만 소니는 사용 면허를 내주지 않아 결국 VHS가 세계 표준이 되었고 베타맥스는 역사 속으로 사라졌다.

마지막으로, 마츠시다는 양심에 입각한 비즈니스를 옹호했다. 온정적 인사 정책으로 인원을 감축하지 않았고 사원들로 하여금 충성심을 더욱 견고하게 얻어냈다. "양심적으로 일하는 것만으로는 충분하지 못하다. 어떤 일을 하든지 자기 일에 전적으로 책임지는 자세가 필요하다." "큰 일과 작은 일이 내가 할 일이다. 중간 크기의 일은 다른 사람에게 일임할 수 있다." "꼬리가 머리를 따라간다. 만일 머리가 꾸물거리면 꼬리도 축 늘어지고 만다." "생산업자의 임무는 가난을 없애고 궁핍으로부터 사회를 구제하며 사회에 부를 가져다주는 것이라야 한다." "우리는 경영인으로서 책무를 인식함으로써 기업활동을 통해 사회의 발전과 국민의 복지를 위해 진력한다. 이로써 전 세계 모든 인류의 삶의 질을 높이는 일에 공헌한다." 마츠시다는 수익을 내지 못하는 기업은 사회에 대한 일종의 죄악이라고 보았다.

비즈니스는 어렵고 힘든 일이며 또 동시에 매우 중대한 일이다. "비즈니스는 매우 복잡하고 어렵다. 산업 환경은 날이 갈수록 더욱 예측하기 어려워지고 있고 경쟁은 격화되고 있으며 또 갖가지 위험이 도사리고 있다. 기업은 살아남기가 그만큼 어려워졌다. 기업이 생존하기 위해서는 매일매일 모든 사람들이 합심해 머리를 짜내야 한다."[37)]

15 코비의 7가지 습관

자기계발 분야의 책으로 1982년 출간된 켄블랜차드와 스펜서 존슨의『1분경영』은 간결한 내용이지만 시사하는 바는 엄청 크다. 1분 목표설정에, 1분은 칭찬에, 1분은 견책에 할애하라는 책이다. 목표는 직원들 각자가 조직 내에서 자신의 역할을 충분히 숙지할 수 있도록 설정해야 한다. 칭찬은 긍정적 피드백을 곧바로 얻기 위한 것이다. 견책은 무엇이 잘못되었고 왜 잘못되었는지 지적하고 그 해결책을 제시하는 일이다.

코비(Stephen Covey)는 박사논문을 준비하면서 성공에 관한 문헌에 관심을

---

37) 스튜어트 크레이너, *op cit.*, pp. 348~350.

기울였고 1984년 리더십센터를 설립했으며, 1989년에『성공하는 사람들의 7가지 습관』(*The Seven Habits of Highly Effective People*)을 집필했다.

- 자신의 삶을 주도하라.
- 끝을 생각하며 시작하라.
- 소중한 것을 먼저 하라.
- 쌍방 모두가 만족할 수 있는 방법을 찾아라.
- 이해받기에 앞서 이해하려고 노력하라.
- 서로 협동하며 시너지 효과를 거두어라.
- 끊임없이 쇄신하라.

코비는 효율로 향하는 첫걸음으로 자기 자신부터 변해야 한다고 주장한다. 신뢰를 구축하고 긍정적 에너지를 생성하며 부정적 에너지는 피하라고 주문한다. 자기계발 장르의 책이 인기를 얻는 이유는 인간 본성과 관계가 있다. 자기계발 서적은 이성이 아니라 꿈에 호소한다. 우리 모두는 주체적 존재가 되고자 하는 욕구가 있다. 주도적인 삶을 살아가기 원한다. 자신의 주장을 강하게 펴고 싶어 한다. 부자가 되기를 원하고 성공하기를 원한다. 보람된 삶을 원한다. 그리고 이런 원하는 모든 것을 얻기 위해서 핵심사항만으로 충분하다고 믿고 싶어 한다.[38)]

제 6 절 1990년대의 경영학

1 오마에 겐이치의 세계경제는 국경이 없다

오마에는『세계경제는 국경이 없다』(*The Borderless World*, 1990)라는 책에서 상호 연결된 경제환경하에서는 힘과 전략과 더불어 글로벌 시장의 새로운 논리를 살피고 있다. 책임, 창의성, 경쟁에 국가와 통화가 전략형성에 매우 중요하게 작용하게 되었다. 오마에는 전략을 "경쟁기업보다 우수한 방법으로 효용성을 창출해 이를 지속적으로 고객에게 제공할 수 있도록 하는 것이다." 오마에는 전략

38) 코비, 성공하는 사람들의 7가지 습관, 김영사, 2003.

이란 경쟁에서 앞서기 위한 것에만 머무르지 않는다고 말한다. 전략은 경쟁에 전념할 수 있도록 기운을 북돋아 준다. 그래서 전략을 수립할 때 상대 경쟁업체의 전략에 대해 충분히 숙고할 수 있도록 해 준다. "경쟁현실은 여러 가능한 전략들을 실험해 볼 수 있는 장으로 전략은 고객을 기준으로 하여 채택한다." 국가란 단지 정부조직일 뿐이다. "정부는 세계 어느 곳에서든 누구나 가장 좋아하는 제품과 서비스를 값싸게 구매할 수 있도록 해야 한다.

또 기업의 소속 국가가 어디든 상관없이 안정된 일자리를 제공할 수 있도록 해 주어야 하며, 경제사회의 기본 틀이 급격히 변화하지 않도록 해야 한다." 세계화의 힘과 민족주의 힘 사이에 어떻게 균형을 맞춰야 할지 앞으로 두고 보아야 할 문제이다.[39)]

2 포터의 국가의 경쟁우위

포터는 『국가의 경쟁우위』(*The Competitive Advantage of Nations*, 1990)라는 책에서 국가의 역할과 존립 근거를 완전히 새롭게 했다. 국가는 군사력에 의해 평가되던 존재에서 경쟁력이 곧 국력의 핵심적 요소가 되는 경제단위가 된 것이다. "국가의 주요한 경제목표는 국민들의 생활수준을 높이는 것이다. 그렇게 하려면 경쟁력이라는 모호한 개념에 의지하기보다는 국가 자원(노동과 자본) 활용의 생산성에 힘을 기울여야 한다. 생산성이야말로 국가의 생활수준을 결정하는 주요 요인이다." "일견 기업은 국가의 테두리에서 벗어나 있는 듯 보인다. 하지만 경쟁의 세계화로 인해 국가의 중요성이 약화되는 것처럼 보일지 모르나 실상은 오히려 그와 정반대다. 경쟁력이 취약한 자국 기업과 산업을 보호할 수 있는 무역장벽이 점차 사라지면서 국가는 점점 더 중요해지고 있다. 왜냐하면 경쟁우위를 가져다 줄 과학기술의 육성은 오직 국가의 몫이기 때문이다." 자국 내의 경쟁이 치열하면 할수록 세계무대에서 성공할 가능성은 더욱 커진다는 것이 포터의 주장이다. 자국 내의 특정 산업을 활성화하기 위해 네 가지 여건의 마련이 중요하다.[40)]

- 인자여건: 노동력을 포함하여 데이터통신, 대학의 연구능력 및 과학자, 엔지니어 및 전문가 등이다.
- 수요여건: 특정 제품이나 서비스에 대한 국내수요가 높은 경우라야 세계

39) 겐이치, 세계경제는 국경이 없다, 시사영어사, 1991.
40) Michael Porter, *The Competitive Advantage of Nations*, Macmillian, London, 1990.

경쟁에서 유리하다.

- 관련 산업 및 지원산업 : 높은 경쟁력을 보이는 산업 부문을 살펴보면 관련 산업 역시 높은 성공을 보이는 경우가 많다.
- 전략과 구조 그리고 경쟁 : 국내의 경쟁이 성장을 낳고 경쟁력을 키워낸다.

3 센게의 제 5 의 경영

피터 센게(Peter Senge)의 『제 5 경영』(*The Fifth Discipline*, 1990)은 학습조직이라는 개념을 널리 유행시킨 책이다. "세계가 서로 밀접하게 연결되고 비즈니스는 더욱 복잡해지고 또 역동적으로 변해 감에 따라 이제는 끊임없이 학습하지 않으면 제대로 업무를 수행해 낼 수 없게 되었다. 한 사람만의 학습으로 충분하던 시대는 지났고 미래에는 모든 구성원들이 학습의욕을 고취시키고 학습능력을 배양할 수 있는 방법을 찾아내는 조직이 다른 모든 조직을 압도하게 될 것이다." 학습조직은 자신의 미래를 열기 위한 자신의 능력을 끊임없이 함양하는 사람들로 이루어진 집단이다. "예로부터 학습은 단순히 정보를 취하는 것 이상의 것을 의미했다. 학습이란 사람을 변화시키기 위한 것이다. 스스로 바람직한 결과를 내놓을 수 있도록 중요한 무언가를 성취할 수 있도록 사람을 변화시키는 것이다. 『제 5 경영』에서는 학습조직에는 다섯 가지 구성요소가 있다고 말한다.[41)]

- 시스템 사고 : 삼라만상이 서로 연관을 맺고 있기 때문에 시스템 사고는 필수적이다.
- 개인적 숙련 : 좀더 열린 마음으로 현실을 바라볼 수 있는 정신적 성숙과 수동적 시각보다는 창의적 시각으로 살아가는 능력을 포함한다.
- 정신적 모델 : 조직을 움직여 가는 기본적 가치관이나 원칙을 가르킨다.
- 공동의 비전 : 모두가 함께 비전을 창출해 내는 것이 중요하다.
- 팀학습 : 대화와 토론이라는 학습형태가 있다.

4 피터스의 해방경영

피터스(Tom Peters)는 『해방경영』(*Liberation Management*, 1992)에서 "미래에는 효과적인 조직이 매일매일 새로이 등장하게 될 것이다"라고 말한다. 이러한 역동적 구조라야 기업은 고객서비스를 제공할 수 있고 역동적 구조라야 살아남

---

41) 센게, 제 5 경영, 세종서적, 1996.

을 수 있다. 피터스가 말하는 조직구조에서 핵심적인 것이 고객 및 공급업체와의 네트워크 그리고 사업진행에 도움을 주는 사람들과의 네트워크다. "이제는 크기에 대한 낡은 생각은 버려야 한다. 새로운 크기의 의미는 네트워크의 크기다. 네트워크는 신속히 움직여야 한다. 이 책에서 반복해 강조하는 것이 바로 패션이다. 우리 모두는 밀란의 의류산업이나 할리우드의 영화산업에 종사하고 있다고 생각해야 한다. 새로운 모델 조직은 신속하게 움직여야 하며 시장에서 차별성을 갖출 수 있도록 새로운 영역을 발굴해야 한다. 피터스는 명령과 통제에 작별을 고하고 대신 호기심, 이니셔티브 그리고 상상력을 특징으로 하는 새로운 시대의 도래를 알린다.[42)]

5 챔피와 해머의 리엔지니어링 기업혁명

아담 스미스의 『국부론』을 대체할 새로운 패러다임으로 챔피와 해머(James Champy & Michael Hammer)는 『리엔지니어링 기업혁명』(*Reengineering the Corporation*, 1993)이라는 책을 세상에 내놓았다. 조직운영에 핵심적인 프로세스가 무엇인지 명확히 밝혀내고 그 프로세스를 최대한 줄일 수 있을 만큼 줄이고 또 효율적으로 활용하자는 것이다. 불필요한 프로세스는 정리해야 할 필요가 있다. 비용이나 품질, 서비스, 속도 등과 같은 결정적 수행기준을 크게 향상시키기 위한 근본적인 의식 변환 및 비즈니스 프로세스의 혁신적 재설계로 정의하고 있다. "리엔지니어링은 전통적 사고방식과 과거로부터 유래된 근거 없는 생각을 배격한다. 리엔지니어링은 산업혁명을 거꾸로 돌리는 일이다. 전통은 아무런 권위를 지니지 못한다. 리엔지니어링은 새로운 시작이다." 이 책의 문제점은 새로운 시스템이면 문제를 해결해 낼 수 있을 것이라는 진부한 생각과 리엔지니어링이 정리해고와 동의어가 되었다는 점, 리엔지니어링을 광범위하게 실시하기보다 쉽게 손볼 수 있는 프로세스만 리엔지어링을 행하는 경향이다.[43)]

6 민츠버그의 전략적 계획수립

민츠버그(Henry Mintzberg)의 『전략적 계획수립』(*The Rise and Fall of Strategic Planning*, 1994)은 전략적 계획수립 과정에 대해 전체적으로 만족하지 못하는 현실을 반영하고 있다. 그는 계획수립을 이미 소유하고 있는 전략을 성문화하고

---

42) Tom Peter, *Liberation Management*, Alfred P. Knopf, New York, 1992.
43) 챔피 & 해머, 리엔지니어링 기업혁명, 김영사, 1993.

보다 명확하게 하여 실전에 활용할 수 있도록 하는 형식화된 시스템으로 정의하고 있다. 계획수립은 분석에 치중하는 반면에 전략수립은 종합에 치중한다. 민츠버그는 오늘날의 전략계획 수립이 지니고 있는 문제점을 다음과 같이 지적하고 있다.

첫째, 불연속적 변화가 예측가능하다는 가정을 하고 있다는 점이다.

둘째, 계획수립가들은 기업 현실로부터 유리되어 있다는 점이다.

셋째, 전략수립을 형식화할 수 있다는 가정이다. 민츠버그가 보는 전략수립은 다음과 같다.[44)]

- 종합적 판단으로부터 얻어낸다.
- 프로그램화하거나, 정형화되기보다는 틀에 매이지 않으며 비전을 담고 있다.
- 자유로운 사고와 직관에 의지하고 잠재의식을 활용한다.
- 불규칙적이고 기발하며 임기응변에 강하고 또 직관적이다.
- 상황에 맞춰 정보를 활용할 줄 아는 경영관리자를 필요로 한다.
- 불연속적 변화가 일어나는 불안정한 시기에 이루어진다.
- 폭넓은 시각과 비전으로부터 생겨 나온다.

7 해멀과 프라헬러드의 미래를 위한 경쟁

해멀과 프라헬러드(Gary Hamel & C. K. Prahalad)의 『미래를 위한 경쟁』(*Competing for the Future*, 1994)은 전략이론에 대한 새로운 청사진으로 평가받고 있다. "코아 컴피턴스란 조직의 집단학습을 가르킨다. 특히 다양한 생산기법을 조화시키고 새로운 테크놀리지를 통합하는 방법의 학습을 지칭한다." 그리고 "코아컴피턴스를 통해 어떤 효과를 얻어낼지 신중하게 검토할 필요가 있다. 강력한 해결책이 되는 경우도 있지만 건강한 기업전략이 반드시 코아컴피턴스에만 의존하는 것도 아니다. 코아컴피턴스는 기업으로 하여금 가능성을 보게 하여 핵심사업 이외의 다른 사업에 참여토록 하는 기능을 수행한다. 하지만 동시에 바람직하지 못한 사업확장을 유도할 수도 있다." 해멀은 창조적인 전략수립을 다음과 같이 설명하고 있다.

---

44) Henry Mintzberg, *The Rise and Fall of Strategic Planning*, Prentice Hall International, Hemel Hempstead, 1994.

첫째, 전략계획은 전략이 아니다. 계획과 전략 입안은 전혀 다른 것이다. 전략이란 새로운 것을 찾아내고 창안해 내는 것이다. 따라서 전략은 기존의 체제에 도전하며 전략가는 규정을 깨는 사람이다.

둘째, 전략계획의 걸림돌은 중간이나 하층부가 아니라 상층부에 있다. 현재의 시스템을 유지하려는 사람은 상층부에 있다.

셋째, 시작단계에서부터 결실을 얻으려 해서는 곤란하다. 전략입안은 발견해 가는 과정이며 창안해 내는 시기다.[45)]

8 골먼의 감성지능

경영관리자 및 경영관리자와 함께하는 구성원들의 이해심과 감정조절 능력이 좀더 나은 비즈니스 성과를 얻게 하는 요소라는 것이 골먼(Daniel Goleman)의 『감성지능』(*Emotional Intelligence*, 1995)의 기본 주제다. 골먼의 책을 계기로 비즈니스 영역에서도 감성지능에 대한 관심이 높아졌다. "감성적 환경은 지금까지 생각해 왔던 것보다 훨씬 더 조직의 성공에 중요한 역할을 한다. 특히 감성은 리더의 성공을 결정짓는 핵심적 요인이다. 이성적 지능보다는 감성지능이 참된 리더를 가리는 척도가 된다. 그런데 감성지능은 학습이 가능하다는 사실이다. 감성지능을 중시하는 기업의 경쟁력이 지적 능력이나 기술력을 중시하는 기업보다 훨씬 높다고 주장한다. 훌륭한 리더의 요건들 가운데 3분의 2가 감성지능과 관련되어 있으며 감성은 존재 깊숙이 아로새겨져 있다. 느낌이 생각에 선행하도록 뇌의 구조가 짜여 있다. 감성지능은 다음 다섯 가지 측면, 즉 자기인식, 감정조절, 동기유발 능력, 감정이입 능력, 다른 이들과 관계를 유지하는 능력 등을 지니고 있다.[46)]

9 캐플런과 노튼의 균형성과표

측정의 문제는 20세기 경영의 핵심 위치를 차지하고 있다. 캐플런과 노턴(Robert S. Kaplan & David P. Norton)의 『균형성과표』(*The Balanced Scorecard*, 1996))라는 책에서 균형잡힌 성과를 이루기 위해서는 4가지 요소가 필요하다고 주장한다. 첫째는 고객에 대한 전망이다. 고객의 눈에 자신이 어떻게 비칠지 살펴보아야 한다. 둘째는 내적 전망으로 기업은 자신이 가장 월등하게 잘해 내야

45) 해멀 & 프라헬러드, 코아 컴피턴스 경영혁명, 신구미디어, 1995.
46) 골먼, 감성지능, 비전코리아, 1996.

할 부분이 무엇인지 살펴야 한다. 셋째는 혁신과 학습의 전망이다. 앞으로도 계속해서 발전해 나가고 또 가치를 창출해 낼 수 있을지 살펴야 한다. 마지막으로 재무에 대한 전망이다. 주주들의 눈에 어떻게 비치는지 살펴야 한다. 캐플런과 노턴은 균형성과기록표는 3가지 요소를 지니고 있다고 말한다. 첫째, 인과관계를 확립해 내는 것이라야 한다. 둘째, 균형성과기록표는 선도지표와 지연지표를 모두 담고 있어야 한다. 마지막으로 효과적인 균형성과기록표는 재무측정치와 관련을 맺어야 한다.[47)]

10 코터의 리딩체인지

코터(John Kotter)는 *Leading Change*(1996)에서 경영관리인이 갖추어야 할 자세에 대하여 다음과 같이 말하고 있다. "창의적이고 성실해야 한다. 무엇보다 목표의식을 명확히 갖고 있어야 한다. 목표의식을 모든 성원들이 숙지하도록 하면 조직은 더욱더 강하게 변모할 것이다." 이 책에서 코터는 성공적 변화 노력으로 다음 방법을 제시하였다.

첫째, 변화의 절박함을 인식하도록 하는 일과 더불어 기업은 강력한 선도적 연합집단을 창출해 낸다. 둘째, 비전과 전략을 개발해 낸다 셋째, 변화와 비전을 구성원들과 공유한다. 넷째, 상당한 재량권을 허용한다. 다섯째, 단기적 실적에 대하여 칭찬을 해 준다. 여섯째, 새로운 프로젝트와 새로운 참가자로 항상 활기 넘치도록 한다. 그리고 끝으로 기업문화의 변화를 도모한다. "아집이 크면 클수록 다른 사람의 생각과 입장을 받아들일 공간이 그 만큼 적어진다." 리더십은 변화를 일구어 내는 가장 핵심적인 요소다.[48)]

11 스튜어트의 지식자본

지식자본을 간단히 이야기하면 한 조직이 소유하고 있는 지식 및 지적 능력의 총합이라고 할 수 있다. 스튜어트(Thomas Stewart)는 『지식자본』(*Intelligence Capital*, 1997)에서 "지식은 경제에서 가장 중요한 요소가 되었다. 지식은 우리가 팔고 사는 주요한 재료, 일을 할 때 사용하는 주원료다. 지식자본은 천연자원도 아니며 기계자본이나 금융자본도 아니지만 없어서는 안 될 기업의 주요 자본이 되었다." "질서 없이 떠도는 지식에 질서를 부여할 때 지식은 자산으로 변모한

---

47) 캐플런 & 노튼, 가치실현을 위한 통합경영지표, 한언출판사, 2000.
48) 코터, 기업이 원하는 변화의 리더, 김영사, 1999.

다." "지식자산은 다른 사람들이 유용하게 활용할 수 있도록 정리한 지식을 가리킨다." 지식자본은 인적자본, 고객자본, 구조자본의 세 종류로 분류된다.[49]

- 인적자본: 직원들의 머릿속에 들어있는 내재적 지식
- 고객자본: 기업과 고객 간의 관계가 지니는 가치
- 구조자본: 조직 내에 담겨있는 것으로 새로운 직원들에게 이전되는 자본

12 세이볼드의 인터넷 시대의 기업전략

세이볼드(Patricia Seybold)의 1998년 『인터넷 시대의 기업전략』(*Customers.com*)은 경영관리자와 기술관리자들을 겨냥해 집필한 실용지침서다. 가장 중요한 것은 고객 관계가 예전과는 전혀 다른 의미를 지닌다. 기업의 가치는 고객에 의해 결정되는 추세다. 기업은 고객가치에 맞추어 기업활동을 재정비하여야 한다. 성공적인 기업은 고객평생가치를 단순히 마케팅 차원이 아니라 전략경영의 수단으로 활용한다. "고객경제에서 승리하기 위해서는 훌륭한 브랜드 체험을 이끌어 내고 이를 유지해야 한다." "미래의 성공적인 기업은 적응력이 매우 뛰어나며 또 고객중심적이다. 이들 기업은 새로운 패턴, 그 가운데서도 고객행동 패턴을 신속하게 파악해 낸다. 고객행동 패턴을 파악하기 위해서는 고객행동에 관한 정보를 실시간으로 얻어내야 한다. 새로운 패턴과 추세를 경쟁업체보다 빠르게 파악해 낼 수 있는 능력은 결정적인 성공요소다. 이로부터 경쟁우위를 얻을 수 있다." 미래에는 "기업이 조직되어 있는 방식도 역시 바뀔 것이다. 연합형 조직과 네트워크 조직들이 표준적 형태가 될 것이다."[50]

시스템이론

조직을 시스템적 관점에서 취급하기 위해서는 시스템이론의 기초를 제공하는 시스템 개념에 대한 이해가 선행되어야 한다. 일반적으로 시스템(system)이란 "전체의 목표를 달성하기 위하여 여러 개의 독립된 구성인자 또는 부분들이 유기적으로 연결되어 상호작용하는 통합체"라고 정의된다. 다시 말해, 시스템이란 상호 관련된 몇 개의 부분(개체)으로 이루어진 유기적 통합체(a organic whole)로서, ① 하나의 전체(통합체), ② 그 전체를 구성하는 개체들, 그리고 ③ 개체간 또는 개체와 전체의 상호연관성(상호작용성)을 중심으로 설명되고 있다. 이러한 관점에서 시스템의 속성을 구체적으로 살펴보면 다음과 같다.

49) 스튜어트 크레이너, *op cit*, pp. 471~474.
50) 세이볼드, 인터넷 시대의 기업전략, 나노미디어, 1999.

① 전체적 개념: 시스템은 구성인자들의 단순한 결합이 아니라 개체들이 유기적으로 결합하여 새로운 가치를 창출하는 전체로서의 개념으로 이해되어야 한다. 즉, 하위시스템들의 유기적 결합에 의한 전체 시스템의 새로운 가치창출은 "전체는 그 부분들의 합보다 더 크다"는 시너지 효과(synergy effect)를 의미하며, 이로써 전체 시스템의 지속적 안정성이 유지되는 것이다.

② 목표성: 모든 시스템은 그 자체로서 어떤 분명한 목표를 지니고 있다. 이를 테면, 각 시스템은 목표지향적 실체라고 할 수 있다. 상위시스템과 하위시스템 간에는 목표의 사슬(chain of goals)을 형성하고 있는데, 시스템 간의 목표는 서로 유기적 관련성을 갖고 있으며, 하위시스템은 상위시스템의 목표를 범할 수 없다.

③ 유기적 구조(상호작용성): 시스템의 여러 부분(개체)들은 공동의 목표를 달성하기 위하여 서로 유기적인 관계를 맺고 상호작용한다. 예컨대, 기업시스템에 있어서 기능별 하위시스템(구매, 생산, 판매 등)들은 기업 전체의 공동목표를 달성하기 위해 상호 유기적인 관계를 맺고 상호작용하게 된다.

④ 피드백(feedback): 피드백은 시스템의 동태적이고 안정적 균형을 유지하기 위한 과정적 요소이며, 아울러 시스템의 지속적인 존속과 성장을 확보하기 위한 자기 통제적 수단이다. 즉 시스템은 피드백 과정을 통해 환경이나 상황의 변화에 대응 또는 적응할 수 있는 수정된 정보를 투입하게 된다.

⑤ 하위시스템(subsystem): 하위시스템은 상위시스템을 형성하는 구성인자가 되는 시스템을 말한다. 상위시스템은 항상 하위시스템을 가지며, 상·하위시스템 간에는 목표의 사슬관계(계층성)를 갖는다.

⑥ 폐쇄시스템과 개방시스템: 시스템의 유형은 크게 폐쇄시스템(closed system)과 개방시스템(open system)으로 나누어진다. 폐쇄시스템은 시스템을 둘러싸고 있는 외부환경과 격리되어 있는 자체 완결형 시스템을 말한다. 반면에 개방시스템은 외부환경과 자유롭게 상호작용하는 시스템으로서, 외부환경으로부터 자원이나 정보, 에너지를 받아들이고(투입), 이를 전환시켜(변환과정) 재화나 서비스를 창출(산출)해 내는 과정을 거친다. 이러한 과정은 피드백(feedback)을 통해 환경과 동태적 균형상태를 유지한다.

시스템 이론은 기업경영을 시스템적 관점에서 접근하는 것을 말한다. 시스템적 접근방법(systems approach)이란 조직이나 경영현상에 관한 문제해결을 위해 시스템이론에 관한 개념을 적용하여 접근해 가는 것을 말한다.

컨틴전시이론

전통적인 조직론에서는 환경이나 조건에 관계없이 모든 조직에 공통적으로 유효하다고 인정되는 조직원칙의 확립에 주력해 왔다. 그러나 이러한 보편주의를 부정하고 모든 환경에 대하여 유일 최선의 조직은 있을 수 없고, 환경이나 조건이 달라지면 조직의 효과성도 달라진다는 입장의 이론이 상황이론(situational theory)이다. 상황이론은 학자에 따라 '컨틴전시이론(contingency theory)' 또는 '상황적합이론'이라고도 한다. 상황이론은 기본적으로 환경 또는 상황요인을 조건변수로 하고 조직의 내부 특성변수와 성과와의 관계를 특정화하는 이론이라고 할 수 있다. 상황이론의 특성은 다음과 같이 요약할 수 있다.

① 객관적 결과의 중시: 상황이론은 결과를 중시한다. 이러한 결과중시 지향성은 조직현상을 단순히 분석하는 데 있지 않고 유효한 관리시스템이나 그 운영방안을 강구한다는 데 의의를 갖는다.

② 조직의 환경적응의 중시: 상황이론은 조직과 환경 또는 기술과의 관계를 중시한다. 환경이나 기술 등의 상황요인과 조직특성의 적합성이 성과를 결정하는 상황이론의 기본적 사고는 조직이 보다 많은 성과를 지향하는 한 조직특성을 환경이나 기술에 적응시켜야만 하는 것이다.

③ 조직을 분석단위로 한 분석: 상황이론은 행동주체로서의 조직 그 자체를 분석단위로 한다. 그리고 조직형태, 부문 간의 세력관계, 관리체계 등의 구조적 특성과 조직에 대한 기능 및 역기능에 초점을 맞추고 있다. 따라서 상황이론은 조직의 구조적 특성과 그 기능에 주목하고 거기에 존재하는 객관적 법칙을 지향하는 것이다.

④ 중범위이론의 지향: 상황이론은 조직에 대한 실증분석, 특히 조직의 비교분석을 통한 경험적인 이론구축을 지향한다. 중범위이론은 극히 제한된 상황에서 이론을 구축하는 특수이론과 범위가 크고 일반적이긴 하지만 경험적 내용이 부족한 일반이론과 대비되는 이론이다. 상황이론의 기본모형은 다음과 같이 나타낼 수 있다.

상황이론의 기본모형

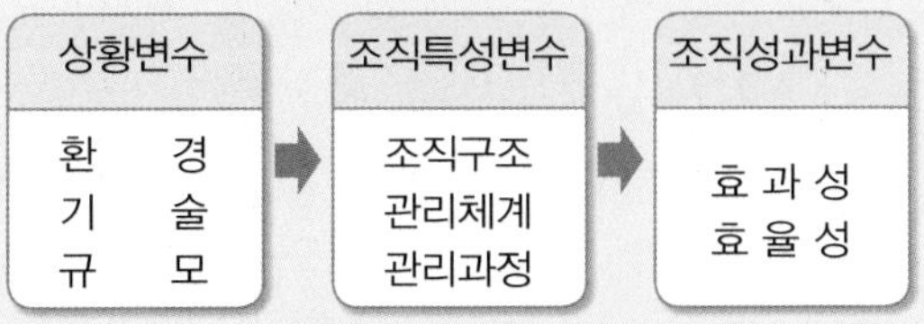

상황이론은 모든 이론에 적합할 수 있는 최선의 방법이 존재한다는 보편주의적 입장을 부정함으로써 일반이론으로서의 조직론이나 경영관리이론이 특정한 상황에서는 설명할 수 없는 제한성을 극복한 점에서 그 의의가 있다.

신유근, 『조직행위론』, 개정판, 서울: 다산출판사, 1985, p. 71.

연습 문제

1. 우리나라의 경영학 발전과정을 설명해 보시오.
2. 시스템이론에 대하여 설명하시오.
3. 컨틴전시이론에 대하여 설명하시오.
4. 테일러의 과학적 관리법에 대하여 설명하시오.
5. 메이요의 호손실험의 결과에 대하여 설명하시오.
6. 경영관리자의 역할이 어떻게 변화되어 왔는지 설명하시오.
7. 리더십의 내용이 어떻게 변화되어 왔는지 설명하시오.
8. 오늘날 중시되는 경영의 핵심은 무엇인지 설명하시오.

제 4 장

기업에 대한 이해

제 1 절 기업의 목적

제 2 절 기업의 형태

학습목표

경영학을 연구하기 위해서는 무엇보다도 먼저 기업의 본질과 기업경영활동의 주체인 경영자에 대한 명확한 이해가 필요하다.

제 4 장에서는 기업모델의 바탕이 되는 기업목적론에 대하여 살펴본다. 그리고 가장 일반적인 분류 기준이 되는 소유권의 형태에 따라 각 기업형태의 특징 및 장단점을 고찰한다.

비전을 품어라

외로움과 두려움은 비전 속에 녹아들어 직원들의 갈라진 마음을 하나로 엮을 수 있으며 기사회생하는 역사가 일어난다. 단체를 이끌기 위해서 반드시 비전이 필요하다. 비전은 리더와 조직체가 지향해야 할 방향이다. 비전 없이 회사를 운영하는 것은 마치 지도 없이 산악을 돌아다니는 것과 같다. 아무 계획 없이 휴일을 보내듯이 방향설정 없이 인생을 소비하는 사람도 있다. 그냥 무조건, 아무 계획 없이 시작되고 진행되고 끝나버리고 만 사업이 얼마나 많은가?

확실한 비전은 나아갈 방향을 정확히 제시한다. 한 회사를 대표하는 최고경영자가 비전을 제시하지 못하면 그 조직체는 금방 와해되고 만다. 일을 시작하기 전에 비전이 준비되어 있어야 한다. 어쩌면 현장으로 종횡무진하는 것보다 비전을 세우기 위해 고심하는 시간과 노력이 더 많아야 할 것이다. 왜냐하면 비전은 회사의 미래이자 직원들의 장래이기 때문이다. 그러므로 비전이란 당신 자신을 위해 존재하는 것이 아니라 공동체의 이익을 위해 필요한 것이다.

비전을 공유한다는 것은 목표에 대한 방향을 알고 있는 것이며 함께 공유한 이들은 힘을 얻게 된다. 리더는 비전이 확실하게 성취될 것이라는 신념을 가져야 한다. 비전을 갖는다는 것은 오직 시작에 불과하다는 사실을 명심해야 한다. 비전은 갈 길을 제시할 뿐이다. 비전달성을 위해서는 적절한 전략과 전술을 개발해야 한다. 그리고 전략과 전술을 수행할 조직체를 만들어야 한다. 비전을 현실화하는 것은 과정이며 이를 위해 수년이 걸릴 수도 있다.

데이비드 스튜어드 & 로버트 슈크, 『섬김으로 성공한 기업경영』, 가이드포스트, 2005.

제 1 절 기업의 목적

기업은 공동의 목표를 가지고 협동적 노력을 하고자 형성된다. 그렇다면 기업 구성원들의 협동적 노력이 지향하는 기업의 목적은 우리의 중심과제가 아닐 수 없다.

여기서 목적(objectives)이란 궁극적으로 달성하려고 의도하는 최종 성과 내지 결과(ends)인 데 반해, 목표(goal)는 측정가능하고 보다 구체적인 질적·양적 목적을 말하는 것으로서, 이는 기업활동의 구체적인 관리기준이 되는 것이다. 따라서 기업목표는 기업목적이 어느 정도로 달성되었는지 측정가능하다는 의미에서 조작적 성격을 지닌다.

이와 같은 기업목적, 특히 기업목표는 기업활동이 수행되는 모든 과정에서 이를 이끌어 주는 판단기준이 된다. 이러한 목적은 계층성을 가지는데, 이는 여러 개의 목적이 서로 수단·목적의 연쇄(means-ends chain)를 이루고 있어서, 어떤 목적의 달성을 위해 선택된 수단으로서의 행동은 그보다 낮은 차원의 수단인 행동을 선택하기 위한 목적이 된다.

예를 들어, 기업의 목적을 이익이라고 한다면, 이를 달성하기 위한 수단으로는 수익을 증대시켜 주는 판매액 증대와 비용인하라는 두 가지의 1차적인 수단을 고려할 수 있다. 왜냐하면 이익은 수익과 비용의 차액이기 때문이다.

판매액 증대와 관련시켜 보면 판매가격의 인하, 새로운 경로의 개척, 신제품 개발, 효율적인 광고, 판매경로의 단축, 판매조직의 효율화 등을 생각할 수 있고, 또 비용인하와 관련시켜 보면 가치분석 또는 가치공학을 이용하여 재료를 대체함으로써 재료비를 인하하거나, 노동생산성을 향상시키거나, 원가절감 운동 등을 통해 경비를 줄일 수 있을 것이다.

1.1 이익의 의의

이익(profit)이란 기업활동을 수행하는 데 투입된 총비용(total cost)을 상회하는 총수익(total revenue)의 부분이다. 즉, 이익은 다음과 같이 나타낼 수 있다.

여기서 G는 화폐형태로서의 산업자본, 즉 화폐로서 일반적 구매수단 또는 지불수단으로서의 기능형태 자본을 말하고, W는 상품형태로서의 자본, 즉 교환될 성질을 가지는 생산품인 기능형태의 자본을 나타내며, Pm은 생산자본, 즉 가치 및 잉여가치를 창조할 수 있는 능력을 가진 자본형태를 의미한다.

$$P=R-C$$ (P: 이익, R: 수익, C: 비용)

이때의 이익은 수익을 얻고자 자원을 배분한 투입(input)과 이에 의해 획득한 산출(output)과의 차액인데, 이는 경영자가 중심이 되어 협동을 통해 기업가적 기능, 즉 위험부담과 혁신을 이룩한 것에 대한 대가로서의 사회적 보수이다. 그러면 이러한 이익은 자본주의 체제하에서만 발생하는 필요악인가?

마르크스(K. Marx)는 자본의 순환과정을 [그림 4-1]에서 보는 것과 같은 공식으로 설명하고 있다. 산업자본은 그 운동의 과정에 있어서 여러 가지의 기능형태로 변한다. 그 변환과정은 이러한 형태의 반복으로서 하나의 순환과정을 이루게 된다.

상품의 생산은 가변자본인 노동력(Ar)과 불변자본인 생산수단(Pm)이 서로 결합되어 이루어지며, 생산수단은 노동수단인 시설과 노동대상인 원재료로 성립된다고 볼 수 있다. 따라서 생산요소는 노동(력), 시설, 원재료의 3요소로 이루어진다는 것이다.

생산과정을 통해 생산된 생산물(상품, W')은 판매를 통해 최초의 화폐(G)에다 알파의 화폐인 이익(g) 또는 이윤을 얻게 되며, 이익은 회수되어 재투자된다.[1)]

그림 4-1 자본의 순환과정

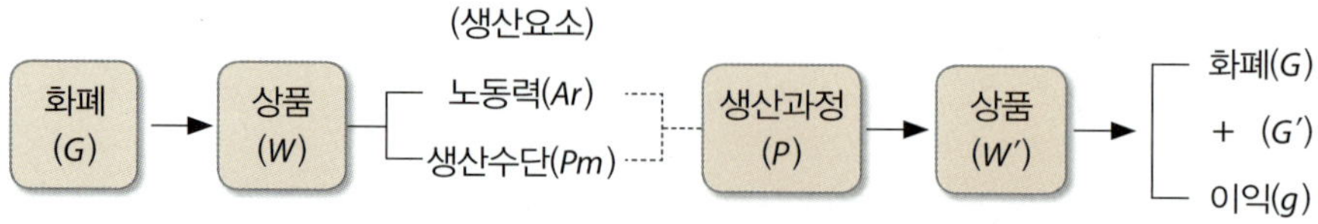

(G: Geld, W: Ware, Ar: Arbeit, P: Produkt, Pm: Produktions Mittel)

1) 위의 순환과정은 기업의 중심기능인 생산을 중핵으로 한 경영의 순환과정으로 설명할 수도 있다. 즉, 기업의 자본조달기능을 통해 확보된 산업자본(G)은 생산요소를 구매(구매기능)하여 생산과정

마르크스는 개별자본의 운동을 통해 얻어지는 이윤의 궁극적인 원천은 노동력이고, 잉여가치생산은 노동시간 연장, 노동강화 및 노동생산성의 향상에 의해 이루어지며, 이것은 자본가에게만 분배되므로 이익추구는 곧 착취이며, 그 메커니즘의 기초는 사유재산제에 있다고 보았다. 따라서 그는 이러한 제도는 착취당하는 무산자계급에 의해 타파되어 착취와 억압이 없는 자유로운 사회주의가 도래하리라고 예언하였던 것이다.

그러나 이러한 예언은 생산수단이 사회적 소유화되고 계획경제의 사회가 되더라도 근대적인 화폐경제 체제를 취하는 한 사회주의 사회의 부(富)도 상품생산의 형태를 통해 이루어질 수밖에 없으며, 이의 판매를 통해 얻게 되는 이익은 사회주의 사회 또한 자본주의 사회 이상으로 더 많이 필요로 한다.

자본주의 사회이든 사회주의 사회이든 기업에 있어서 생산물이 상품으로써 생산되는 한 개별자본의 운동법칙은 존재하며, 또한 이익은 기업이 어느 정도로 성과달성을 하였는가 측정하는 최적의 척도가 됨을 나타내어 주는 것이다.

이와 같이 볼 때, 이익이란 어떠한 사회경제 체제하에서도 당위성을 가지며 또한 필요한 것인데, 이러한 이익은 바로 부가가치(added value)로서의 성격을 가진다. 부가가치는 기업활동을 수행한 결과로서 스스로 창출하고 부가한 가치인 것이다.

부가가치는 크게 두 가지가 있는데, 그 하나는 판매액에서 기업외부로부터 구매한 원재료비 등을 공제하여 파악되는 총부가가치로서 이에는 출자자에게 분배될 전통적인 의미에서의 배당금과 인건비, 타인자본 이자 및 감가상각비 등이 포함된다.

다른 하나는 전자에서 다시 전통적 의미에서의 이익, 즉 배당금과 인건비 및 타인자본 이자 등이 제외된 순부가가치 개념이다. 따라서 이와 같이 파악되는 기업경영성과로서의 이익은 기업의 협동적 생산과정에 참가한 모든 참가자에게 공정하게 분배되지 않으면 안 된다. 이렇게 볼 때, 부가가치적인 입장에서 파악되는 이익은 다음과 같은 세 가지 형태로 나타난다.

첫째는 창조이익이다. 이는 특허, 신기술 및 신제품 개발 등에 의해 실현

(생산기능)을 통해 생산된 제품을 판매(판매기능)함으로써 산업자본(G')을 다시 회수하게 된다. 초과공급하의 구매자 중심시장(buyer's market) 상황에서는 생산된 제품에 대한 고객의 수용(customer's acceptance) 여부가 판매, 즉 산업자본의 회수를 좌우하게 되는바, 오늘날 기업경영에 있어서 판매 또는 마케팅 기능의 중요성은 점점 더 커지고 있다.

되는 초과이익으로서 사회적 편익(혜택)을 새로이 추가 또는 증대시켜 준 대가이다.

둘째는 생산이익이다. 이는 보다 양질의 보다 값싼 생활자원(상품이나 용역)을 공급하는 기업의 본질적인 기능인 생산기능이 수행됨으로써 제공된 사회경제적 편익 내지 혜택에 대한 대가이다.

셋째는 의제이익이다. 이는 단순히 상품이나 용역을 제공함으로써 가득되는 이익으로서 아무런 사회적 가치도 증대시켜 주지 않는다. 예컨대 매점매석, 투기, 저가발주 등에 의해 생성된 이익이 여기에 해당된다.

경영성과로서의 이익을 극대화한다는 것은 협동과정에 참가한 모든 사람들에게 그것이 공정하게 분배될 수만 있다면 그것은 기업목적으로 당연시될 수 있을 것이다. 그러나 이와 같은 이익이라 하더라도 그것이 불공정한 방법이나 수단에 의해 추구된다면 그것은 비난을 받지 않을 수 없다.

그러므로 이익창출과정에 불공정성이 개입되지 않는다면 그 이익은 공정이익(fair profit)이라 할 수 있다. 또한 기업이 존속하기 위해 필요로 하고 사회적으로 용인될 수 있는 '요구되는 최저이익(required minimum profit)'이란 어느 정도이어야 할까? 드러커(P. F. Drucker)는 이를 세 가지로 보고 있다.

첫째는 기업이 존속하기 위해 기업자체의 미래위험을 회피하는 데 필요한 미래원가(future cost)이다. 둘째는 사회원가(social cost)인데, 여기에는 세금, 공과금 등이 포함되고, 셋째는 미래확장원가(future expansion cost)인데, 여기에는 자기금융에 의한 자금조달 및 차입을 용이하게 하는 데 필요한 이익이 포함된다.

1.2 단일목적론

기업의 목적을 하나로 보는 단일목적론에는 이익목적론, 봉사목적론, 고객창조 목적론, 존속성장 목적론 등이 있다.

1 이익목적론

자본주의 경제체제에 있어 기업활동은 영리와 불가분의 관계를 가지고 있으므로 이익추구가 바로 기업의 본질적인 목적이 된다고 보는 견해이다. 이익목적론에는 기업가 목적론, 주주부의 극대화 목적론, 기업가치의 극대화 목적론, 투자이익 목적론 등이 있다.

초기에는 이익목적론 중에서 기업가 목적론이 지배적이었다. 이는 소유경영자인 기업가의 이익추구 목적을 기업목적으로 보는 것이다. 이러한 이익목적론은 이익추구 기간의 장·단에 따라 두 가지로 구분할 수 있다.

(1) 단기이익의 극대화(short-term profit maximization)

이는 기업의 이익을 단기적으로 극대화시키고자 하는 것으로, 예를 들어 다른 조건은 전혀 고려치 않고 고가격을 설정하여 한 번의 거래에서 가능한 한 이익을 극대화하려고 하는 것이다.

(2) 장기이익의 극대화(long-term profit maximization)

이는 기업의 목적인 이익을 단기적으로 극대화할 수 있는 가능성이 있다고 하더라도 이와 같은 이익을 생기게 하는 기업의 존속이나 지배에 영향을 미치는 여러 가지 요인을 고려함으로써 단기적인 이익획득보다는 장기적인 이익의 극대화를 추구함을 뜻한다.

이러한 장기적 이익극대화는 기업을 영속적인 조직체로 보는 면에서는 타당하나 현실적으로는 자칫 형식적인 이념으로 흘러 버릴 수도 있다.

2 봉사목적론

포드(H. Ford)가 주장한 포디즘(Fordism), 즉 저가격과 고임금의 원리에 따라 기업의 목적은 봉사동기에 있다고 보고 이러한 봉사를 목적으로 하여 경영되는 기업활동의 결과로써 얻게 되는 것이 이익이라고 보는 견해이다.

포드는 기업을 봉사의 기관으로 보고, 소비자의 실질적 구매결과 생활수준의 향상을 꾀하기 위해서는 저가격의 제품을 공급해야 하며, 다른 한편으로는 높은 임금을 지급해야 한다고 주장하였다.

3 고객창조 목적론

드러커(P. F. Drucker)는 기업은 사회가 부(富)를 산출할 수 있는 자원을 위탁한 사회적 기관이므로 그 목적은 사회에 있어야만 한다고 보고, 이를 고객창조(creating customer)라 하였다. 따라서 그는 이 목적을 달성하기 위하여 마케팅과 혁신(innovation)의 두 가지 기본적인 기능이 수행되어야만 한다고 주장하였다. 따라서 이익은 목적, 즉 원인이 아니라 결과적으로 얻어지는 것이라고 주장하였다.

4 존속성장 목적론

이 목적론은 이익목적론을 부정하는 것이 아니다. 사실상 기업이 존속성장해 가려면 이익은 필수불가결하다. 왜냐하면, 이익이 없으면 기업의 유지나 존속, 성장, 발전이 어려우며, 이해관계자 집단에 편익(benefits)이나 유인을 분배할 수도 없고 또한 사회적 책임도 수행할 수 없기 때문이다. 따라서 존속성장 목적론은 어떠한 의미에서든지 이익을 부정하는 것이 아니라 이를 암묵적으로 인식하지 않으려고 하는 것이라 할 수 있다.

이와 같은 이유는 아직도 전통적 이익개념, 즉 이익은 기업에 자본을 출자한 자에게만 귀속·분배되는 것으로 보아왔었기 때문이다. 사실상 이러한 종래의 이익개념은 오늘날 협동적 노력에 의해 창설·운영되는 협동적 생산실체이기 때문이다. 따라서 기업을 경영한 성과로써 획득한 이익은 기업과 이해관계를 가지는 여러 사람들의 협동적 노력의 결과인 것이다.

1.3 다원목적론

기업의 목적은 단일화할 수 없으며, 여러 가지라고 보는 견해를 다원목적론이라 한다. 기업은 다수의 이해관계자 집단의 이해가 서로 관련되어 있으므로 현대기업의 목적이 다원화되기에 이르렀다는 것이다.

다시 말해 기업의 최종적 목적은 기업의 존속성장에 있는 것이며, 이를 달성하기 위해 기업은 다원적 목적을 가져야 한다는 것이다. 다원적 목적은 이윤극대화의 원칙에 의해서가 아니라 만족화의 원칙에 의해서 설정이 되어야 한다.

그림 4-2 기업의 다원적 목적

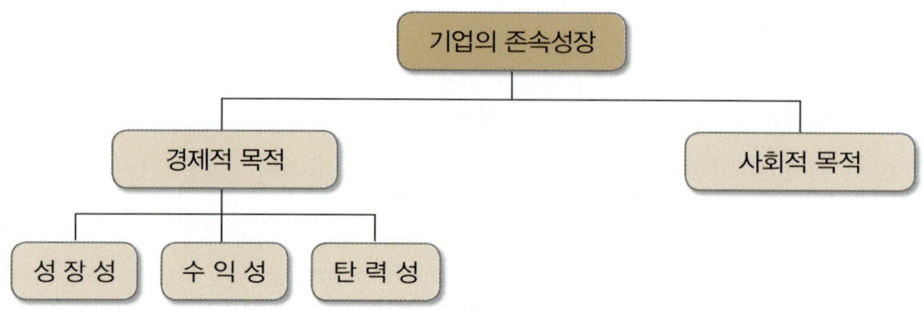

기업의 다원적 목적에는 여러 가지가 있겠으나 일반적으로 경제적 목적과 사회적 목적으로 대별되는데, 기업의 1차적인 목적이라고 할 수 있는 경제적 목적의 하위목적으로는 성장성 목적, 수익성 목적, 탄력성 목적 등으로 세분된다. 또 사회적 목적은 기업이 사회적 기관으로서 다양한 이해관계자 집단의 이해를 조정하고 이들의 요구에 대한 만족기준하의 편익(benefits)을 제공함으로써 기업의 사회적 책임을 수행하는 목적을 말한다.

1 성장성 목적

기업은 여러 가지 이유로 성장목적을 추구하게 된다. 첫째, 소규모 경영보다 대규모 경영이 원가면에서 저렴하다는 규모의 경제(economy of scale) 때문에 규모의 경제를 이용하기 위함이다. 둘째, 기업의 성장과정이나 일상의 경영활동에서는 설비나 인재의 능력, 숙련이나 지식, 연구개발에 의한 신지식 등의 미이용 부분의 잉여자원이 발생하는데, 이러한 잉여자원을 이용하기 위함이다. 즉 기업은 성장하지 않는 것보다 성장하는 것이 더 유리한 것이다. 셋째, 기업은 성장함으로써 각 참가자에 대한 수탁유인이 증대된다. 즉, 종업원은 승진기회를 더 많이 가질 수 있으며, 주주는 증자 프레미엄을 얻을 수 있다.

이와 같은 기업의 성장성 목적의 하위 목적으로는 설비의 확대, 시장점유율의 확대, 이익증대와 이익의 확보, 제품개발 및 시장개발, 규모의 증대와 다각화, 인재의 육성과 연구개발 등을 들 수 있다.

2 수익성 목적

기업의 수익성이 만족수준을 하회하게 되면 기업확대를 위한 재투자에 필요한 이익유보는 감소하고, 기업의 성장도 기대할 수 없게 된다. 또한 수익성이 떨어지면 배당이 감소하고 무배당 상태가 되어 주가는 하락하고 외부자본의 조달에 어려움을 갖는다.

한편 적자를 보이게 되면 자기자본이 감소되고 부채비율이 악화되며 기업의 재무균형을 상실하게 되어 기업의 유동성(liquidity)[2)]은 악화된다. 그러므로 기업이 생존 및 성장을 위해서는 기업이 만족할 만한 수익성의 확보가 절대적으로 요구된다.

---

2) 유동성은 기업의 단기부채 지급능력을 말한다.

3 탄력성 목적

기업이 급변하는 기업환경에 적응하려면 항상 불확실성에 직면하게 된다. 경기변동이나 계절변동 이외에도 구조적인 경제변동을 만나게 되며, 또 경쟁업자의 신제품이 자사제품을 진부화시키거나, 수요를 급속히 감퇴시키기도 한다. 이러한 사태는 누구도 사전에 예측하기가 어렵다.

기업의 탄력성이란 이와 같은 예측하기 어려운 사태에 대해 최소의 희생으로 방어할 수 있는 기업의 능력을 의미한다. 탄력성 목적의 하위 목적으로는 생산시스템의 탄력성, 마케팅의 탄력성, 재무구조상의 탄력성, 조직의 탄력성, 연구개발의 탄력성 등을 들 수 있다.

제 2 절 기업의 형태

2.1 기업형태의 의의와 분류

기업형태의 선택은 기업의 창설을 위한 크나큰 요인의 하나이다. 그것은 어떠한 형태의 기업을 창설하느냐에 따라 미래의 유지나 성장에 커다란 영향을 미치기 때문이다.

기업형태(business form)란 경제적 행위주체로서의 기업이 기업목적을 달성하기 위하여 취하고 있는 기업의 종류나 양식을 말한다. 현대기업의 특질이 전문경영자에 의한 주식회사 형태의 기업일 수만은 없다. 따라서 기업창설을 위한 기업형태란 그 선택요인에 따라 결정될 수밖에 없다.

기업형태의 선택은 책임부담 여하에 달려 있으며, 이외에도 설립방식의 여하, 자금조달의 난이성 여하, 세제상의 장·단점 등이 그 추가적인 선택요인이 된다.

기업형태는 일반적으로 기업의 형태를 보는 관점에 따라 여러 가지로 구분할 수 있다. 기업의 법률적 형태란 기업형태의 법률적인 특징에 따른 형태분류를 뜻하며, 일반적으로 법인격의 유무, 사원책임의 형태, 회사기관의 구성, 대체적

그림 4-3 기업형태의 분류

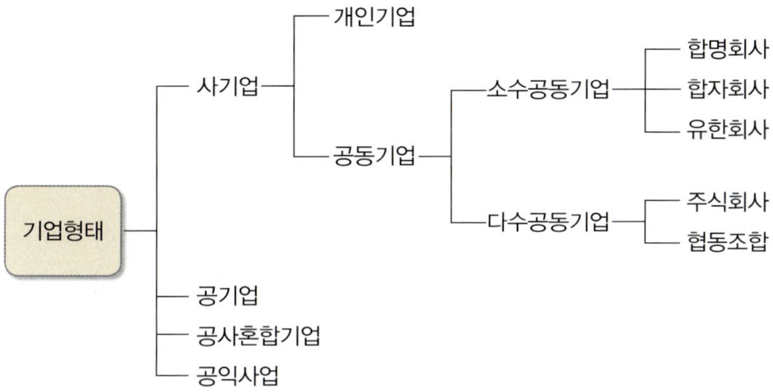

지분증권의 발행가능성 여부 등이 그 법률적인 특징을 이룬다. 법인격의 유무에 따라 자연인 기업과 회사기업으로 나누어지며, 사원책임 형태에 따라 합명회사, 합자회사, 유한회사, 주식회사 등으로 나누어진다.

[그림 4-3]은 일반적인 기업형태의 분류를 보여주고 있다. 기업을 경영하는 규모의 크기에 따라 분류해 보면 대기업과 중소기업으로 분류할 수 있다. 규모의 크기는 자본액, 매출액 또는 종업원 수 등으로 기준을 삼는다. 기업의 출자자를 공사별로 나누어 공기업, 사기업, 공사혼합기업 등으로 구분할 수도 있다.

2.2 사기업의 형태

사기업(private enterprise)이란 자본주의 경제체제의 특징적인 기업으로서 민간의 자본을 가지고 민간인에 의해 영리를 목적으로 영위되는 일체의 개별경제를 의미한다. 우리나라의 경우, 「상법」상에서는 사기업으로 개인기업과 공동기업에 있어서의 합명회사, 합자회사, 주식회사 및 유한회사가 인정이 되고 있다.

1 개인기업

개인기업(sole proprietorship)은 가장 오랜 전통을 지닌 사기업으로서, 역사적으로 볼 때 사기업은 우선 개인기업의 형태를 갖추고 등장했다고 할 수 있다.

따라서 기업형태 중에서 가장 간단한 기업형태의 전형이 바로 개인기업이다. 개인기업은 개인이 출자하여 소유·운영되는 기업을 일컫는다. 즉 한 사람이 단독적으로 출자하고 지배하여 경영상의 모든 위험과 손실을 부담하고 이윤도 단독으로 향유할 수 있으므로 단독기업이라고 부른다.

개인기업의 장점은 다음과 같다.

① 기업체의 설립과 폐업이 자유롭고 용이하다.
② 모든 이익은 소유자에게 귀속되므로 경영에 대한 관심이 크다.
③ 소유자는 자율적인 경영이 가능하고, 신속한 의사결정을 통해 기업환경에 능동적으로 대처할 수 있다.
④ 기업경영에 대한 법률상의 제약과 규제가 가장 적다.
⑤ 개인소득세만 납부하고 법인세는 없으므로 납세액이 상대적으로 적다.
⑥ 경영상의 비밀을 유지할 수 있다.

그러나 개인기업은 다음과 같은 단점을 가지고 있다.

① 소유자는 부채에 대한 무한책임을 진다.
② 자본조달이 어려워 대규모 경영에는 부적합하다.
③ 기업규모가 커지면 개인능력의 한계로 관리능률이 저하된다.
④ 기업체가 영구성이 없고, 종업원의 승진기회가 제한된다.
⑤ 기업체의 존속에 불확실성이 많다.

2 공동기업

(1) 합명회사

합명회사(unlimited partnership)는 2인 이상의 사원이 공동출자한 회사이며, 각 사원은 회사의 채무에 대하여 연대무한책임을 지는 회사인데, 이것은 인적기업의 대표적인 기업형태이다. 각 사원은 정관을 작성하고 법원에 등기함으로써 설립된다.

합명회사의 각 구성원은 위험부담에 있어 무한책임을 지는 관계로 다른 사원이 부담할 부분의 채무까지도 책임을 져야 한다. 따라서 합명회사는 보통 가족 또는 친척 간과 같이 이해관계가 매우 깊은 사람들끼리 설립하는 경우가 많다. 그러한 의미에서도 합명회사는 개인기업과 가장 가까운 성격의 기업형태이다.

합명회사는 인적요소에 치중되어 있어 각 사원은 법률상 여러 가지 구속을 받는다. 합명회사의 사원은 무한책임 대신 회사경영에 직접 참여할 수 있어 사원 전원이 곧 경영자인 셈이다. 우리나라와 일본의 합명회사는 법인으로 취급되고 있다(미국, 독일 등에서는 일반공동기업의 형태로 분류하고 있다).

(2) 합자회사

합자회사(limited partnership)는 무한책임사원과 유한책임사원으로 구성되는 이원적인 조직의 기업형태로, 그 기원은 중세 유럽의 해안상업도시에서 위험성이 많은 해상무역으로부터 발달한 코멘다(commenda) 제도에서 유래되었다고 알려져 있다.

코멘다란 일종의 위탁계약관계로서 위탁자(commendator)가 해상무역업자(tractator)에게 상품 또는 자본을 위탁해서 해상기업에서 생긴 이익의 분배 및 손실의 분담을 계약한 데서 비롯된다. 즉 손실의 경우 해상업자가 무한책임을 지는 데 반해, 위탁자는 그가 위탁한 상품 또는 자본을 한도로 해서 유한책임을 지는 형식이다.

합자회사에 있어서 지분자본의 양도는 무한책임사원 전원의 동의를 필요로 하므로 지분의 시장교환성은 거의 결여되어 있다. 또한 지분자본의 결합범위가 확대된다면 회사에 손실이 발생했을 때 기업가만이 무한책임을 지므로 기업가의 자본위험의 비율이 크게 증가되기 때문이다.

파트너십(partnership)의 장점은 다음과 같다.

① 개인기업보다 기업신용이 우월하다.
② 개인기업보다 자원동원력이 크고, 관리의 전문화를 기할 수 있다.
③ 폐업이 비교적 용이하다.
④ 법률상 제약이 주식회사의 경우보다 적다.

그러나 파트너십은 다음과 같은 단점을 가지고 있다.

① 출자지분의 회수가 곤란하다.
② 파트너 간의 분규에 따른 폐업가능성이 있다. 즉 파트너 중 한 명이 이탈 시 파트너십은 자동해산된다.
③ 소유권 이전에 제약이 많다.

(3) 유한회사

유한회사(limited company)는 원칙적으로 2명 이상 50명 이내의 유한책임사원으로 조직되는 회사이다. 즉 유한회사는 자본금이 균등하게 분할된 다수의 출자금으로 이루어지고, 모든 사원은 그 출자액을 한도로 유한책임을 지게 된다.

중소규모의 사업경영에 적합하도록 인적공동기업의 장점과 주식회사의 유한책임제도 등의 장점을 모방하여 제정한 기업형태로, 회사의 자본총액은 1천만 원 이상이어야 한다. 또한 각 사원은 출자 1좌마다 1개의 의결권을 가진다. 그리고 사원의 출자지분은 원칙적으로 양도할 수 없다. 이 회사의 기관으로는 이사와 사원총회가 있고, 감사는 임의기관이다.

이 밖에도 감사기관으로 감사인을 선임할 수 있으며, 회사는 재무상태를 공시하지 않아도 된다. 주식회사보다 설립절차가 간편하고, 중소규모의 기업에 적합한 조직형태라는 장점이 있다.

3 주식회사

(1) 주식회사의 의의

주식회사(corporation)는 사원의 출자와 권리의무 단위로서의 주식으로 분할된 출자 자본으로 구성된다. 출자자인 주주들은 회사의 채무에 대하여 주식의 인수가액을 한도로 변제의무를 부담할 뿐이고 기타 아무런 책임도 부담하지 않는 기업형태이다.

이러한 주식회사는 주식이라는 소액분할증권의 발행으로 불특정 다수인으로부터 거액의 자본조달이 가능할 뿐만 아니라, 조달된 자본은 출자자인 주주로부터 독립되어 전문경영자에 의해서 운영되기 때문에 경영능률을 높일 수 있다. 또한 주주의 유한책임제도로 말미암아 주주들의 개인재산의 안전성이 유지되고 주주권을 표시하는 주식은 자본시장에서 매매·양도할 수 있다.

주식회사의 기원은 1470년, 이탈리아의 제노아시에 설립된 산 줄리오 은행이라는 설과 1602년에 네덜란드연방의회의 특허장에 의해서 설립된 동인도회사라는 설이 있다.

(2) 주식회사의 특징

주식회사의 특징으로는 자본의 증권화제도, 유한책임제도, 소유와 경영의 분리, 중역제도 등을 들 수 있다.

① **자본의 증권화제도** 이는 회사가 필요로 하는 자본을 매매양도가 자유로운 주식인 유가증권으로 균일하게 분할하여 일반대중으로부터 기업자본을 조달하는 제도이다. 그러므로 주식회사의 자본금은 균일한 주식으로 분할되어 주권이 발행된다는 점이 그 첫째의 특징이다. 주주는 이 주식을 통하여 회사에 대하여 출자의무를 지니게 되는 것이다. 따라서 주주는 주식회사의 출자자임과 동시에 주주권을 획득하게 된다. 즉, 주주는 주주총회에 출석하여 의결권을 행사함으로써 회사의 중요사항을 결정하는 데 참가할 수 있고, 또한 회사에 대하여 이익배당과 잔여재산의 분배를 청구할 수 있다. 주식에 의한 회사의 자본조달방법은 주주와 회사 쌍방 간에 매우 편리한 제도이다. 이것이 주식회사의 발달요인이 된다.

② **유한책임제도** 이는 출자자인 주주의 책임이 출자금의 한도 내에서 채무의 지급책임이 있다는 것이다. 그러므로 주주는 주식금액을 한도로 해서 회사의 부채에 대한 지급의무를 지는 데 불과하다. 따라서 회사 채무에 대하여 주주들의 개인재산에까지 채무지급의 의무를 지지는 않게 된다.

이와 같이 주주의 책임은 모든 주식의 인수가액을 한도로 하는 유한책임이라는 점이 주식회사의 특징이다. 이와 같이 주식의 소유자인 주주는 모두 유한책임이기 때문에 출자자들은 안심하고 출자할 수 있는 것이다. 따라서 회사는 널리 일반대중으로부터 소요자본을 용이하게 조달할 수 있게 된다. 또한 주식회사는 주주 수가 제한되어 있지 않으므로 주주의 수를 얼마든지 확대할 수 있다.

③ **소유와 경영의 분리** 주식회사의 규모가 커짐에 따라 주식소유가 대중화되고 주주의 수가 많아지고 주식분산이 확대되면 주주들이 직접 기업경영에 참여하기는 현실적으로 불가능해진다. 뿐만 아니라 기업경영이 복잡해지고 이해집단의 이해조정 등의 문제로 인해 회사의 경영권은 전문경영자에 의해 수행되며, 소유권자인 주주들은 사업경영에 관여하기보다는 이익배당으로 자신들의 이익을 도모하거나 주식시세의 앙등에 의한 차익을 노리게 된다. 이로써 소유와 경영이 분리되는 것이다. 그러나 때로는 소수의 대주주가 경영권을 장악할 수도 있으나, 회사의 장기적 존속과 발전을 위해서는 전문경영자로서의 자질과 능력을 갖춘 인물에 의

해서 책임경영이 이루어져야 할 것이다.

④ **중역제도** 이는 주식회사의 성립을 가능하게 하는 제도이다. 중역이라 함은 회사의 이사를 말하는데, 자본집중의 범위가 확대됨에 따라 주주의 수가 증가되고, 주주는 회사의 사업에 대해 잘 알지 못하므로 주식을 단순히 투자 물건으로 생각하는 경향이 더해 감에 따라 경영의 직능을 중역에게 맡기지 않을 수 없었던 점에 기인한다. 주주 이외에 널리 유능한 경영자를 등용하여 회사경영의 실권을 중역에게 위양하는 중역제도의 확립으로 소유와 경영의 분리가 이루어지고, 이에 따라 자본집중의 규모를 확대하는 역할을 하고 있다. 이와 같이 출자와 경영이 분리되어 사실상 회사의 지배는 출자자를 대신하여 전문경영자가 담당하게 된다. 이를 '경영자지배'라고 한다.

(3) 주식회사의 설립

주식회사의 설립에 관한 입법주의는 산업계의 요구에 따라 특허주의에서 면허주의, 다시 준칙주의로 변천해 왔다. 우리나라의 「상법」에서도 주식회사의 설립에 있어 준칙주의[3)]를 채택하고 있다. 주식회사의 설립절차는 정관의 작성 이외에 실체를 구성하고 최후에 법원에 설립등기를 함으로써 법인격을 획득하여 설립된다. 이 실체구성 중에서 중요한 절차는 출자자인 사원주주의 확정이다. 「상법」은 사원의 확정에 관한 두 가지 방법을 규정하는데, 그 하나는 회사설립시 발행하는 주식을 발기인들이 전부 인수하여 회사를 설립하는 발기설립방법이고, 다른 하나는 발행하는 주식의 일부만을 인수하고 나머지는 사원을 공모하여 회사를 설립하는 모집설립방법이다.

(4) 주식회사의 기관

주식회사의 기관으로는 주주총회, 이사회 및 대표이사, 감사 등 세 가지의 상설기관을 둔다.

① **주주총회**(general meeting of shareholders) 주주총회는 그 회사의 주주들로 구성된 최고 의사결정기관이다. 주주총회는 「상법」 또는 정관에 규정된 사항에 관하여 결의할 수 있는 회의체 형식의 의사결정기관이다.

---

3) 준칙주의란 「주식회사의 설립에 관한 법률」을 미리 제정하여 두고 그 설립에 관한 법률요건이 충족되는 경우 당연히 회사가 설립되는 것으로 하는 입법주의를 말한다.

주주총회는 「상법」과 정관에 규정된 사항을 결의할 수 있고, 다른 기관을 감독할 권한을 가진다. 주주총회는 이사와 감사를 선임 또는 해임할 수 있으므로 다른 기관을 감독할 수 있고 또한 정관을 변경할 수 있을 뿐만 아니라 정관으로 총회의 권한을 확장할 수 있게 되어 있다.

② **이사회**(board of directors)**와 대표이사**(representative director) 우리나라 「상법」상 이사는 주식회사의 업무집행기관인 이사회의 구성원으로 이사회에 참석하여 업무집행에 관한 의사를 결정하고 감독할 권한을 가진 사람을 말한다. 그러므로 이사는 이사회의 구성원으로서의 지위에서 이와 관련된 권리가 부여되고 있다. 이사의 자격은 아무런 제한이 없다. 이는 유능한 자를 이사로 선임함으로써 기업경영의 능률을 제고시키려는 데 그 취지가 있다. 이사의 인원은 3인 이상이어야 한다. 또한 이사의 임기는 3년이다.

이사회는 이사 전원으로 구성되는 필요상설의 회의체기관으로서 회사의 업무집행에 관한 의사결정을 한다. 이사회는 회의체기관이므로 이사회가 활동하는 데는 반드시 회의를 개최해서 결의하여야 한다. 그러므로 회의를 열지 않고는 이사회 결의로서의 효력이 발생되지 않는다. 이사회는 회사의 업무집행에 관한 회사의 의사를 결정하고 업무집행의 실행과 회사대표행위를 감독할 수 있는 권한을 가진다.

대표이사는 회사를 대표하고 업무집행을 실행하는 필요상설기관이다. 대표이사는 이사 중에서 선임하게 되므로 이사회 구성원으로서의 지위와 업무집행의 실행자로서의 지위를 겸하게 되기 때문에 업무집행의 결정과 실행에 대해서 연락 내지 교량의 역할을 담당한다. 대표이사는 1인 이상이면 되고 그 이상의 인원수에 대하여는 법률상 아무런 제한이 없다.

③ **감사**(auditor) 감사는 주식회사의 회계 및 업무의 감사를 담당하는 필요상설기관이다. 주식회사의 회계감사제도 중 내부감사를 감사가 담당하고, 외부감사의 경우는 공인회계사가 담당한다. 우리나라 「상법」상 주식회사의 감사는 필요상설기관이므로 이를 두지 않을 수 없으며, 또한 감사는 일시적인 기관이 아니므로 항시 계속적으로 그 직무를 수행하여야 한다. 감사는 1인 이상을 두게 되어 있으므로 회사에 여러 명의 감사가 있는 경우 각자 독립적으로 직무와 권한을 가진다. 감사의 임기는 2년이다.

(5) 주식회사의 장단점

주식회사 경영상의 주요 장점은 다음과 같다.

① 주주는 유한책임을 진다.
② 소유권 이전이 용이하다.
③ 대규모 자본조달과 기업성장이 용이하다.
④ 전문경영자에 의한 경영이 가능하다.
⑤ 출자자인 주주의 직접 경영부담이 거의 없다.

주식회사의 단점은 다음과 같다.

① 법인세 등 세금의 부담이 비교적 크다.
② 기업의 활동범주가 정관의 변경 없이는 제약이 따른다.
③ 정부나 법적인 규제가 상대적으로 많다.
④ 기업이해집단의 이해조정 문제가 제기될 수 있다.

2.3 공기업 및 공사혼합기업

1 공기업의 의의

공기업(public corporation)이란 국가나 지방공공단체가 법률에 의거하여 출자하고 직·간접으로 경영하는 기업으로서, 공공 내지는 행정목적을 위한 조직체이다. 그러므로 공기업은 국가 또는 지방자치단체와 같은 공공단체에서 재정상의 수입을 목적으로 하거나, 독점에 의한 폐해를 방지하기 위한다거나 또는 사회정책상의 견지에서 출자하고 운영·지배하는 기업이다.

공기업은 다음과 같은 목적으로 설립·운영된다.

첫째, 공기업은 경제정책상의 목적과 국민복지를 목적으로 하여 설립·운영하는 경우이다. 예를 들면, 미국의 T.V.A와 같이 국토개발을 그 목적으로 설립·운영하는 것과 전기, 수도, 가스 및 철도사업과 같이 독점의 폐해를 방지하기 위해서 설립·운영하는 것들이 있다.

둘째, 사회정책상의 목적을 달성하기 위해서 설립·운영하는 경우이다. 예를 들면, 국민대중의 생활안정과 실업의 구제 및 국민보건을 위해서 설립·운영되는 것으로서 간이생명보험, 각종 사회보험, 주택사업, 공영전당포, 구호병원, 시도립병원, 간이식당 등이 있다.

셋째, 재정상의 목적을 달성하기 위해서 설립·운영하는 경우이다. 국가 또는 지방공공단체가 재정상의 수입을 목적으로 사기업으로 경영하지 못하도록 독점해서 운영하는 담배, 소금, 인삼과 같은 전매사업 등이 있다.

2 공기업의 장단점

공기업은 그 종류에 따라 비교적 사기업과 비슷한 것도 있으나 국가 또는 공공단체에 의하여 설립되고 지배·운영되는 기업형태이다.

이러한 공기업의 장점은 다음과 같다.

① 공기업은 국가 또는 공공단체에 의해 설립·지배·운영되므로 금융능력이 사기업에 비해서 월등하게 크다.
② 공기업은 조세, 기타 공과금의 부담을 감면받을 수 있다. 즉, 공기업은 국가정책상의 목적, 재정정책상의 목적, 사회정책상의 목적으로 설립·운영되므로 조세 및 공과금을 감면받는 경우가 많다.
③ 시설재 도입, 원자재 배정, 생산제품과 서비스의 판매에 있어서 우대를 받는 경우가 많다.
④ 적자발생시 국가 또는 지방자치단체로부터 재정지원을 받을 수 있다.

공기업의 단점은 다음과 같다.

① 정치적 인사행정으로 능력과 상관없이 임명되어 비합리적 경영의 요인이 될 수 있다.
② 경영능률의 저하가능성이 많아 관료주의의 역기능이 발생하기 쉽다.
③ 국가 또는 지방자치단체의 법령이나 예산에 의해 구속받음으로써 경영활동에 기민성을 발휘할 수 없다.
④ 불필요한 시설확장, 원자재 구입, 인력채용 등으로 낭비적인 경영가능성이 많다.
⑤ 행정기관으로부터의 회계감사와 업무감사 등으로 보고사무의 번잡으로 인하여 경영능률이 떨어진다.

3 공사혼합기업

공사혼합기업(mixed undertaking)은 국가기관과 개인이 공동으로 출자하여 경영관리 및 경영상의 책임을 부담하는 기업형태이다. 즉, 공공적 성질이 강한 사업을 사기업으로 경영하는 것이 적당하지 않을 경우에 공사가 함께 설립해서 경영하는 기업형태이다.

이러한 공사혼합기업이 설립되는 경우는 다음과 같다.

① 국가 또는 공공단체가 일반개인과 공동으로 출자하여 사업을 신설하는 경우
② 국가 또는 공공단체가 기존의 사기업에 일부를 투자하여 그 지배경영에 참여하는 경우
③ 일반개인이 기존의 공기업에 출자하여 그 지배경영에 관여하는 경우
④ 기존의 공기업과 사기업이 합동하는 경우

이러한 공사혼합기업도 일반적으로 주식회사의 법률형태를 취하고 있는 기업형태가 많다.

4 공익사업

공익사업(또는 공익기업, public utilities)이란 생산수단의 사유(私有)를 기초로 하여 화폐자본적 이윤의 추구를 전제로 생산급부의 조건, 가격, 설립 혹은 확장, 폐지 등에 대해서 그 사업이 일반대중의 일상생활에 미치는 사회적 직능에 따라 공익상 특수한 사회적 통제를 받고, 특수한 기술적·경제적 특질을 갖는 철도, 통신, 전기, 가스, 수도사업 등 일련의 서비스 사업분야에 속하는 기업을 말한다. 공익사업은 공공이익의 보호와 향상을 그 목적으로 하여 특별법이나 정부의 정책에 따라 육성 또는 규제를 받는다.

따라서 공익사업은 공기업이나 사기업과는 구별된다. 먼저 공기업과 구별되는 특징은 다음과 같다. 공기업은 생산수단의 사회적 소유에 기초를 두고 있으나, 공익사업은 생산수단의 사유에 기초한다는 점이다. 또 공익사업에 대하여는 특수한 공공통제권이 인정된다는 점이다.

공익사업에 이와 같은 공공통제가 가해지는 이유는 첫째, 공익사업은 일반대중의 생활필수품 또는 용역을 제공한다는 사실과 둘째, 공익사업은 일종의 독점기업이라는 점에 있다.

연습 문제

1. 기업의 목적에 대하여 논하시오.
2. 주식회사의 특징에 대하여 논하시오.
3. 공기업의 형태 및 장단점에 대하여 설명하시오.
4. 다음 물음에 간략히 답하시오.
   ① 개인기업의 장단점
   ② 합명회사와 합자회사의 차이점
   ③ 주식회사의 기관

제 5 장

창업과 기업의 성장·발전

학습목표

제 5 장에서는 기업가와 기업가정신을 살펴보고, 중소기업과 창업전략, 기업의 성장과 발전, 기업의 계열화와 다각화, 기업집중, 기업의 국제화 과정, 그리고 기업의 지배구조에 대해 살펴본다.

영업이 중요한 이유

(1) 만성적인 설비과다

과거 급격한 경제성장의 결과로 정확한 시장상황을 예측함이 없이 과도한 설비투자를 실시함으로써 경제원칙에 의한 효율성과 경제성을 상실했으며 특히 과도한 고정비의 투입으로 이자비용과 간접비의 지출이 증대해 신규투자가 어려워졌고 경쟁력을 잃고 있다.

(2) 시장의 포화상태와 성장둔화

현재 경기회복이 늦어지고 있다. 만성적인 공급과잉 현상은 치열한 경쟁을 야기했고 회사의 수익력을 약화시키는 결과를 초래했다. 또한 인구 감소추세와 수요의 다양성 그리고 소비자의 욕구가 복잡해져 어려움이 가중되고 있다.

(3) 제품의 품질과 기술수준 균등화

특히 기업 간의 기술력이 평준화되고 품질의 차이가 사라지는 현대에는 영업력이야말로 기업을 구별하는 결정적인 수단이 된다.

(4) 기업의 국제화와 대형화

기업의 국제화로 인해 경쟁규칙이 변형되고 있다. 저가에 의한 시장침투 전략이 대부분이므로 중소기업들은 그들의 고유범위를 잃어 생존을 위협받고 있다. 한편 기업은 기술을 개발하기보다는 외국브랜드를 도입하고 있다.

(5) 소비자 기호의 개성화

성숙기 시장의 시대에 고객중심의 시장으로 신규수요보다는 대체수요로 바뀌었다. 상품력과 광고중심의 판매전략도 인적판매 중심으로 변화했고 매스미디어적인 판매가 효과적인 시대에서 일 대 일의 판매가 효과적인 시대가 되었다.

제 1 절 기업가와 기업가정신

"기업가(企業家, entrepreneur)란 누구인가?" 기업가는 산업혁명을 통한 산업국가 발전사의 주역으로 등장했지만 전문경영인의 전성시대가 전개됨에 따라 그 역할과 중요성을 잠시 잊고 지내다가 최근 사내기업가정신 등이 중요한 변수로 등장하면서 기업가의 르네상스 시대를 맞고 있다.

1.1 기업가사회의 특징

사회 전 분야에서 혁신이 요구되고 있는 상황을 가리켜 드러커는 기업가사회라는 표현을 쓴다. 기업가사회(entrepreneurial society)는 혁신과 기업가정신이 당연한 전제로서 지속적으로 존재하는 사회를 말한다. 혁신과 기업가정신은 20세기 초반기의 혁명과는 매우 다른 개념이다. 혁명이 독단적이고 거창한 것이었다면 혁신은 실용적이고 온당한 것이다. 혁신은 변화지향 정신을 의미한다. 즉 혁신은 문제가 생겼을 때 그 문제해결을 위해 급격한 변화를 추구한다. 기업가 입장에서 보면 어느 누구도 경험하지 못할 정도로 빨리 변화하는 시장을 따라잡기 위해 제품과 서비스를 바꾸는 것을 의미한다. 피터 드러커에 따르면 기업가는 혁신가여야 한다. 그러므로 기업가정신은 혁신적인 자세로 항상 문제지향적으로 새로운 방법과 사업을 창출하는 것이다. 따라서 기업가정신은 창조성과도 관련된다.

이제 모든 개인과 조직이 기업가정신으로 무장하고 혁신에 나서지 않으면 안 된다. 즉 혁신과 기업가정신은 영리조직이든 비영리조직이든 현대 조직, 경제, 사회에 있어 생명을 유지하기 위한 필수적 활동이 되어야 한다. 그러기 위해서는 모든 조직이 혁신과 기업가정신을 정상적이고 지속적이며 일상적인 활동으로 만들어야 한다. 혁신을 하기 위해서는 어떤 사업분야에서 이미 일어난 변화, 즉 인구통계의 변화, 가치관의 변화, 기술 또는 과학의 변화를 체계적으로 확인할 필요가 있으며 그리고 그것들을 기회로서 인식한다. 그러므로 혁신적인 기업가정신을 가진 사람에게는 변화가 오히려 기회로 받아들여진다.

그런데 피터 드러커는 기업가정신에는 4가지 함정이 있다고 말한다. 첫째는, 신제품 또는 서비스가 기업가정신이 생각하기에 마땅히 성공해야 할 시장에서는 성공하지 못하고 전혀 다른 시장에서 성공할 때 직면하는 경우인데, 많은 기업가들은 자신이 시장보다 더 잘 안다고 고집하기 때문에 이런 현상이 생긴다. 이것은 기업가들이 예기치 못하는 성공을 받아들이지 않으려는 자세에 기인한다. 그들이 계획했던 것과는 다르다고 인식하기 때문에 받아들이지 않으려는 것이다.

둘째는, 기업가들이 이익이 가장 중요하다고 생각하는 것이다. 물론 기업에서 이익은 매우 중요하다. 그러나 기업에서는 이익보다 현금흐름이 더 중요하다는 것을 깨달아야 한다. 현금흐름은 그 기업의 생명줄과 같은 것으로 현금흐름이 막히면 기업이 도산하기 때문이다. 대부분 기업가들은 이것보다는 수치상의 순이익과 수익성만을 분석하고 있다.

셋째는, 초창기에 기업이 성장할 경우 기업가는 자신의 경영기반 이상으로 뻗어나가고 있다는 사실을 알지 못한다는 것이다. 피터 드러커에 의하면 80% 정도가 이 함정에 빠진다. 이것은 일종에 자기도취다. 성장할 경우 한없이 계속 성장할 것으로 착각하여 방만하게 운영하기 때문에 그 뒤에 오는 위험을 직감하지 못하고 위기에 빠진다. 이런 위기를 넘기기 위해서는 우선 침착하게 경영팀을 만들어야 한다.

그리고 넷째는, 사업이 성공하고 있고 기업가 자신이 사업의 전면에 있다고 생각할 때인데 “내가 하고 싶은 일은 무엇인가? 나의 역할은 무엇인가?”라고 잘못된 질문을 하는 경우이다. 오히려 이 단계에서 “회사가 필요로 하는 것은 무엇인가? 내가 그런 일을 할 능력을 갖추고 있는가?”란 질문을 해야 한다. 전자의 질문은 자신의 위치와 신분을 망각하고 있는 자세고, 후자는 혁신적 기업가의 자세다. 이런 혁신적 기업가의 자세는 자신의 위치를 분명히 알고 그 위치에서 자신이 해야 할 일이 무엇인지를 분명하게 파악하고 대응하는 것이다.

이런 혁신과 기업가정신으로 이루어진 기업가사회는 앞으로도 기업이 사회의 중심이 되는 이상 끊임없이 변화하는 사회의 두드러진 특성이 될 것이다. 피터 드러커에 의하면 대기업도 이런 기업가정신을 얼마든지 추구할 수 있다. 끊임없는 교육과 혁신정신만 있다면 대기업도 얼마든지 가능하다.

1.2 혁신적 경영이 요구되는 시대

기업의 생존의 가장 기본적인 조건은 무엇일까? 그 답은 끊임없는 변화와 혁신이다. 기업은 생존을 위한 끝없는 몸부림으로 변화와 혁신의 물을 마셔야 한다. 창의와 혁신은 기업의 생존을 보장하는 잘 팔리는 제품들을 쏟아낸다. 이것은 기업의 생명력을 이어준다. 제품의 장수를 넘어 기업의 장수를 가져온다. 기업의 영원한 젊음을 보장한다. 100년의 기업 역사를 이어 오면서도 세계 시장에서 맨 앞에서 뛰어가는 3M은 창의와 혁신이 가져다 준 성장을 몸소 체험한 기업이다. 3M의 회장 겸 CEO 리비오 D 데시모네는 회사의 혁신활동을 지속적으로 추진했다. 3M은 해마다 연간 수입의 7%에 달하는 10억 달러 이상의 자금을 R&D에 투자한다. 3M의 장기적인 목표는 연간 매출의 30%를 4년 미만된 제품에서 창출하는 것이다. 그리고 매출의 10%는 1년 미만된 제품에서 창출할 것으로 예상하고 있다. 데시모네는 다음과 같이 쓰고 있다. "오늘날 신제품과 신기술이 시장을 지배하는 영광스러운 기간은 짧다. 그 기간은 더욱 짧아지고 있다." 이러한 목표와 경영진의 태도는 지속적인 혁신을 지향할 수 있게 한다.

기업은 과거의 원가절감 위주의 경영혁신에서 벗어나 고객의 가치를 창조하는 새로운 혁신경영을 추구해야 한다. 새로운 혁신경영의 특징은 고객을 정확하게 정의하고 그 고객에게 중요한 가치명제를 다른 경쟁기업보다 더 효과적으로 제공하는 방안을 찾는 데 있다.

같은 형태의 제품을 미리 제조하고, 이를 최종 소비자에게 대규모로 판매하는 것, 즉 규모의 경제를 이용하는 것이 종전에는 가장 중요한 경영전략 중의 하나였다. 그러나 이제는 다음과 같은 시대적 요구로 인해 혁신경영을 추구해야 한다.

첫째, 고객의 요구사항이 더욱 까다로워지고 있다. 고객은 자신에게 맞는 고객화된 맞춤 제품을 원하고 있으며, 동시에 낮은 가격으로 제품을 공급해 주기 바란다. 고객의 요구사항을 정확하게 수렴하고 이를 제품에 포함시켜야 하며, 가격이 상승되지 않도록 해야 한다.

둘째, 고객이 제품을 구입할 때 제품을 연구하는 경향이 높아지고 있다. 인터넷 시대에서는 단순하게 광고를 보고 제품을 구입하는 것이 아니라 비슷한 제품들을 비교하고 의사결정을 내리는 고객이 증가하고 있다. 고객의 연구과정에서 자사의 제품이 탁월하거나 가격이 낮거나 서비스가 더 좋다는 것이 파악될 수 있어야 한다.

셋째, 더 많은 경쟁업체가 나타나고 있다. 기업의 경쟁은 단지 국내 기업만이 아니다. 인터넷 시대에는 전 세계에 있는 기업들이 경쟁업체가 될 수 있다.

1.3 혁신적인 경영

렌셀러 경영대학원의 근본적 혁신프로젝트팀은 혁신은 다음과 같은 자질을 가진 사람이 뛰어난 혁신을 수행할 수 있다고 하여 방법보다도 혁신적인 정신이 중요하다고 하였다. 즉 호기심이 강할 것, 열정적일 것, 무관심을 두려워하지 않을 것, 폭넓은 교육을 받았을 것, 아주 똑똑할 것, 통합적일 것, 공격적일 것, 유연할 것, 리스크를 감수할 것, 목표지향적일 것, 진취적 기업가정신을 갖고 있을 것, 비즈니스를 배우는 데 열심일 것 등이다. 그러므로 혁신적인 경영을 위해서는 이러한 혁신적인 정신적 자질을 갖출 필요가 있다는 것이다. 그러나 혁신적인 경영은 혁신적인 자질만으로는 불충분하다.

카터 페이트와 할란 플랫은 피닉스와 마찬가지로 침체기에 직면한 기업들이 다시 재탄생할 수 있는 9가지 핵심 원칙을 다음과 같이 제시했다.

첫째는, 문제 속으로 들어가는 것이다. 회사의 상태를 진단하여 개선, 회생, 위기관리 중 어느 방법을 택해야 하는지를 결정해야만 한다.

둘째는, 사업영역을 결정하는 것이다. 회사가 감당할 수 있는 사업범위와 위치를 결정해야만 회생의 틀이 형성된다.

셋째는, 사업이 지향해야 할 방향성을 결정하는 것이다. 이는 조직이 나아갈 방향을 새로운 관점에서 정의하는 것이다.

넷째는, 사업규모를 정하는 것이다. 재탄생하고자 하는 기업은 사업규모와 확장, 유지, 축소 등을 결정해야만 한다.

다섯째는, 부채를 관리하는 것이다. 부채와 계약관계를 점검하고, 과도한 부채를 안고 있다면 부채 경감 방안을 강구해야 한다.

여섯째는, 자산으로부터 최고 가치를 얻는 것이다. 경영자들은 운영자본을 가장 효과적으로 활용하는 방안을 검토해야 한다.

일곱째는, 직원으로부터 최고 가치를 얻어내는 것이다. 직원들의 생산성과 능력을 향상시키는 방법과 아이디어는 오늘날 매우 중요하다.

여덟째는, 제품으로부터 최고 가치를 얻어내는 것이다. 즉, 고객의 요구에 부응하는 제품을 지속적으로 생산하는 것이다.

마지막은, 프로세스를 전환하는 것이다. 이것은 위의 원칙들을 모두 아우르는 가장 효율적인 방법으로, 사업의 기능적인 프로세스를 변화시키는 것이다.

이러한 혁신의 원칙들은 원론적인 것들로서 혁신의 방향을 제시해 주지만 구체적으로 어떻게 혁신을 행할 것인지에 대해서는 알려주지 않는 단점이 있다.

그러나 신건호 등은 『21세기를 위한 기업경영혁신』에서 경영혁신의 구체적인 방법을 말했는데 그는 리엔지니어링, 리스트럭처링, 벤치마킹, 다운사이징, 아웃소싱, 전사적 자원관리(ERP), 전략적 제휴, EVA 경영, 핵심역량, 스피드 경영, 전환경영, 지식경영 등 구조조정과 경영정보처리기술 및 현대 지식경영과 관련된 경영혁신을 주장했다. 또 전용진은 『경영혁신과 정보기술』에서 정보화 시대에 정보기술을 이용한 경영혁신을 강조하면서 정보화를 아웃소싱으로 해결, 기업경쟁력의 수단 지식경영, 유통관리의 혁신 POS, 데이터베이스 마케팅으로 단골만들기, 전사적 자원관리(ERP), 물자공급의 혁신(SCM), 고객만족을 위한 금융전산화를 구체적인 혁신방법으로 내세웠다.

이상의 두 사람의 주장을 통해서 볼 때 현대 경영혁신은 현대사회의 특성인 정보화 시대에 걸맞게 다양한 정보기술을 도입하여 조직, 프로세스, 유통, 고객 등 전사적 측면에서 혁신을 수행해야 된다는 것을 알 수 있다.

그러므로 결론적으로 이상을 종합해 볼 때 기업의 혁신적인 경영은 혁신적인 성격을 가진 사람들을 중심으로 혁신팀을 구성하여 그들이 조직적으로 다양한 정보기술과 혁신적인 자세를 가지고 급진적으로 혁신을 추진할 때 경영혁신의 성공가능성이 많다는 것을 알 수 있다.

제 2 절 중소기업과 창업전략

구체적인 창업과정을 검토하기 전에 벤처기업과 중소기업의 특징에 대해 살펴보기로 하자.

2.1 벤처기업(Venture Business)

1 벤처기업의 개념

'벤처기업'이라는 용어는 미국에서 시작된 'Venture Business'를 의미 그대로 직역한 것이다.

벤처기업은 미국에서 태동하기 시작하였으며, 지금도 미국의 벤처기업은 풍부한 모험자본을 바탕으로 첨단기술분야에서 기술혁신의 선도적 역할을 수행하고 있다. 벤처기업에 대한 정의는 다양하게 나타나고 있다. 볼링거(Bollinger et al., 1983)는 벤처기업을 "소수의 핵심기술자가 기술혁신, 아이디어의 개발과 상업화를 기본동기로 하여 설립한 업체"라고 정의했고, 쿠퍼(Cooper, 1971)는 "연구개발을 강조하거나 기술적으로 새로운 지식을 이용하는 데 중점을 두는 회사"로 정의하였다. 이외에도 벤처기업에 대한 정의는 문헌들마다 각기 다르게 나타나고 있으나, 이를 정리해 보면, ① 한 사람 또는 소수의 핵심적 기술 창업인이 기술혁신의 개발 아이디어를 상업화하기 위해 설립한 신규기술 또는 첨단기술을 보유한 신생기업으로, ② 높은 위험부담이 따르지만 성공할 경우 높은 이익이 기대되며, ③ 모험적 사업에 도전하여 성취하려는 왕성한 기업가정신을 가진 기업가에 의해 주도된다는 점이 공통점이다.

벤처기업의 중요성은 크게 기술혁신에 대한 기여와 고용창출이나 수출증대 등 국민경제에 대한 기여로 나누어 볼 수 있다. 우터백과 애버나시(Utterback and Abernathy, 1975)의 연구결과에 의하면, 기술집약적 중소기업들은 특정 산업분야의 태동기라 할 수 있는 유동기에서 제품혁신의 주류를 이루고 있으며, 개량이나 모방형 기술혁신보다 획기적인 기술혁신이나 주요 기술변화에 대한 기여도가 높게 나타나고 있다. 또한 모험기업들의 진출분야를 보더라고 주로 컴퓨터산업분야, 전자 및 통신분야, 유전공학 및 의료산업분야 등 첨단기술분야에 집중되고 있어 앞으로 다가올 정보화 사회의 기반기술을 개발하는 데 중요한 역할을 하고 있다.

2 벤처기업의 특징

선진국의 학자들에 의해 제시된 여러 문헌들을 종합할 때, 이들 벤처기업은 다음과 같은 특징을 갖고 있다.

첫째, 창업자들이 비교적 젊어 30대가 주축을 이루며, 이공계 대학 및 대학원 교육을 배경으로 과거 직장에서의 기술개발 경험과 경영관리의 경력을 거치고 있다.

둘째, 기술혁신에 있어서 이전 조직으로부터 파생되거나 기술이전된 경우가 많다.

셋째, 기술집약적 중소 신기업으로서, 모험기업은 연구 중심지인 대학, 정부연구소나 민간연구기관 등 지식집약적 산업이 인접한 곳에서 출발하는 경우가 많다. 이러한 기술집약적 중심지는 고급인력의 확보, 모험자본의 조달을 위한 금융시장의 여건, 아이디어 및 기술정보 등이 집적되는 기술집약적 산업단지가 대부분이다.

넷째, 벤처기업은 매출액에 대한 연구개발의 투자비율이 높고, 인력자원의 기술 및 기능집약도가 높다.

다섯째, 벤처기업은 경영관리면에서 전문능력을 갖춘 인재의 확보, 유지 등 인력자원 관리에 역점을 두고 있으며, 마케팅·재무·생산 등 여러 경영기능을 자체의 힘으로 직접 수행하기보다는 외부기관을 이용하는 시스템 조직자로서의 성격이 강하다.

여섯째, 벤처기업의 기업화 품목은 기술적으로 유동적 상황 아래서 끊임없이 제품혁신이 일어나고 있는 고성장 산업분야에 속하는 경우가 대부분이다. 이들 품목은 특수한 전문기술 및 기능을 바탕으로 새로운 시장을 개척할 기회가 많고, 특히 신기업의 산업진입비용이 낮은 품목인 경우가 많다.

일곱째, 벤처기업은 경영성과면에서 높은 매출성장률·고용성장률·수출비율을 보이고 있다.

여덟째, 벤처기업은 매우 역동적이며, 의사결정 및 추진력에 있어서 매우 신속하다.

2.2 중소기업

1 중소기업의 개념 및 필요성

중소기업(Small and Medium Size Enterprise)의 개념은 대기업에 대한 상대적인 개념으로 그 범위는 고정된 것이 아니고 나라에 따라 또는 시대에 따라 다르다.

우리나라의 경우 중소기업의 수가 약 1백 70만여 개에 달하여 전체 수출에서 차지하는 비중도 약 40%에 달한다. 또한 중소기업을 통해 지방경제를 활성화시킬 수 있다는 점에서도 중소기업의 중요성은 크며, 중소기업의 필요성은 기업가와 경제시스템이라는 측면에서 살펴볼 수 있다.

먼저 기업을 창설·운영하는 경영자 입장에서 중소기업은 대기업에 비하여 기업환경 변화에 보다 임기응변적으로 대처해 나갈 수 있을 뿐만 아니라 노동집약적인 제품이나 서비스의 생산에 보다 적합한 형태가 되고 있다.

또한 중소기업은 기업가 정신과 경영능력만 있으면 소자본으로 누구나 쉽게 창설할 수 있다. 우리나라에서도 「중소기업 촉진법」에 의거 금융·세제면에서 중소기업의 경우 많은 혜택이 부여되고 있다. 물론 중소기업이 자본력, 경쟁력, 신용도 등에서 대기업에 비해 상대적으로 불리한 위치에 있고, 또 그로 말미암아 기업 도산율이 높다는 단점도 있다.

한 경제시스템 내에는 대기업에 의한 대량생산보다는 오히려 중소기업에 의해 더 능률적으로 생산될 수 있는 분야가 존재하게 마련이다. 또한 한 경제시스템 내에는 반드시 자본과 기술의 제약을 받고 있는 기업이 존재하기 때문에 자본주의 체제하에서 중소기업의 출현은 하나의 불가피한 현상이기도 하다.

2 중소기업의 특징

중소기업의 특징은 다음과 같다.

① 가용자본이 대기업에 비해 매우 적다.
② 1인에 의한 경영이므로 대기업에 비해 경영능력이 떨어진다.
③ 자본과 경영면에서 가족적 경향이 짙어 소유와 경영이 분리되지 않고 있다.
④ 경영조직이 비교적 불합리하며, 그 조직도 단순하다.
⑤ 변화에 대한 기동성은 좋으나 시장지위 유지능력이 열악하다.
⑥ 독립성이 매우 강하고 경쟁심이 왕성하다.
⑦ 사회성·협동성이 매우 희박하다.
⑧ 기업의 활동범위가 대기업보다 한정적이며, 시장의 범위도 좁다.
⑨ 내부경영보다는 외부경영의 영향이 중요한 역할을 한다.
⑩ 대기업에 비해 자본, 자산규모, 매출액 등이 상대적으로 적어 기업의 신용도가 낮은 편이다.

⑪ 대부분의 중소기업은 비교적 제한된 제품계열을 생산·판매하고, 활용하는 기술 역시 많지 않다.

중소기업을 경영할 때는 이러한 경영적 특성을 장점이 될 수 있도록 하는 것이 무엇보다도 중요하다고 하겠다.

3 중소기업의 약점과 유리한 영역

중소기업의 약점은 기업자산의 규모가 작아서 기업의 규모가 작은데서 비롯되는 경우가 많다. 중소기업의 약점 중의 하나는 기업경영의 합리성 부족인 것이다. 이 문제는 소유와 경영이 분리되지 않은데서 기인되는 경우가 많다. 또한 이는 경영관리가 공식화되지 않음으로써 중소기업이 비합리적으로 운영되는 이유의 하나이며, 중소기업의 경영자는 의사결정 능력면이나 정보획득 능력면에서도 합리성을 저해하기 때문이다.

기업경영의 합리성 부족 외에도 중소기업은 규모가 작고 조직구조가 단순하며, 의사결정과 집행이 신속하여 환경변화에 신속히 적응할 수 있는 장점은 있지만 자본력, 기술력, 정보력 등이 기업경쟁력을 좌우하는 산업구조하에서는 중소기업의 생존능력은 부족할 수밖에 없다. 즉, 중소기업은 자금동원 능력이 부족하고, 개입하고 있는 산업부문 시장이 좁으며, 보유기술이 적기 때문이다.

마지막으로 중소기업이 지니는 약점으로는 인력확보 문제이다. 일반적으로 우수한 경영인력은 대기업을 선호하기 때문에 우수인력을 중소기업이 확보하고 유지하기란 어려운 일이다. 이와 같은 약점을 중소기업이 해결하지 않고서는 성장가능성은 정체될 수밖에 없다.

한편, 중소기업이 성장·발전할 수 있는 유리한 영역은 다음과 같다.

첫째, 전체 시장규모가 작기 때문에 대기업이 관심을 갖지 않는 분야에 진출하여 강점을 발휘할 수 있도록 해야 한다.

둘째, 전체 규모가 큰 시장이더라도 그 시장이 이질적인 수요로 형성되어 있어 대기업이 진출하기 어려운 경우 중소기업의 영역이 될 수밖에 없다.

셋째, 특정산업이 성숙기 내지 쇠퇴기에 도달하면 이익기회가 떨어지므로 대기업은 그 시장에서 철수하게 마련이지만 그러한 시장도 중소기업의 진출영역이 될 수 있다.

넷째, 새로이 부상하는 산업으로 모험이 많은 경우 중소기업이 소규모 자본으로 독창적인 아이디어를 바탕으로 진출하는 경우 유리하기도 하다.

4 우리나라의 중소기업 지원제도

① **개별근대화지원** 이 제도는 정부가 지정한 우선 육성업종을 영위하는 중소기업자가 제품의 품질향상 및 생산성 제고를 일정기간 내에 달성하기 위하여 정부가 고시한 근대화 실천계획을 수립·실천코자 하는 경우, 당해 중소기업의 시설근대화, 경영합리화, 기술향상 등을 정부가 지원하는 제도이다.

② **공동근대화지원** 공동근대화사업은 자금능력의 부족, 경영능력의 부족, 시설 및 기술의 낙후로 개별근대화가 곤란한 중소기업자가 공동으로 집단화, 아파트형 공장, 공동공장, 공동시설에 참여하여 벌이는 협동화 사업으로서 이를 통해 생산성 향상, 품질향상, 경쟁력 강화 등 공동근대화를 추진하는 경우에 지원하는 제도이다.

③ **정부지원** 정부는 중소기업이 국민경제상 차지하는 비중과 역할이 막중함에도 불구하고 소규모와 정보에 어둡다는 이유로 정부에서 소요하는 물자구매시 부당한 처우를 받고 있음을 보정하기 위하여 1981년 12월 「중소기업제품 매매보호법」을 제정·시행하고 있다.

이 제도는 중소기업의 측면에서 볼 때, 공공기관의 총구매액에 대한 중소기업제품의 비중을 점차 증대함으로써, 중소기업이 안정적으로 시장을 확보할 수 있도록 하며, 그 동안 정부의 권고사항으로만 집행하여 오던 중소기업제품 우선 구매를 국가적 차원의 제도로 정착시켰다는 데 큰 의의를 갖고 있다.

④ **부품공업 육성과 계열화 촉진** 중소기업 계열화 촉진제도는 모기업과 수합기업 간의 계열화를 촉진하여 공업의 하부구조를 내실화하고, 중소기업의 안정가동을 보장하며 분업에 의한 상호간의 이익을 증진함과 아울러 부품수출을 촉진하고 수입대체를 적극 추진하는 데 그 주된 목적을 두고 추진되고 있는 경우에 지원하는 제도이다.

⑤ **경영 및 기술지도** 우리나라 정부는 중소기업의 경영능력과 기술의 향상을 통하여 제품의 품질향상과 생산성을 제고하고 중소기업의 근대화와 경영합리화를 촉진하기 위해 중소기업에 대해 경영 및 기술상의 지도와 연수를 실시하고 있다.

⑥ **금융지원** 중소기업은 재무구조, 담보력, 신용도 등이 약하여 대기업

에 비해 자금조달의 불이익을 안고 있으므로 중소기업에 대한 금융지원은 우리나라 중소기업시책의 핵심을 이루어 왔다. 우리 정부의 중소기업에 대한 금융지원제도는 자금지원의 확대와 취약한 신용력 보완으로 구분된다.

⑦ **신용보증제도** 신용보증이란 기업이 임무를 이행치 않을 경우 신용보증기금이 기업을 대신하여 임무를 이행할 것을 약정한 보증계약에 따라 기업의 신용을 보증하는 제도이다. 즉, 임권자(금융기관)는 기업에 대한 자금대출에 있어 물적담보 대신에 신용보증기금이 발행하는 신용보증서를 담보로 대출을 실행하고 기업이 임권을 이행치 않을 경우 신용보증기금으로부터 대리변제를 받게 되는 것이다. 현재 신용보증기금은 정부와 금융기관이 공동으로 출연한 기본재산을 바탕으로, 특히 중소기업에 대하여 우선적으로 각종 신용보증을 하고 있다.

⑧ **중소기업가 및 종업원 연수** 중소기업가 및 그 종업원과 중소기업 관계요원에 대한 연수는 중소기업진흥공단에 의해 실시되고 있다. 중소기업에 대한 연수는 급속한 산업사회화 과정에서 중소기업이 대내외 환경변화에 능동적으로 대처하며, 스스로 성장·발전할 수 있는 터전을 마련하기 위하여 중소기업의 인재육성을 위해 실시되고 있다.

⑨ **세제상의 지원** 현행법상 중소기업육성을 위한 조세지원은 대부분 「조세감면규제법」에 열거되어 있으며 부분적으로는 「법인세법」이나 「소득세법」에도 규정하고 있다.

⑩ **정보제공** 중소기업에 필요한 경영 및 기술정보를 제공하는 기관은 정부를 비롯하여 정부투자기관, 경제단체, 연구소 및 전문기관 등 다양하다. 그 중에서도 특히 중소기업진흥공단, 한국산업경제기술연구원, 중소기업협동조합중앙회, 상공회의소, 무역진흥공사, 중소기업은행, 국민은행 및 신용보증기금 등을 들 수 있다.

5 중소기업의 육성방향

우리나라 경제가 가까운 장래에 선진 경제권에 진입하기 위해서는 경제에서 큰 비중을 차지하고 있는 동시에 중요한 기능을 담당하는 중소기업이 중소기업다운 중소기업, 즉 국내외 시장에서 경쟁력을 지니며 왕성한 활력을 지닌 중소기업을 많이 만들어 내는 것이 중요하다. 변동이 심한 현대 경제에 있어서는 대기업보다 활력 있는 중소기업이 더 큰 적응능력을 지닌다고 할 수 있다. 따라서 그러한 중소기업이 많아야 각 분야에 걸쳐 일어나는 격심한 환경변화에 경제가 원활하게 적응할 수 있게 될 것이다. 따라서 중소기업정책은 기본적으로 다음과 같은 방향을 지향해야 할 것이다.

첫째, 중소기업이 국제화에 대응하게 해야 한다. 개발도상국으로서 국제경제관계에서 오랫동안 많은 보호를 받아 온 우리나라는 최근 원화가치의 하락, 국내시장의 대폭적인 개방 등에서 볼 수 있는 것처럼 국제경제환경이 급변하고 있다. 우리나라 경제의 국제화에 따라 중소기업이 세계경제와 다각적으로 관련을 갖게 함으로써 세계를 무대로 하여 사업활동을 전개해야 한다는 것이다. 그러므로 중소기업정책도 경제의 국제화에 대한 중소기업의 대응이 원활하게 이루어지도록 지원하여야 한다.

둘째, 중소기업이 질적 경영자원을 축적하도록 지원해야 한다. 과거의 고도성장기에는 국내외에 걸쳐 수요가 비교적 안정되고 기술진보도 원만하게 이루어지는 등 경영환경이 비교적 순조롭게 변동해 왔기 때문에 중소기업은 대체로 생산의 양적 증대를 지향해 왔다. 따라서 중소기업은 오랫동안 설비의 근대화 및 품질향상과 원가절감 등 경영관리의 합리화에 노력함으로써 물적 생산성의 향상을 도모해 왔다.

그러나 최근에 일어나고 있는 수요의 고급화와 다양화, 임금의 급속한 상승, 원화가치의 상승 등 경제환경의 광범위하고도 급격한 변동에 중소기업이 원활하게 대응하려면 경영행동의 전환이 필요한 것이다. 즉, 설비의 근대화와 경영관리의 합리화 등 경영기반의 충실화는 중소기업의 경영에는 여전히 중요하지만 앞으로는 이에 더하여 정보수집, 기술개발, 제품의 고급화와 신제품의 개발 등 실질 경영활동을 전개하지 않으면 안 된다.

셋째, 소규모기업에 대한 지원을 크게 확충해야 한다. 소규모기업은 '중소기업 가운데의 중소기업'으로서 사업체 수로는 압도적으로 많은 수를 차지하고 있다.

넷째, 전국을 대상으로 하는 중소기업정책과 더불어 지역의 중소기업정책도 실시해야 한다. 우리나라는 지난 고도성장기에 대도시와 대기업을 중심으로 하는 중앙집권적 경제개발이 추구되어 왔기 때문에 지역경제와 중소기업은 상대적으로 낙후되어 왔다. 최근 이러한 부문간·지역간 불균형적 발전은 우리나라 경제의 선진화를 저해하는 중요한 요인으로 작용한다는 것이다.

다섯째, 중소기업정책의 대상을 서비스 산업에까지 확대해야 한다. 이미 우리나라에서도 디자인 개발, 시장조사, 교육훈련 및 컨설팅 등의 여러 분야에 종사하는 전문 서비스기업이 등장하고 있다. 따라서 중소기업의 질적 경영활동의 촉진을 위해서는 전문 서비스기업을 적극적으로 지원할 것이 요청된다. 아울러 중소기업을 포함하는 경제의 운용을 돕는 모든 서비스산업을 중소기업정책의 대상에 포함시켜야 할 시기가 왔다고 할 수 있을 것이다.

2.3 창업의 과정

일반적으로 사업기회의 포착으로부터 실제 창업하기까지의 창업과정을 요약하면 다음과 같다.

1 사업기회의 포착

사업을 시작하려면 적기에 사업기회를 포착하여 성공가능성을 면밀히 검토, 평가한 후 성공확신이 있다고 판단되면 창업추진계획을 수립하는 등 기업가로서의 출전준비를 갖추고 나서 창업에 도전하는 것이 필요하다.

사업기회란 사업의 꿈을 가진 사람에게만 포착된다. 그러나 좋은 사업기회의 적기 포착은 그리 쉽지 않으며, 창업자의 결단 속에서만 이루어진다. 흔히 경기가 좋을 때에는 심리적으로 창업을 하려는 사람이 많고, 불경기 때에는 창업을 기피하는 경우가 많다. 그러나 이와 같은 일반적인 사고와는 달리 오랜 기간 동안 꾸준히 면밀한 조사와 준비를 하여 온 창업예비자에게는 불경기 때가 오히려 창업의 적기라고 볼 수 있다. 왜냐하면 경쟁자가 적을 때 먼저 시작하면 빛을 볼 수 있기 때문이다.

2 사업 아이템의 선정

창업 성공가능성은 종국적으로 계획제품이 불량 없이 원활하게 생산되어 일정한 수요창출이 보장될 뿐만 아니라 적정 이윤획득이 가능함을 말한다. 창업성공의 핵심요소인 사업 아이템 선정시 창업예비자가 접근해 볼 수 있는 방법 중 간단한 방법 몇 가지를 소개하면 다음과 같다.

첫째, 남이 하지 않은 일을 하는 것이다. 즉 그 일에 관한 한 해당 업종에서 제1인자가 되는 것이다. 둘째, 남이 도중에 포기한 것을 철저하게 분석하는 일이다. 남이 도중에 포기한 사업의 상당부분은 사업성이 없어서라기보다는 자금력이 부족하거나, 경험축적이 미흡하거나, 끝없는 투지와 인내심이 약한 경우가 많다. 셋째, 성공한 사업가를 흉내를 내는 일이다. 창업예비자는 이미 창업을 하여 성공적인 기업을 경영하는 사업가가 스승이다. 창업예비자는 신문, 잡지, 서적, 세미나 등을 통해 성공한 사업가의 창업동기, 업종선택, 기회포착 요령 등을 항상 눈여겨 볼 필요가 있다.

사업과 사업 아이템 선택의 문제는 아주 중요하다. 사업을 하고자 하면 반드시 영위하고자 하는 사업 아이템이 있어야 하기 때문이다. 그만큼 창업에 사업 아이템 선택의 문제는 사업의 성공 여부를 결정한다. 따라서 사업 아이템 선정의 문제는 신중을 기하지 않으면 안 된다. 사업 아이템 선정시 기본적으로 체크해 보아야 할 사항이 몇 가지 있다.

첫째는 해당 업종의 성장가능성, 둘째는 창업자의 경험이나 특징을 활용할 수 있는지의 여부, 셋째는 허가나 인가를 받아야 하는 업종인지의 여부, 넷째는 실패의 위험도 등이다.

3 사업자금의 조달

사업은 사업자금 마련에서 시작된다고 해도 과언이 아니다. 사업자금 조달 방법을 크게 나누면 ① 퇴직금, 저축 등 창업자에 의한 자기 자본, ② 부동산 또는 신용을 활용한 금융기관 차입금, ③ 주변 인물, ④ 주식회사 제도를 적극 활용한 직접 금융의 방식으로 대별해 볼 수 있다.

위의 자금조달 방법 중 ①과 ④는 자본금 형태로 조달되는 것이며, ②와 ③의 방법은 부채 형식으로 조달되는 자금이다. 흔히 부채형식으로 많은 자금을 조달할 수 있는 사람을 능력 있는 창업자라고 할 수도 있겠지만, 창업 초기에 너무 많은 부채로 사업을 시작하면 사업이 본 궤도에 오르기도 전에 과다한 금융비용으로 손익분기점 매출액 달성이 어려워지는 경우도 많기 때문에 창업 초기에는 오히려 자기자본 비율을 최소한 50% 이상 유지하는 것이 바람직하다고 볼 수 있다. 따라서 창업자금 조달의 첫째 순위는 창업자의 퇴직금, 저축 등 스스로의 능력에 의해 조달이 가능한 자기자본이나 자본출자가 가능한 자본가, 즉 동업자를 물색하는게 가장 바람직한 방법이다.

자금조달 방법 중 두 번째 방법이 금융기관을 통한 자금차입이다. 우리나라 금융기관은 제 1 금융기관으로서의 은행과 제 2 금융기관으로서의 창업투자회사,

신기술 사업금융회사, 리스사, 상호신용금고 등이 있다.

셋째는 사채에 의한 자금조달 방법이다. 개인으로부터 자금을 조달하는 사채로 자금을 조달하기란 어려운 것이 현실이고 보면, 창업 초기의 자금조달 방법으로서는 그렇게 좋은 방법은 아니라 여겨진다.

4 사업규모의 결정

사업규모의 결정 문제는 창업의 성공여부와 직결된다고 해도 과언이 아니다. 창업자가 창업단계에서 사업규모를 결정할 때 중요한 역할을 하는 사업규모 결정요소는 크게 나누어 기업적 요소와 경영자적 요소로 나누어 볼 수 있다.

기업적 요소라 하면 기업 자체의 성격, 특성 때문에 사업규모 결정상 상당한 제약이 수반되는 요소, 다시 말하면 경쟁사와의 경쟁력 제고 측면에서 기본적으로 갖추어야 할 제반 기본시설 요건에 부응하기 위해 일정 규모 이상의 투자를 요구받게 되는 경우를 말한다. 이와 같은 기업적 요소에는 ① 영위하고자 하는 업종 및 제품, ② 사업수행에 필요한 기본 인력, ③ 업계 평균 시설규모 등이 있으며, 이들 요소에 의해 사업규모가 일반적으로 결정된다.

반면 경영자적 요소라 하면 기업적 요소에 비해 다소 사업규모 결정상 신축성이 부여되는 창업자의 능력요소로서 ① 조직 운영능력 및 자질, ② 자금조달 능력, ③ 기업환경 적응도 등의 요소를 말한다.

사업규모 결정 과정에서 간과해서는 안 될 점은 실제 창업단계에서 사업규모를 결정하는 과정과 방법을 어떻게 하느냐 하는 점과 제 과정별로 고려해야 할 사항에는 어떤 점이 있는지를 알아보는 일이다.

5 기업형태의 결정

기업형태의 결정은 창업에 있어 매우 중요하다. 기업형태에 관한 법률상의 규정은 기업의 자본모집과 기술·경영력의 보완, 그리고 거래의 활성화에 도움이 되는 체계를 만드는 데 목적이 있기 때문에 창업에 있어서는 하나의 형식 요건이 되는 것이다. 창업자는 여러 가지 기업환경과 기업능력, 그리고 개인기업과 법인기업의 장·단점을 비교평가하여 자기 실정에 맞는 기업형태를 선택할 필요가 있다.

창업시 개인기업이나 주식회사 형태로 설립하는 경우가 대부분인바, 이 두 가지 회사설립 형태를 비교하여 살펴보면 〈표 5-1〉과 같다. 따라서 창업자는 이

표 5-1 개인기업과 주식회사의 비교

구 분	개인기업	주식회사
적정규모	소·중 규모	중·대 규모
법적 근거	업종별 관계법(인·허가)	「상법」 및 업종별 관계법
성 격	개 인	법 인
사원(대표자)책임	무한책임	유한책임(출자지분 범위 내)
발기인 수	대 표 자	발기인 7인 이상
출자금액	금액 제한 없음	5천만원 이상
기 관	대표자 개인	의결기관: 주주총회 대표기관: 대표이사 업무집행: 이사회
법적 성립요건	• 해당 업종 관계법에 의한 인·허가 • 사업자 등록	• 정관인증 및 창립총회 • 법인설립 등기 • 법인설립 신고 및 사업자 등록
조직변경	주식회사, 유한회사 등으로 법인 전환가능	유한회사로 변경가능

와 같은 양 제도상의 장·단점을 비교하여 자신의 실정에 맞는 기업형태를 결정하는 것이 필요하다.

6 창업멤버와 조직구성

기업경영의 제1요소는 사람이다. 자기 사업에 가장 적합한 인재를 선발하거나 스카웃하여 적재적소에 배치함으로써 경영효율을 높이는 것이 경영전략의 기초단계라 본다. 창업멤버와 조직을 구성할 때 고려해야 할 사항은 다음과 같다.

첫째, 창업멤버와 회사조직은 간단할수록 좋다. 둘째, 경력직원의 스카웃이 필요한 경우에는 신중을 기해야 한다. 스카웃 직원의 능력도 중요하지만 성격이 원만하고 협동심이 강하며, 사장을 충실히 보좌해 줄 수 있는 사람이어야 한다. 셋째, 사장 혼자서 단독으로 사업을 영위할 수 없는 경우 흔히 동업 형식으로 사업을 시작하게 되는데, 이때 주의할 점도 많이 있다. 가급적이면 동업은 피하되 동업이 꼭 필요한 경우에는 상호조건을 정확히 제시하여 합의가 된 후에 창업준비에 착수하여야 한다. 넷째, 창업회사의 조직은 일반적인 회사 조직을 중심으로 편성하되 해당 업종에 맞는 특색 있는 조직이 필요하다.

제 3 절 기업의 성장과 발전

일단 기업이 창설되면 재생산과정을 통하여 기업규모가 확대되는 경우도 있고 그렇지 못한 경우도 있다. 기업이 합리적 경영을 통해 환경에 적응하게 되고 경제 및 사회성과가 실현되어 사회요구에 잘 부응하게 되면 기업은 성장·발전하게 되지만, 어떤 이유로 인하여 실패하거나 도산을 하는 기업도 있다.

3.1 기업의 성장

기업은 기업 내외부적인 문제 요인으로 인하여 기업도산으로 끝나는 경우도 있지만 합리적이고 효율적인 운영을 통하여 성장으로 이끌어갈 수도 있다.

기업성장(business growth)이란 일정기간 내에 기업의 규모나 능력이 상승적으로 변화하는 것을 말한다. 여기서 규모나 능력의 변화를 나타내는 대표적인 성장지표로는 판매액이지만 기업의 성장을 가장 적절하게 반영하여 주는 측정척도는 총자산액이나 자본이다. 판매액의 증가는 기업활동을 통하여 기업이 날로 성장해 가고 있음을 뜻하는 것인 데 반하여, 판매액의 감소는 기업활동상의 결함으로 기업이 위축되어 가고 있음을 뜻하는 것이다. 이에 반하여 자산액은 기업의 성장여하를 결과적 및 양적 측면에서 나타내주는 양적 성장지표이다.

그렇다면 성장기업을 가능하게 해 주는 것은 어떤 요인들일까?

첫째, 경영전략면에서 성장산업(growth industry)에 참가하고 있다.

둘째, 경영관리면에서 효율적인 운영이 이루어지고 있다.

셋째, 인사관리면에서 종업원의 적재적소 배치는 물론 동기유발이 잘 이루어지고 있다.

넷째, 마케팅면에서 제품계획이나 판매계획이 경쟁사에 비해 경쟁력 있게 이루어지고 있다.

다섯째, 재무관리면에서 자본조달, 자본운용이 효율적으로 이루어지고 있다.

여섯째, 생산관리면에서 생산전략과 이의 집행이 적합하게 행해지고 있다.

일곱째, 기업활동의 국제화를 전개하고 있다.

이상의 여러 요인이 복합적으로 작용할수록 성장속도가 빠른 기업이 될 수 있다. 결국 기업의 성장은 기업환경의 변화에 기업이 능동적으로 적응하는 경영전략을 전개해 가면서 기업활동을 합리적이고도 효율적으로 관리해 나갈 때 기업의 성장은 얼마든지 가능하다고 하겠다.

그러면 기업이 성장지향성을 추구하는 이유는 무엇인가?

① 규모의 경제(economy of scale) 추구
② 확대되는 시장수요(market demand)에의 대응
③ 경영자의 야심 내지 성취동기(achievement motive)
④ 위험의 분산(diversification)
⑤ 시장의 지배나 다각화를 통한 안전성 추구
⑥ 생산을 증대시켜 주는 생산기술의 활용

그러나 기업이 적정규모 이상으로 성장하여 규모가 확대되면 규모의 비경제가 발생한다. 이러한 규모의 비경제는 다음과 같은 4가지로 분류할 수 있다.

첫째, 분배의 비경제이다. 기업의 규모가 커짐에 따라 일반적으로 광범한 지역에 산출물을 분배해야 하는데, 고객의 분포가 흩어져 있으면 분배비용이 판매량보다 더 빨리 증가하게 된다.

둘째, 관료화의 비경제이다. 생산단위의 규모가 커짐에 따라 이를 운영해야 할 필요한 노동력이 증가하게 된다. 노동력이 증가하면 감독자, 조정자, 관리자들도 더 필요하게 된다.

셋째, 혼돈의 비경제이다. 유사성이 없는 활동을 결합하는 것은 복잡성을 가중시킨다. 이런 복잡성이 잘 관리되지 못하면 조직은 혼돈에 빠질 수 있다.

넷째, 위험에 대한 취약점이다. 갑작스런 자연재해나 환경변화에 따른 급격한 수요 감퇴, 인적자원 관리의 어려움 등에 처하게 되면 기업은 전체적으로 커다란 손상을 입게 된다. 이와 같이 볼 때 규모의 비경제는 규모의 경제만큼이나 중요하고 실제적인 문제이다. 따라서 관리자는 성장의 한계를 알고 기업은 적정한 균형적 성장을 도모해야 할 것이다.

3.2 기업의 성장단계

블레이크와 애비스(R.R. Blake and W.E. Avis), 머튼(J.S. Mouton) 등은 기업 진화론 모델에 의해 기업의 성장단계를 3단계로 나누어 설명하고 있다.

1 기업가적 기업의 단계

기업 성장의 원천은 기업가의 추진력과 확고한 결단력에 있다고 본다. 신설 기업을 창설하거나 기존기업의 성격을 변화시키기 위해서는 기업가 정신이 필요하다고 본다. 그러나 기업의 규모가 커지면 기업가 혼자서는 기업을 관리하기 어렵게 된다. 따라서 보다 체계적인 경영관리제도의 도입이 필요하게 된다.

2 제도적 기업의 단계

과거의 전통이나 관행 대신에 규칙이나 규범이 사람들의 행동을 관리하게 되는데, 이러한 기업이 제도적 기업이다. 이러한 제도는 조직 내에서 인간으로 하여금 조직에 적응하도록 만든다. 그 결과, 기업의 성장·발전은 둔화된다. 왜냐하면 인간은 제도에 얽매여 욕구불만, 긴장 등이 생겨 조직을 경직화시키기 때문이다.

3 동태적 기업의 단계

조직의 핵심이 되는 인간이 창조성과 활력을 회복하게 되면 기업은 동태적 기업의 단계로 접어들어 다시 성장하게 된다. 이 단계에서 제도나 방법은 인간의 자주성과 창조성 및 활력을 조성하는 수단이다. 이는 행동과학적 지식을 바탕으로 하는 목표관리(MBO)나 팀워크(teamwork), 갈등의 정면대결방식 등이 있다.

한편 그라이너(L.E. Greiner)는 [그림 5-1]에서 보는 바와 같이 기업의 성장단계를 5단계로 설명하고 있다. 기업은 5단계의 성장단계를 거치는 동안 진화와 변혁의 상황을 반복하게 된다는 것이다. 여기서 진화(evolution)란 기업활동상 큰 변화가 일어나지 않는 기간으로서 성장기 내지 위기극복기를 뜻하며, 변혁(revolution)이란 조직체라는 생명의 본질적인 변동기로 경영관리활동상 중대한 위기를 맞이하여 변화가 이루어지는 기간을 말한다.

그림 5-1 기업의 성장단계

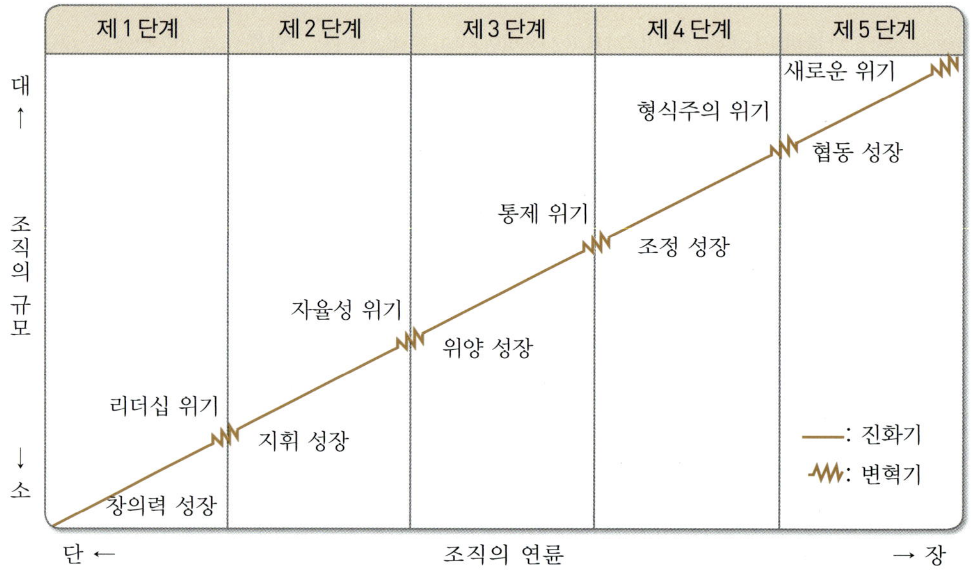

자료원: L.E.Greiner, "Evolution and Revolution and Organization Growth," *Harvard Business Review*, Vol. 50 No. 7, (July-Aug. 1972), p.42.

① **제 1 단계** 창의력에 의한 성장을 하다가 리더십의 위기를 맞는다.

② **제 2 단계** 지휘에 의한 성장을 하다가 자율성의 위기를 맞는다.

③ **제 3 단계** 위양에 의한 성장을 하다가 통제의 위기를 맞는다.

④ **제 4 단계** 조정에 의한 성장을 하다가 관료화된 형식주의(red-tape)의 위기를 맞는다.

⑤ **제 5 단계** 협동에 의한 성장을 하다가 새로운 위기를 맞게 될 것이다.

이와 같이 볼 때, 각 단계는 전(前)단계의 진화의 결과이며, 그것은 다음 단계의 원인이 된다. 그라이너는 기업의 성장단계에 따라 요구되는 경영관리기능의 변화를 〈표 5-2〉와 같이 요약하고 있다.

표 5-2 기업의 성장단계에 따른 경영기능의 변화양상

경영기능 \ 성장단계	제 1 단계	제 2 단계	제 3 단계	제 4 단계	제 5 단계
경영의 초점	제품의 생산판매	경영활동의 효율화	시장확대	조직의 통합과 활용	문제해결과 혁신
조직구조	비공식적	중앙집권적	사업부제	라인과 스태프	팀의 형성
최고경영자의 유형	기업가적, 개인주의적	지시(지휘)	권한의 위양	조정의 역할	참가적
통제제도	고객의 반응	비용중심	이익중심	투자중심	상이한 경영 목표의 조정
보수제도	적당수준	인사고과 제도의 확립	개인·능력별 상여금 지급	종업원지주제 이익분배제	팀별 상여금

자료원: *ibid*., p. 45.

제 4 절 기업의 계열화와 다각화

기업들은 성장하여 나가는 과정에서 계열화하기도 하고, 그 자체로서 혹은 합병을 통하여 다각화하기도 한다.

4.1 기업계열화

기업의 계열화(integration)란 대기업이 중소기업을 거래상의 관계로 종속시켜 이들 중소기업을 자사의 통제하에 둠으로써 그 생산력이나 판매력 및 금융력 등과 같은 경제력을 독점적·배타적으로 이용하는 것을 말한다.

기업 계열화가 그 효과를 거두기 위한 전제조건은 다음과 같다.

첫째, 대기업의 자본 충실화와 경영안정 문제가 해결되어야 한다. 대기업의 경영안정이 없이는 계열화의 근대화를 가져오지 못하며, 계열사의 안정과 성장도 기대할 수 없다.

둘째, 계열 내에 들어가지 못한 중소기업, 특히 영세기업의 보호육성 문제를 해결해야 한다.

셋째, 중소기업의 동지적 조직력을 강화해야 한다. 계열화는 자칫하면 중소기업을 우량기업과 열등기업으로 분리하는 결과가 될 수 있는데, 이를 배제해야 한다.

이와 같은 기업계열화가 이루어지는 목적은 다음과 같다.

① **판로의 확보**　계열화의 모회사는 산하 계열사를 통하여 대량생산품의 판매능력을 강화하기 위해서이다.

② **생산기반의 확립**　계열화의 모회사는 조업도의 안정화, 제품의 전문화를 꾀하기 위해서이고, 계열사는 근대적인 생산기반을 확립하기 위해서이다.

③ **고정설비의 활용과 절약**　모회사나 계열사는 다같이 고정설비의 상호활용과 운영경비를 절약하기 위해서이다.

④ **우수기술의 전수**　모회사는 생산기술을 계열사에 전수시키고 계열사는 우수전문기술을 이용하기 위해서이다.

4.2 기업다각화

기업다각화 또는 컨글로머리트(conglomerate)는 1950년대 후반부터 주로 미국에서 급격히 성행하게 된 새로운 기업형태인 복합합병(conglomerate merger)의 일종인데, 그것은 미국의 독점금지법의 일종인 「클레이톤법」(Clayton Act)이 개정되어 기업 간의 수평적·수직적 합병이 금지됨으로써 나타났는데, 이 법을 우회하면서 기업의 다각화를 실현하기 위한 한 방편으로 생성·발달한 것이다. 컨글로머리트란 산업부문이 서로 다른 이종기업 간의 다각적 결합으로서 수평적 합병과 수직적 합병이 혼합된 일종의 혼합형 합병기업이다. 주로 주식교환, 주식공개매입(take-over-bid: TOB)[1]을 통해 합병하기 때문에 제3의 기업합병이라고도 한다.

---

1) 주식공개매입제도(take-over-bid: TOB)란 어떤 기업의 지배권을 이양받을 목적으로 그 기업 주식의 희망매입가격과 매입수량, 매입기간 등을 공개적으로 제시하여 증권시장을 통해 주식을 집중적으로 매입하는 것을 말한다.

컨글로머리트가 출현하게 된 동기(배경)는 첫째, 대기업이 거의 국제기업 내지 세계기업으로 성장하여 거대기업에 알맞은 새로운 경영조직을 필요로 하였고 둘째, 기술혁신으로 시장이나 산업구조가 변모함에 따라 이에 대처하여 경영을 다각화할 필요가 절실하였으며 셋째, 「독점금지법」의 규제를 우회하기 위해서는 이종기업 간의 다각적 합병으로 그 방법을 달리하지 않을 수 없었던 것이고 넷째, 기업이윤을 증대시키고 자금유동성을 보다 향상시키기 위해서이며 다섯째, 경기변동에 따른 위험을 분산시키기 위해서였다.

이와 같은 컨글로머리트가 가지는 단점은 다음과 같다.

① **기업이윤 극대화의 곤란성** 기업이 전문화되고 있는 현재의 시장이나 생산기술과 별로 관련성을 갖고 있지 않은 새로운 분야의 다각화이므로 이익 달성이 쉽지 않다.

② **기업위험의 증대성** 새로운 사업분야는 이질적인 지식이나 경험을 필요로 하기 때문에 그만큼 위험성이 크다.

③ **경쟁상의 불리성** 만일 업계가 불황기를 맞아 경쟁이 격화되면 불리한 경쟁 위치에 봉착할 위험이 있다.

제 5 절 기업집중

5.1 기업집중의 의의와 목적

기업들이 제각기 시장을 지배하기 위해 기업규모를 확대하고 심한 경쟁을 하다 보면 과잉생산과 이에 따른 공급과다로 인해 가격의 하락과 이윤의 감소를 가져오게 되고, 결국은 파멸의 수렁에 빠지게 된다. 따라서 기업 간에 상호협정으로 과당경쟁의 폐해를 없애고, 또 자본결합으로 기업의 안정과 시장지배를 도모하는 일련의 현상을 기업집중이라 한다. 다시 말해 기업집중(business concentration)은 둘 이상의 기업이 어떠한 형태로건 결합함으로써 경쟁을 배제하고 기업의 안정과 시장지배를 도모하는 것으로서, 기업결합(business combination)이라고도 한다.

개별자본의 집중에 있어서, 개별자본을 자본활동으로 하여 확대하는 방법에는 스스로 획득한 이윤을 축적하는 집적(concentration)과 다른 개별자본과 결합하는 집중(centralization)의 형태로 이루어진다. 기업집중은 일시에 자본확대가 가능해지고 이를 활용함으로써 급격히 생산력이 커지게 된다.

기업집중의 목적은 다음과 같다.

① **경쟁의 제한과 배제** 기업집중은 기업상호 간의 경쟁을 제한하고 배제하는 데 있다. 그렇게 함으로써 각 기업이 이익을 증대할 수 있는데, 이와 같은 형태의 결합을 수평적 결합(horizontal combination)이라고 한다.

② **생산공정 및 유통의 합리화** 구매, 생산, 유통 등 수직적으로 연관되는 기업 간에 서로 결합하여 생산공정이나 유통의 합리화를 기할 목적으로 기업이 집중된다. 이와 같은 결합을 수직적 결합(vertical combination)이라고 한다. 원료공급회사와 제품제조회사가 결합하는 경우를 생각할 수 있다.

③ **시장의 독점적 지배** 어떤 산업부문에서 강력란 기업이 타 기업을 지배하에 두거나 기업간에 결합함으로써 독점적 지위를 확보하여 시장가격을 지배하거나 공급을 조작함으로써 독점이익을 얻으려고 하는 것이다.

④ **기업 지배력의 강화** 재벌 또는 금융기업이 출자관계나 대부 등을 통하여 다른 기업을 지배할 목적으로 결합하는 경우가 있다. 예를 들면, 은행 등의 금융기관이 제조회사 등에 장기대부를 하거나 주식보유를 통해 서로 결합관계를 갖게 됨으로써 기업지배를 하는 경우 등이다.

5.2 기업집중의 형태

기업집중의 형태에는 일반적으로 카르텔(Kartell), 트러스트(Trust), 콘체른(Konzern) 등이 있다.

1 카르텔(Kartell)

동종 또는 유사기업이 경쟁의 제한 또는 완화를 목적으로 시장통제에 관한 협정을 맺음으로써 이루어지는 기업연합의 형태를 카르텔이라 한다.

카르텔의 특징은 첫째, 시장의 통제·제한을 목적으로 하는 시장통제활동에 있다. 둘째, 참가기업 상호 간에는 아무런 자본적 지배를 하지 않고 참가기업의 독립성이 유지된다. 셋째, 동종기업 간의 결합이며, 동일 산업부문 내의 독립기업 간의 상호계약이므로 가격지배력, 시장통제력은 한 생산부문의 가격변동과 시장에 한정되는 것이다.

카르텔은 크게 판매카르텔, 구매카르텔, 생산카르텔로 구분할 수 있다.

① **판매카르텔** 판매상의 상호경쟁을 제한하기 위하여 동종 또는 유사부문의 기업 간에 협약되는 것이다. 판매상의 협정내용에 따라 판매카르텔은 가격카르텔, 조건카르텔, 수량카르텔, 지역카르텔, 공동판매 카르텔(신디케이트, syndicate) 등으로 나누어진다.

② **구매카르텔** 카르텔의 시장통제가 가입 기업부문에 있어서의 구매과정에 대한 통제의 형태로 나타난 것으로, 구매카르텔은 원료 또는 제품이 현저하게 부족하여 이들 재화의 구매가 곤란하게 된 경우에 주로 성립된다.

③ **생산카르텔** 가맹기업 간에 과잉생산에 따르는 제반문제를 합리적으로 해결하기 위해 동종기업의 생산부분에 관하여 상호협정을 체결하는 것이다. 생산카르텔은 협정내용에 따라 생산제한카르텔, 특수화카르텔, 특허이용카르텔 등으로 나눌 수 있다.

2 트러스트(Trust)

트러스트는 가장 강력한 기업집중의 한 형태로서, 기업상호 간의 출자액을 결합하여 자본적으로나 법률적으로 각 기업체는 독립성을 완전히 상실하고 결합해 시장통제와 경영합리화를 추구하는 기업합동이다.

트러스트는 시장의 지배뿐만 아니라 생산공정의 합리화 및 생산비의 절약도 가능하다. 트러스트는 각 기업이 자발적으로 합동하는 경우와 한 기업이 타 기업의 주식을 매수하여 결성되기도 한다. 트러스트(trust)는 원래 '신탁'이라는 뜻을 가지고 있는데, 이는 재산의 소유권을 양도하여 이것을 유리하게 이용하고 관리하도록 타인에게 의뢰하는 것을 의미한다.

트러스트에는 크게 콘체른형 트러스트와 합병형(fusion) 트러스트로 나눌 수 있다.

① **콘체른형 트러스트** 동일업종에 속하는 둘 이상의 가맹기업이 지배가

능한 비율의 주식을 수탁자단(board of trustees)에게 맡기면 수탁자단은 이를 바탕으로 가맹기업을 통일적으로 지배함으로써 시장을 독점하는 방식과 각 가맹기업의 주식의 과반수를 매수하여 지배권을 획득하는 지주회사 방식이 있다.

② **합병형 트러스트** 하나의 거대기업이 군소기업을 흡수하는 흡수합병(merger)형 트러스트와 기존의 각 기업이 모두 해산하고 새로운 신설기업이 탄생하는 신설합병(consolidation)형 트러스트가 있다.

3 콘체른(Konzern)

콘체른은 수 개의 가입기업이 법률적으로는 형식상 독립성을 가지고 있으나 실제적으로는 자본(주식)의 소유 또는 금융관계로 결합되어 있는 형태를 말한다. 즉, 동종 또는 이종산업에 대한 자본참여 방법으로는 수평적 결합뿐만 아니라 수직적으로도 결합하는 것이다. 독일에서는 이와 같은 형태를 콘체른이라 하며, 미국에서는 지주회사(holding company)라고 부른다.

콘체른을 형성하는 방법으로는 다음과 같은 자본교환, 자본적 지배, 지주회사 등의 방법이 있다.

① **자본교환 방법** 몇 개의 독립기업이 상호출자를 하거나 또는 주식교환을 하고, 이에 의하여 상호 간의 연락을 긴밀히 하여 통일적 행동을 취하는 경우이다.

② **자본적 지배방법** 자본적으로 강력한 기업이 다른 몇 기업에 대하여 거액의 출자를 하여 다수비례의 주식을 소유함으로써 이들 제 기업을 지배하려는 경우이다.

③ **지주회사 방법**[2] 자회사의 경영권을 장악하기 위해 지주회사가 산하회사의 지배에 필요한 비율의 주식을 보유함으로써 지배권을 획득하는 방법이다. 일반적으로 콘체른은 지주회사를 이용한 해당기업의 지배형태가 가장 많다.

---

2) 모회사인 지주회사(A)는 두 자회사(B1, B2)의 주식을 각각 50% 이상 소유함으로써 자회사에 대한 직접적인 지배권을 갖게 된다. 또 두 자회사가 손자회사(C1, C2, C3, C4)를 50%의 주식보유로 지배하게 되는 경우, 지주회사는 손자회사의 주식을 전혀 갖지 않고서도 두 자회사에 대한 지배관계로 인해 손자회사(증손회사까지)를 간접적으로 지배할 수 있게 된다. 즉, 지주회사는 지배자본을 절약하면서 피라밋형 지배관계를 확보하게 된다.

콘체른은 지주회사방식을 활용함으로써 지배자본을 절감할 수 있다는 점이 가장 큰 이점에 속하며, 그 밖에도 생산시설의 공동이용이나 이윤의 공동계산 등의 이점이 있다. 하지만 피지배회사는 독립성을 완전히 상실하게 됨에 따라 독점에 따른 여러 가지 병폐를 낳을 수 있다는 한계를 지니고 있다.

5.3 기업집단

1 기업집단의 의의와 목적

경제가 발전함에 따라 기업들은 기업집중을 피하고 기업집단을 형성하게 된다. 기업집단(business groups)이란 지주회사와 같은 중심적인 지배회사를 갖지는 않으나, 경영상 또는 금융상의 어떤 공동관계에 의하여 결합된 두 개 이상의 기업이 집중된 것을 말한다.

기업집단은 광의로는 주식의 소유, 중역의 파견, 업무제휴, 기술원조 등의 제 수단에 의하여 공동이익관계를 설정하는 기업집중 형태이다. 기업집단의 가장 발달된 대표적 형태가 콤비나트(Kombinat)이다.

콤비나트란 동일지역 또는 인접지역에 있는 서로 관련성이 있는 여러 업종의 기업이 생산기술적 입장에서 유기적으로 결합된 공장집단을 가리킨다.

콤비나트의 성격은 대체로 다음과 같다.

첫째, 자주독립성을 유지하면서 대등원칙하에서 형성된다.

둘째, 지속적 경영결합 형태이며, 경영협력체제이다.

셋째, 지배와 종속관계를 전제로 하지 않는다.

넷째, 생산기술적인 보완관계에 바탕을 둔 생산기술적 결합이다.

2 기업집단의 특성과 유형

기업집단은 그 생성동기의 복잡성으로 인하여 그 본질상 다음과 같이 다양한 특성을 지니고 있다.

① **결합목적의 다양성**　기업집단은 단순히 자본에 의한 지배를 꾀하는 재무적 필요에서만 형성된 것이 아니라 그 결합목적이 다양하다.

② **생산기술적 보완성** 오늘날 기술혁신은 기업발전의 원동력이다. 따라서 기업은 그들 스스로 기업을 집단화함으로써 부분적으로 부족한 기술을 상호보완할 수 있다.

③ **경영관리상의 보완성** 기업집단은 판매·구매·수송·조사·서비스 등의 기능특화에 의한 분업체제이며, 기능적 결합에 의해 경영관리상 보완성을 갖는다.

④ **결합형태의 다양성** 기업집단의 결합형태는 대기업 상호 간에는 물론 대기업과 중소기업, 중소기업들 간의 결합, 협동조합결성에 의한 공동화, 정부가 주도하는 결합형태, 자발적인 결합형태 등이 있다.

⑤ **지역적 결합성** 원료수송의 기술적 보완이나 규모의 경제를 실현하기 위해 기업집단은 지역적으로 인접한 공장지대나 공업단지를 형성해서 이루어진다.

제 6 절 기업의 국제화

6.1 기업 국제화의 의의

기업의 국제화란 기업이 성장·발전함에 따라 기업활동이 세계 여러 나라로 확장되어 가는 과정을 말하며, 기업은 이러한 국제화 과정을 통해 국제경쟁력을 강화해 나가게 된다.

기업의 국제화 과정에 따라 기업활동이 세계적으로 확장된다는 것은 다음과 같은 여러 가지 의미를 내포하고 있다.[3)]

첫째, 기업활동의 지리적 범위(geographic scope)가 한 국가로부터 세계 여러 나라로 넓어진다는 것을 의미한다. 일반적으로 기업은 국내시장으로부터 한정된 해외시장으로 침투한 후 이를 발판으로 전 세계시장으로 확대하게 된다.

둘째, 세계에서 여러 가지 사업을 동시에 수행할 수 있을 정도로 사업범위

3) 이장로, 국제마케팅, 무역경영사, 2000, pp. 29~30.

(business scope)가 넓어지게 된다는 것을 의미한다. 즉, 국제적인 사업다각화가 이루어진다는 것이다.

셋째, 기업이 경영기능을 세계 어느 곳이든지 가장 효율적인 국가에서 수행할 수 있도록 기능범위가 넓어지는 과정을 의미한다. 생산, 원자재 조달, 연구개발, 재무, 인사, 마케팅 등의 경영기능도 세계 여러 나라에서 수행하게 되는 것이다.

넷째, 기업이 새로운 국가, 사업 및 기능활동에 참여하는 방식이 수출, 해외직접생산, 합작투자 등으로 다양해지는 것을 의미한다. 즉, 기업이 국제활동에 참여할 때 자원투입과 투자위험도가 낮은 수출방식으로부터 점차 높은 해외직접투자방식으로 변화되어 가는 것이다.

기업의 국제화를 촉진하는 요인은 다음과 같이 네 가지로 살펴볼 수 있다.

① **시장요인**　시장 및 고객의 글로벌화, 각국 소비자의 생활패턴과 소비자 기호의 동질화 경향, 국제여행의 증가, 커뮤니케이션 매체의 발달, 상품유통망의 발달 등

② **비용요인**　기업의 경쟁력 강화를 위한 비용절감 노력, 규모의 경제효

그림 5-2 기업의 국제화 촉진요인

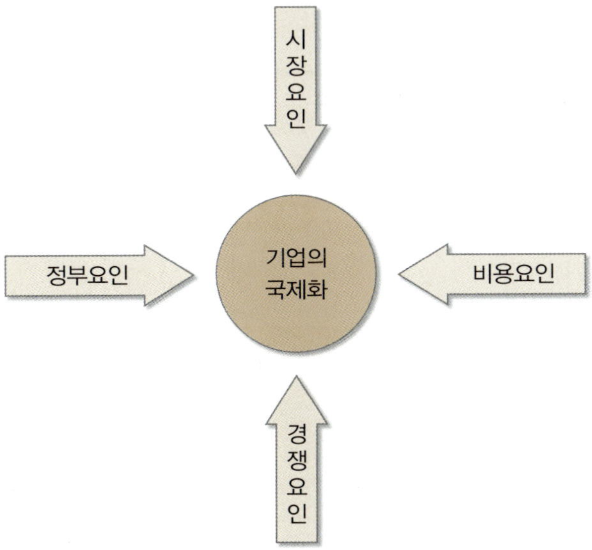

과 추구, 제품수명주기의 단축과 제품개발비 증가 대응책, 생산기지 해외 이전, 생산방식의 글로벌화 등

③ **경쟁요인** 글로벌 경쟁상황, 경쟁기업에 대한 견제(위협의 교환전략), 전략적 제휴, 외국기업에 의한 인수합병(M&A), 세계시장 점유율 확대, 해외시장 선점 등

④ **정부요인** WTO 체제에 따른 국가 간 관세 및 비관세무역장벽 축소, 자유무역지역, 관세동맹, 경제연합 등 지역경제공동체의 확대, 글로벌 스탠더드(global standard) 등

6.2 기업의 국제화 과정

일반적으로 기업의 국제화 과정은 [그림 5-3]에서 보는 바와 같이 5단계 과정을 거친다. 처음에는 국내시장에서 제품을 생산·판매하는 국내판매 단계로부터 시작하여, 국내에서 생산된 제품을 해외시장에서 판매하는 수출단계, 그 다음에는 해외에서 제품을 생산하여 현지에서 판매하는 해외직접투자 단계로 발전하고, 그 다음에는 모국의 본사를 중심으로 해외 여러 나라를 대상으로 기업활동을 전개하는 다국적기업 단계, 마지막으로 전 세계시장을 단일시장으로 보고 기업활동을 전개하는 글로벌경영 단계 등의 5단계를 거쳐 발전하게 된다.

그림 5-3 기업의 국제화 과정

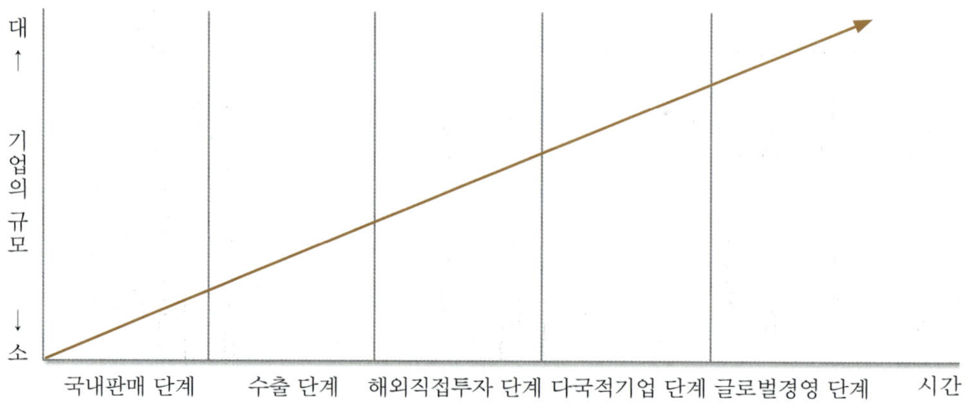

그러나 기업의 국제화 과정이 항상 이러한 단계를 순차적으로 거치는 것은 아니다. 예를 들어, 어떤 기업은 시장의 글로벌화 현상에 따라 내수시장에서 곧바로 글로벌 경영체제를 갖추고 세계시장으로 나아가는 경우도 있다. 또 어떤 기업은 국내시장의 진입장벽이나 내수시장 기반이 형성되지 않아 일차적으로 수출을 통해 해외시장으로 진출한 다음, 제품의 품질이나 마케팅 경험이 축적된 다음 해외시장에서의 인지도를 무기로 하여 국내시장으로 진출하는 경우도 있다.

이러한 기업의 국제화 과정을 그 단계별 흐름을 중심으로 살펴보자.

(1) 국내판매 단계

국내판매 단계는 국내시장을 대상으로 기업활동을 하는 단계로서, 주로 기업의 창업 초기나 중소기업 수준에서 전개되는 기업활동 단계이다. 국내판매 단계의 기업은 시간이 흐름에 따라 생산 및 판매규모가 점차 확대되고 성장·발전을 해 나간다. 그러나 어떤 시장이든 시장규모의 성장에는 한계가 있다. 즉, 제품수명주기상 성숙기가 되어 국내시장이 포화상태가 되거나 기업 간에 과도한 경쟁양상이 벌어질 때, 국내 수요의 침체와 한계로 인해 과잉생산품이나 유휴생산설비 문제가 야기될 수 있으며, 이때 기업은 해외시장으로의 진출을 모색하게 된다.

(2) 수출단계

수출단계는 본국 또는 국내에서 생산한 제품을 해외시장으로 나가 판매하는 기업활동 단계를 말한다. 기업은 수출을 통하여 과잉생산품을 처분하거나 유휴생산설비 문제를 해결할 수 있으며, 국내에서 보다 더 높은 성장과 이익을 실현할 수 있다.

수출에는 크게 간접수출과 직접수출로 구분된다. 간접수출은 국내의 전문무역상사나 종합무역상사, 외국의 국내 바이어 등을 통해 해외시장으로 판매하는 방식을 말한다. 간접수출은 수출에 따른 위험부담이 적고 해외시장에 대한 정보수집 및 마케팅비용이 적게 드는 장점이 있는 반면에, 수출에 따른 수익성이 낮고 해외시장에 대한 경험과 정보를 축적하지 못한다는 단점이 있다. 또 직접수출은 기업이 직접 수출제품을 개발하여 자사의 수출전담부서를 통해 해외시장에서 직접 판매하는 방식을 말한다. 직접수출은 기업의 수출활동을 직접 통제할 수 있고 해외시장에 대한 정보와 국제마케팅 노하우를 축적할 수 있다는 장점이 있는 반면에 수출에 따른 위험부담이 크고 해외마케팅 비용이 많이 든다는 단점이 있다.

수출단계의 기업도 여러 가지 여건의 변화로 인해 많은 시련에 봉착할 수 있다. 예를 들면, 수입국 정부가 수입제한조치를 강화하여 제품의 수출이 어려워지거나 수출이 가능하다고 하더라도, 현지국 기업과의 경쟁에서 불리한 입장에 놓일 수 있다. 또 국내 생산비의 앙등이나 환율문제로 인하여 기업의 수출경쟁력이 약화되어 수출채산성이 맞지 않는 경우도 있다. 이러한 시련을 극복하기 위하여 수출기업은 수출시장의 다양화나 제품다양화 전략을 추진할 수도 있지만, 국내에서 생산한 제품을 수입국에 수출하는 대신에 수입국에서 제품을 생산하여 이를 현지에 판매하는 해외직접투자전략을 활용하거나 기술수출을 할 수도 있다.

(3) 해외직접투자 단계

해외직접투자 단계는 수입국의 수입제한조치 강화, 해외 자원조달, 국제분업, 기술협력, 경쟁기업에 대한 견제 등의 목적으로 해외의 현지국가에 직접투자하여 현지에서 생산·판매하는 기업활동을 말한다. 기업이 해외직접투자를 하기 위해서는 자본, 인력, 기술 등 기업자원이 해외에 상당부분 투입되어야 하고, 이에 따라 해외에서의 기업위험도 커지게 된다. 이러한 위험부담을 안고 해외직접투자를 한다는 것은 그 기업의 국제화 과정에 있어서 중요한 계기가 된다.

(4) 다국적기업 단계

일단 해외직접투자에 성공한 기업은 축적된 해외직접투자 경험을 바탕으로 필요한 경우 여러 나라에 직접투자를 하게 되며, 이에 따라 본국에 있는 모회사는 점점 많은 나라에 흩어져 있는 직접투자 기업체를 경영하지 않으면 안 된다.

다국적기업 단계는 본국에 있는 모기업이 각 해외시장 내에서 현지시장의 특성에 맞는 제품을 개발하여 차별화된 기업활동을 전개하는 단계를 말한다. 다국적기업경영자는 다수의 해외시장에서 현지시장의 특성과 고객 기호에 맞는 경영전략을 개발하여 집행해 나간다.

(5) 글로벌경영 단계

글로벌경영 단계는 기업이 전 세계시장을 하나의 시장, 즉 글로벌 시장(global market)으로 보고 기업활동을 전개하는 단계를 말한다. 흔히 다국적기업과 글로벌기업은 같은 개념으로 통용되기도 하지만, 글로벌기업은 해외시장 간의 이질성보다 동질성에 초점을 두며, 해외시장 간의 통합·조정과 범세계적 이익(global profit)의 극대화에 초점을 둔다.

특히, IT혁신과 인터넷을 기반으로 하는 디지털 경영체제하에서는 기업들이 글로벌경영을 필요로 하게 된다. 인터넷이 등장하기 전에는 거리적 제약으로 인해 해외지사나 관계회사를 효율적으로 관리할 수 없었으나 인터넷은 해외지사나 관계회사를 본사와 통합적으로 관리할 수 있게 해 주었다. 즉, 전 세계의 모든 지사를 하나로 묶는 글로벌경영이 가능해진 것이다.

또한 글로벌기업은 국적에 관계없이 범세계적으로 인재를 등용하여 쓰게 된다. 드러커(P. Drucker)는 이러한 기업의 경영자를 초국적 경영자라고 했다. 우리나라의 대표적인 기업 가운데 하나인 삼성전자는 글로벌경영을 주창하고 전 세계에서 유능한 인재를 확보하는 데 심혈을 기울이고 있다.

제 7 절 기업의 지배구조

1 기업의 지배구조의 의의

우리는 기업경영에서 투명성이 수익성 못지않게 중요하게 평가되는 시대에 살고 있다. 불투명한 기업은 수익성이 높더라도 금융시장에서 배척되곤 한다. 이는 경제의 세계화와 더불어 더욱 강화되는 추세다. 투명한 경영을 유도할 수 있는 좋은 기업지배구조를 갖추는 것이 기업 생존과 직결되는 과제가 되었다. 기업지배구조가 한국 경제의 미래를 좌우할 '새로운 어젠다'로 떠오르고 있다.

지배구조는 기업의 성장과 가치창조를 위해 다양한 이해관계자들과 기업 간에 이루어진 명시적·묵시적 계약관계를 규정하고 관리하는 메커니즘을 의미한다. 즉 기업자원의 분배권에 대한 이해관계자들의 권한을 설명하는 계약관계가 바로 지배구조이다.

이러한 지배구조는 나라마다 다르게 발전해 왔는데, 일본과 독일은 다양한 이해관계자의 이익을 모두 고려하는 이해관계자 자본주의의 특징을 가지고 있고 영국과 미국은 주주가치 극대화를 중점 목표로 주주자본주의의 특징을 가지고 있다.

오늘날 지배구조가 주된 관심을 가지게 된 이유는 세계화와 함께 이해관계자 간 가치창조적 관계의 형성 및 유지가 경쟁우위 확보에 중요요소로 부각되었기 때문이다. 즉 기업 간 경쟁이 격화되고 기업 이해관계자들의 요구가 증가함에 따라 이를 충족시키고 필요 자원을 확보하는 것이 중요 과제로 등장했기 때문이다. 다시 말해 경쟁격화로 기업실패 가능성이 커짐에 따라 오류를 예방할 수 있는 지배구조 마련이 시급해졌다.

2 지배구조의 유형

기업의 지배구조는 내부 지배구조 통제와 외부 지배구조 통제로 구분된다. 전자는 이사회와 소액주주, 기관투자가 등이 참여하는 주주총회, 내부감사 및 종업원에 의한 감시, 경영자 보상, 전략평가시스템이 있고 후자는 자본시장에 의한 통제, 위임장 경쟁, 금융기관 및 사외감사 등이 있다.

내부 지배구조 통제는 기업조직의 일부로서 주주의 이익을 보호하고 기업의 성공적인 성과창출을 위해 경영에 대한 견제를 통해 균형을 확보·유지하는 역할을 수행한다.

단일 이사제는 최고 의사결정 기구로서 하나의 이사회를 두고 업무집행을 담당하는 상근이사와 경영전략에 대한 의견제시를 하는 비상근이사가 동시에 참여하는 제도로 주로 미국에서 활용하는 제도이다.

이원화된 이사제는 전문경영자로 구성된 경영이사회와 감독기능을 수행하는 감독이사회로 구성되며 독일에서 주로 활용하는 제도이다.

주주총회는 회사의 주인들로 하여금 구성되며 주식소유의 분산으로 통제기능이 제대로 수행되지 못하고 있다. 주주총회가 제대로 기능을 하기 위한 대책으로 기관투자가이다.

최고경영자에 대한 보상은 주주와 경영자의 이해상충 문제를 완화시켜 주는 중요 기능을 수행한다. 최고경영자에 대한 보상은 일반적으로 기본급, 단기상여금, 장기상여금, 기타수당으로 구성되어 있다.

감사제도는 우리나라의 경우 「상법」상 회사 내부기관이다. 미국은 비상근이사로 구성된 감사위원회가 감사기능을 수행하며, 독일의 경우 감독이사회가 감사기능을 수행한다. 우리나라의 경우 감사는 이사회가 승인한 재무제표와 이사의 업무집행을 감시하게 된다.

기업의 외부 지배구조 통제로 자본시장에 의한 통제가 있는데, 이는 경영진 감시체제를 그다지 실효성 있게 하지 못하였다. 기업의 내부 지배체제를 효율화함으로써 자본시장의 감시와 조언을 능동적으로 수용하고 적대적 M&A의 위협을 감소시키는 것이 바람직하다.

위임장 경쟁은 현 경영진에 반대하는 주주들이 이사회에 진출함으로써 기업 지배권을 인수하거나 또는 단순히 소수의 이사진을 확보함으로써 경영정책에 자신들의 의견을 반영시키기 위한 목적으로 사용된다.

금융기관에 의한 통제는 특정 기업의 주식을 소유하면서 그 기업의 자금공급원 역할을 하는 은행은 내부 통제메커니즘의 기능을 수행하고, 다만 주식 소유 없이 채권자로서 경영에 관여할 경우에는 외부 통제메커니즘으로서의 기능을 수행하게 된다.

외부감사에 의한 통제는 외부감사를 통해 재무제표의 투명성을 제고시키고 이를 통해 경영자의 행위를 감시할 수 있도록 하자는 의도이다. 하지만 현재 이 제도는 외부감사인의 독립성 결여로 그다지 실효를 거두지 못하고 있다.[4)]

3 우리나라 기업의 지배구조 현황과 방향

우리나라 기업의 지배구조는 이해관계자 집단이 너무 좁은 범위로 한정되어 인식되어 왔고 이해관계자들 사이의 균형관계가 유지되지 못하는 등의 문제점을 보여 왔다.

최근 재계 2위인 LG그룹이 지주회사체제로 전환한 데 이어 SK글로벌 사태를 겪은 재계 3위의 SK그룹도 '느슨한 네트워크'를 표방하고 나섰다. 재계 1위 삼성은 기존의 기업집단 구조, 4위인 현대차는 소그룹 체제 등 4대 그룹이 각각 다른 지배구조를 갖추면서 한국 기업의 지배구조가 다양하게 '진화'하고 있다. 포스코, KT 등은 독립적인 이사회를 구축하는 실험을 하고 있다.

지주회사체제에서는 지주회사와 자회사 간의 출자관계만 있을 뿐 자회사 간의 출자가 없으므로 '순환출자'가 특징이었던 과거와 비교하면 매우 단순하고 투명한 소유구조를 수용한 셈이다. 이러한 지주회사로의 변신은 과거 50여 년 동안 소규모 기업에서 대규모의 그룹으로 급속히 성장하는 과정에서 순환출자에 의한 폐쇄적인 기업구조가 긍정적인 역할을 했을지 몰라도 앞으로는 이런 가족경영 구조로는 범세계적인 경쟁과 투명경영에의 요구를 이겨내지 못할 것이라는 시각이 반영된 것으로 받아들여지고 있다.

---

4) 조동성, 21세기를 위한 경영학, 서울경제경영, 2000.

앞으로의 관심은 과연 지주회사제도의 도입이 그동안의 재벌 폐해를 줄여 기업풍토가 더욱 투명해질 수 있느냐는 것이다. 지주회사제도는 우선 계열사 간 상호출자를 없애 미미한 지분만을 가진 총수가 계열사 지분을 통해 그룹을 지배하는 것을 막는다. 즉 실제 지분을 넘는 총수의 지배권 행사를 차단하는 것. 또한 계열사 간 지원을 차단함으로써 수익성이 좋은 계열사의 재무건전성을 더욱 강화시켜 주는 반면, 부실 계열사의 퇴출을 유도하게 된다. 아울러 계열사 간 상호 지분보유나 상호지급보증을 막아 계열사들의 독립경영은 더욱 강화된다.[5)]

연습 문제

1. 기업의 창설과정에 대하여 설명하시오.
2. 벤처기업(Venture Business)과 중소기업의 특징에 대해 설명하시오.
3. 기업 계열화의 목적 및 형태에 대하여 설명하시오.
4. 기업다각화의 특징에 대하여 설명하시오.
5. 기업집중의 목적에 대하여 논하시오.
6. 기업집단의 의의와 특성에 대하여 설명하시오.
7. 기업의 국제화 과정을 단계별로 설명하시오..
8. 기업의 지배구조에 대하여 설명하시오.

---

5) 선우석호, 동아일보, 2003. 7. 7.

현장사례 [e코리아로 가는 길] "21세기는 속도의 시대"…스피드경영

"1980년대는 질(質)의 시대, 90년대는 리엔지니어링의 시대였다. 2000년대는 속도의 시대가 될 것이다." 빌 게이츠가 저서 『생각의 속도』에서 던진 화두 속의 '속도'는 그 자신이 의도했건 안했건 간에 단순히 물리적 스피드라는 개념으로만 읽히지는 않는다. 그것은 외부환경에 대응하는 기업의 경영의 속도, 총체적인 적응역량을 가리키는 것이라고 볼 수 있다. 특히 인터넷이라는 전례 없는 폭풍이 몰아치는 지금의 환경에서는 더더욱 그렇다.

지난 달 20일 미국 샌타클래라 인텔(Intel) 본사에서 만난 이 회사 수석 e비즈전략기획가 크리스토퍼 토머스의 얘기도 '속도'에 집중됐다. 그는 "지금은 고객의 요구를 '가장 빠르게' 가장 효과적으로 만족시키는 기업만이 성장할 수 있는, 시간 기반의 경쟁(Time-based Competition) 상황"이라고 말했다.

▽인텔내부 = '인텔 내부(Intel Inside)'에서는 지금 무슨 일이 벌어지고 있는가.

세계 최대 반도체 칩(마이크로프로세서) 업체인 이 회사는 반도체 칩 제조를 '넘어서는' 새로운 변신을 하고 있다. 인터넷이 바꿔놓은 새로운 기업환경은 인텔 전회장인 앤디 그로브가 예견했던 것(저서 『편집광만이 살아남는다』) 이상으로 인텔에 '전략적 변곡점(Strategic Inflection Point)'이 되고 있다. 이 변곡점에서 인텔이 찾은 해답은 '100% e비즈니스 기업'으로의 변신이다. 토머스 씨는 "인텔은 이제 컴퓨터 산업에 머물지 않고 인터넷 관련 기술개발과 e비즈 역량 강화로 'e기업'으로 전환할 것이다"라고 말했다. 인텔의 e기업화에 있어 솔루션의 핵심은 업그레이드된 '전사(全社)적 자원관리(Enterprise Resource Planning)' 시스템, 즉 ERP다.

인텔의 e비즈 전략의 중추인 ERP에는 인텔의 전 직원은 물론 직접적 고객과 이들을 통한 간접 고객, 직·간접 부품 공급업체 등 모든 관계자들이 포함돼 있다. 캘리포니아와 오리건주의 데이터센터는 하나로 통합된 솔루션, 소프트웨어, 네트워크, 하드웨어를 갖춰놓고 있다. 이를 통해 모든 고객 및 공급자와 100% 전자적으로 의사교환을 한다는 게 목표다. 인텔은 이제까지 이뤄낸 'e기업화'의 성과를 몇 가지 지표로 제시했다.

'60개 나라에 있는 600개의 직접 고객 기업이 700종의 서류를 공유한다. 7만 5,000여 중간상이 인터넷에 의해 업무지원을 받고 있으며 자재의 80%가 웹을 통해 직접 구매된다.' '속도'의 향상은 획기적이다. 보안이 필요한 서류의 전달 시간이 종전 2~3주에서 30분으로 줄었다. 같은 시간에 처리할 수 있는 주문량은 40%나 늘었다.

인텔의 ERP는 웹 환경에서의 ERP의 가능성과 미래를 잘 보여주고 있다. 과거 ERP를 기업 내부에 정착시키는 데 가장 큰 장애물은 표준화와 호환의 어려움이었다. 즉 외부에서 ERP 패키지를 기업 내부에 있는 기존 시스템들과 연결하기 위해선 코드(Code)를 다시 쓰는 등 기존 시스템과의 융합이 필요했다. 하지만 최근에는 다양한 형식의 소프트웨어 간의 인터페이스(Interface)에만 노력을 기울이면 된다. 이것이 가능하게 된 것은 XML이라는 차세대 인터넷 언어 덕분이다. 즉, 여러 시스템 간의 커뮤니케이션 언어가 표준화된 것이다. 인터넷 기술이 ERP를 효과적으로 활용하는 데 최대 걸림돌이 되었던 호환성이라는 문제를 해결하게 해 준 것이다.

인텔의 ERP는 물론 이런 기술적인 측면만으로 이뤄진 건 아니다. 토머스 씨는 "중요한 것은 역시 기술적인 것뿐만 아니라 기업 내부의 조직적인 지원이 있어야 한다"고 말했다. 직원이나 고객들을 새로운 환경에 맞춰 움직이게 하는 인센티브 도입 등 '전사적인 변신'이 필수적이라는 얘기다.

▽살아남으려면 속도를 높여라 = 새너제이의 벤처

기업인 에이질사가 주목받고 있는 이유도 결국 '속도'에 관한 솔루션으로 모아진다. 컴퓨터 주문 제작업체인 델(Dell)사가 제품 재고기간을 불과 3~6일로 단축할 수 있었던 것도 이 업체가 개발한 공급망 솔루션을 적용한 덕분이다. 캐럴 보일 슈레이더 부사장은 "우리는 각 사의 개별적인 공급자 네트워크를 만들고 관리해 주고 있다"고 말했다. 에이질의 e허브(Hub)에는 제품 디자인 문서에서부터 수주량, 생산량, 공급자 측에서의 부품 재고량, 생산량 등 제품 관련 정보들이 모두 축적돼 있다. 이를테면 각 업체들의 생산과정에 필요한 데이터의 '창고 겸 저수지' 역할을 하는 셈이다. 이를 통해 고객 기업들은 제품개발과 주문처리의 '속도'를 크게 높일 수 있다. 높아진 건 고객의 속도뿐만 아니다. 에이질사 역시 실리콘밸리의 전반적인 불황에도 불구하고 최근 3년간 '고속' 성장을 거듭하고 있다.

〈새너제이=이명재 기자〉mjlee@donga.com

문제

- 시간 기반 경쟁환경하에서 성공할 수 있는 방안에 대하여 토론해 보자.

제 6 장

경영혁신

학 | 습 | 목 | 표

기업은 끊임없이 변하는 환경에 대응하고 적응하기 위하여, 그리고 생존경쟁에서 살아남기 위하여 계속 혁신하여야 한다. 혁신이란 새로운 것을 창출하는 것이다. 새로운 경영환경은 새로운 패러다임을 요구한다. 최근 국내 기업에게 있어 구조조정의 문제는 외부적인 환경의 압력과 더불어 기업 내부적인 자성과 자각으로 인하여 거의 모든 기업들이 해결해야 할 과제로 남아 있다. 다시 말해 구조조정에 성공하고 계속하여 경영혁신하는 기업만이 21세기 경영환경에서 생존할 수 있다는 절박한 상황에 대한 인식이 확산되고 있는 현실이다. 본 장에서는 경영혁신의 필요성 및 구조조정 그리고 경영혁신기법에 대하여 학습하고자 한다.

창조적 사고

첫째, 모방에서 시작하라(모방의 법칙) : 모방할 수 있는 사람은 창조할 수 있다. 모든 것이 다 창조적일 수도 또한 그럴 필요도 없다는 말이다. 모방을 시작하되 어느 한 부분만 창조적이면 된다는 말이다. 모방하여 새로운 것을 만드는 방법에는 대용하기, 혼합하기, 변형하기, 확대하거나 축소하기, 다른 용도로 활용하기, 제거하기, 전환 또는 재배치하기 등이 있다.

둘째, 정반합으로 생각하라(정반합의 법칙) : 창조는 스스로를 부정함으로써 탄생하는 것이다. 정반합의 사고란 기존의 어떤 하나(정－Thesis)가 있다면 그것을 부정하거나 전혀 상관이 없는 다른 것(반－Antithesis)을 생각해 보고 이들을 합하여 새로운 것(합－Synthesis)을 생각해 내는 것이다.

셋째, 뒤집어 보아라(역발상의 법칙) : 거꾸로 인쇄된 세계지도를 생각해 보자. 지도 한 복판에 호주와 뉴질랜드가 있고 대륙을 발판으로 대양을 향해 나아가는 세계의 중심부에 우리나라 지도가 있다. 창조적 사고를 위해 고려할 것은 뒤집어 보는 것이다. 뒤집어 생각한다는 것은 바로 발상의 전환이기도 하다. 뒤집어 생각한다는 것은 도전적이고 비판적일 수 있다.

넷째, 외계인의 눈으로 바라보라(패러다임 전환의 법칙) : 매일 아침 시끄러운 소리가 인간을 깨워 자동차를 사교클럽(주차장)으로 데려가게 만들고 인간들이 자동차를 먹여 살리려고 건물에 들어가 일하는 동안 자동차는 그곳에서 다른 차들과 어울려 종일 논다고 생각할 수 있다. 위대한 발견의 길은 새로운 땅을 찾는 것이 아니라 눈앞에 있는 땅을 새로운 눈으로 바라보는 것이다.

다섯째, 왜를 이용하라(호기심의 법칙) : 뉴턴이 사과가 땅에 떨어지는 것을 보고 만유인력을 발견했다는 이야기는 그의 논문 어디에도 없다. 뉴턴은 사과나무 아래에서 떨어지는 사과를 보며 "왜 달은 떨어지지 않을까?"를 사색하다가 만유인력이 해답일 것이라는 상상을 했다고 한다. '왜'라는 질문과 독특한 상상력으로 세상을 바라보는 아이들이 미처 보지 못하는 새로움이 담겨있는 경우가 많다.

여섯째, 만약을 사용하라(If의 법칙) : 만약이라는 말은 협상에서 가장 소중히 사용되는 말이다. 그리고 창조적 사고에서도 이 말은 힘이 발휘된다. 창조적 사고는 상상력으로 강화되는 종류의 것이다. 또 상상은 창조적 사고를 뒷받침하는 정신적 활동이다. 모든 창조과정에는 상상력의 역할이 반드시 필요하다. 그리고 모든 상상은 이 만약을 통하여 이루어진다.

자료원: 이면희,『명품경영학』, 청년정신, 2007.

제 1 절 경영혁신의 의의

혁신(Innovation)이라는 용어는 라틴어 novus에서 유래하였으며 새로움을 뜻한다. 슘패터(Joe Schumpeter)는 혁신이란 새로운 것을 창출하는 것이라고 하였다. 혁신은 새로운 제품을 만들고, 새로운 판로를 개척하고, 새로운 조직을 실현하는 것이라고 하였다. 그리고 그는 혁신을 창조적 파괴(creative destruction)라고 하였다.

드러커(Peter Drucker)는 혁신에 필요한 것은 버리는 것이라고 하였다. 그는 "경영자란 15세 소녀와 같이 유행에 민감해서 다른 회사들이 새로운 경영혁신기법을 사용하는 것을 보면 자기 회사에도 이를 적용하고 싶어한다"고 한 바 있다. 그래서 혁신은 낡은 것을 폐기하고 기술과 시스템을 혁신하고 새로운 방식을 창조하는 것이라고 하였다. 피터와 워터맨(Peter & Watermann)은 혁신이란 창조적인 사람이 시장성 있는 신제품 내지 서비스를 개발하는 것이라고 하였다.

드러커는 혁신의 결여는 기존의 조직이 쇠퇴하는 최대의 원인이라고 하였다. 드러커는 모든 조직은 새로운 것을 창조하는 데 중점을 두어야 한다고 하였다. 이렇게 하기 위해서는 다음 세 가지가 필요하다. 첫째, 지속적으로 개선한다. 둘째, 지식의 활용방법을 배운다. 셋째, 모든 분야에 있어서 체계적으로 혁신하는 것을 배운다. 혁신한다고 하여 항상 성공하지 못하고 실패하는 혁신이 더 많은 경우도 있다. 혁신이 실패하는 이유는 첫째, 자원이 부족한 경우와 둘째, 변화에 저항하는 사람들을 잘 관리하지 못하거나 셋째, 기회를 잘 포착하지 못하기 때문이다. 혁신이 성공하려면 혁신을 성공적으로 이끄는 기업문화를 구축해야 한다.

1 혁신의 중요성

새로운 경영환경은 경영자에게 새로운 경영 패러다임을 요구한다. 경영자는 경영패러다임의 변화를 이해하여야 하며 대응하는 혁신전략을 수립하고 실시해야 한다. 경영혁신은 기업의 목적을 보다 효과적으로 달성하게 해 준다. 경영혁신은 기업의 경쟁력을 강화시켜 준다. 경영혁신은 보다 근본적으로 기업으로 하여금 고객이 원하는 제품과 서비스를 보다 싸고, 우수하게 만들어, 보다 빠르게 공급할 수 있게 해 주어 고객을 만족시키며 고객을 창출하도록 한다. 최고경영자의 역할이 경영혁신에 있어 매우 중요하다. 왜냐하면 최고경영자의 변화에 의해 회사가 변화하기 때문이다. 일본의 토요타 자동차는 계속적인 경영혁신을 통해 미래를 준비하는 조직풍토를 가지게 되었다.

그러나 다른 기업이 혁신에 성공한 것이라도 또 다른 기업이 같은 방식을 적용하면 실패할 수도 있다. 그러므로 경영자는 변화하는 경영환경에 부응하는 경영혁신을 추구하도록 하여야 한다. 특히 경영혁신이 성공하려면 시스템적인 접근이 필요하다.

2 경영혁신이 필요한 상황과 대상

경영혁신은 회사전체 차원에서 변화를 일으키는 것이어야 한다. 경영혁신의 대상은 기업경영 3대 요소인 제품과 서비스, 관리과정 및 조직구조, 그리고 조직구성원이 모두 경영혁신의 대상이다. 왜냐하면 이 세 가지 요소 가운데 어느 하나라도 부족하면 기업경쟁력은 떨어지게 되기 때문이다. 다음과 같은 경우 경영혁신이 필요한 경우이다.

첫째, 지속적으로 적자를 내는 회사 또는 사업부 둘째, 제품이나 서비스가 고객의 욕구를 충족시키지 못하여 고객이 계속하여 이탈하는 경우 셋째, 우수인력이 빠져나가고 조직이 관료화되는 경우 넷째, 빚이 지나치게 많거나 유동성(단기부채 지급 능력)이 부족한 경우 다섯째, 경비가 지나치게 지출되거나 부정행위가 발견되는 경우 등이다.

특히 기업이 혁신기법을 도입해서라도 변신해야만 하는 경우는 다음과 같다.

첫째, 목표를 달성하고 있지 못하는 경우로 만성적으로 2~3위에 머무른다면 획기적인 변화가 필요하다.

둘째, 새로운 목표를 추구하는 경우로 목표가 바뀌어 기존 방식으로는 한계를 경험하는 경우이다.

셋째, 기업환경이 급변할 때로 기술이 빠르게 변하거나, 소비자 취향이 급속히 변하거나, 독점을 누리다가 독점이 깨지는 경우 등이다.

3 경영혁신의 성공조건

혁신을 하려면 늘 저항 세력이 있게 마련이다. 기업 내·외부로 수많은 혁신의 걸림돌이 있기 마련이다. 노무현 참여정부는 역대 정부 중 가장 공무원 수를 많이 증가시키면서 공직의 혁신을 위하여 노력하였으나 혁신이란 단어만 나와도 공무원들이 강하게 저항하여 절반의 성공도 거두지 못하고 말았다. 혁신은 소리 없이 해야 한다. 요란하게 해서는 안 된다. 사람들은 편안함을 추구하는 존재인 만큼 변화나 혁신에 대하여 아무리 의도가 좋다고 하더라도 거부하는 경향이 있다. 어느 조직도 변화를 따르려는 사람은 아주 적다. 그래서 변화하거나 혁신하려면 심각한 저항에 부딪칠 각오를 하여야 한다. 크게 변화가 요구되면 혁신적이거나 혁명적이어야 하지 점진적인 변화는 실패하기 마련이다. 점진적인 변화는 변화가 계속되어 구성원을 피로하게 만들 뿐이다. 경영진이 적극적으로 앞에서 진두지휘하여 이끌고 나가야 변화나 혁신이 성공할 수 있다.

혁신을 하는 데 있어 경영자들의 일관성이 있는 행동이 요구된다. 끊임없이 구성원들을 설득하고 종업원들이 공통의 가치관을 공유할 수 있도록 해야 한다. 구성원들 앞에서 일관된 변화의 메시지를 전달해야 한다. 변화를 일으키는 작업은 가능한 빨리 추진하여야 한다. 빨리 시행할수록 변화를 거부하는 자의 세력을 약화시킬 수 있다. 변화를 추진하는 사람은 어느 정도 중상모략과 인심을 잃을 각오를 하여야 한다. 따라서 이를 담당하는 그룹은 용기와 내적인 독립심이 요구된다.

제 2 절 구조조정

1 구조조정(Restructuring)

구조조정은 시스템이나 조직을 새로운 방법으로 조정하는 것이다. 구조조정이란 용어는 1981년 레이건 대통령이 공급 중심의 경제정책을 채택하면서이다. 이 정책은 공급을 늘려 물가를 낮춤으로써 수요를 촉진시키자는 것이었다. 즉 소득세율을 낮추어 기업의 이익을 늘려 생산시설에 투자하도록 하자는 의도이었으나 기업들은 투자는 하지 않고 단기 투기적이고 약탈적인 M&A(merger and acquisition)를 시작하였다. 따라서 이러한 M&A대상이 되지 않기 위해서 기업들이 일부러 부채비율을 늘리고 불필요한 부동산을 구매함으로써 재무구조를 나쁘게 만드는 방법을 찾아냈다. 여기서 소위 재무구조 조정이라는 용어가 생겨난 것이다.

1990년에 들어와 M&A와 상관없이 경영을 혁신하는 수단으로 리스트럭처링(restructuring)이 시작되었다. 리스트럭처링이라는 용어는 여러 가지 의미를 가지고 있다. 그러나 구조조정이란 모든 시스템과 모든 조직을 변화시키는 것이므로 모든 사회현상이 구조조정의 대상이라고 할 수 있다.

손익계산서상의 구조조정은 손해를 줄이고 이익을 극대화하기 위한 노력이 손익구조조정이고 그 중에서 비용을 변화시키는 것이므로 비용구조조정이다.

조직도표상의 구조조정은 인력구조조정으로 채용규모의 축소, 임금삭감, 재교육, 전환배치, 계열사 파견, 명예퇴직, 정리해고 등을 통해 이루어진다. 한편 팀제를 도입하거나 조직의 효율성 제고를 위해 의사결정단계를 축소하는 조직구조를 재설계하는 것을 말한다.

시장 제품 구조조정은 매출을 향상시키고 이익을 낼 부문과 그렇지 않은 부문을 구분하여 제품포트폴리오를 조정하는 것이다.

대차대조표상 구조조정은 부채를 줄이고 자기자본 비율을 높여 건전한 자기자본 비율을 유지하기 위한 구조조정이다.

2 다운사이징(Downsizing)

다운사이징은 조직의 효율성, 생산성, 경쟁력을 개선하기 위하여 조직인력의 규모, 비용구조, 업무흐름 등에 변화를 가져오기 위한 일련의 조치이다. 즉, 이는 기구축소, 감원 등을 포함하는 개념이다. 다운사이징은 효율적인 네트워크 운영을 위한 정보시스템 다운사이징과 조직의 슬림화와 재정비 차원의 조직 다운사이징으로 나눌 수 있다.

전형적인 인원감축을 통한 다운사이징은 조기퇴직, 정리해고, 재취직 알선, 그리고 빈자리 메꾸지 않는 자연감소 등을 통해 이루어진다. 이 방식은 즉각적인 인원감축 효과와 함께 경영위기를 구성원에게 명확히 전달할 수 있는 효과는 있지만 누구를 남게 하고 누구를 제거할 것인가를 정하는 어려움이 있고, 구성원이 조직을 떠나면서 조직의 핵심적인 업무 지식이나 기술의 손실도 함께 발생할 수 있다는 것이다.

업무 재설계(work redesign)는 인원을 줄이는 것이 아니라 업무를 통합하여 업무 수를 줄이는 것이다. 조직 내 불필요한 기능이나 계층부서, 작업단위 등의 제거와 제품 등의 제거 등을 통해 이루어질 수 있고 작업흐름의 재설계, 조직단위의 통합, 작업시간의 감축 등을 통해 이루어질 수 있다. 그러나 잔여 조직구성원에게 과중한 업무를 부과하는 부작용이 있을 수 있다.

체계적 접근은 조직 내 인원이나 업무만을 변화시키는 것이 아니라 조직문화나 조직구성원들의 태도나 가치 등도 변화시키는 접근방식이다. 이 방법은 일과성 프로그램이나 목표로서 다운사이징을 실시하는 것이 아니라 지속적 개선을 추구하는 개념이다.

1990년대 이후는 불경기에 대처하여 종업원을 일시적으로 해고하는 것이 아니라 기존의 정규사원들을 해고시키는 대신 이들을 각종 임시 노동력으로 점차 대체해 나가는 소위 고용관계의 외부화 경향이 나타나고 있다.

1990년대 이후 경기변동 사이클과는 무관하게 기업의 전략적 이유에서 실시하고 있다. 통상적인 이유 이외에 관리상의 비효율이나 경쟁력상의 아무런 시급한 문제가 없는 기업들까지 시작했다는 특징이 있다.

1990년대 이후 다운사이징의 주요 대상이 제조업 생산직 종업원들뿐만 아니라 사무, 관리직, 특히 조직 내 중간관리층으로 점차 확대되어 나갔다는 것이다.

3 업무 재설계(BPR)

업무 프로세스(Business Process)는 투입물을 산출물로 전환하는 부가가치 있는 일련의 활동의 집합체를 의미한다. 업무 프로세스가 잘 정의되고 프로세스 내의 각종 업무가 최종 고객이 원하는 대로 효율적으로 지원된다면 성공적으로 기업전략을 실행할 수 있는 것이다. 이러한 업무 프로세스에 대한 재설계인 BPR(Business Process Reengineering)은 1990년대 초부터 경영혁신 도구로 많이 활용되었다. BPR을 최초로 개념화한 해머(Michael Hammer)는 BPR을 비용, 품질, 서비스, 속도와 같은 핵심적 성과에서 극적인(radical) 향상을 이루기 위하여 기업 업무 프로세스를 근본적으로 다시 생각하고 혁신적으로 재설계하는 것이라 정의했다. 이 정의에는 다음과 같은 개념들이 포함되어 있다.

첫째, 극적인 향상을 이룬다는 개념은 BPR이 점진적인 변화를 추구하는 것이 아니라 업무성과의 극적인 향상을 추구한다는 것이다.

둘째, 근본적이라는 개념은 BPR을 실행함에 있어서 우리가 현재 하고 있는 일을 왜 해야 하는지, 혹은 왜 지금과 같은 방법으로 실행해야 하는지와 같은 가장 근본적인 질문을 해야 한다는 의미이다.

셋째, 완전히 새롭게 설계한다는 개념은 현존하는 모든 구조와 절차를 버리고 완전히 새로운 업무처리방법을 만들어 내는 것을 의미한다.

넷째, 분석의 대상은 바로 업무 프로세스이다. 프로세스는 고객에게 가치 있는 결과를 산출하는 행동들의 집합을 의미한다.

BPR이란 업무 프로세스의 정확한 파악으로부터 출발하여 기업의 조직문화에 이르기까지 기업의 경영시스템 전체를 재구축함으로써 성취도를 대폭적으로 증가시키려는 새로운 경영혁신기법이라고 정의할 수 있다.

BPR을 추진하는 단계는 대상 프로세스를 선정하고, 현재 프로세스를 이해하고, 프로세스 목표를 설정하고, 신프로세스를 설계하고, 변화모형을 개발하고, 구현하면 된다.

처 세 론

양이 갑자기 늑대를 만나자 충격을 받고 기절했다. 늑대는 마침 다른 곳에서 배불리 먹고 오는 참이어서 양이 눈뜨기를 기다렸다. 마침내 양이 정신을 차리자 늑대는 "자기에게 진심에서 우러난 이야기를 세 마디만 해 주면 살려주겠다"고 했다. 양은 어차피 죽을 목숨이라고 생각하여 용기를 내어 마음먹은 이야기를 말했다.

첫째, 당신 만나는 것이 싫다.

둘째, 만일 운이 나빠 당신을 만난다면 내가 보이지 않았으면 좋겠다.

셋째, 평화로운 우리를 죽이는 당신네들이 모두 죽어 버렸으면 좋겠다.

그랬더니 늑대는 처음 마음 먹었던 대로 양을 살려주었다. 솔직한 것이 때로는 가장 좋다. 정직만이 적 앞에서 가장 큰 힘을 발휘한다.

한광일, 『창조적 상상 리더십』, 미래북, 2007.

제 3 절 경영혁신기법

1 벤치마킹

벤치마킹(Benchmarking)은 사전적으로는 측량이나 계측시 참고 점으로 사용하기 위해 미리 고정시켜 놓은 표지나 수준점을 뜻한다. 벤치마킹은 제품이나 업무수행 과정 등 경영의 어느 특정부문에서 최고의 성과를 올리고 있는 회사를

표 6-1 벤치마킹 형태

형 태	대 상	방 법	비 고
내부 벤치마킹	자사 내 타 부서	자사 내의 비슷한 기능을 수행하는 부서를 비교 기준으로 벤치마킹	• 관련자료 수집이 용이 • 다국적 기업
경쟁사 벤치마킹	경 쟁 사	유사한 업무를 기준으로 경쟁사와 비교를 통한 벤치마킹	• 경쟁사 정보수집 어려움 • 경쟁사와의 정보공유에 대한 이해 필요
기능 벤치마킹	타 업종의 기업	업종에 관계없이 문제가 되는 부문 최우수 기업대상 벤치마킹	• 타 업종 운영방식의 자사 적용 가능성에 대한 조사 필요
일방적 벤치마킹	모든 대상	크게 보아 기능 벤치마킹, 수주·발주·고객서비스 업무 등 기본적 업무설치에 대한 벤치마킹	• 가장 근본적인 벤치마킹 형태 • 최고 중의 최고 방법 발견이 가장 용이

선정하고 그 부문에서의 자사와 선정 회사의 차이를 비교·검토한 다음, 선정 회사만큼의 성과를 올리려는 지속적인 노력이다. 벤치마킹은 1970년대 말 미국 제록스사가 일본회사에 밀리는 경쟁력을 회복할 목적으로 개발한 기법이다. 벤치마킹은 제품의 품질, 서비스수준, 생산공정, 인사교육, 각종 지원기능 등의 모든 분야가 벤치마킹의 대상이 될 수 있다.

벤치마킹은 자사가 속한 업종의 최우수 기업이나 세계적 우량기업의 수준과 같이 현실감 있는 목표를 설정한 다음 이를 달성하기 위하여 따르는 과정이다. 벤치마킹은 단순히 경쟁기업이나 목표기업을 모방하는 데 그치지 않는다.

따라서 첫째, 벤치마킹은 목표기업이 이룩한 성과 값에만 집착하기보다 이러한 가시적인 성과가 나올 수 있게 된 보다 근본적인 이해와 분석이 필요하다. 둘째, 벤치마킹은 반드시 경쟁사를 대상으로 할 필요가 없다는 점이다. 벤치마킹은 크게 네 가지로 분류할 수 있다.

벤치마킹을 적용하는 단계는 첫째, 벤치마킹 대상 분야를 설정하고 둘째, 벤치마킹 목표기업을 설정하고 셋째, 조사목적에 부합한 자료를 수집하고 넷째, 수집 자료를 근거로 현재의 갭을 파악하고 다섯째, 미래 성과수준을 예측하고 여섯째, 인식의 사내 확산 및 공유를 하고 일곱째, 세부적인 목표를 설정하고, 실행계획을 수립 및 실행하고 끝으로, 목표의 재설정과 지속적 혁신 등의 단계로 진행된다.

2 아웃소싱

아웃소싱의 개념은 Out과 Source의 결합어로 제 3 의 전문 업체를 활용하여 기업 내부의 활동 일부 혹은 전체를 맡기는 경영기법을 의미한다. 기업의 경영 목표 달성을 위해 필요한 기능 일부 또는 전체를 위탁하여 수행하는 업무처리방식이라고 정의할 수 있다.

아웃소싱이라는 용어는 1980년대 후반 미국 기업 중 제조업 분야에서 활용하기 시작했는데, 처음 사용했을 당시에는 단순하게 기업이 내부적으로 수행하던 업무나 기능을 외부로 내보낸다는 대리의 의미가 강했다. 즉 기업의 비핵심적인 업무나 임시적이고 반복적인 프로세스에 대한 비용을 줄이기 위해 외주 또는 하청을 준다는 의미로 아웃소싱을 인식해 왔다. 초기에는 아웃소싱이 단순한 업무나 비핵심적 인력을 충당하여 비용을 절감시키는 것이 주된 목적이었다.

아웃소싱의 목적이 처음에는 비용절감에서 업무효율화로, 다음에는 부가가치 창출로, 궁극적으로는 핵심역량에 집중하여 비핵심 업무는 아웃소싱하는 데 있다.

아웃소싱을 추진하는 단계는 다음과 같다.

1단계는 진단으로 기업의 업무 운영상황을 파악함으로써 그 문제점과 아웃소싱을 통한 문제해결 가능성을 타진하게 된다. 따라서 아웃소싱을 하지 않을 수도 있고 만일 하게 된다면 그 동기와 목표를 명확히 밝히는 것이 선행되어야 한다. 진단과정에서 수행하는 내용은 전사적인 미션, 비전 및 전략리뷰, 사업분석,

표 6-2 아웃소싱의 장단점

장 점	단 점
• 비용절감	• 내부인력의 직업 안정성 및 사기 저하
• 조직의 핵심 사업에 자원 집중	• 조직요구에 신속하고 능동적으로 대응 곤란
• 조직인력의 효율적인 운영	• 조직능력 및 자체 기술력의 상실 우려
• 고정자산 투자 피하고 기업 유동성 향상시킴	• 내부 정보기술력 약화 우려
• 외부의 선도 기술 및 경험에 접근 가능	• 계약중단 및 파기, 변경시 추가비용 발생
• 핵심영역에 자원 집중	• 의사소통과 조정 및 협력에 차질이 생길시 비용발생
• 환경과 기술변화에 대한 대응력 향상	• 시스템 및 데이터의 보안 유지 곤란
• 조직의 유연성 제고	
• 기술변화에 따른 위험 감소	

자료원: 남기찬 외 1, 『창조적 아웃소싱』, 교보문고, 2007, p. 26.

핵심역량 분석과 외부환경 분석, 아웃소싱 타당성 분석, 아웃소싱의 선정기준을 마련한다.

2단계는 아웃소싱 전략과정에서 기업의 아웃소싱 성과를 극대화하기 위해 체계적인 아웃소싱 수행전략을 수립한다. 사업비전 및 전략에 대한 검토와 시나리오 수행전략을 수립한다. 아웃소싱 운영형태를 결정하여 조직 및 인력, 비용목표, 서비스 수준, 거버넌스 등의 전략을 수립한다.

3단계는 사업자 선정 및 이관 과정으로 잠재사업자 및 시장의 검토, 사업자 선정기준의 수립, 정보요청서와 제안요청서의 발송 및 검토, 제안요청 설명회 개최, 사업자 평가 및 선정, 협상 및 계약체결과 자산 및 인력의 이관의 순서로 이루어진다.

4단계는 아웃소싱 운영 및 관리과정에서는 고객사와 공급업체가 계약을 체결한 이후 서비스 만료 기간까지의 지속적인 서비스 활동 과정을 의미한다.

마지막으로 계약만료 과정에서는 아웃소싱의 계약이 만료되는 시점에 있어서 고객사는 어떠한 방법에 의하여 내부적으로 운영할 것인지 혹은 다른 사업자를 선정할 것인지 계약조항을 바꿀 것인지 결정하게 된다.

3 지식경영

지식사회에서 지식이 모든 부를 창출하는 원천이 되며 권력은 지식소유자에게로 넘어가고 있다. 지식은 사물을 아는 마음의 작용, 알고 있는 내용이나 알려진 일, 인식을 통해 얻어진 성과를 의미한다. 요즘 지식을 자산으로 보고 이의 활용에 초점을 맞추고 있다. 지식이 기업경쟁력의 핵심이라는 전제하에 기업의 지식경쟁력을 어떻게 제고할 것인지에 관심이 증가하고 있다.

지식경영(knowledge Management: KM)이란 기업에서 구성원들이 가지고 있는 지식과 정보를 공유하고 새로운 지식을 창조하도록 만들어 주는 것이다. 즉, 지식을 담아둘 창고를 구축하여 지식에 쉽게 접근할 수 있도록 하며, 지식의 창조와 이전 및 사용이 촉진되도록 환경을 마련하여 지식을 자산으로 관리하는 것이다. 노나카는 지식경영은 새로운 지식을 창조하고 이를 조직 전체로 확산하여 다시 상품, 서비스, 시스템화하는 프로세스라고 하였다. 지식에는 형식지(언어로 표현이 가능한 객관적 지식으로 언어를 통해 전달되고, 습득되며 이전이 용이한 지식)와 암묵지(언어로 표현이 어려우며 주관적 지식이며 은유를 통해 전달되며 경험을 통해 몸에 밴 지식이며 전수하기 어려운 지식)가 있으며 지식의 습득과 재창조는 집단 내의 구성원 간에 암묵지와 형식지의 교류 및 전환 프로세스에 의해 이루어진다고 하였다.

지식경영이 이루어지기 위해서 사람, 문화, 제도와 기업, 시스템이 구성되어야 가능하다. 이러한 구성요소들의 바탕에서는 지식 프로세스가 있다. 지식 프로세스란 지식의 변환과 활용, 새로운 지식의 창출이 연속적인 순환과정을 통해 새로운 부가가치 창출을 위해 기여함으로써 고객에게 만족스러운 가치를 제공하고 기업에게는 이윤을 가져다주는 메커니즘을 말한다.

지식경영을 위해서는 적합한 제도와 체계가 갖추어져야 한다. 지식에 대한 평가가 이루어지고 적절한 보상체계가 마련되어야 하며, 조직구조는 권한이양의 폭이 넓은 분권화 구조로 재편되어야 한다. 또한 지식경영을 실현하기 위하여 학습조직이 되어야 한다. 기업자체가 끊임없이 유용한 지식을 창출하고 공유해 가는 속성을 갖추어야 한다.

4 전사적 자원관리

전사적 자원관리(Enterprise Resource Planning: ERP)는 제조업의 기본 업무용 패키지 소프트인데 이것이 판매, 생산, 회계, 인사 등의 기능 분야별로 발전해 왔다. ERP는 재무, 회계, 생산, 재고, 인사 등 회사 내의 각 부문의 모든 데이터를 일원화하여 관리함으로써 경영자원을 계획적이고 효율적으로 운영하도록 해 주는 시스템이라고 할 수 있다. 이는 업무 및 자료의 표준화에 의한 시스템통합이므로 회사전체 차원에서 통합된 데이터베이스를 구축함으로써 정보의 일관성을 유지하고 관리의 중복을 피할 수 있다.

ERP는 일반 업무를 단순히 컴퓨터로 처리하는 기존 정보시스템과는 다르게 기업의 업무 프로세스 자체를 가장 효율적으로 바꾼 뒤 ERP 프로그램을 통해 이를 처리하게 된다. 이 과정을 통해 구축된 ERP시스템은 각 부서가 경영환경 변화에 신속하게 대응할 수 있도록 해 준다. 업무 프로세스를 표준화·구매·생산·재무·회계·원가계산·급여처리 등의 회사업무 전체를 한 시스템에서 처리할 수 있다.

리엔지니어링을 실천적으로 실현하는 수단으로서 ERP는 대단히 효과적이다. ERP는 다양한 산업의 많은 기업에 적용하는 과정에 각각의 베스트 프랙티스(Best Practice)를 받아들이기 때문에 업종별 표준 프로세스를 유형화하는 기능을 가지고 있다. ERP는 리엔지니어링의 추진에 커다란 역할을 담당하고 있다.

ERP는 기업의 정보시스템 인프라스트럭처로서 유효하게 활용될 것이다. ERP는 기업 내에서, 그룹 내에서 그리고 확대 기업에서 업무제휴와 실시간 처리를 실현함으로써 효율화 추구의 최고 수단으로 급성장해 갈 것이다. ERP는 첨단 IT기술을 활용하여 설계되어 있어 신기술 적용이 용이하며, 패키지 공급회사들이 계속하여 기능적·기술적 업그레이드 서비스를 제공하여 IT 운영비용이 점차 줄어들 것이다.

기업 내 업무 효율성 향상을 주도해 오면서 사내시스템으로 인식되어 오던 ERP가 기업 밖의 파트너들과의 연계 필요성에 직면하면서 e-비즈니스를 가능케 하는 ERP, 즉 ERP II로의 진화를 시작했다. 즉 ERP II는 기업내부는 물론 기업들 간의 협력적 프로세스, 운영 프로세스, 재무 프로세스를 최적화하고 구동 가능하도록 함으로써 고객과 주주의 가치를 증진시키는 기업의 전략이자 애플리케이션의 총체를 의미한다.

5 공급체인관리

공급체인이란 원료 제조업자가 원료를 제공하면 부품업자는 부품을 제조하여 그 부품을 생산업자에게 공급하고 생산업자는 생산한 제품을 도매업자에게 인도하며 도매업자는 소매업자에게 소매업자는 최종 소비자에게 판매하는 일련의 과정을 의미한다.

공급체인관리(Supply Chain Management: SCM)는 이와 같이 공급을 다자 간의 연쇄과정으로 보고 전 과정을 총체적으로 관리하는 것을 말한다. 즉 자재조달에서 제조, 판매, 고객까지의 물류와 정보 그리고 화폐의 흐름을 종합관리하고 전체적인 관점에서 최소의 비용으로 고객을 만족시키는 생산과 공급을 최적화하는 경영전략이다.

공급체인 프로세스는 공급측면에서의 프로세스와 고객측면에서의 유통 프로세스로 구성되어 있다. 공급 프로세스를 지원하는 기술로는 표준화, 모듈화, 글로벌 조달, 전자상거래 등을 통해 가장 효율적인 조달 생산을 달성하고자 한다. 유통 프로세스는 인터넷 활용, 전자상거래, 전자문서교환, 전자카탈로그, 전자자금결제 등의 기술적 지원을 통해 간접유통 비용의 획기적인 절감을 꾀한다.

공급체인관리전략이 성공하려면 업종, 형태에 맞는 공급사슬 그 자체의 구조를 새롭게 디자인하여 구조 전환을 도모하는 과감한 접근이 필요하다. 그와 더불어 전 세계와 개방된 비즈니스를 할 수 있는 전자상거래의 구조와 다양한 표준화가 요구된다.

공급사슬의 전체적인 효율을 지향하는 SCM은 다음과 같은 특징을 가진다. 첫째, 기능과 기업 간 장벽의 제거이다. SCM에서는 기능과 기능, 기업과 기업 간에 존재하는 장애물을 제거하여 다기능의 개념을 적용한다. 둘째, 고객으로부터의 시작이다. 모든 합리화의 시작은 최종 소비자의 만족 측면에서 판단하며 제조, 부품 및 자재 공급업자의 순으로 검토되어 적용한다. 셋째, 정보기술의 활용이다. 부문 간, 기업 간 상호 커뮤니케이션을 위해 공급체인을 연결하는 데 정보기술을 활용한다.

인생을 살아가는 데 네 가지 꼭지점

세계 갑부인 워렌 버핏은 "자신이 좋아하는 일을 멈추지 말라"고 충고한다. "목표를 달성하기 위해서는 자신이 좋아하는 일을 절대 포기하면 안 되며, 부의 축적에만 너무 매달리지 말고 균형 잡힌 삶을 살아야 한다"라고 말한다. 그에 의하면 인생을 살아가는 데는 네 가지 꼭지점이 있다고 한다. 자신, 가족, 일, 지역공동체라는 네 꼭지점 중 어느 것도 제쳐놓지 않고 항상 안고 가는 것이 진정한 부자의 삶을 사는 것이라고 한다.

자신: 나이가 들수록 자기 자신에 대한 배려가 더욱 필요하다. 정신적·육체적 건강은 물론 노후를 어떻게 보낼 것인가에 대한 진지한 성찰이 필요하고 자신만의 시간을 점차 늘려가면서 폭넓게 사람을 사귀는 데 관심을 가져야 한다.

가족: 어려울 때 가장 힘이 되는 것은 가족뿐이다. 직업 때문에 가정을 소홀히 하는 일이 있어서는 안 된다.

일: 자신이 가장 좋아하는 일, 가장 즐겁고 신나게 시간을 보낼 수 있는 일에 자신을 투자하라.

지역 공동체: 나 아닌 다른 사람을 돌아보고 공익적인 활동을 해야 한다.

이렇듯 富란 운 좋게 거머쥘 수 있는 단순한 幸運이 아니다. 흔히 말하듯이 피나는 노력, 뼈를 깎는 각고의 노력이 없이는 절대로 이루어질 수 없는 것이다. 그러나 부가 가져다 주는 보상 또한 엄청난 것이기에 사람들은 너나없이 부자가 되려고 노력을 한다. 그런데 부자가 되려면 부자들의 삶의 양식을 배울 필요가 있다. 그들의 처세와 노하우를 배우고 실천해야 하는 것이다.

한광일, 『창조적 상상 리더십』, 미래북, 2007.

연습 문제

1. 기업경영에 있어서 혁신이 왜 중요하며 혁신 성공조건에 대하여 설명하시오.
2. 구조조정 방안에 대하여 설명하시오.
3. 벤치마킹이 무엇이며 적용절차를 설명하시오.
4. 아웃소싱의 장단점을 설명하고 왜 필요한지 설명하시오.
5. 지식경영에 대하여 설명하시오.
6. 전사적 자원관리를 설명하시오.
7. 공급체인관리를 설명하시오.

현장사례 GE 키워낸 잭 웰치처럼 1등 전략을 짜라

좋은 성과를 내는 지도자들은 현재 사업이 처한 상황을 체계적으로 분석하는 일부터 시작한다. 다음에 설명할 네 가지 기본적인 사업원칙을 적용해 경영상황을 진단하면 출발점에 대해 충분히 이해할 수 있다.

#1 토요타가 미국시장에서 탄탄한 입지를 구축할 수 있었던 것은 지난 수십 년 동안 일본 자동차 제조업체들이 축적한 경험곡선을 적극 활용했기 때문이다. 거의 모든 산업에서 인플레이션을 반영한 비용과 가격은 시간이 지나면서 동시에 하락하는 양상을 보인다.

두 번째 중요한 요소는 회사의 경쟁적 입지이다. 잭 웰치는 GE CEO로 취임하자마자 비용을 줄이고 모든 사업을 산업평균 수익성을 확보할 수 있는 구조에 자리잡게 했다. 그런 다음 그는 GE가 경쟁하는 모든 사업에서 1등 아니면 2등을 해야 한다는 유명한 전략을 개발했다. 시장 선도업체들은 후발업체보다 일반적으로 더 나은 성과를 낸다. 그러나 인플레이션이 높고 시장이 약세를 보이며, 유동성이 감소하는 경기 하강기에는 경쟁이 한층 거세져 기존 시장 입지를 지키기가 어려워진다. 성과 개선 전략이 성공을 거두려면 시장 내에서 회사가 처한 입지를 반영하고 어떤 조치가 회사 입지를 개선할 수 있을지를 판단해야 한다.

스타벅스가 등장하기 전 커피산업 수익은 대부분 로스팅(커피 원두 볶는 과정)에서 발생했다. 판매수익은 상대적으로 적었다. 그러나 스타벅스가 이탈리안 스타일 커피바에 기반한 획기적인 판매모델을 도입하자 소비자가 구름처럼 몰려들기 시작하였다. 수익원이 로스팅에서 판매로 바뀌었다. 경기 둔화기에는 기업과 소비자 모두 그 어느 때보다 빨리 구매 패턴을 바꾼다. 이러한 태도 변화는 기업들이 차지하기 위해 경쟁하는 수익원을 바꿔놓을 수 있다. 다시 말해 소비자 변화에 대비하는 기업이 승리한다.

단순함이 더 큰 성과를 낳는다. 일본 자동차 메이커들은 더 적은 모델 수, 더 적은 옵션, 저 적은 상이한 부품 수를 강점으로 미국시장에서 큰 성공을 거뒀다. 최근 베인이 조사한 바에 따르면 혼다 인기 모델인 중형 세단 어코드는 색상을 포함해 484가지 옵션 조합이 있지만, 경쟁 차종인 포드 퓨전은 색상을 포함해 3만 5,908가지 옵션을 이론적으로 조합할 수 있다. 혼다가 모든 옵션을 장착한 어코드를 만드는 데는 반나절이면 충분하지만, 포드가 동일한 작업을 수행하려면 92일이나 걸린다. 단순함은 혼다 매출이 1년간 6% 증가한 반면 포드 매출은 1% 감소했다.

이 네 번째 원칙은 시장이 좋을 때 지켜지지 않는 사례가 많은데, 이로 인해 생산 프로세스와 조직이 필연적으로 복잡해지고, 유연성이 가장 필요한 경제적 불확실성 시대에 회사가 민첩하게 대응할 수 있는 능력을 저해한다.

자료 : 매일경제, 2008. 8. 26.

문제

- 위에서 제시한 네 가지 원칙을 간단히 요약해 보면 첫째, 혁신을 위한 비용절감을 단행하라. 둘째, 시장 위상에 따른 전략을 선택하라. 셋째, 소비자 변화에 대비 수익원을 바꿔라. 넷째, 민첩한 대응을 위해서 복잡성을 줄여라 등으로 요약할 수 있다. 이 네 가지 원칙을 동시에 적용할 수 있는지 생각해 보자.

제 7 장

기업의 경영환경

학 | 습 | 목 | 표

기업은 그 자체로서 독립적으로 존립하는 것이 아니라 기업의 경영환경과 유기적인 상호작용 관계를 통해 일련의 목적을 달성해 나가는 개방시스템으로 이해된다. 기업이 역동적인 기업의 경영환경에 적절히 적응하지 못하면 기업의 발전은 기대할 수 없다. 기업이 지속적인 성장과 발전을 도모하기 위해서는 기업은 경영환경의 변화에 적응할 뿐만 아니라 경영환경을 기업에 유리한 방향으로 변화시켜 나가는 노력이 필요하다. 제 7 장에서는 기업의 경영환경의 의의와 거시환경과 미래의 환경변화가 시사하는 바를 살펴보고자 한다.

긍정적 사고

첫째, 생각의 힘을 믿어라: 인간은 마음먹기에 따라서 세상도 바꿀 수 있다는 말이 있다. 인간은 생각만으로도 무슨 일이든 이루어 낼 수 있다는 말이다. 좋은 생각은 좋은 열매를 맺으며 나쁜 생각은 나쁜 열매를 맺는다.

둘째, 잠재의식을 깨워라: 잠재의식은 사물에 대한 감상을 의식을 통해 얻는다. 따라서 잠재의식이 결과를 내기 위해서는 의식의 협력이 불가결하다. 무엇보다 자신이 추구하는 바를 분명히 깨닫는 것이 중요하다.

셋째, 긍정적으로 생각하라: 말은 씨앗과 같아서 입 밖으로 나온 말은 우리의 무의식 속에 심어져 생명력을 얻는다. 우리가 긍정적인 말을 하면 우리 삶은 긍정적인 방향으로 펼쳐진다. 부정적인 말은 부정적인 결과를 낳는다.

넷째, 건전한 자아상을 만들어라: 생각과 성격은 하나이다. 사람은 자신의 생각 그 자체이며 자신의 생각들을 모두 합한 것이 곧 성격이다. 참된 변화는 내면에서부터 시작되어야 한다.

다섯째, 마음먹은 대로 된다고 믿어라: 피그말리온 효과(Pygmalion Effect)라고 하는 것이 있다. 인간이 진정 이루고자 하는 것을 강렬하게 바라면 상대방도 그 기대에 부응하여 그 꿈을 실현시켜 준다는 내용이다. 우리의 잠재능력을 개발하면 지금의 한계를 극복하고 새로운 경지에 이를 수 있다는 것을 믿는 것이 성공을 위한 신념의 법칙이다.

여섯째, 구체적인 비전을 그려라: 마음에 품지 않은 복은 절대 현실로 나타나지 않는다. 마음으로 믿지 않으면 좋은 일은 결코 일어나지 않는다. 승리와 성공, 풍요로움, 기쁨, 평화, 행복의 이미지를 떠올리는 사람은 아무리 큰 장애물이 있더라도 반드시 그런 인생을 살게 된다.

일곱째, 분명한 목표를 세워라: 비전이 보는 것이라면 목표는 세우는 것이다. 따라서 목표는 전략이 필요하며 무엇을 포기할 것인가 생각하여야 한다. 구체적인 지침을 가지고 있어야 한다. 목표는 구체적이어야 하며, 원하는 날짜가 정해져야 하며, 구체적인 계획으로 곧 행동에 옮겨야 하며, 매일매일 그 소망을 생각하고 믿어야 한다.

이면희, 『명품경영학』, 청년정신, 2007.

제 1 절 기업의 경영환경의 의의

1 경영환경의 개념

앞장에서 살펴본 바와 같이, 기업은 외부환경으로부터 자원이나 정보, 에너지를 받아들이고 변환과정을 통해 산출된 재화나 서비스를 다시 고객 등의 기업환경에 제공하게 됨으로써 외부환경과 상호작용하는 개방시스템(open system)으로 이해된다. 기업과 기업환경은 상호 의존적이며, 서로 간에 영향을 주고받는 관계에 있다.

기업은 그 자체로서 독립적으로 존립하는 것이 아니라 기업환경과 동태적이고 유기적인 상호작용 관계를 통해 양자가 추구하는 일련의 목적(objective)과 성과(performance)를 달성하게 된다. 이처럼 거래를 매개로 하여 기업과 환경 간의 상호작용에 의한 목적달성을 추구하는 모델을 일컬어 거래적 생태시스템(transacting ecosystem)이라고 한다.

경영환경(business environment)이란 "기업의 내부 및 외부에서 기업이나 기업활동에 직접·간접적으로 영향을 미치는 모든 요인"을 말한다. 기업이 변화하는 기업환경에 적절히 적응하지 못하면 기업의 발전은 기대할 수 없다. 기업이 지속적인 성장과 발전을 도모하기 위해서는 역동적인 기업환경의 변화에 적응할 뿐만 아니라 기업환경을 기업에 유리한 방향으로 변화시켜 나가는 노력이 필요하다.

그림 7-1 기업의 거래적 생태시스템

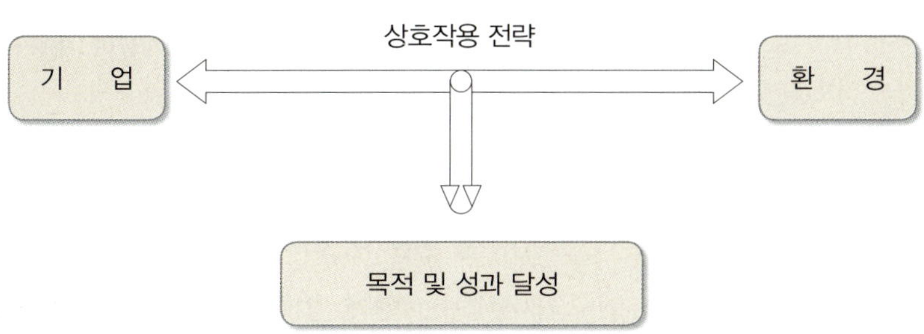

경영환경이 기업에 미치는 영향은 기업의 성장과 발전에 유리하게 영향을 미치는 '기회요인(opportunity factor)'과 기업에 불리하게 영향을 미쳐 기업활동을 제약하는 '위협요인(threat factor)'의 두 가지로 구분된다. 경영자는 기업환경의 기회요인과 위협요인에 대한 정확한 분석과 예측을 토대로 하여 경쟁우위를 위한 경영전략을 수립해야 한다.

오늘날 기업을 둘러싸고 있는 기업환경은 매우 변동적이고 유동적이며 불확실성을 지니고 있으며, 점점 더 고도화되고 그 범위가 넓어진다는 데 그 특징이 있다.

2 경영환경의 분류

경영환경은 구분하는 기준에 따라 내부환경과 외부환경, 미시환경과 거시환경, 직접환경과 간접환경 등으로 분류된다. 먼저, 경영환경은 조직의 경계를 기준으로 하여 내부환경과 외부환경으로 분류할 수 있다. 내부환경(internal environment)이란 기업의 목적, 기업구조, 경영철학, 기계설비, 재무구조, 노동력의 질과 양 등과 같이 기업 내부에서 기업활동에 영향을 미치는 환경요인을 말한다.

외부환경(external environment)이란 기업의 외부에서 기업에 직접 또는 간접적으로 영향을 미치는 환경요인을 말한다. 이 외부환경은 다시 미시환경과 거시환경으로 구분된다. 미시환경(micro environment)은 기업과 매우 밀접한 관련을 가지면서 기업의 활동이나 경영성과에 직접적이고 적극적으로 영향을 미치는 근접환경을 의미하며, '과업환경(task environment)' 또는 '직접환경(direct environment)'이라고도 한다. 미시환경은 고객, 공급업자, 노동시장, 주주, 금융기관(채권자), 정부, 언론기관, 지역사회 등 기업의 이해관계집단으로 구성되는 환경요

그림 7-2 경영환경의 분류

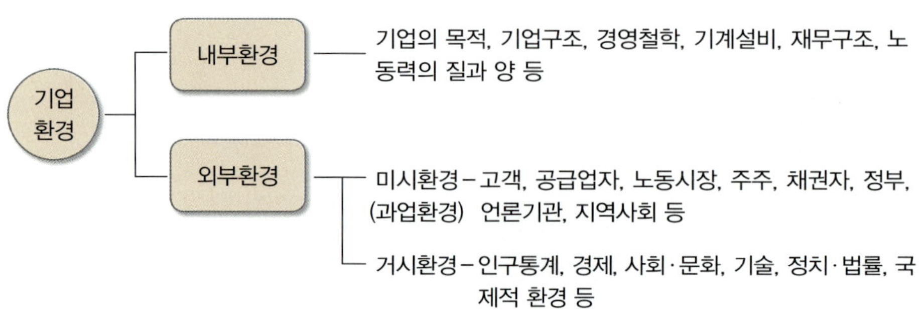

인을 말한다.

거시환경(macro environment)은 기업활동에 간접적이고 거시적·점진적으로 광범위하게 영향을 미치는 환경을 의미하며, '간접환경(indirect environment)' 또는 '일반환경(general environment)'이라고도 한다. 거시환경에는 인구통계적 환경, 경제적 환경, 사회·문화적 환경, 기술적 환경, 정치적·법적 환경, 국제적 환경 등이 있다.

기업의 외부환경은 내부환경에 비하여 통제하기 어려우며, 외부환경 중 거시환경은 미시환경에 비하여 훨씬 더 변동적이고 역동적이며 불확실한 변화패턴으로 기업활동에 영향을 미친다. 일반적으로 경영환경은 개별 기업 또는 경영자의 통제범위를 넘어서는 요인이기 때문에 '통제불능요인(uncontrollable factor)'이라고 하는데, 이때의 경영환경은 외부환경을 일컫는 말이라 할 수 있다.

거시환경은 그 변화양상을 정확히 예측하거나 변화패턴을 통제할 수 없기 때문에 기업경영자는 환경의 변화에 신속하고 적극적으로 대응하는 경영전략을 수립·시행함으로써 기업의 환경대응능력을 극대화시키도록 해야 한다. 아울러 거시환경의 변화에 대응하기 위한 기업의 경영전략은 곧바로 미시환경에 영향을 미침과 동시에 기업경영활동에 파급적인 영향을 미치게 된다. 거시환경과 미시

그림 7-3 기업의 내부환경과 외부환경

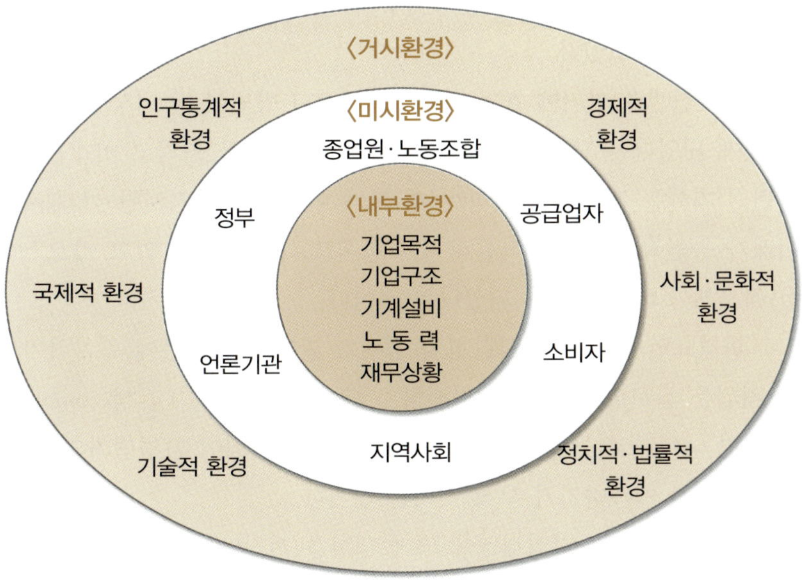

환경은 기업에 대하여 서로 독립적인 관계로 영향을 미치는 것이 아니라 상호 연관된 형태로 영향을 미친다는 것이다.

[그림 7-3]은 기업의 내부환경과 외부환경의 관계를 도시해 주고 있다.

3 경영환경의 특성

오늘날 기업이 직면하는 경영환경은 빠른 속도로 변하고 있다. 이와 같이 변하는 경영환경의 특성으로서는 환경의 불확실성, 변화의 속도, 자원의 고갈 등이며 이들로 인해 환경은 불확실성을 가중시키고 있다.

환경의 불확실성은 과거에 비해 무척이나 불확실하다. 미래의 변화는 과거의 변화에 비해 더욱 불연속적이다. 단순한 환경은 몇 개의 요인을 갖는 반면 복잡한 환경은 고객, 경쟁자, 공급자, 정부기관 같은 환경의 구성요인들의 수가 많을 뿐만 아니라 경영자들이 별다른 지식이나 정보를 보유하고 있지 않는 경우이다. 어떤 산업은 오랫동안 환경의 변화가 적어서 단순한 환경을 경험하는가 하면 어떤 산업은 경쟁자가 속출하기도 한다.

미래에는 어떤 주요변화가 예상될까? 첫째, 환경변화로 지구의 온난화로 빙하지역이 급격히 줄어들고 해수면이 점점 높아지고 있다는 사실이다. 둘째, 에너지 분야로 석탄 및 석유의 고갈로 새로운 에너지 사업의 출현이 기대되고 있다. 셋째, 새로운 신흥시장의 부각으로 중국, 인도, 브라질, 러시아 등 새로운 시장이 확대되는 구도이다. 넷째는 인구, 특히 고령화 문제가 이 역시 새로운 시장의 탄생을 예고하고 있다.

불확실성은 과거에 효과적이던 규칙이나 방법이 더 이상 효과적으로 적용되지 않게 되었다는 점이다. 즉 과거의 경험과 자료를 가지고 미래를 예측할 수 있었던 시기에는 전략을 수립하는 데 크게 어려움이 없었지만 이제는 과거, 현재, 미래가 불연속적이어서 직선적 사고방식으로는 한계가 있고 카오스(chaos)이론을 적용해야 하는 시대가 되었다는 점이다.

환경요인의 수는 경영환경의 범위가 확대되기 때문에 증가하기도 한다. 현대 기업은 글로벌 시장에서 경쟁하기 때문에 환경의 복잡성(complexity)이 증대할 뿐만 아니라 활동영역도 그 범위가 날로 확대되어 환경변화의 방향이나 영향력의 정도를 예측하기가 무척 어려운 것이다.

변화의 속도는 기업경영에 크게 영향을 끼친다. 현대 기업을 둘러싼 외부환경의 한 특성은 변화의 속도가 매우 빠르다는 것이다. 안정적 환경에서는 변화의 속도가 느리지만 동태적 환경에서는 변화의 속도가 매우 빠르다. 안정적 환경이란 새로운 경쟁자도 없고 현재의 경쟁자에 의한 새로운 기술적 도약도 없을 뿐만 아니라 기업에 영향을 미치기 위한 압력단체들의 어떠한 활동도 없는 경우이다.

반면 경영환경의 동태성(dynamics)이란 국제화, 정보화 시대에 다양한 환경요인들이 복합적으로 매우 빠른 속도로 변하면서 경영활동에 영향을 미치는 것을 의미한다. 따라서 이를 사전에 정확히 예측하기도 힘들고 또한 이에 대응하는 조치를 강구하는 것도 어려운 것이다.

기업은 시장의 변화 속도에 따라 변하여야 한다. 빠른 변화는 구성원으로 하여금 고통을 감내하여야 하므로 구성원들은 빠른 변화를 원하지 않는다. 기업은 그 기업의 상황에 맞게 변화의 속도를 조절해야 한다.

기업은 안정된 환경도 경험하고 때로는 동태적 환경(dynamic environment)도 경험하게 된다. 즉 기업은 긴 안정된 기간이 지나면 짧고 복잡한 동태적 환경의 변화를 맞게 되고 다시 새로운 균형적인 안정 속으로 들어가게 된다는 것이다.

외부환경의 또 다른 특성은 기업의 외부환경이 기업에 중요한 자원을 풍부하게 제공하느냐 또는 부족을 느끼게 하느냐이다. IMF로부터 구제금융을 받은 사태와 세계적인 금융위기 이후, 많은 기업과 금융기관 등에서 구조조정을 하는 과정으로부터, 많은 사람들이 직장을 잃는 일이 빈번히 발생하고 있다. 그럼에도 불구하고 기술직이나 또는 전문직에서는 유능한 사람을 구하기가 무척 어려운 것이 사실이다. 경제가 정상화되면 이러한 현상은 더욱 두드러질 것으로 전망된다. 이러한 현상은 경제가 발전할수록 구직에 대한 수요가 공급보다 훨씬 커지기 때문으로 여겨진다.

제 2 절 기업의 거시환경

1 인구통계적 환경

인구통계(demography)란 인구 수, 인구밀도, 주거지, 연령, 성별, 인종, 직업 등의 통계치를 말한다. 인구통계는 '사람'을 포함하고 있는 개념이며, 사람(소비자)은 곧 시장을 구성하므로, 인구통계적 환경은 경영관리자의 주된 관심사 중의 하나가 된다.

인구의 특성을 나타내는 요인으로는 인구 수와 출생률 및 사망률, 인구밀도, 인구의 연령별·성별·지역별·교육수준별 분포, 인구의 증감, 인구이동, 결혼 및 이혼율, 가구 수와 가족규모 등과 같은 여러 요인이 있다. 이러한 인구통계적 특성은 단기 및 중기에는 신뢰성이 높지만 장기로 갈수록 신뢰성이 떨어진다. 기업은 이러한 인구동태의 동향을 파악하고, 이를 통해 기회와 위협요소를 확인하여야 한다.

세계인구는 1950년에 25억 명이었으나 1985년에는 49억 명, 1989년에는 53억 명, 2012년 말 70억 5천 5백만 명이 넘었다.[1] 또한 1960년대에 2%였던 인구증가율이 1970년대에는 1.8%로 떨어지고, 그 증가율이 해마다 감소하고 있는 추세이긴 하지만, 2040년에 가면 세계인구는 100억 명에 가까워지리라는 전망이다. 이와 같은 세계인구의 급격한 증가는 우리에게 다음과 같은 의미를 부여한다.

첫째, 지구의 유한한 자원과 인구의 증가는 인간의 욕구충족을 더욱 어렵게 만들 것이다. 둘째, 인구증가율은 저소득층일수록 높아 빈곤의 악순환이 반복되고 있다.

우리나라의 인구증가율은 1970년까지만 해도 2%를 웃돌던 것이 1985년 이후로는 1%를 밑돌고 있으며, 이러한 하향추세는 앞으로도 계속될 것으로 보인다.

또한 인구구조에 있어서도 1970년대까지는 전형적인 피라밋형 구조를 띠어 왔다. 1990년부터는 영·유아층의 비중이 줄어들고 노년층의 비중이 상대적으로 늘어남에 따라 뚜렷하게 다이아몬드형 구조로 바뀌었다.

또한 인구통계 추세 중에서 연령구조의 변화는 다음과 같은 의미를 나타내어 준다.

첫째, 출생률의 둔화로 젊은 층이 점차로 감소하고 있는 것이고, 둘째, 평균수명의 증가로 평균연령이 높아져 노인층이 점차 많아지고 있다.

미국의 경우 제 2 차 세계대전 이후부터 1960년대 초반까지 이어진 베이비붐 기간 동안 출생률이 절정에 다달아 인구구성에 큰 변화를 가져오게 하였다. 이 기간 동안에 7천 5백만 명의 어린이들이 지금 성장하여 미국인구의 1/3을 차지하고 있으며, 이들은 새로운 시장을 형성하면서 움직이는 표적시장을 형성하고 있다. 즉, '50년대에는 유아용품과 장난감 시장을 형성하였고, '60년대에는 청바

1) 중국 13억 4천만 명, 인도 12억 명, 미국 3억 1천만 명, 인도네시아 2억 5천만 명, 브라질 2억 명, 파키스탄 1억 9천만 명, 우리나라 2012. 6.23. 5천만 명.

지, 레코드와 화장품 시장을, '70년대에는 유흥산업과 캐주얼패션 산업을, '80년대에는 건강산업, 주택산업, 유아용품산업을 위한 거대한 시장을 형성하였던 것이다. 또한 연령계층별 인구변동은 다음과 같은 영향을 미친다.

첫째, 인구대체율을 밑도는 출생률의 둔화는 취학인구를 감소시켜 가족규모를 축소시키는 한 원인이 된다. 이러한 소가족화 경향을 촉진시키는 요인으로는 개인생활수준의 향상 의욕, 주부층의 취업 의욕, 산아제한 기술과 지식의 향상, 미래의 지구문명에 대한 관심의 고조 등이 있다. 출생률의 저하는 산업에 따라 위협이 되기도 하지만, 사업기회로 작용할 수도 있다.

둘째, 사망률의 저하는 평균수명을 연장시켜 연령별 인구구조를 변화시킴으로써 노령화 사회를 출현시킨다. 또한 연령계층별 인구집단의 증가율도 달라지는데, 이 또한 산업에 따라 저마다 다른 기회와 위협을 준다.

진학률이 높아져서 교육수준이 향상되면 고학력화의 현상이 나타난다. 고학력화란 대학 또는 고등교육을 받은 인구가 전체 인구에서 차지하는 비율이 높아지는 현상이다. 고학력화 사회에서 나타나는 변화는 다음과 같이 예상된다.

첫째, 종래의 고학력자는 관리직이 될 확률이 높았으나 그 비율이 많은 기업의 경우 적절한 직위의 부족으로 기업은 전문직 제도 등을 도입하여 대응하고 있으나, 장기적으로는 직위와 직계의 완전분리, 직무급 내지 성과급 제도가 도입되고, 임원수당은 폐지되며 능력 내지 성과(업적)에 상응하는 급여체계로 이행될 것이다.

둘째, 학력이 반영되지 않은 능력주의가 일반화되어 개인은 능력의 향상을 위해 자기부담으로 교육을 받으려는 경향이 강화되며 이에 따라 人材의 유동성이 증대될 것으로 예상된다. 이러한 능력주의 사회에서는 이에 대응하는 교육기관, 특히 대학의 질적 대응이 이루어져야만 하며, 그렇지 못하면 대졸 실업문제가 생기기 쉽다.

지금까지 남성과 여성의 인구비율은 대체로 안정적인 관계를 유지해 왔으나 여기서도 변화를 보이고 있다. 공업화의 진전과 사회의식의 변화로 여성의 지위에 변화가 생겨 남녀 간의 역할분담도 변화되고 있다. 특히 여성의 취업비율이 급격히 늘어나고 있는 실정이며, 이에 따라 여성이 구매결정에 미치는 영향도 증가할 것이다. 이는 바로 여성우위 시대의 도래를 예고하는 것이다.

한편 2000년대 초까지는 남녀 성비의 안정적인 관계가 깨져 남아의 출생률이 여아의 출생률보다 상대적으로 높았다. 하지만 최근에는 남아선호사상이 줄어들고 있는 추세이다.

또한 사람들은 생활의 필요에 따라 다른 지역으로 이동하는 경우가 과거보단 용이하게 이루어지고 있다. 도시로의 인구집중현상은 도시화를 낳게 하고, 이는 도시지역의 과밀현상의 가속화를 초래한다.

원래 인간은 농어촌 지역에 정착하여 살다가 경제발전에 따라 공업화가 이루어지면서부터 농촌인구가 도시로 이주해 다른 직업에 종사하게 된 것이다. 도시는 소비자에 대한 총체적 편의성을 극대화하기 위한 수단이 되는 것이며, 편의성을 창출·공급하는 도시기능의 도시화를 촉진시키게 된다. 도시는 지역주민의 생활의 장이 되기 때문에, 이에 따라 상품이나 서비스를 제공하기 위한 상점이 요구되고, 이러한 상점은 시장의 한 구성부분이 되어 도시의 특징을 형성한다.

지구촌이 100명이라면?

지금 세계는 70억 명의 사람들이 살고 있다. 그런데 만일 그것을 100명이 사는 마을로 축소시키면 어떻게 될까? 100명 중 52명은 여자이고, 48명이 남자이다. 30명이 아이들이고 70명이 어른이다. 어른들 가운데 7명이 노인이다. 90명은 이성애자이고 10명이 동성애자이다. 61명이 아시아 사람이고 13명이 아프리카 사람, 13명이 남북 아메리카 사람, 12명이 유럽 사람, 나머지 1명은 남태평양 사람이다. 33명이 기독교, 19명이 이슬람교, 13명이 힌두교, 6명이 불교, 5명은 토속신앙인이고 24명은 무교이다. 17명은 중국어로 말하고, 9명은 영어를, 8명은 힌디어와 우르두어를, 6명은 스페인어, 6명은 러시아어, 4명은 아랍어를 말한다. 20명은 영양실조이고, 1명은 굶어 죽기 직전이고 15명은 비만이다. 이 마을 모든 부 중 6명이 59%를 가졌고, 그들은 모두 미국인이고 74명이 39%를, 20명이 겨우 2%만 나눠가졌다. 이 마을 모든 에너지 중 20명이 80%를 사용하고, 80명이 20%를 나누어 쓰고 있다. 75명은 먹을 양식을 비축해 놓았고 비와 이슬을 피할 집이 있으며 25명은 그렇지 못하다. 17명은 깨끗하고 안전한 물을 마실 수 없다. 14명은 글을 읽지 못한다.

2 경제적 환경

한 국가의 경제적 상태와 전망은 개별기업과 산업의 경영성과에 크게 영향을 끼친다. 우리나라에서 세계화는 수출 및 해외금융 등을 통해 경제번영의 기반을 제공해 왔지만 외풍에 취약할 수밖에 없는 경제구조를 가지게 되었다. 경기가 좋을 때는 기업의 투자가 활발히 진행되어 일자리가 창출되고 가계소득이 증가

되어 소비지출도 확대된다. 호경기는 기업성장에 유리한 환경을 제공하게 된다. 반대로 불경기는 소비자들의 소비지출이 줄어들어 제품판매가 감소되어 기업 성장의 애로를 가지게 된다. 기업은 경제적 환경을 고려하여 기업이 생산을 확장할 것인지, 신입사원 채용규모를 확대할 것인지, 대출을 받아 시설투자를 확장할 것인지, 기업규모를 축소하기 위해 매각할 것인지 등을 결정하게 된다.

경제적 환경(economic environment)은 기업이 국내외 시장에서 경쟁하거나 경쟁하게 될 그 나라 경제의 성격과 방향을 말한다. 임금수준, 경쟁자의 가격, 정부의 재정정책, 제품 생산원가, 제품의 시장조건에 영향을 미치는 것이 경제적 환경이다.

주택가격 하락과 이에 따른 서브프라임 모기지 사태로 촉발된 미국의 금융위기는 바다 건너 우리나라 시장에서도 영향을 미쳐 한국증시 역시 1년 전에 비해 반으로 폭락하였고 환율 또한 상승하여 원화가치가 크게 하락하였다. 미국의 금융위기가 전 세계로 퍼지는 것을 보면서 세계화의 어두운 그림자를 보게 된다. 우리나라는 2008년에 미국의 서브프라임 모기지 사태[2)]를 맞이하여 이자율이 올라가 기업대출이 축소되고 기업의 시설재 투자가 저조하여 낮은 경제성장률을 초래하게 되었다. 지나친 해외여행에 따른 여행수지 적자, 교육부문의 경쟁력 약화에 따른 자녀들의 조기 유학 붐, 부동산 가격의 상승(아파트 한 평 값이 3천만원을 상회), 유류 소비량 연간 1,000억불, 공기업 임직원의 지나친 고액 연봉, 금융기관의 영미식 모델 운운하며 막대한 연봉, 성과급, 스톡옵션으로 호의호식 결과, 금리가 싼 외채를 단기로 빌려 장기로 대출해 주는 방식으로 대출기간의 미스매치 등 바람직하지 못한 요인들이 어려운 경제환경을 만들었다.

이제 모든 기업과 금융기관들은 지금까지 취했던 경영방식에서 벗어나 투명한 경영과 지속가능한 경영을 위해 미국방식이 아닌 정도경영을 해야 한다. 우리는 그동안 미국의 것은 선진 경영기법으로 착각하여 미국의 것은 모두 좋은 것

---

2) 서브프라임이란 우량에 못미친다는 뜻으로 비우량이란 의미이고 신용도가 그리 높지 않다는 것이며, 모기지는 주택을 담보로 빌리는 대출을 말한다. 따라서 비우량 주택담보대출은 신용도가 낮은 사람들에게 상대적으로 높은 이자를 받기로 하고 빌려주는 대출이다. 미국의 비우량 주택담보대출이 주택가격 하락에 따라 대규모로 부실화되면서 은행 등의 손실이 늘어나 발생한 것이다. 주택가격이 계속 상승하자 주택건설업자들은 과도한 주택물량을 공급했고 사람들은 금리가 낮은 상황에서 주택가격이 계속 오르는 것을 보고 투기목적으로 집을 샀고 게다가 집값의 대부분을 자기돈이 아닌 은행에서 빌린 돈으로 지불했다. 이런 사람이 늘면서 집값이 더욱 상승하게 되고 주택시장에 거품이 발생한 것이다. 그러나 상황이 바뀌어 금리가 오르자 대출이자와 원금상환에 부담을 느낀 차입자들이 집을 팔기 시작하면서 주택가격이 급락하기 시작하여 거품이 꺼지면서 대출받았던 사람들이 대출금을 갚지 못하게 됨으로써 은행들의 손실이 늘어나고 심하면 파산하기에 이르렀다.

으로 받아들이는 잘못된 사대주의에 빠진 일부 학자 및 정책당국자들이 있었다. 2008년 서브프라임 모기지 사태를 보면서 미국이 추구하는 자본주의가 가지는 문제를 냉철히 비판하는 가운데 외부에 덜 영향을 받는 경제환경을 만들어 나가야 할 것이다.

최근 2008년의 사태는 정부가 개입하지 않은 시장은 무질서하고 무너지기 쉬운 시스템일 수 있다는 것을 보여주고 있어 케인즈 주의가 부활하는 것처럼 보인다. 케인즈류의 정부역할 증대론과 연계돼 현재 사태를 신자유주의의 실패라는 견해가 대두되고 있고 나아가 시장경제 체제의 실패라는 견해도 대두되었다. 이에 반해 이번 상황은 신자유주의나 시장의 실패라기보다는 일부 제도와 정책의 실패이며 이러한 점을 보완하는 경우 보다 진화된 시장경제 체제가 될 수 있다는 견해도 있어 패러다임 변화론과 시장경제 진화론의 대결이라고도 할 수 있지만 시장경제는 불완전한 인류의 보편적 본성에 근거한 것이므로 항상 정부의 역할이 있다는 점이 강조되지 않을 수 없다.

노벨경제학상은 1969년 시상한 이래 2012년으로 만 44년째를 맞이하고 있고 수상자 71명 중 미국인이 51명으로 온전히 미국주도의 경제질서를 찬양해 온 상이다. 그런 학자와 이론을 배출해 온 미국이 금융위기를 유발하여 세계경제를 쑥대밭(세계 주식가치 35조 달러 하락)으로 만들고 세계인을 상대로 고개 숙이고 사과를 하지 않고 있음을 보면서 좀 파렴치한 국가라는 생각이 든다.[3] 비록 학문적 성과와 실물경제가 다른 영역이라 하더라도 이번 금융위기에 책임을 느끼고 사과해야 할 노벨경제학상 수상자가 없는 것은 별 볼일 없는 노벨경제학상은 중단되어야 할 것으로 본다.

3 사회·문화적 환경

특정한 사회에 속하는 사람들의 일반적인 행위, 태도, 신념, 생활양식, 가치관이 사회·문화적 요인이다. 여기서 태도와 가치관은 사회의 기반이기 때문에 인구통계환경, 경제적 환경, 기술적 환경, 정치적·법적 환경의 변화에 원동력이다. 사회·문화적 환경 변화는 기업의 경영방식에 영향을 미친다. 여성의 근로자

---

3) 멜라민 분유파동이 벌어졌을 때 원자바오 중국 총리는 세계인을 상대로 정중히 고개 숙여 사과했다. 하지만 중국인의 도덕은 사회인의 도덕이며 자기 사람의 테두리를 벗어나면 하고 싶은 대로 행동하는 양상을 띠고 현실의 유혹을 뿌리치지 못하는 점이 있어 제2의 멜라민 사태는 발생될 수밖에 없어 중국 정부의 역할이 중요하다고 할 수 있다.

의 수가 점차 증가하고, 작업장에는 외국 근로자의 수도 증가하고, 노동인구는 점차 고령화되고, 오늘의 노동력은 과거의 노동력과 같이 생각하고, 행동하고, 동일한 가치관을 갖는 것이 아니다.

노동력의 다양성이 증가함에 따라 다문화 가치를 수용할 줄 아는 자세가 중요하게 되었다. 문화적 배경이 다른 사람이 한 작업장에서 함께 작업하기 때문에 서로 다른 가치관, 직업윤리, 행위규범이 혼재하고 있기 때문이다. 경영자는 작업자의 가치관이 변화하고 있다는 사실을 이해하고 관리방식을 조정할 수 있는 지혜가 필요하다.

4 기술적 환경

가장 보편적인 환경 요소 가운데 하나가 기술이다. 지식을 제공하는 것이 과학이고, 그 지식을 활용하는 것이 기술이다. 기술(technology)은 업무수행 방법에 관한 지식의 총체이며, 이는 발명도 있고 기법도 있으며 공기역학으로부터 동물학에 이르기까지 엄청난 양의 조직화된 지식을 포함하는 개념이다. 기술은 업무수행 방법, 즉 디자인, 생산, 분배, 판매방법 및 서비스 방법을 말하기도 한다. 기술이 향상되면 새로운 시장을 창조한다. 오늘날 컴퓨터 기술의 개발로 정보기술(information technology)산업이 국가의 경제에서 차지하는 비중이 점차 높아지고 있다.[4)]

새로운 기술은 생산관리 부문에서 새로운 기법을 제공한다. 작업자 대신 로봇이 힘든 일, 어려운 일을 대신하고, 컴퓨터를 이용한 설계(computer aided design: CAD), 컴퓨터를 이용한 제조(computer aided manufacturing: CAM), 컴퓨터 통합 제조(computer integrated manufacturing: CIM), 생산공정을 통제하는 자동화 시스템(automation system)이 구축되어 왔다.

새로운 기술은 의사소통 방식에도 커다란 변화를 가져오고 있다. 컴퓨터를 이용하는 경영정보시스템으로 필요한 때 적시에 정보를 얻을 수 있다. 오늘날 가장 중요한 의미를 부여하는 기술은 인터넷이다. 인터넷은 정보접근성을 배가시켜 기업의 경영방식을 새롭게 변화시키고 있다.

기술이라는 환경요인은 산업에 변화와 고객 간 관계에 변화를 초래하고 새로운 경쟁자를 창조한다. 기업경영자는 새로운 고객을 찾아내고 고객에게 저렴

---

4) 유필화 외 4인, 경영학, 서울: 박영사, 2006.

한 새로운 제품을 신속히 개발·공급하기 위하여 기술을 적절히 활용할 수 있어야 한다. 기업은 현존 기술의 발전방향과 아울러 미래에 출현할 새로운 기술의 예측을 아끼지 않아야 한다.

5 정치적·법률적 환경

정치적·법적 요인으로 기업행위를 규제하는 법령, 규정, 법원의 결정 등을 들 수 있다. 경영자들은 정부가 기업활동에 불간섭원칙을 고수하기를 원하나 정부는 기업활동을 지원하거나 규제하는 규칙과 법령을 제정하여 왔다. 「제조물책임법」(product liability: PL),[5)]「최저임금법」, 「고용차별금지법」, 「공적자금 투입에 관한 법령」, 「환경오염기준치 법령」, 「성희롱금지법」 등 이루 헤아릴 수 없을 정도로 정부는 기업에 책임을 부여하고 있다.

정부는 기업활동을 지원하는 프로그램도 있는데 여기에는 보조금, 국내산업보호, 계약, 연구 등이 있다. 정부는 기업에 대하여 특수한 경우 대출이나 기금을 보증도 하여 준다. 정부는 관세를 부여하여 자국의 산업을 보호하기도 한다. 정부는 R&D자금을 지원하여 기업을 지원하기도 한다. 정부는 「독점금지법」을 통해 대기업으로부터 중소기업을 보호하기도 한다.

정부는 많은 규정을 제정해 기업이 지켜야 할 행위, 운영, 서비스 등을 규제하고 이러한 규정은 기업의 횡포로부터 고객과 종업원의 이익을 보호하고 건강 및 안전을 도모하기도 한다.

미국의 서브프라임 모기지 사태와 관련하여 파생상품에 대한 규제를 반대한 결과[6)] 발생한 금융위기를 보더라도 정부의 기업활동에 대한 적극적인 규제가 이루어지지 않으면 안 된다. 기업은 수익을 내기 위해 모럴 해저드된 경영자가 운영되는 경우가 있기 때문이다. 정부는 종업원 및 임원진의 지나친 연봉도 필요시 규제하여야 한다. 지나친 연봉 뒤에는 고가 제품을 통한 소비자에게 전가된 비용, 환경오염 관리를 느슨하게 한 대가, 높은 대출이자 등 분명 문제가 없지 않아 있다.

---

5) 「제조물책임법」은 우리나라에서 2002년 7월 1일 발효되었으며 「제조물책임법」의 주 원인은 설계상의 결함, 제조상의 결함, 경고상의 결함이다.

6) 앨런 그린스펀 전 연방준비제도이사회(FRB) 의장이 18년간 세계의 경제 대통령이라는 칭송을 받았지만 "나의 사고가 결함이 있었다"고 시인하였고 미국의 금융위기를 초래한 주범으로 손가락질 당하는 인생역전의 신세가 되었다.

6 생태적 환경

생태학(ecology)이란 인간을 중심으로 한 환경, 즉 공기, 토양, 물, 공장, 야생과의 관계를 연구하는 자연과학의 한 분야이다. 오늘날 토양, 물, 공기의 오염은 사람들의 큰 관심사이기 때문이다. 토양은 산업폐기물로 인해 오염되고, 수질은 오수나 위험한 폐기물로 인해 오염되고, 대기오염은 산성비, 차량매연, 제조과정에서의 발암물질 등에 의해 오염이 된다.

오늘날 기업경영자들은 기업활동이 야기하는 오염문제를 평가하고 통제하도록 해야 한다. 산업사회에서 인간활동으로 발생하는 생태계의 위협이 오염이므로 경영자들은 기업이 자연환경에 미치는 부정적 영향을 최소화하도록 노력하여야 한다. 2008년 중국에서 야기한 멜라닌 사건은 화학제품의 식용에의 사용이 인간에게 얼마의 해를 끼치게 되었는지 보여주는 예이다. 1984년 미국 유니온 카바이트사의 인도공장에서 독가스가 유출되어 202,000명의 사상자가 발생하게 되었다. 기업은 사회적 책임의 중요성을 인식해야 한다.

에너지 부족과 환경오염 등 생태학적 문제는 그동안 경제가 성장해 오는 과정에서 풍요로운 생활양식, 도시집중화, 기술향상 등으로 꾸준히 누적되어 왔다. 환경보호를 위해 유럽지역 국가들은 ISO14001 기준을 마련하였는데, 이는 회사정책이 오염방지와 관계법령들의 준수 여부를 포함한 여러 공적인 우려들을 해결하기 위해서이다.[7)]

공기오염, 멸종, 우림의 파괴, 화학적 오염물질의 축적으로 인한 토양과 물의 오염 등 다양한 환경문제가 있다. 가장 크고 잠재적으로 위험한 이슈는 지구 온난화와 담수지역의 감소다. 지구 온난화는 특히 위협적이다. 바퀴벌레들은 다양한 환경에서 번성해 나갈지 몰라도 인간은 종을 유지시키기 위해 일정한 음식과 온도가 필요하다. 산업의 모든 성공은 지구상에 불행한 경고음을 울린다. 거듭된 경고에도 불구하고 우리는 대체할 수 있는 시스템이나 지속가능한 시스템을 만드는 데 실패해 왔다. 환경보호주의가 산업의 무분별한 오염을 막아내는 데 놀랄 만한 성과를 이루어 냈지만 과거의 방법으로서 해결된 것은 충분치 않다. 사실 산업계는 이 문제를 잘 인식하고 있으며 산업과 자연환경을 잘 조화시키려는 움직임이 활발해지고 있다. 이를 지속가능성(sustain ability)이라고 부른다. 이는 돈을 버는 것, 환경을 보호하는 것, 사람을 보호하는 것을 모두 완수하려는 목적을 가진다.

---

7) 김세영 외 2인, 현대경영의 이해, 범한서적주식회사, 2006.

제 3 절 기업경영시 고려해야 할 미래환경

1 정보기술 및 미디어 환경

우리는 오늘날 모든 분면에서 정보기술을 활용한다. 그것은 우리 삶의 중심이 되었다. 우리는 의사소통하고 오락이나 게임을 하며 음악을 만들고 비행기를 착륙시키며 정산표를 맞추고 차량부품들을 설계하는 등 거의 모든 면에서 정보기술을 사용한다. 우리는 미래에 정보기술로부터 더 많은 것을 기대할 수 있다. 정보기술은 보다 더 작고 가벼워질 것이다. 하지만 더욱 중요한 것은 유지하기 더 쉬울 것이며 값이 매우 저렴해질 것이다. 지난 40년간 컴퓨터의 처리와 메모리 용량은 증대되는 데 비해 가격은 하락했다. 이를 우리는 무어의 법칙이라 한다.

앞으로 컴퓨터는 놀라운 속도로 더 똑똑한 기능을 담당하고 능력면에서 크게 발전할 것이고 무선으로 사용될 수 있을 것이며 네트워크를 쉽게 구축하고 다양한 방법으로 데이터를 전시할 것이다. 이제 정보기술은 더욱 강화될 것이고 관리가 덜 필요하게 될 것이다. 정보기술은 계급장벽을 무너뜨릴 것이다. 정보와 통신은 부자건 빈자건 모두를 위한 것이 될 것이다.

지난 10년간 인터넷은 다양한 방법으로 정체성을 찾는 시기였다. 1990년대 중반에 인터넷이 연구도구에서 소비자들의 집착대상으로 변모하면서 인터넷은 큰 사업의 대상이 되었다. 처음에는 인터넷이 오락을 제공하는 매개체 역할을 수행해 주목을 받고 그 후 인터넷이 마치 모든 굴뚝산업을 사라지게라도 할 것처럼 전자상거래에 빠져 있었다. 결국 2001년 쌓아올린 기술거품(Tech Bubble)이 사라지면서 사람들은 인터넷이 아무것도 아닌가 어리둥절해 했다.

작고 저렴한 정보기술로 제공된 미래에는 정부가 개인의 행동을 간섭하고 통제할 수 있는 기회가 늘어날 것이다. 오늘날 대개 온라인에서 사람들의 행동을 추적하는 것은 부분적으로 불가능하다. 인터넷의 설계가 상대적으로 부실한 IPv4라는 네트워크 구조에 기본을 두고 있는데, 이는 IP주소의 수가 제한되어 있어 특정 기계를 추적할 수 없어 익명성이 보장되었지만 새 프로토콜 IPv6가 데뷔를 준비하고 있어 이 프로토콜은 주소의 부족현상을 해결하기 위해 설계된 것으로 네트워크에 각 개인의 데이터 패킷을 추적하고 그들을 감독할 수 있는 능력을 가지게 되어 익명성은 사라질 것이다.

디지털 장치들은 미디어를 하나의 정보로 혼합하여 텍스트, 오디오 혹은 비디오로 만들 것이다. 새로운 미디어 기술의 보급에 결정적 계기가 될 애플리케이션 중의 하나는 소비자에 의해 맞춤화할 수 있다는 점이다. 디지털도 멋지지만 책은 종이라는 매체의 매력 때문에 여전히 각광을 받을 것이다. 미디어 회사들은 점점 더 많은 수의 저작권을 소유한 거대기업으로 합병하고 있으며 우리가 보고 듣는 것들을 통제하고 있다. 광고와 홍보의 불협화음은 젊은 세대들 대부분이 일반적으로 광고와 미디어에 회의를 갖게 하고 있으며, 이는 광고주들에게 새로운 전략을 사용하도록 강요하고 있다. 기술이 미디어가 전하는 정보를 맞춤 주문하게 해 줌으로써 미래에는 특정 광고에서 마이크로 미디어가 매스 미디어를 대체할 것이다.

2 에너지 환경

앞으로 다가올 수십 년간 세계의 에너지에 대한 수요는 현저하게 증가할 것이다. 더욱이 시간이 지남에 따라 태양열, 풍력, 바이오매스 등의 재생 가능 자원들이 추가되면서 에너지는 더욱 환경친화적으로 변할 것이다. 그러나 아직도 에너지 부문은 환경친화적이고 재생 가능한 에너지로 빠르게 변모하지는 못하고 있다. 우리가 에너지를 생산하고 사용하는 방법은 우리가 미래로 향하는 길을 막고 있으며 생태계의 균형을 깨뜨릴 수 있는 환경오염과 기후변화를 낳고 있다.[8)]

에너지에 대한 세계적 수요는 증가하고 있다. 에너지는 미래의 주 요소다. 에너지 없이는 그 어떠한 것도 일어나지 않는다. 세계는 더욱 도시화·산업화하면서 에너지가 필요하다. 경제가 산업화하면서 사람들은 자동차, 공장, 에어컨, 집에서의 전기와 다른 설비들을 요구한다.

중국은 앞으로 544개의 석탄공장을 계획하고 있고 그들 에너지의 80%는 석탄으로부터 오는데 이는 평균적으로 다른 국가들이 사용하는 석탄 에너지 양의 2배이다. 인도는 현재 6번째 에너지 소비국이며 여전히 공급부족으로 잦은 정전을 겪고 있으며 단기적으로 석유공급을 확대할 계획을 가지고 있다.

그러나 에너지 문제를 해결할 마법의 탄환은 없다. 수십억의 인구가 제한된 자원으로부터 에너지를 얻으려고 함에 따라 미래에 우리는 오염과 온실가스 방출량을 줄임과 동시에 더 적은 양의 에너지로부터 더 많은 일들을 해야 할 필요

8) 에릭 갈랜드, 미래를 읽는 기술, 한국경제신문, 2008.

가 있다. 1970년대의 석유파동 이후 우리는 끊임없이 에너지를 더 효율적으로 이용해 왔다. 최근 수십 년간 기술이 많이 발전했는 데도 에너지 효율성은 역사의 큰 기술혁신에 들지 못한다.

화석연료의 두 가지 주요 결점은 지구 온난화와 더 이상 값싼 석유가 존재하지 않을 것이라는 점이다. 아직 뽑아낼 석유는 많지만 새로운 자원을 발견해 내는 데는 점점 더 어려워질 것이다. 석탄은 아직 1조 톤이 남아 있고 이는 180년을 지내기에는 충분한 양이다.

폐기물과 무기 제조에도 불구하고 원자력의 미래는 매우 밝다. 원자력은 특히 아시아에서 에너지원으로 역할이 증대될 것이다. 세계 전역에는 현재 430개의 원자력 발전소가 가동중이다. 이 원자력은 유럽의 총에너지의 35%와 세계 총에너지의 16%를 공급한다.

태양열이 가까운 미래에 탄화수소와 치열하게 경쟁할 것으로 보인다. 2008년 석유 값의 급격한 상승은 더욱 태양열에 대한 관심과 투자를 증가시키게 되었다. 현재 태양 에너지를 흡수하는 데 사용되는 주요 기술인 광전지가 발전하여 그 사용이 증가할 것이다. 미래 학자들은 태양 에너지가 전 세계의 에너지 공급에서 차지하는 비율이 매우 작지만 앞으로는 그 비율이 커질 것이라고 예상한다.

풍력은 세계 에너지 공급량에서 점점 더 높은 비중을 차지하게 될 것이다. 풍력은 화석연료와 비교했을 때 초기의 비중은 매우 낮지만 풍력은 연평균 30%씩 성장하고 있다. 아이러니하게도 풍력과 같은 생태학적으로 자연친화적인 기술조차 새들에게 소음과 피해를 가져다줄 수 있다는 우려를 낳고 있다. 지속적으로 바람이 부는 곳이 아닌 이상 풍력은 여전히 의존하기 힘든 에너지원이다. 파력은 파도를 물리적 에너지로 전환시키고 전류를 발산한 후 그것을 해저전선을 통하여 다시 해안으로 보내는 방식이다. 현재 미국에서 설치중이며 많은 잠재력을 지닌 에너지원이다.

우리 인간은 성공한 집단이다. 약 1000년 전 몇 억 명이었던 인구는 70억 명으로 증가했으며, 그 수는 2050년 세계인구가 90억 명으로 더 증가할 것으로 보인다.[9] 인간은 환경에 잘 적응할 뿐만 아니라 필요에 맞게 환경을 변화시킬 수 있다. 과학과 기술은 인간에게 세계적 규모의 능력을 갖게 해 주었고, 이제 우리를 유지시키는 생명유지 시스템에 영향을 미치고 있다. 세계 곳곳의 여러 생태계

9) 신지은 외 4인, 미래혁명, 일송북, 2007.

에 인간이 미치는 영향은 다양하다. 여러 영향들 중에는 비옥한 표토의 부식, 나쁜 공기와 수질, 식물과 야생동물의 감소가 있다.

화석연료의 사용시 발생하는 이산화탄소로 인한 지구 온난화 시나리오는 무시무시하다. 상승하는 해수면은 해안 도시들을 침수시킬 수 있다. 농작물은 과거에 수확되던 곳에서 자라지 못할 것이다. 산업화는 좋은 것이며 앞으로도 지속될 것이다. 하지만 인간에게는 더 안정된 기후조건, 담수, 그리고 깨끗한 공기가 필요하다. 빈곤도 환경에 미치는 영향은 산업화와 비교해 못지않은 수준이다. 세계에서 가장 빈곤한 나라인 아이티, 아프가니스탄, 우간다가 세계에서 가장 나쁜 생태계를 갖고 있다는 점이다. 영세 농업은 표토를 못쓰게 하고 야생생물에게 필요한 것들을 빼앗아 가며 수질을 오염시킨다. 우리의 산업활동은 지구의 생태계를 해치는 첫 번째 죄인이다. 그러나 그러한 활동은 점점 더 복잡해져가는 세계경제 환경의 일부다. 우리는 삶의 방식을 유지하기 위해 고도화한 기술에 의존하고 있다. 우리는 산업체계가 확실하게 물자를 공급할 뿐만 아니라 생태계의 법칙과도 조화를 이룰 수 있도록 체계 자체를 바꿔야 한다. 바다의 생태계가 건강하고 번성하는 곳의 육지에는 좋은 사업기회들이 많음을 시사한다. 성장과 지속가능성이 균형을 이루도록 하는 하나의 새로운 아이디어는 복원이다.

3 의료 · 생명 · 나노 환경

의료산업의 새 시대가 열리기 직전이다. 이제 의료비용은 비싸질 것이다. 미국의 베이비붐 세대들은 3,500만 명에서 7,000만 명으로 증가하였다. 연간 의료비용도 4조 달러로 급격히 증가하였다. 우리가 죽기 전 6개월 동안 쓰는 의료비용은 평생 동안 소비하는 의료비용의 대부분을 차지한다. 앞으로 기술은 의료비용과 의료의 접근성 문제를 극적으로 개선시킬 것이다. 건강한 생활양식은 여전히 비용절감과 복지증가의 주요한 요소다. 의사와 간호사의 부족은 세계적인 경쟁을 일으킬 것이다. 더 많은 전문의가 필요한 실정에서 높은 의료사고의 비율은 전문의의 수를 감소시킬 것이다. 베이비붐 세대들이 편안하게 죽는 방법에 대해 생각해 보게 함으로써 편안하게 죽는 방법을 배우는 것은 중요한 화제가 될 것이다.

의료에 소비되는 비용은 또 하나의 기회다. 물론 의료부문에서 앞으로의 도전들은 대단히 커 보인다. 또한 이것이 시장에서 좋은 기회이다. 과식하지 말라. 금연하시오. 맥도날드를 강제 휴업시켜라. 사람들은 이런 것들에 대해서는 모두

들 알고 있다. 하지만 오늘날의 트렌드를 살펴보면 우리의 몸은 건강치 못한 선택에 대한 대가를 치르고 있다. 앞으로 조직은 만성적으로 아픈 직원들을 더 많이 상대해야 할 것이다. 아픔을 치료하는 것에서 건강을 홍보하는 것으로 이행되고 있다.

생명공학의 힘에 대해 우리가 아는 사실은 빙산의 일각 수준이다. 생명공학은 우리에게 수확을 증가시키고 오염을 줄이고 영양을 개선시키기 위해 새로운 작물을 만들 수 있게 해 주었다. 인간게놈에 대한 더 많은 이해는 개개인의 유전적 기질이 고려된 의학, 약제, 건강처방을 가능케 할 것이다. 가장 장래성 있는 기술 중의 일부는 줄기세포와 복제로부터 나올 것이며 우리는 질병에 대한 새로운 고찰과 매우 강력한 새로운 치료법들을 가지게 될 것이다. 하지만 윤리적 논의를 함께 해야 할 것이다.

수천 년 동안 우리는 피라미드, 후버댐 등 그들의 장대함을 높이 평가하였다. 크고 인상적인 건물들은 인간이 꿈꾸는 것 이상을 달성할 수 있다는 것을 세계에 알렸다. 최근 10년간 얼마나 작게 만들 수 있느냐가 관건이 되었다. 즉 우리에게 나노기술의 시대가 도래한 것이다. 인류는 1미터의 10억 분의 1 수준까지 조작할 수 있는 능력을 키워가고 있다. 우리는 분자 하나에서부터 물질을 만들어가는 법, 즉 기초부터 형성해 나가는 법을 알아가고 있다. 이것은 자연히 우리의 세포 내에 새로운 물질들을 형성해 내는 것과 유사하다. 나노기술은 원하는 특성을 갖는 물질들을 만들 수 있도록 해 준다. 탄소 나노 튜브는 강철보다 가볍고 강하며 좋은 전기도체가 된다. 어떤 사람들은 나노기술이 막대한 힘을 낳아 질병을 치료하고 빈곤을 없앨 것이라고 믿는다. 다른 사람들은 환경적 재앙의 가능성을 예측하기도 한다.

연습 문제

1. 기업경영에 있어서 기업환경의 중요성을 설명하시오.
2. 경영환경의 특성을 설명하시오.
3. 인구의 고령화가 기업경영에 어떻게 영향을 미칠지 논술하시오.
4. 기업의 거시환경에 대하여 설명하시오.
5. 에너지 환경이 기업경영에 어떻게 영향을 미칠지 설명하시오.
6. 미래의 환경변화가 기업경영자에게 시사하는 바를 설명하시오.

현장사례 애플 생태계의 어두운 미래(이종욱)

애플이 삼성전자를 견제하는 특허분쟁을 2년째 지속하고 있다. 이러한 분쟁이 독창성과 신비성을 견지해 온 애플의 한계를 예고하고 있는 것일지도 모른다는 예측도 나오고 있다. 애플 시가총액은 지난 10여 년간 54억 달러에서 6,579억 달러로 120배 폭증했고 작년에 이어 올해에도 매 분기 30%를 훨씬 웃도는 놀라운 영업이익을 달성하고 있다. 그러나 애플 비즈니스 모델이 지속적으로 성공할 것인지에 대해 회의론이 제기되고 있는데 특히 일본의 애플 부품 협력사인 '시코'의 부도가 시사하는 바 크다. 시코는 애플 담당자의 아이폰4용 모터 카파 증량 요구에 따라 클린룸과 고가 설비를 신설했으나 부실한 재무상황을 이유로 애플이 주문을 취소하면서 부도를 맞았다. 문제는 시코의 부도가 애플에 코가 꿰인 일본 전자부품업체의 열악한 환경과 구조적 취약성을 단적으로 보여준다는 점이다.

첫째, 애플이 협력사에 선금을 지불하며 전용라인 구축을 요구해 온 결과 일본 내 애플 전용 공장이 50여 개에 이르지만 이들은 이후 애플이 투자비용 회수를 위해 비현실적인 가격인하를 요구해 오면 굴복할 수밖에 없다. 둘째, 소니, 샤프 등 9개 대기업들도 애플 의존율이 25~100%이다. 셋째, 협력사와 비밀번호 유지계약을 체결하고 정보 공유를 제한하고 있는 애플은 그들 협력사의 설비, 생산능력, 제조원가 등을 불과 오차 몇 % 내외로 샅샅이 파악하고 있다. 그리고 이를 근거로 지독한 단가 인하를 요구한다. 원가절감 결과가 나오지 않으면 구매 책임자가 곧 해고를 당하기 때문이다. 더구나 단가 협상이 스티브 잡스 체제에서는 분기 1회였지만 팀 쿡 체제에서는 일부 업체에 대해 매월 행해진다. 그러나 협력사의 과도한 희생을 담보로 한 성과가 기업 수명을 보장하지는 않는다. 재무제표 성과는 과거 지표일 뿐 기업 수명을 예측해 주지 못한다. 1970년대 중반 GM, IBM 등 재무제표를 보면 10년 이내에 그 기업이 어려움을 직면할 것이라고는 상상조차 할 수 없었다.

기업은 왜 300년 넘게 지속될 수 없을까? 고갈되어 가는 석유자원에 의존하는 로열더치셸이 자신들 미래 수명을 염려하여 연구한 바에 따르면 장수기업은 대체로 네 가지 특성을 갖는다. 첫째, 새로운 환경을 배우고 그에 적응하는 능력, 둘째, 공동체를 구축하고 그것을 위한 인력을 육성할 수 있는 능력, 셋째, 기업 안팎 생태계의 중요성을 인식하는 능력, 넷째, 기업 스스로 성장과 진화를 효과적으로 관리하는 능력이 그것이다. 애플은 이들 네 가지 중 기업 생태계의 중요성을 제대로 인지하지 못하고 있다. 자사 이익을 위해 자기 생태계 속에 있는 협력사들을 전혀 배려하지 않기 때문이다. 부품회사들은 애플이 주문하는 물량에 현혹돼 낮은 이익률을 감수하면서 생산시설을 확대하다가 결국 애플측 가격 후려치기에 그대로 당할 수밖에 없다. 그러나 당하는 것은 부품회사들만이 아니다. 자기 생태계의 훼손은 궁극적으로 애플에도 부메랑으로 작용할 가능성이 크다.

한국 대기업들은 공급체인 생태계 속에서 포지티브섬을 크게 하기 위해 1차 협력업체를 넘어 2차, 3차 협력업체로 부가가치 역량에 따른 차별적 상생협력을 확대 강화해야 한다. 또한 일본 전자부품업체들이 겪고 있는 현실은 한국 부품업체들에도 고객 다원화라는 중요한 시사점을 준다. 애플의 글로벌 공급체인인 생태계가 착취의 연결고리라면 한국 스마트폰 제조업체 공급체인은 장수기업을 만드는 상생의 생태계가 되어야 한다.

자료: 매일경제, 2012. 11. 27.

문제

- 대기업과 부품공급업체는 상생의 관계가 중요하다. 상생경영의 필요성이 부각된 이유를 알아보자.

제 8 장

기업윤리와 사회적 책임

학 | 습 | 목 | 표

세계 시장의 국제화·개방화로 인해 사회가 복잡해지고 환경이 급변할수록 기업의 사회적 영향력은 커지고 이에 비례하여 기업에 대한 일반대중의 기대는 증대된다. 기업이 일반대중의 기대를 수용하지 못하면 사회문제가 발생하므로 기업에 대한 비난은 더욱 고조되어 기업활동의 정당성조차도 위협받게 된다. 이 장에서는 사회가 요구하는 정도경영과 투명경영으로 일반대중의 욕구를 충족시켜야 하며 이를 구체화하는 방안으로 기업의 윤리를 실천하고 사회적 책임을 다하는 방안을 학습한다.

환경경영 외면하면 기업 브랜드 명성 등 더 큰 것 잃어

"글로벌 금융위기로 그린경영에 대한 투자위축이 염려된다. 그러나 재무적 이유로 고객요구를 외면한다면 기업 브랜드의 명성 등 오히려 더 큰 것을 잃게 된다. 오히려 지금이 더 큰 보상을 얻을 수 있는 투자적기다." 환경에서도 협력의 경제학은 대단히 중요한 문제다. 환경에 대한 소비자들의 새로운 기대를 충족시키기 위해 기업은 언론, 시민단체, 규제 당국과 적극 협력해야 한다. 기업이 투자하는 환경의 지속 가능성에도 경제적 효과는 반드시 존재한다. 지속 가능성을 높이기 위해 기업이 번영과 발전을 포기해야 한다고 생각하면 큰 오산이다.

온실가스 감축 등 기업의 미래가 걸린 환경경영에서도 협력의 경제학이 필요하다. 세계 소비자들은 기후변화 등 환경을 기업이 가장 적극적으로 대처해야 할 제1항목으로 꼽고 있다. 지속 가능한 발전을 위해 환경경영은 기본적으로 상품가격에 비용부담을 반영할 수 있어야 한다. 여기서 중요한 것은 우리가 발상만 전환하면 새롭게 유발되는 비용부담이 그리 크지 않다는 것이다. 예컨대 30년 전만 해도 노약자와 장애인을 대우하기 위해 막대한 기반시설 비용을 예상했지만 휠체어가 다닐 수 있도록 계단을 일부 바꾸는 등 디자인 측면의 접근이 이뤄지면서 결과적으로 비용은 큰 문제가 되지 않았다.

사고방식을 전환함으로써 기업은 환경경영에서 분명히 경제적 효과를 얻었고 여기에는 협력의 경제학이 중요한 솔루션이 된다. 환경경영은 모든 플레이어가 공정하게 참여해 협력하며 지속 가능한 비즈니스를 만들어 가는 과정이다. 현재와 같은 글로벌 금융위기 상황에서는 기업들이 환경경영에 필요한 파이낸싱에 어려움을 겪을 수 있을 것이다. 그러나 "상황이 어려울수록 기업들이 이해당사자인 소비자, 시민단체 등을 돌아보며 환경경영에 충실할 때 보상은 기대 이상으로 커질 수 있다."

매일경제, 2008. 10. 17.

제 1 절 기업의 이해관계자

변화하는 환경 속에서 기업은 환경에 대한 주의 깊은 분석과 함께 공중들과의 상호 호혜적인 공중관계(mutually beneficial public relations)를 조정하고 유의할 필요가 있다.

그렇게 해야만 기업은 원활한 경영을 할 수 있고, 공중들에게 좋은 기업이미지, 제품이미지, 브랜드이미지를 심어주는 등 여러 가지 편익을 기대할 수 있기 때문이다.

1.1 이해관계자의 이해

기업의 이해관계자(stakeholder)란 기업의 경영활동과 관련하여 직접 또는 간접적으로 이해관계를 맺고 있는 사회조직 또는 집단을 의미한다. 이해관계자라는 과업환경은 공중환경(public environment)이라고도 하는데, 오늘날 기업이 공중들에 대해 각별한 관심을 갖는 이유는 일반 공중들이야말로 대부분이 소비자인 동시에 정치·경제·사회·문화 등 많은 분야의 활동에 영향을 미치는 여론(public opinion) 형성의 주체이기 때문이다. 본 절에서는 종업원, 노동조합, 공급업자, 지역사회, 소비자, 언론기관, 정부를 중심으로 살펴보고자 한다. 이와 같은 공중은 내부공중(종업원, 노동조합)과 외부공중(공급업자, 지역사회, 소비자, 언론기관, 정부 등)으로 구분하기도 한다.

1 종업원·노동조합

종업원(근로자)은 기업활동을 수행하는 주요 구성원인 동시에 근로자 계층이라는 사회의 주요 이익집단이 되고 있다. 이익집단으로서 근로자들이 자신의 이익을 옹호하고 증진시키기 위해 집단적이고 조직화된 활동을 전개해 나가는 것이 곧 노동조합운동이다.

노동조합이란 사용자인 경영자에 비하여 상대적으로 약한 위치에 있는 노동자들이 자신들의 사회적·경제적·정치적 권익을 단체행동을 통하여 촉진, 보호,

증진하기 위하여 자주적으로 결성된 노동자들의 단체이다. 노동조합의 주요 관심사는 경제적인 문제로서, 임금, 근로시간, 노동조건의 향상을 위한 요구가 그들의 최우선 과제이다.

노동조합은 점점 더 발전하여 단결권, 단체교섭권, 단체행동권 등 노동 3권을 전제로 하여 경제적인 보상뿐만 아니라 비경제적인 보상까지 요구하게 되기에 이르렀다.

산업화 이후로 노동조합과 같은 근로자 집단은 오랫동안 기업에 대한 주요 대항세력으로 존재하여 왔으며, 그 세력은 지속적으로 성장하여 왔다. 노동조합은 자본주의 경제의 발전과 더불어 스스로 그 존재의의를 확보하면서 경제 내의 균형을 유지해 나가는 중요한 사회적 기구로서 생성·발전하여 왔다. 정부는 기업과 노조 간의 분쟁이 자율적으로 해결될 수 없을 때나 사회적 비용이 너무 클 때는 분쟁을 조속히 해결하기 위해 협상과정에 대한 중재자로서의 역할을 수행하기도 한다.

경영자는 기업활동의 실무적 구성원이 되는 근로자들을 기업의 존립과 발전을 위한 동반자로 인식해야 하며, 그들의 집합체인 노동조합과 원만하고 유기적인 협조관계를 유지하지 않고서는 결코 기업의 목표를 달성할 수 없다는 점을 깊이 인식해야 한다. 즉, 명실상부한 노사 간의 협동적 시스템으로서의 기업이 확립될 때 비로소 생산성 향상과 경영목표의 달성이 가능해진다는 것이다. 기업의 주요 이해집단으로서 노동조합의 중요성은 바로 여기에 있는 것이다.

2 공급업자

공급업자(supplier)란 자사와 경쟁업자가 특정한 제품이나 서비스를 생산하는 데 필요한 원자재나 부품, 기타 서비스 등을 제공하는 기업이나 개인을 말한다. 기업은 먼저 제품이나 서비스 생산에 필요한 자원을 자체 생산할 것인지 아니면 외부에서 공급받을 것인지를 결정해야 한다. 일단 외부로부터의 공급(구매)이 결정되면, 공급업자를 탐색하여 품질이나 납기신뢰성, 신용도, 보증, 구매단가 등을 고려하여 최상의 공급업자를 선정해야 한다.

기업은 선정된 공급업자로부터 생산에 필요한 원자재나 부품을 안정되고 저렴한 가격으로 적기에 공급받는 것이 무엇보다 중요하다. 이를 위해 경영자는 원자재나 부품의 가격동향에 항상 귀를 기울이고, 특정 공급업자에게 지나치게 의존하기보다는 여러 공급업자들로부터 공급받는 것이 유리하다. 또 안정된 공급원을 확보하기 위해서는 — 특히 원자재 부족시기에 — 공급업자와 장기적인 신뢰관계를 유지하는 것이 필요하다. 최근에 이르러 기업의 원자재나 부품의 공급계획을 수립하는 일은 더욱 더 중요하게 되었다. 경쟁사보다 효율적이고 유리한 가격으로 원하는 원자재나 부품을 공급받을 수 있다는 것은 곧 제품의 원가인하 효과와 자사제품의 경쟁적 이점을 높이는 결과를 낳게 되지만, 반대로 경쟁사보다 불리한 조건으로 원자재나 부품을 공급받는 상황에 이르게 되면 기업은 치명적인 경쟁적 위기를 맞게 된다. 바로 여기에 '공급업자' 환경요인의 중요성이 있는 것이다.

3 소 비 자

기업 간의 심한 경쟁으로 인해 시장의 성격이 판매자 시장(seller's market)으로부터 구매자 시장(buyer's market)으로 변화되었으며, 이에 따라 상대적으로 소비자의 지위도 높아지게 되었다. 자본주의 사회의 발전이 더욱 진전되고 고도의 소비사회에 이르게 되면 소비자는 다양한 가치관과 조직화된 행동을 통하여 기업에 대해 압력을 가하는 중요한 이익집단으로 변모하게 된다.

오늘날 소비자들은 각종 사회집단에 가입하거나 사회운동 또는 정치적 과정에 참여함으로써 기업에 대해 영향력을 행사한다. 전통적으로 기업과 소비자의 관계는 구조적으로 기업 또는 판매자측에 유리하고, 소비자측에 불리하게 작용하도록 되어 왔다. 그러나 상품의 과잉공급시대를 맞아 구매자 시장으로의 변모와 함께 소비자교육을 통한 소비자운동이 전개되면서 양자 간의 관계에 큰 변화가 일어났다.

소비자들은 자신들의 지위를 강화하기 위하여 소비자단체를 결성하고, 소비자 고발센터를 운영하며, 불매운동을 전개하는 등 보다 적극적인 방법으로 자신들의 권익을 도모함으로써 기업의 커다란 대항세력으로 등장하게 된 것이다. 근래에 이르러 소비자 환경이 더욱 중요하게 된 이유에는 소비자주권을 부르짖는 소비자주의(consumerism)의 형성에 기인한다고 볼 수 있다. 소비자주의는 소비자의 기본적 권리를 지키기 위하여 소비자 또는 정부가 전개하는 조직적 운동의 바탕이 되는 이념이다.

이러한 이념을 바탕으로 하여 소비자들의 권익을 보호하기 위한 많은 소비자 관계입법을 통하여 기업에 대해 제약을 가하기 시작하였다. 1962년 미국의 케네디 대통령의 특별교서에 나타난 소비자가 주장할 수 있는 4대 기본권리는 다음과 같다.

(1) 안전의 권리(the right to safety)

모든 제품이나 서비스로 인한 생명, 신체 및 재산상의 위해로부터 보호받을 권리

(2) 정보를 제공받을 권리(the right to be informed)

제품이나 서비스를 선택함에 있어서 필요한 지식과 정보를 제공받을 권리

(3) 선택할 수 있는 권리(the right to choose)

제품이나 서비스를 구매 또는 사용함에 있어서 거래처·구입장소·가격·거래조건 등을 자유로이 선택할 수 있는 권리

(4) 의사반영의 권리(the right to be heard)

소비생활에 영향을 주는 국가나 지방자치단체의 정책과 기업활동 등에 대하여 소비자의 의견을 반영시킬 수 있는 권리

다행히도 지난 몇 년 사이에 소비자 의식은 눈에 띄게 건전해졌다. 소비자가 그들의 주권을 점점 더 중요시하고 기본권리를 강력히 행사하는 현상이 확산됨에 따라 기업에 미치는 영향과 파급효과 역시 크게 증대할 것으로 보인다. 그러므로 기업은 소비자를 존중하고 보호하고 충족시키는 데 있어서도 소비자의 권익을 보호·증진시키는 합리적 경영을 통해 자기이익을 추구해야 한다. 만일 많은 기업이 소비자를 보호하고 충족시켜야 할 기능과 책임을 다하지 못할 경우에 소비자는 기업활동에 대해 보다 체계적인 방법으로 견제력을 행사할 것이다.

따라서 오늘날에는 위에서 설명한 소비자의 4대 기본권리에 덧붙여 (5) 피해보상을 받을 권리(the right to compensation against damage), (6) 소비자교육에 대한 권리(the right to consumer education), (7) 깨끗한 환경에 대한 권리(the right to a clean environment) 등을 소비자의 권리로 인정하기에 이르렀다.

4 지역사회

지역사회(community)는 기업을 둘러싼 이익집단 중에서 가장 최근에 그 중요성이 증가되고 있는 집단이다. 지역사회는 협의로 보면 기업의 인근주민들을 지칭하지만 국가 전체에 이르기까지 확산되는 개념이기도 하다.

기업은 지역사회에 고용창출과 지역주민의 소득증대 및 지방자치단체의 재정수입 증대, 지역사회 발전에의 기여 등으로 지역사회와 협조적이고 우호적인 관계를 유지할 수도 있으나, 반대로 오염물질 배출이나 공해산업의 유치, 임금체불, 노동력 착취 등으로 지역사회의 배척과 지탄의 대상이 될 수도 있다.

지역사회는 비교적 조직화되지는 못하지만 특정의 문제가 발생할 때에 기업에 대해 산발적으로 영향력을 행사한다. 그러나 이러한 산발적인 영향력의 행사가 기업경영에 결정적인 영향을 미칠 뿐만 아니라 최근에는 기업의 사회적 책임문제와 관련하여 지역사회문제의 중요성이 더욱 증가하고 있다.

지역사회가 기업의 중요한 이익집단으로 등장하게 된 계기가 된 것은 공해발생문제였다. 그 이유는 공해의 직접적인 피해자가 지역주민이고, 지역주민들의 공해에 대한 위기의식이 높아졌기 때문이다. 오늘날 지역사회의 문제는 공해문제에만 한정되지 않고, 자연환경의 보호, 지역사회의 개발, 지역문화의 발전 등 다양하게 대두되고 있다.

오늘날 사회 속에서의 개인은 기업의 구성원으로서 뿐만 아니라 지역사회의 일원이기도 하다. 종업원의 다원적 역할은 기업과 지역사회의 상호의존도를 크게 증가시켰다. 그 결과 지역사회와 기업 사이에 중요한 이해의 대립이 발생하게 될 때, 양자 사이의 관계는 매우 복잡한 양상으로 전개될 수 있다.

5 언론기관

기업이 규모가 커지고 복잡해질수록 기업과 그 경영자는 언론기관들과의 우호적인 관계를 유지할 필요가 있다. 관심을 가져야 할 언론기관으로서는 신문사·잡지사·방송사 등이 대표적인 예이며, 중앙지나 중앙방송사도 중요하지만 최근 지자체 등의 실시로 지역 언론사에도 관심을 기울여야 한다.

언론관계를 말할 때 흔히 퍼블리시티(publicity)를 생각하게 되는데, 언론기관과의 우호적인 관계를 통해 기업에 유리한 방향으로 프리 퍼블리시티(free publicity)가 이루어질 것을 기대하기 때문이다. 퍼블리시티를 통해 기사화되는 정보는 광고(advertisement)를 통해 제공되는 정보보다 신뢰성이 높고 열독률이 더 높다.

대언론관계를 잘 유지하려면 언론의 메커니즘을 이해할 필요가 있으며, 기업은 내·외부 공중들과의 관계를 담당하는 PR(public relations) 전문가들을 육성·배치하여야 할 것이다.

6 정 부

정부(government)는 기업의 업무환경 중에서 가장 영향력이 막중하다. 정부는 기업활동에 대해서 지원과 규제를 통하여 직접적으로 개입하기도 한다. 시장기구와 관련되는 측면과 사회구조와 관련되는 측면이 정부개입의 증가 이유가 된다.

시장경제에 있어서 정부의 정책개입이 필요하게 된 이유는 시장기구의 효율적 기능을 회복시키기 위해서이다. 즉 기업이 독점적 권력을 갖게 되면 경쟁 메커니즘을 왜곡시키게 되고, 시장의 기능을 저해시킨다. 정부는 독·과점 규제정책을 통해 시장경제기구의 효율적 기능을 회복시킬 수 있다.

시장의 자율적 조정기능만으로 해결할 수 없는 많은 외부효과가 나타나게 되고, 개별경제와 국민경제 사이에 극복될 수 없는 갭이 나타나게 되어 정부의 개입이 요청되는데, 이는 시장기구의 한계에서 비롯된다.

사회구조와 관련하여 기업에 대한 정부의 영향력 증대는 정부가 사회 속의 각 집단의 이익을 유지·증진시키기 위한 대변자 또는 통제자로서의 역할을 수행한다는 데 있다. 정부는 사회 속의 각종 다원집단들 간의 이익을 조정·통합하고 공공적인 조화라는 관점에 입각한 공공정책을 통하여 기업에 대해 영향력을 행사한다.

다원주의 사회가 될수록 개인과 집단의 가치관이 다양해지고 그에 따른 사회적 기대수준도 높아지게 되므로 정부의 기업에 대한 역할은 더욱 커지고 있다.

제 2 절 기업윤리

2.1 기업윤리의 개념

기업이란 혼자 번창할 수 없고 고객인 사회와 더불어 성장하여야 한다. 기업활동에 관한 의사결정은 기업의 이익과 사회의 이익을 동시에 고려하여야 한다. 기업윤리는 개인의 도덕적 가치관을 윤리에 관련된 기업활동과 목표에 적용시키는 원리 또는 기술이다. 또한 기업윤리는 기업활동에 관련되면서도 도덕적으로 복잡하게 상충되는 문제들을 검토하고 해결하기 위하여 윤리적 원칙을 적용하는 학문이다.

일반적으로 윤리라 함은 행위의 옳고 그름이나 선과 악 또는 도덕적인 것과 비도덕적인 것에 대한 판단기준의 체계 또는 이를 대상으로 연구하는 학문분야를 말한다. 특히 기업윤리란 사회생활을 하는 인간이 근본적으로 부딪힐 수밖에 없는 윤리문제를 기업경영이라는 특수한 사회적 상황에 적용한 것이다. 기업윤리는 모든 상황에 보편적으로 적용되는 규범적·일반적 윤리라기보다는 기업경영이라는 특수한 상황에 적용되는 응용적 윤리의 성격을 갖고 있기 때문에 실용적 접근을 도외시할 수 없다.

따라서 기업윤리는 기업경영이라는 상황에서 나타나는 행동이나 태도의 옳고 그름이나 선과 악을 체계적으로 구분하는 판단기준 또는 이를 연구하는 것을 의미한다. 기업윤리는 크게 두 가지 흐름으로 구분할 수 있다. 첫째는 규범적 접근으로 윤리의 본질, 기업목적과 윤리, 윤리의 주체, 윤리적 가치판단의 기준 등을 강조한다. 둘째는 실용적 접근으로 조직이론과 행동과학의 연구 성과를 흡수해 도덕적 가치와 관련이 있는 경영자와 기업경영의 의사결정에 초점을 강조한다. 이러한 실용적 접근에 기초할 때 기업윤리란 도덕적 가치보다는 구체적으로 다양한 이해관계자나 광범위한 사회에 이익을 주거나 해를 줄 수 있는 행동을 하는 것과 관련된 의사결정을 연구하는 것을 의미한다.

2.2 기업윤리의 중요성

기업윤리는 왜 필요한가? 기업경영의 본질 내지는 기업목적과 관련하여 제기되는 가장 근본적인 문제라고 할 수 있으며, 이해관계자들의 권리와 책임을 명확히 해 주고 조정하는 기능으로써 경영의 역할은 중요하고 여기에 기업윤리가 그 기반이 되는 준거 틀로써 존재하기 때문이다. 과거에는 기업의 경영자들이 주주의 대리인의 역할로 특정집단의 이익에만 관심을 두었지만 점차 사회가 다원화되고 기업 안팎의 환경변화가 다양해지면서 이해관계자를 받아들이고 있다. 경영에 있어서 윤리적 상황은 더욱 복잡해지고 있다. 기업의 본질적 기능면에서 이윤추구라는 경제적 기능만을 인정할 경우 기업윤리의 개입 여지는 크게 줄어든다.

기업경영에 있어 기업윤리가 중요한 이유는 다음과 같다.

기업윤리는 조직구성원의 행동규범을 제시해 줄 뿐만 아니라 하나의 인간 또는 건전한 시민으로서 구성원의 윤리적 성취감을 충족시켜 준다. 기업이라는 조직이 윤리적 행위와 비윤리적 그리고 부도덕적 부패행위 등을 구분시켜 줌으로써 사회의 이득이 되는 행위의 기준을 제시할 뿐만 아니라 기업내부의 구성원, 즉 최고경영자로부터 관리자, 종업원에 이르기까지 행동에 대한 올바른 기준을 제시함으로써 기업구성원의 만족감과 기업성장의 발전을 저해하는 문제점 등을 해소시켜 주게 될 것이다.

좋은 기업이란 사회적 가치를 창조하는 기업, 이익의 질을 중요시하는 기업, 사회의 일원인 시민기업, 환경 친화적 기업, 기업지배구조가 건전한 기업, 전사적 윤리기업 등으로 정의할 수 있다. 따라서, 기업윤리의 중요성은 다음과 같다.

기업윤리는 기업의 경쟁력 강화에 필요하다. 사회적 가치를 창조하는 기업이 되기 위하여 필요하다. 사회의 일원인 시민기업이 되기 위하여 필요하다. 인간성 기업, 즉 근로의 질을 향상시키기 위하여 필요하다. 환경 친화적 기업이 되기 위해서 필요하다. 기업지배구조가 건전한 기업이 되기 위하여 필요하다. 자유시장 경제체제를 유지하기 위하여 필요하다.

2.3 기업윤리의 내용

우리나라 기업들은 1960년대 초반부터 1980년대 중반까지 성장위주의 정책적 뒷받침을 받아 고도성장을 해 왔다. 그러면서 성장위주의 기업경영 병폐가 대내외적으로 나타나면서 기업의 윤리성과 사회적 정당성에 대한 비난의 소리가 높아지면서 기업의 윤리성이 사회적 문제로 부각되었으며, 최근 기업윤리에 관한 사회적 관심이 고조되고 있는 이유는 다음과 같다.

기업의 규모가 커지고 사회전반에 걸친 영향력이 증대됨에 따라 기업의 사회성이 증가되었고, 사회전반의 생활수준과 의식수준이 높아짐에 따라 사람들은 생활의 질을 추구하게 되었고, 기업의 윤리적 경영활동과 사회적 역할수행에 대한 사회전반의 요구와 압력이 커졌으며, 기업의 핵심자원이 물적자원에서 인적자원으로 바뀌게 되어 기업구성원의 윤리의식 제고의 중요성이 증대되었기 때문이다.

관리기능별 기업윤리를 유형화하면 다음과 같다. 전반관리부문에서는 기업합병, 윤리헌장, 환경보호문제, 인적자원관리부문에서는 차별 및 부당노동행위, 개인생활침해, 부당한 인사관행 문제, 마케팅관리부문에서는 허위과대광고, 가격조작, 강압적 판매방식, 경쟁사와의 담합문제 등, 재무관리부문에서 특혜대출, 내부자거래, 공금유용문제 등, 회계관리부문에서 허위 보고서 작성, 탈세, 인프라회계 작성문제 등, 생산관리부문에서 공장입지, 공장폐수, 작업장의 안전위생문제 등, 정보관리부문에서 기업정보누출, 개인 사생활침해, 과다한 정보수집문제 등, 국제경영관리부문에서 외국정부 관료의 매수, 과다한 송금, 외화도피, 현지인 차별 등이다.

기업윤리가 기업경영에서 수행하게 되는 기능은 다음과 같다. 첫째, 기업이라는 조직이 사회 속에서 해야 할 일과 하지 말아야 할 일을 구분시켜 줌으로써 전체 사회에 이득이 되는 행위의 기준을 제시해 줄 뿐만 아니라 기업내부의 구성원 행동에 대한 올바른 기준을 제시하여 구성원 간에 생길 수 있는 마찰이나 갈등을 해소시켜 준다. 둘째, 기업윤리는 조직구성원의 행동규범을 제시해 주고 윤리적 성취감을 충족시켜 준다. 즉, 조직 속에서 개인이 담당한 직무에 대한 윤리적 결정을 하고 스스로 행동함에 따라 단순히 기업의 구성원으로서만이 아니라 사회의 선량한 시민으로서의 자아상을 갖고 윤리적인 면에서의 성취감을 느끼게 해 준다. 이와 같이 기업윤리는 조직과 개인 양쪽 측면에서 중요한 역할을 한다.

우리 사회는 자유민주주의와 시장경제체제를 지향한다고 해방 이후 자처해 왔지만 제대로 그럴 듯한 경제적·정신적 토대를 가지지 못했다. 자유민주주의와 시장경제체제는 구성원들에게 많은 자유와 권리를 부여하지만, 동시에 규율의 준수와 그에 따르는 책임을 요구하게 되며 공정한 경쟁을 요구한다. 따라서 인맥, 학연, 혈연 등 경쟁의 본질과 거리가 먼 요인에 의해서 경쟁이 제한되는 관행과 제도는 타파되어야 한다. 한국의 도덕적 현실을 놓고 볼 때, 우리 사회의 각계 각층이 윤리적 삶을 기본적 자세로서 삼아야 된다는 것은 분명해진다. 근본적으로 절차적 정의를 준수하지 않는 기업활동을 방치하는 것은 시장경제체제의 자기모순을 심화시키는 결과를 낳을 뿐이다. 우리 사회의 보다 높은 사회목적을 실현하기 위하여 다음과 같은 사회가 되었으면 한다.

첫째, 대인관계에 있어서 뇌물과 선물을 구별할 줄 아는 사회가 되어야 한다.

둘째, 공정한 경쟁을 해야 한다.

표 8-1 기업의 비윤리적 행동 유형

발생부문	발생유형
행위발생부문	경쟁자, 기업내부비리, 고객, 정부, 환경, 구성원, 거래처관계, 금전관계
경쟁자 관계	입찰담합, 덤핑, 기업비밀 획득, 지적재산권 침해, 부당 스카우트
기업내부	리베이트수수, 기업비밀 누출, 금전관계
고객관계	허위 과대광고, 유해상품 판매, 허위 용량 및 성분 표시, 폭리
구성원 관계	인격침해, 근로조건 무시, 고용차별, 안전성 무시
정부관계	뇌물제공, 탈세, 정치자금, 허위보고, 보고의무 위반
지역사회	산업공해배출, 폐기물 불법처리, 부당 공장폐쇄
외국정부, 기업관계	덤핑판매, 뇌물제공, 세금회피, 돈세탁, 공해물질 수출
환경관계	공해물질 배출, 환경기준 위반, 자연파괴, 산업폐기물 수출입

자료원: 전국경제인연합회, 기업윤리 실태조사 재정리.

셋째, 자원의 재활용을 적극 추진하여야 한다.

넷째, 경제성장의 열매가 골고루 분배되도록 힘써야 한다.

다섯째, 우리 사회 각계 각층이 윤리적 삶을 기본적 자세로 삼아야 한다.

LG그룹의 윤리규범

고객을 위한 가치창조와 인간존중의 경영을 경영이념으로 하는 LG그룹은 1994년에 우리나라 기업 중 유일하게 기업집단 차원에서 윤리규범을 제정하였다. 전체가 6개 장으로 구성되어 있으며 그 내용은 다음과 같다.

제 1 장은 고객에 대한 책임과 의무로 고객존중, 가치창조, 가치제공 등 3개 항목으로 구성되어 있다.

제 2 장은 공정경쟁으로 자유경쟁의 추구, 법규의 준수 등 2개 항목으로 되어 있다.

제 3 장은 공정한 거래로 평등한 기회, 공정한 거래절차, 상호발전의 추구 등 3개 항목으로 되어 있다.

제 4 장은 임직원의 윤리로 기본윤리, 사명의 완수, 자기계발, 공정한 직무수행, 회사와의 이해상충 회피 등 5개 항목으로 되어 있다.

제 5 장은 임직원에 대한 책임으로 인간존중, 공정한 대우, 창의성의 촉진 등 3개 항목으로 되어 있다.

제 6 장은 국가와 사회에 대한 책임으로 합리적 사업전개, 주주이익의 보호, 사회발전에 기여, 환경의 보호 등 4개 항목으로 구성되어 있고, 마지막에 실천서약란을 두어 그룹 내 모든 임직원이 윤리규범을 숙지하고 실천할 것을 다짐하는 서명을 하도록 하고 있다.

▣ 기업윤리 진단표 ▣

1. 지금 하는 행동이 공개되어도 부끄럽지 않은가?
2. 시간과 권한을 회사를 위해 사용하고 있는가?
3. 타인에게 부당한 요구를 하고 있지 않은가?
4. 회사의 업무를 적극적으로 수행하고 있는가?
5. 지금 하고 있는 방법이 과연 최선의 방법인가?

제 3 절 기업의 사회적 책임

다국적 기업의 증가와 글로벌화로 인해 기업의 경영활동이 사회에 미치는 영향력이 증대되고 주주, 경영자, 종업원, 소비자, 지역사회, 중소기업 등과 관계를 가지며 사회의 일정한 기능을 담당하게 되었다. 기업은 본질적으로 사회적 기관으로서 이해관계자들과 관련하에 기업활동을 하고 있으며, 기업의 존립과 발전은 모든 이해관계자들과의 관계와 밀접한 관계가 있다. 따라서 기업들은 이해관계자들과의 관계를 균형 있게 유지하며 지속 가능한 발전을 할 수 있는 가장 효과적 방법과 미래지향적인 경영방식의 하나로 기업의 사회적 책임(Corporate Social Responsibility)이라는 개념을 도입하고 있다.

3.1 사회적 책임의 개념

기업의 사회적 책임이라는 개념은 학문적으로 Bowen(1953)에 의해 처음 언급되었다. 기독교적 가치관을 빌려 기업가의 사회적 의무를 체계적으로 설명하고 있는 그의 저서에서 기업의 사회적 책임을 기업이 사회적 목적과 가치를 위한 정책결정 행위를 추구하는 것이라고 처음 정의를 내렸다. 경영학자 Carroll(1979)은 기업의 사회적 책임의 정의를 네 가지로 분류하고 있다.

첫째, 경제적 책임은 기업의 사회적 책임 중 제 1 의 책임이며, 기업은 사회의 기본적인 경제단위로서 재화와 서비스를 생산할 책임을 지고 있다는 의미이다. 즉 기업은 지속적인 이윤을 창출하여 주주, 종업원, 협력업체, 지역사회, 국가, 국제사회의 이익을 증진시킬 책임이 있다.

둘째, 법적 책임이란 사회는 기업이 법적으로 요구하는 사항들의 구조 내에서 경제적 임무를 수행할 것을 요구한다는 것이다.

셋째, 윤리적 책임이란 법으로 규정되어 있지는 않지만 기업에게 사회의 일원으로서 기대하는 행동과 활동들을 의미한다.

넷째, 자선적 책임이란 기업에 대하여 명백한 메시지를 갖고 있지는 않지만 기업의 개별적 판단이나 선택에 맡겨져 있는 책임으로서 사회적 기부행위, 사회공헌활동, 보육시설 운영, 사회복지시설 운영 등 자발적 영역에 속하는 것이다. 제 1 의 책임인 경제적 책임은 기업의 생존을 위해서 행하는 문제이고, 나머지 법적·윤리적·자선적 책임은 기업이 타인을 위해 행하는 문제라고 할 수 있다.

즉 기업의 사회적 책임은 기업이 경영활동을 하면서 이해관계자를 만족시키는 동시에 자신이 속한 사회에 긍정적인 영향을 주기 위해 경영과정을 어떻게 관리할 것인가 하는 문제이며, 지속가능경영을 향한 과정이 기업의 사회적 책임이다. 기업의 사회적 책임은 1990년대 이전까지만 해도 경제적 책임에 이은 부차적 책임으로 해석하는 견해가 주류를 이루고 있었지만, 이후 경제적 책임의 수행 단계부터 윤리적 책임과 사회적 책임을 동시에 준수할 것을 강조하는 견해가 보편화되고 있는 실정이며, 경제적 책임과 분리할 수 없는 경영활동의 전제조건이자 원칙으로 대두되고 있다.

3.2 사회적 책임의 중요성

기업의 사회적 책임은 비즈니스 전략으로써 매우 중요하다. 미국의 앤론사태는 기업의 사회적 책임의 중요성을 일깨워 주고 있다. 이는 경영성과가 아무리 높아도 기업의 사회적 의식이 희박할 경우 시장과 사회로부터의 신뢰를 상실하여 그 기업이 쇠퇴할 수밖에 없음을 재확인시켜 주었다. 점차 증대되고 있는 기업의 사회적 책임이 중요성을 갖게 되는 이유는 다음과 같다.

첫째, 기업들의 경영이 글로벌화되어 가면서 규모와 힘의 확장으로 인해 기업은 사회에 막대한 영향력을 행사하게 되었으며, 동시에 사회의 여러 이해관계자 집단들과 상호불가분의 의존관계에 놓여지게 되었다.

둘째, 사회가 보존하기를 원하는 부와 가치가 과거보다 다양해짐으로써 사회의 여론은 점차 사회를 구성하는 여러 기관과 사람의 행동이 그 사회의 유지와 발전을 위해 책임 있는 것이어야 한다고 주장한다.

셋째, 사회과학이 발전함에 따라 기업이 기업외부의 사회시스템에 어떻게 영향을 미치는가를 알아보게 되었다는 점이다.

넷째, 기업이 사회적 책임을 게을리 하면 정부의 규제를 받게 된다는 점도 이유가 될 수 있다. 그러므로 기업은 사회의 구성원으로서 그 권리와 의무의 범위와 한계를 명확히 이해하고 행사함으로써 정부가 개입할 가능성을 줄이고 기업의 자율성을 제고할 수 있도록 노력해야 한다.

다섯째, 사회는 윤리개념과 관련하여 기업의 책임 있는 행동을 요구하고 있기 때문에 경영자는 기업경영에 있어서 당연히 사회규범과 가치를 수용해야 할 필요성을 갖게 되었다.

여섯째, 현대 기업에서는 소유와 경영이 점차적으로 분리되고 있다는 점이다. 최근 기업의 국제경쟁력을 평가하는 글로벌 표준의 잣대로 기업의 사회적 책임을 새롭게 정의하고 표준안 작업을 진행 중에 있다. 따라서 국제적 수준에 도달하지 못하는 기업은 세계시장의 이해관계자들로부터 외면당하게 될 가능성이 높다고 할 수 있다.

3.3 사회적 책임의 내용

기업의 사회적 책임은 1차적으로는 기업의 문제이나 기업의 사회적 책임의 정착 여부가 궁극적으로 국가가 지속가능한 발전과 사회적 가치창출에 기여한다는 점에서 정부가 지속적으로 관심을 가질 필요가 있다. 지난 2004년 전국경제인연합회는 기업의 사회적 책임 실천계획을 발표한 바 있다. 이제 기업의 사회적 책임을 기업의 생존을 위한 필수요건이며, 기업의 가치를 높이고 경쟁력을 강화하는 수단으로 인식하고 있는 것으로 나타났다.

표 8-2 기업의 사회적 책임 이행을 위한 4대 부문별 실천과제

부 문	실천과제
사회공헌부문	• 지역사회 소외계층과 함께 하는 나눔의 경영 확대 • 기업 임직원들이 직접 참여하는 자원봉사활동 강화 • NGO와 상생적 제휴를 통한 공익 연계형 사회공헌활동 전개 • 기업의 특성에 부합하는 전략적 사회공헌 프로그램 정착 • 국가재난시 위기극복을 위한 기업 간 네트워크 구축 및 운영
윤리경영부문	• 윤리규범 재정비, 전파와 실천시스템 구축 및 교육 강화 • 주주에 대한 정당한 대우와 투명경영 정착을 위한 제도 마련 • 소비자 주권 실현과 최상의 상품 및 서비스 제공 • 지역사회와의 공동활동을 통한 유대강화 • 경영진의 윤리경영 실천을 위한 교육 및 모범사례 전파
투명경영	• 효과적인 내부윤리기준 개발과 국내외 모범사례 발굴 • 이해관계자로부터 직무와 관련한 이익취득행위 금지 • 정치적 목적의 기업자산 활용과 정경유착의 원천 차단 • 관련법의 요건을 충족시키는 접대비 사용과 비용 계상 • 관행을 벗어난 부조행위나 불합리한 선물수수 금지
기업협력부문	• 대·중소기업 간 협력증진에 관한 인식공유 및 신뢰형성 • 대기업의 중소기업에 대한 기술지원 확대 • 현금이나 현금성 결제 확대 및 부당한 대물변제 금지 • 어음결제시 기일 엄수와 기일 초과시 어음할인료 지급 • 납품단가의 부당한 인하금지 및 지정 기일 내 선금 지급

자료원: 전국경제인연합회, 언론활동 보도자료, 2004. 10, p. 3.

작은 일에도 소홀히 하지 않는다

제나라에 이사라는 대신이 있었는데 어느 날 그가 국왕이 베푸는 연회에 참석하게 되었다. 그는 기분이 좋아 마음껏 술을 마시고 취하게 되어 정신을 가다듬을 겸 밖으로 나갔다. 그런데 문지기가 애원하듯 그에게 남은 술이라도 저희에게 좀 주십시요. 그는 예전에 수형을 받은 적이 있는 사내였다. 뭐라고 저리 비키거라. 너처럼 수형을 받은 자가 감히 나에게 술을 청하다니! 이사는 기분이 불쾌해져서 곧바로 그 자리를 떠나 버렸다. 이때 마침 비가 내려 그 모양새가 마치 궐문 앞에 누가 소변이라도 본 듯 물이 고였다.

다음 날 아침 왕이 궐문을 나서다가 이것을 목격하고 크게 분노하였다. 당시에는 남의 집 앞에 소변을 보는 것은 크게 모욕적인 일로 여겼던 것이다. 문지기는 당황하여 어쩔 줄 모르다가 "자세히는 보지 못하였으나 어젯밤에 이사 대신께서 서 있는 것을 보았습니다". 왕은 이사를 즉시 사형시켜 버렸다. 만약 이사가 하찮은 직책의 인물이라고 문지기를 무시하지 않았다면 그런 어처구니없는 죽음은 당하지 않았을 것이다.

연습 문제

1. 기업의 이해관계자들의 요구와 이해관계자 관리의 중요성에 대해서 설명하시오.
2. 기업윤리가 왜 중요한지 설명하시오.
3. 경영자의 사회적 책임문제가 왜 중요하고 그 내용이 무엇인지 설명하시오.
4. 기업의 사회적 책임에 대한 글로벌 기준이 무엇인지 조사해 보시오.

현장사례 그들은 왜 몰락했나

다음은 한국의 대표기업 중 몰락한 기업에 관한 기사이다.

양육강식의 경제 정글 속에서 국내 수많은 기업이 몰락과 부침을 거듭했다. 특히 미래를 예측하지 못하고 방만한 투자와 독선경영에 빠져 있던 기업들이 1997년 외환위기를 맞아 도미노처럼 잇따라 쓰러지면서 업계에서 자취를 감췄다. 지난 1991년 100대 기업 중에서 현재까지 남은 기업은 고작 20여 개에 불과하다. 그렇다면 몰락한 기업들의 실패요인은 뭘까? 무엇보다, 그룹 총수와 최고경영자들의 황제경영, 독재경영이 문제였다. 한마디로 정상적인 경영시스템이 마비됐던 것이다. 대우그룹의 경우 김우중 회장은 김회장의 OK 한마디면 모든 것이 통했다. 다른 경쟁기업들이 외환위기를 맞아 구조조정에 박차를 가할 때, 대우는 확장경영에 나서 몸집을 불렸고, IT등 미래 산업보다는 건설, 자동차 등 기존 사업에 돈을 쏟아 부었다. 이 같은 독단경영은 방만한 경영과 함께 재무건전성 부족에 따른 과도한 부채를 초래했다. 1990년대 신흥재벌이던 나산그룹 역시 패션사업에서 탈피하여 건설과 유통을 잇따라 인수하다 무리한 차입금 때문에 쓰러졌다. 몰락 기업들은 미래 핵심 사업에 대한 예측능력과 시장변화에 따른 사업 변신 능력도 부족했다. 1998년 삼보컴퓨터는 두루넷을 통해 초고속인터넷 사업에 진출했다가 5천억원의 손실을 본 뒤 법정관리에 들어갔다. 무모한 사업 다각화는 오히려 화를 자초할 수도 있다. 진로의 경우 사업을 소주에서 맥주, 유통, 건설 등으로 다각화하다 부도가 났다. 시장경쟁이 치열한 맥주시장에 신규진입하기 위해서는 투자비와 광고비를 과다 지출할 수밖에 없었고 이것이 자금난으로 이어진 것이다. 몰락 기업들은 또 규모의 경제를 실현할 수 없는 사업구조를 갖고 있었다.

매일경제, 2008. 8. 1

문제

- 기업은 독단경영, 과도한 부채, 미래예측 실패, 무리한 다각화 등으로 몰락할 수 있다. 몰락한 기업 1개를 들어 왜 몰락하게 되었는지 자세히 조사해 보자.

제 2 부

경영 관리론

제 9 장

계획수립

제1절 관리의 본질

제2절 계획의 본질

제3절 경영자의 의사결정

학|습|목|표

계획(Planning)은 기업의 성패를 좌우하는 핵심요소이다. 기업의 추구목표는 모든 조직구성원들이 분명하게 이해해야 하며, 불분명한 목표설정은 처음부터 일이 제대로 수행되기 어렵게 만든다. 제 9 장에서는 경영관리의 기능에 대해 개관한 다음, 계획의 본질과 경영자의 의사결정 내용에 대해 차례대로 살펴보고자 한다.

제왕적 경영스타일 바꾸어라

이명박 후보는 50%가 넘는 지지율로 대통령이 되었다. 그러나 채 100일도 되지 않아 지지율이 10%대로 내려갔다. 미국산 쇠고기 수입을 재개한다는 의사결정이 잘못되었다는 국민들의 불만이 촛불집회로 표출되었다. 과거에는 대통령의 결정에 국민들이 따라 주었지만 이제는 잘못된 결정에는 자신의 의사를 적극적으로 표현하고 있다.

국민들이 적극적으로 의사를 표현하게 된 것은 인터넷으로 정보를 주고받는 것이 자유롭기 때문이다. 광우병 사태는 참여와 공유로 대변되는 웹2.0시대의 위력을 보여준 사례이다. 1%가 제왕적 의사결정을 하고 99%가 따르는 시대는 지나갔다.

회사 내의 1%가 모든 것을 결정하는 방식에서 99%가 참여해서 의사결정하는 방식으로 전환하는 것이 근로의욕을 북돋울 수 있으며 시장환경에 재빠르게 적응하는 데에도 유리할 것이다. 이미 선진기업에서는 1%에 의한 제왕적 의사결정 방식에서 99%가 참여하는 의사결정 체제로 전환했다.

한때 지식의 상징은 백과사전이었다. 그러나 수백 명의 전문가들이 수십 년 동안 공들여서 만든 백과사전은 업데이트가 어렵다는 큰 문제를 안고 있다. 그런데 이 문제는 위키피디아(Wikipedia)가 출현하면서 쉽게 해결되었다. 위키피디아는 직원이 불과 열다섯 명밖에 안 되는 작은 규모의 인터넷 회사이지만 이 사이트에 올라 있는 지식과 정보는 234만 개 이상으로 백과사전에 못지않다. 200개 언어로 서비스되는 위키피디아에는 연간 약 6억 8천 명이 방문하며 1,500명의 무보수 자원봉사자가 편집에 도움을 주고 있으며 7만 5천 명이 적극적으로 글을 올리고 있다.

이러한 위키피디아의 개방, 공유, 참여의 정신은 인터넷 세계를 넘어 경제 전반에 영향을 끼치게 되었고 개방, 공유, 참여의 체제를 바탕으로 대중들의 참여를 유도해 새로운 경제 패러다임을 만들어가는 위키노믹스시대를 이끌고 있다. 위키는 "빠르다는 뜻과 참여한다, 창의적이다"라는 의미를 가지고 있다. 위키매니지먼트는 직원이 경영에 참여하고 빠르고 창의적으로 문제를 해결할 수 있는 경영시스템을 만드는 것이다. 직원과 고객의 참여로 창의적인 가치를 만들어 내는 참여형 기업들은 기존의 관리적인 기업들보다 경영환경의 변화에 대한 적응력이 뛰어나고 실무를 담당하는 직원들의 업무 만족도도 또한 높다.

김성희·김영한, 위키매니지먼트, 국일미디어, 2008.

제 1 절 관리의 본질

1.1 관리의 이해

관리(management, 경영관리)란 조직의 목표달성을 위해 사람을 통해서 일을 이루어 나가는 과정을 말하며, '경영관리'라고도 한다. 조직은 효과적이고 합리적인 관리활동을 통해 그 조직이 추구하는 목표를 달성할 수 있다. 예를 들어, 기업은 이윤추구를 목표로 하고, 학교는 교육을 통한 인격 도야를 목표로 할 수 있으며, 이러한 조직의 목표는 경영관리 활동을 통해 달성되는 것이다.

관리는 정적(static)인 개념이 아니라 동적(dynamic)인 개념으로서 하나의 과정(process)의 개념으로 이해된다. 프랑스의 페이욜(H. Fayol)은 관리를 '계획, 조직, 지휘, 조정, 통제의 과정'으로 정의했다.[1] 또, 쿤츠와 웨이리치(H. Koontz & H. Weihrich)는 관리를 "집단 속에서 함께 일하는 구성원들이 어떤 주어진 목표를 효율적으로 달성하기 위한 경영환경을 설계하고 유지해 나가는 과정으로서, 경영자는 계획, 조직, 충원, 지휘, 통제의 관리기능을 수행한다"고 주장했다.[2] 마쉬와 더글라스(J. L. Massie & J. Douglas)는 관리를 "조직의 협동적 구성원들(집단)이 공동의 목적을 달성하기 위해 자금, 인력, 원자재 등 제 자원의 이용을 지휘하는 과정"이라고 정의함으로써, 관리를 조직 또는 집단의 목적을 달성하기 위한 일련의 과정으로 보았다.[3]

〈표 9-1〉에는 관리과정을 구성하고 있는 관리기능 요소들에 대한 학자들의 견해를 요약하고 있다.

〈표 9-1〉에서 보는 바와 같이, 학자들 간에 관리기능으로 가장 많이 취급되는 4대 요소를 고른다면 '계획', '조직화', '지휘', '통제'가 되고, 5대 요소를 고른다면, '계획', '조직화', '지휘', '조정', '통제'가 된다.

---

1) H. Koontz & C. O'Donnell, *Management: A Systems and Contingency Analysis of Managerial Functions*, 6th Edition, New York, N.Y.: McGraw Hill, 1976, pp. 38~45.
2) H. Koontz & H. Weihrich, *Essentials of Management*, 5th Edition, New York, N.Y.: McGraw Hill, 1990, p. 4.
3) J. L. Massie & J. Douglas, *Managing: A Contemporary Introduction*, 5th Edition, Readings, N.J.: Prentice Hall, 1992, p. 24.

표 9-1 관리의 기능

구 분 / 학 자	계획	조직화	충원	지휘	동기유발	조정	통합	전달	통제	기타
Fayol, H.	○	○		○		○			○	
Davis, R. C.	○	○							○	
Newman, W. H.	○	○		○			○		○	
Gulick, L. H.	○	○		○		○				예산, 보고
Brown, A.	○	○		○			○		○	
Breck, E. F.	○				○	○			○	
Koontz, H. D.	○	○	○	○		○			○	
Koontz & O'Donnell	○	○	○	○					○	
Allen, L. A.	○	○							○	지도
Hicks, H. G.	○	○			○			○	○	창조
Massie, J. L.	○	○	○	○				○	○	결정
Urwick, L. F.	○	○				○			○	예측

본서에서는 관리의 개념을 다음과 같이 정의하고자 한다.

관리(management, 경영관리)란 집단 속에서 함께 일하는 개인들이 정해진 목표를 효율적으로 달성할 수 있도록 환경을 조성하고 유지해 나가는 활동이다.

여기서 관리의 정의에 함축된 몇 가지 의미를 살펴보면 다음과 같다.

첫째, 관리의 주체인 관리자는 목표를 설정하고, 그 목표달성을 위하여 일련의 의사결정을 한다.

둘째, 관리자는 조직구성원들의 노력을 통하여 업무를 수행한다.

셋째, 관리자는 목표달성을 위해 계획, 조직, 지휘, 통제의 관리기능을 수행한다.

관리자에게는 조직구성원들이 조직의 목표달성을 위하여 최대의 능력을 발휘하고 조직에 기여하도록 할 책임이 있다. 따라서 관리는 조직의 규모나 영리·비영리성을 떠나 모든 조직의 목표달성을 위해 두루 적용된다.

1.2 관리의 기능

경영자나 관리자는 관리기능을 수행한다는 점에서 작업자와 구별되는데, 관리기능의 개념을 최초로 정립한 사람은 프랑스의 페이욜(H. Fayol)이다. 그는 기업경영을 위해서는 기술, 영업, 회계, 재무, 보전, 관리 등의 6가지 기능이 필요하며, 이 중 기업경영에서 가장 중요시되는 관리기능은 계획·조직·지휘·조정·통제의 5가지 과정으로 구성된다고 주장하였다.

일반적으로 경영관리의 기본적인 기능을 나타내는 관리의 순환구조는 [그림 9-1]에서 보는 바와 같이 PDS 또는 POC 방식으로 설명되는데, 이를 '매니지먼트 사이클(management cycle)'이라고 한다.

먼저, PDS 방식의 매니지먼트 사이클은 계획(Plan), 실행(Do), 평가(See)의 순환과정을 나타내는 것으로, 주어진 목표달성을 위해 계획(Plan)을 세우고, 이를 실행(Do)에 옮기며, 실행된 결과를 계획과 비교·평가(See)하고, 평가결과를 토대로 하여 다시 수정계획을 수립하는 순환과정이 이루어진다는 것이다.

또 POC 방식의 매니지먼트 사이클은 계획(Planning), 조직화(Organizing), 통제(Controlling)의 순환과정을 나타내는 것으로, 주어진 목표달성을 위해 수립된 계획(Planning)을 효과적으로 달성하기 위하여 조직의 제 자원을 조직화(Organizing)하고, 실행과정이나 그 결과를 효과적으로 통제(Controlling)하는 순환적 과정을 통해 관리가 이루어진다는 것이다.

그림 9-1 매니지먼트 사이클

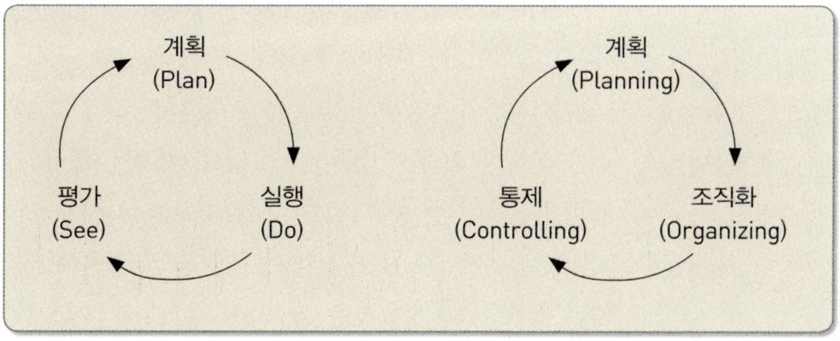

〈PDS 방식〉 〈POC 방식〉

굴릭(L. H. Gulick)은 매니지먼트 사이클을 'POSDCORB'로 제안하였다. 즉, 계획(Planning), 조직화(Organizing), 요원화(Staffing), 지휘(Directing), 조정(Coordinating), 보고(Reporting), 예산(Budgeting) 등의 7가지의 순환적 단계가 그것이다. 그러나 오늘날 가장 널리 받아들여지고 있는 관리기능은 계획, 조직, 지휘, 통제의 4가지 기능이다.

따라서, 본서에서는 관리의 기능을 계획, 조직화, 지휘, 통제의 과정으로 이해하고, 이러한 4가지 요소를 중심으로 살펴보고자 한다.

첫째, 계획(Planning)은 조직의 사명과 목표를 설정하고, 이 목표를 어떻게 달성할 것인지를 규정하는 것이다. 따라서 계획은 여러 대안들로부터 미래의 행동과정을 선택하는 의사결정을 포함한다.

둘째, 조직화(Organizing)는 조직의 목표를 효과적으로 달성하기 위하여 조직구조를 설계하고 조정하는 것을 포함한다. 다시 말해, 조직화란 어떤 조직 내 구성원들의 의도적인 역할구조를 수립하는 것을 말한다.

셋째, 지휘(Directing)는 조직의 목표달성에 필요한 과업을 효과적·효율적으로 수행할 수 있도록 종업원을 지휘하고 근로의욕을 증진시키며, 개인 간의 업무활동을 조정하는 것을 포함한다. 즉, 지휘란 효과적인 과업수행을 위하여 조직구성원들에게 어떤 영향력을 행사하는 활동을 말한다.

넷째, 통제(Controlling)는 조직구성원의 활동 및 조직 자체의 효과성을 측정·평가하고, 평가된 결과를 토대로 조직목표의 효과적인 달성을 위해 계획을

그림 9-2 경영계층별 관리기능 수행에 소요되는 시간의 정도

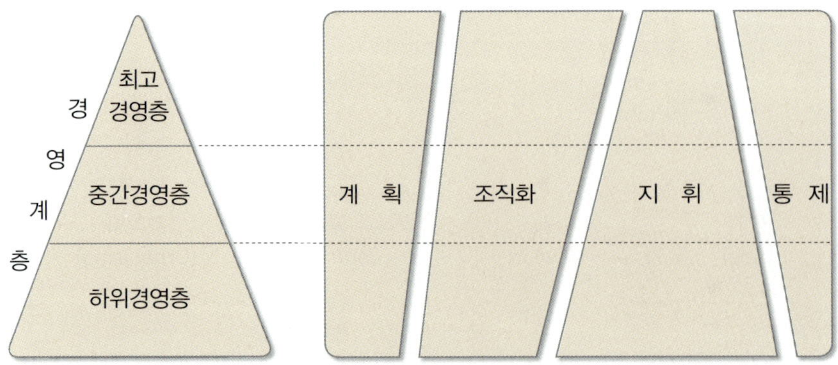

자료원: H. Koontz & H. Weihrich, *op. cit.*, p. 6.

표 9-2 경영계층에 따른 관리기능의 상대적 중요도

경영계층	직 책	관리기능			
		계 획	조직화	지 휘	통 제
최고경영층	사장·전무·상무	높 음	중 간	낮 음	높 음
중간경영층	부장·차장·과장	중 간	중 간	중 간	높 음
하위경영층	계장·대리·주임	낮 음	중 간	높 음	중 간

수정하는 활동을 포함한다.

경영자나 관리자가 관리기능을 수행하는 데 소요되는 시간이나 노력의 정도는 [그림 9-2]에서 보는 바와 같이 경영계층에 따라 다르다. 즉, 최고경영층은 중·하위계층에 비하여 계획 및 조직화 기능에 보다 많은 시간과 노력을 투자한다. 반면에, 지휘기능은 중·하위경영층이 최고경영층보다 더 많은 시간과 노력을 투자하고 있다. 또한, 경영계층별 관리기능의 상대적 중요도는 〈표 9-2〉와 같다. 즉, 최고경영층은 계획과 통제의 기능이 상대적으로 중요한 반면에, 하위경영층은 지휘의 기능이 상대적으로 중요시된다.

제 2 절 계획의 본질

2.1 계획의 의의와 중요성

조직활동이 합리적으로 수행되도록 하려면 먼저 조직이 앞으로 나아갈 방향과 각 활동이 수행되어야 할 방법을 결정하여야 한다. 계획수립(planning, 계획화)이란 조직활동을 효율적으로 관리하고 수행하기 위하여 조직이 앞으로 나아갈 방향과 조직의 목표를 설정하고, 이를 달성하는 데 필요한 미래의 활동과정에 대한 최적의 방안을 선택하는 과정을 말한다. 그리고 계획수립의 결과로서 조직의 목표달성을 위해 선택된 미래의 활동 대안을 계획(plan)이라고 한다. 이처럼 계획은 미래지향적이고 목표지향적이며, 미래에 수행할 활동을 위한 청사진으로서 조직의 목적을 실현하기 위해 어떤 활동을, 언제, 어디서, 누구에 의해, 어떻게 수행해야 하는가를 규정하고 있다.

이와 같은 의미에서 계획에는 미래적 요소, 의사결정 요소, 행동적 요소 등 세 가지 요소가 포함되어 있다. 즉, 계획은 미래에 대한 것을 나타내는 것으로서 예측과 밀접한 관계를 갖는다. 또, 계획은 경영자의 적극적인 의사결정에 의해 설정되는 것으로서 의사결정과도 밀접한 관계를 가지며, 앞으로 실현될 구체적인 어떤 일을 보다 더 잘 수행하도록 하기 위하여 설정되므로 행동적 요소가 포함되어야 한다.

경영관리의 각 기능들은 서로 연관되어 있고 상호 영향을 미치지만, 계획수립은 조직이 나아갈 방향과 목표 및 각 활동의 수행방법을 제시하고 모든 관리활동을 통제하는 기준이 된다. 따라서 경영관리 과정의 출발점이 되는 계획수립은 가장 중요한 경영관리 요소가 된다고 할 수 있다.

계획은 조직 계층별로 수립되어야 한다. 상위관리자는 조직 전반에 관한 장기계획 또는 기업전략을 수립하고, 하위관리자는 주로 단기계획이나 일상 업무와 관련된 계획을 수립하게 된다.

계획은 조직의 규모와 목적, 조직의 특성에 따라 달라진다. 대규모 조직은 소규모 조직에 비하여 장기계획에 주안점을 둘 것이다. 어떤 조직은 그들의 특수한 목적과 특성 때문에 주로 장기계획에 관심을 두지만, 또 다른 조직은 주로 목표달성에 주안점을 둔 계획에 관심이 많다. 뿐만 아니라 같은 조직 안에서도 부문별 기능에 따라 계획이 달라지게 된다.

또한 계획수립에는 조직이 처한 환경이 반영되어야 한다. 따라서 좋은 계획을 수립하기 위해서 조직의 외적·내적 환경을 고려해야 한다.

오늘날 급속한 기술개발, 치열한 경쟁상황, 조직규모의 거대화, 컴퓨터를 이용한 의사결정 기법의 등장, 미래의 불확실성 등은 보다 체계적이고 장기적인 계획수립의 필요성을 증대시키고 있다.

계획수립이 경영관리에서 갖는 중요성은 다음과 같다.

첫째, 계획수립은 기업경영의 방향과 목적의식을 제공한다. 경영자가 장기적인 관점에서 현재의 계획을 수정, 재검토하게 함으로써 조직의 최종적인 목표달성을 용이하게 해 준다.

둘째, 계획수립은 조직 내에서 일관성 있는 의사결정이 이루어질 수 있는 체계를 제공한다. 명확한 계획은 조직의 목표달성을 위하여 각 부문이 무엇을 해야 할지를 명시해 주고, 일관성 있는 직무수행을 통해 조직의 전반적인 목표를 달성할 수 있게 해 준다.

셋째, 계획수립은 의사결정에 따른 위험을 최소화시켜 주고 잠재적인 기회와 도전을 인식하게 해 준다. 즉, 장기계획은 기업환경의 변화에 대응하여 기업의 장기적 발전을 도모하기 위해 수립되는 것이다.

넷째, 계획수립은 통제를 위한 기준을 제공해 준다. 즉, 계획은 통제를 위한 표준이 되며, 통제는 이 표준과 성과를 비교하여 실시된다.

2.2 계획의 유형

경영자는 조직을 운영·통제·감독하기 위하여 여러 가지 유형의 계획을 수립하게 된다. 〈표 9-3〉에는 본 계획의 제 유형을 정리해 주고 있다.

1 계획기간에 따른 분류

계획은 계획기간에 따라 단기계획, 중기계획, 장기계획으로 구분할 수 있다.

① **단기계획** 단기계획은 계획기간이 1년 이하인 계획을 말하며, 1년, 반기, 분기, 월별, 주별 등의 기간단위로 계획을 수립할 수 있다. 주로 특정 부서나 개인이 달성해야 할 일상 업무와 관련된 운영적 계획이 해당된다.

② **중기계획** 중기계획은 계획기간이 1년 이상 5년 이하인 계획을 말한다. 주로 중간관리층이 달성해야 할 업무와 관련한 전술적 계획이 해당된다.

③ **장기계획** 장기계획은 계획기간이 5년 이상인 계획을 말한다. 주로 최고경영층에 의해 조직 전체의 목적과 방향을 설정하는 전략적 계획이 해당된다.

때로는 계획기간에 따라 단기계획과 장기계획으로 구분하는 경우가 있는데, 이때는 1년 이하의 계획을 단기계획이라 하고, 1년 이상의 계획을 장기계획이라고 한다. 변동적이고 불확실한 기업경영하에서 기업들은 3~5년 정도의 기간계획을 수립하는 경우가 많다. 계획의 성격과 관련시켜 볼 때, 장기계획은 경영구조의 변화와 관련된 전략적인 계획인 경우가 많고, 단기계획은 일정한 경영구조 하에서 수행되는 전술적 실행계획인 경우가 많다. 일반적으로 계획의 기간은 절대적인 것이 아니므로 계획의 성격이나 범위에 따라 구분하는 것이 바람직하다.

표 9-3 계획의 유형

계획의 구분기준	계획의 유형
계획기간에 따른 분류	• 단기계획 • 중기계획 • 장기계획
계획내용·범위에 따른 분류	• 기본계획 • 실행계획
이용빈도나 반복성에 따른 분류	• 상설계획 • 임시계획
계획의 성격에 따른 분류	• 전략적 계획 • 전술적 계획 • 운영적 계획

2 계획내용·범위에 따른 분류

계획은 계획의 내용·범위에 따라 기본계획과 실행계획으로 구분할 수 있다.

① **기본계획** 기본계획은 주로 기업경영구조에 영향을 미치는 기업활동과 관련하여 수립한 계획으로서 장기계획, 종합계획의 성격을 갖는다.

② **실행계획** 실행계획은 기본계획의 실현을 위해 중·하위경영층에 의해 수립되는 구체적인 계획으로서 단기적·부분적인 계획의 성격을 갖는다.

3 이용빈도나 반복성에 따른 분류

계획은 이용빈도나 반복성에 따라 상설계획과 임시계획으로 구분할 수 있다.

① **상설계획** 상설계획(standing-use plan)은 조직활동 과정에서 반복적으로 발생하는 사상들에 대하여 상설적으로 사용되는 계획이다. 이는 표준화된 의사결정 지침을 말하며, 조직 내의 정책이나 절차, 규칙 등이 해당된다. 정책(policy)은 의사결정에 대한 일반적인 지침을 말하며, 방침이라고도 한다. 절차(procedure)는 정책을 실행하기 위한 세부적인 계획으로서 앞으로 수행하여야 할 행동에 대한 표준적인 처리 절차나 표준적인 방법을 설정하는 것이다. 규칙(rules)은 여러 대안들 중에서 선택된 필수적인 행동 지침을 나타낸다. 즉, 규칙은 특정 상황과 관련하여 어떤 행

동이 수행되어야 할지 여부를 규정하고 있다.

② **임시계획** 임시계획(single-use plan)은 장래에 비반복적으로 발생하는 사상들에 대하여 특정 목적을 달성하기 위한 계획이다. 임시계획의 대표적인 형태로는 프로그램, 프로젝트, 예산 등이 있다. 프로그램(program)은 목표달성을 위해 수행해야 하는 일련의 행동과 관련된 모든 방침과 절차, 규칙, 과업 배분, 과업 수행단계, 이용자원, 기타 과업 수행요소들을 복합적으로 나타낸 계획이다. 프로젝트(project)는 프로그램을 구성하고 있는 부분적인 실행계획을 말하는 것으로서 특정 문제를 해결하는 데 있어 가장 좋은 방법이 무엇인가를 파악하여 선택·결정하는 것을 말한다. 예산(budgets)은 목표달성을 위해 일정기간 동안 수행해야 할 행동과 관련하여 수립되는 재무적 자원에 대한 보고서이다.

4 계획의 성격에 따른 분류

계획은 계획의 성격에 따라 전략적 계획, 전술적 계획, 운영계획으로 구분할 수 있다.

① **전략적 계획** 전략적 계획(strategic plan)은 조직의 존속과 직결되는 장기적 계획으로서 최고경영층에 의해 수립되는 장기적 계획을 말한다. 전략적 계획은 조직이 앞으로 나아갈 방향과 사명을 제시하고 목표를 설정하며, 조직 내 모든 계획의 기본 틀을 제공한다.

② **전술적 계획** 전술적 계획(tactical plan)은 전략적 계획을 실행하기 위해 중간관리층이 수립하는 중기계획으로서, 전략적 계획과 운영적 계획의 중간 형태의 계획을 말한다. 전술적 계획은 부문별 목표를 설정하고 이를 달성하기 위해 수립하는 계획으로서, 생산, 영업, 마케팅, 인사, 총무 등의 부문별 계획이 해당된다.

③ **운영계획** 운영계획(operational plan)은 전술적 계획을 실행하기 위해 하위감독층이 수립하는 구체적인 업무계획을 말한다. 주로 제품이나 서비스의 생산활동에 관련된 생산계획, 과업수행에 필요한 시설계획, 제품이나 서비스의 판매·유통과 관련된 마케팅계획, 종업원의 채용·배치와 관련된 인적자원계획 등이 해당된다.

2.3 계획의 수립과정

계획수립이란 조직의 목표를 달성하기 위한 합리적인 행동과정의 선택으로 볼 수 있는데, 실제의 경우 변동적인 환경요인 때문에 경영자가 계획을 수립하고 실행할 때 어느 정도 유연성(flexibility)을 가지고 상황변화에 대처해야 한다. 새로운 상황변화에 적절히 대처하기 위해서는 어느 정도의 범위 내에서 계획을 일부 수정해야 하지만, 만약 그 범위를 벗어날 정도의 상황변화가 발생할 경우에는 계획변경이 아니라 목표 자체가 변경되어야 한다.

계획을 합리적으로 수립하기 위한 기본적인 절차는 다음과 같다.

제 1 단계는 목표의 정의이다.

이는 조직이 궁극적으로 달성해야 할 목표를 정의하는 것으로, 현시점에서 조직이 취해야 할 행동의 방향을 규정하는 것을 말한다.

제 2 단계는 현재 상황에 대한 인식이다.

이는 조직의 바람직한 미래상을 기준으로 하여 현재 상태를 평가하는 것으로, 미래의 목표를 달성할 수 있는 현재의 강점과 약점을 분석해야 한다.

제 3 단계는 계획의 전제로서 계획의 토대가 되는 가정을 설정하는 일이다.

경영자는 조직의 내·외적 환경을 면밀히 분석하여 정보를 수집하고, 수집된 정보를 이용하여 미래에 전개될 상황에 대한 가정을 세운다.

제 4 단계는 대안의 설정과 선택이다.

이는 여러 가지 대안을 설정하고 평가한 후, 목표달성에 가장 도움이 되는 대안을 선택하는 일이다. 이 선택 대안이 바로 계획이 된다.

제 5 단계는 계획의 실행과 평가이다.

이는 수립된 계획을 실행하고, 성과를 평가하는 과정을 포함한다. 실제 성과가 계획된 목표와 다를 때 원래의 계획은 수정되기도 한다.

계획의 수립과정은 다음과 같은 8단계로 설명할 수 있다.[4)]

① **기회의 인식** 시장, 경쟁관계, 고객의 욕구, 자사의 강점과 약점 고려

② **목표의 설정** 기업이 나아갈 방향과 성취목표 설정

③ **계획의 전제조건 개발** 계획이 실행되는 기업의 내·외적 환경에 대한 분명한 이해와 미래에 대한 예측

4) H. Koontz & H. Weihrich, *op. cit*. pp. 54~58.

④ **대안탐색** 기업의 목표를 달성하게 해 주는 행동 대안들을 탐색

⑤ **대안의 비교·평가** 기업의 목표달성에 가장 유리한 대안을 찾기 위한 비교·평가

⑥ **대안의 선택** 기업이 추진해 갈 최종적 행동절차, 즉 계획안의 선택

⑦ **지원계획 수립** 기본계획을 뒷받침할 수 있는 설비, 원자재, 종업원의 채용과 훈련, 신제품개발 등의 세부 지원적 계획수립

⑧ **예산편성** 계획실행을 위해 필요한 예산을 편성함으로써 계획을 계수화함.

2.4 목표설정

1 목표설정의 중요성

목표는 조직의 계속적인 존속과 발전을 위해 중요한 기능을 담당한다. 조직의 목표란 조직이 실현하고자 하는 바람직한 상태 내지는 달성하려고 하는 성과를 설정하는 것을 말하며, 그 조직이 달성하고자 하는 최종 성과로 표현된다.

경영관리에 있어서 목표설정의 중요성은 다음과 같다.

첫째, 목표는 조직구성원들의 노력의 방향에 지침을 제공해 준다.

둘째, 목표는 계획수립과 조직화에 영향을 미친다.

셋째, 목표는 조직구성원들이 효과적으로 과업을 수행할 수 있도록 동기유발할 수 있는 기반을 제공한다.

넷째, 목표는 조직활동을 평가하고 통제하는 기준을 제공한다.

목표설정이 잘 되었는지 여부를 평가하는 기준은 다음과 같다.

① **명확성과 구체성** 조직목표는 명확하고 구체적이어야 한다.

② **시간기준** 모든 목표는 예상되는 목표달성의 시기가 제시되어야 한다.

③ **곤란성과 달성가능성** 목표는 조직구성원들의 적극적인 노력을 자극할 수 있을 정도의 곤란성을 갖추고 조직의 역량으로 달성가능한 것이어야 한다.

2 목표의 유형과 특성

조직에는 달성하고자 하는 업적과 성과기준이 다양하게 존재한다. 따라서 조직의 목표는 다음과 같은 여러 가지 유형이 있다.

① **수익성 목표** 순이익, 주당수익률, 투자수익률 등으로 표현된다.
② **생산성 목표** 단위당 생산 또는 종업원당 산출 수준으로 표시된다.
③ **시장목표** 시장점유율, 상품매출 증가율 등의 예가 된다.
④ **개혁목표** 새로운 제조공법 개발, 새로운 엔진 개발 등의 예가 된다.

조직목표는 다음과 같은 3가지 특성이 있다.

첫째, 조직목표는 측정 가능한 것이어야 한다. 즉, 계량적으로 표시되어야 한다.

둘째, 조직목표의 계층성으로, 목표-수단의 연쇄(means-end chain)를 형성한다. 즉, 상위부문의 목표와 하위부문의 목표 간에는 목표와 수단의 관계로 연관이 되며, 하위부문의 목표는 상위부문의 목표를 달성하기 위한 수단이 된다는 말이다.

셋째, 목표 간의 수직적 관계가 목표의 계층성이라면, 목표 간의 수평적 관계는 목표의 네트워크라고 할 수 있다.

조직목표의 효과적인 달성을 위한 성공 지침은 다음과 같다.

① 종업원들의 목표수용과 목표달성을 위한 조직의 몰입(commitment)이 있어야 한다.
② 의사소통과 피드백이 강조되어야 한다.
③ 목표들 간에 상호 모순이 없어야 한다.
④ 보상은 조직구성원의 목표달성 수준과 연결되어야 한다.
⑤ 목표달성을 위한 노력이 비생산적인 경쟁을 야기하지 않도록 해야 한다.

예일대 졸업생 3%가 97%보다 부자된 비결

1953년 미국의 대표 명문대학인 예일대 졸업생을 대상으로 조사한 연구가 있었다. 예일대 졸업 당시 간단한 목표를 가지고 있는 졸업생이 60%, 별다른 목표가 없는 졸업생이 27%, 구체적인 목표가 있는 졸업생이 10%, 명확하고 구체적인 목표를 글로 적어서 갖고 있었던 졸업생이 3%였다고 한다.

이들을 대상으로 22년이 지난 1975년 경제적 수준을 조사해 봤더니 네 번째, 즉 명확하고 구체적적인 목표를 글로 적어 갖고 있던 3%에 해당하는 그룹이 졸업 후에 축적한 부가 나머지 97% 졸업생보다 많았다고 한다. 목표의식을 가지고 생활하는 것이 얼마나 중요한지를 보여주는 연구였다.

제 3 절 경영자의 의사결정

3.1 의사결정의 의의

사이몬(H. A. Simon)은 경영관리활동에서 의사결정의 중요성을 간파하고, 경영을 "일련의 의사결정 과정"이라고 정의하고 있다. 의사결정(decision making)이란 일정한 목표를 달성하기 위해 두 가지 이상의 선택대안들 중에서 가장 유리하고 실행 가능한 대안을 선택하는 과정이다. 다시 말해, 의사결정자가 주어진 상황하에서 무엇을 해야 하고, 무엇을 해서는 안 되는지에 대한 결정을 내리는 과정을 말한다.

경영자의 의사결정은 기업의 모든 구성원들에게 영향을 미치며, 기업의 성패를 좌우할 만큼 매우 중요한 의미를 갖는다.

의사결정은 다음과 같은 특징을 지닌다.

① 하나의 의사결정이 다른 의사결정과 관계되어 있는 경우가 많다.
② 의사결정 과정은 대단히 복잡하고 다양하다.
③ 의사결정은 항상 계량적으로 표현할 수 있는 것이 아니기 때문에 명확한 결론이 없는 경우도 있다.
④ 의사결정을 위한 모든 수단은 불완전하다.

의사결정이 갖는 이러한 특성들 때문에, 우리가 어떤 의사결정을 할 때에는 합리성(rationality)에 근거한다고 생각한다. 즉, 인간은 합리적으로 생각하고 합리적으로 의사결정하는 것으로 이해한다. 합리적 의사결정이란 달성해야 할 목표를 가장 능률적이고 효과적으로 달성할 수 있게 해 주는 의사결정을 말한다.

3.2 의사결정 과정

앞에서 설명한 것처럼 의사결정이란 여러 행동 대안들 중에서 가장 바람직한 최선의 대안을 선택하는 과정이다.

그림 9-3 의사결정의 과정

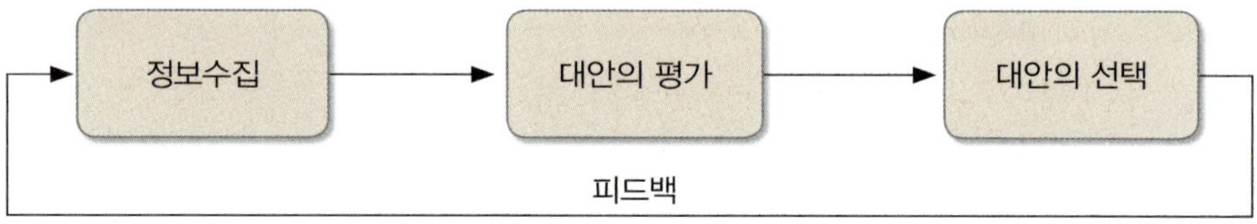

일반적으로 의사결정 과정은 [그림 9-3]과 같이 ① 정보수집단계, ② 대안의 평가단계, ③ 대안의 선택단계 등 크게 3단계로 구분할 수 있다.[5)]

1 정보수집 단계

의사결정의 첫 단계는 목표달성을 위한 정보를 수집하고 대안을 개발하는 단계이다. 대안을 개발하는 능력은 통상 여러 대안들 가운데 정확하게 대안을 선정하는 것만큼이나 중요하다. 반대로, 때로는 대안이 너무 많아 이들을 적절하게 비교·평가하고 활용하기 어려운 경우도 있다. 이러한 경우에는 컴퓨터나 다른 사람의 도움이 필요하다.

2 대안의 평가

목표달성을 위해 선택 가능한 대안들을 찾아낸 후에는 이들 대안들을 비교·평가하는 단계를 거친다. 대안들을 비교·평가하는 과정에서는 시간이나 비용과 같은 양적 요인만 고려하기 쉬우나 질적 요인을 무시해서는 안 된다. 질적 요인은 노사관계의 질, 기술변화의 위험 또는 국제적 정치환경 등과 같이 숫자로 측정하기가 곤란한 요인들을 말한다.

3 대안의 선택

대안들에 대한 비교·평가가 이루어지고 나면, 기업에 가장 유리하고 실현가능성이 높은 한 가지 대안을 최종적으로 선택하게 된다.

각종 대안으로부터 최상의 대안을 선정하는 경우, 의사결정자는 ① 경험, ② 실험, ③ 연구조사와 분석 등의 3가지 기본적 접근방법을 사용할 수 있다.[6)]

---

5) H. Koontz & H. Weihrich, *op. cit.*, pp. 185~190.
6) H. Koontz & H. Weihrich, *op. cit.*, pp. 113~115.

(1) 경 험

경험(experience)은 문제점을 숙고하고, 의사결정을 하고, 프로그램이 성공 또는 실패할 것인가를 판단하도록 도와준다.

그러나 미래 행동에 대한 지침으로 과거 경험에 의존하는 데는 위험이 따를 수 있다. 첫째, 대부분의 사람들은 실수나 실패의 근본원인을 잘 인식하지 못하며 둘째, 과거 경험의 교훈이 미래의 새로운 문제를 해결하는 데는 적합하지 않을 수 있기 때문이다. 의사결정은 불확실한 미래의 사건에 대하여 평가하는 것인데 반해, 경험은 이미 지나간 과거에 속한 것이므로 그 적용에 한계가 있다.

(2) 실 험

실험(experimentation)은 여러 대안들 중에서 한 가지 대안을 선택하여 어떠한 결과가 발생하는가를 직접 실험해 보는 것이다. 실험은 모든 의사결정 기법 중에서 가장 비용이 많이 드는 방법이다. 자본적·인적 요소에 많은 지출을 필요로 하는 프로그램이나 여러 가지 대안을 직접 실험해 볼 수 없는 경우에는 특히 그렇다.

미래의 상황은 실험결과와 다를 수 있기 때문에 실험에서 입증된 사항이라고 하더라도 완전하게 신뢰하지는 못한다는 한계가 있다.

(3) 조사분석

조사분석(research and analysis)은 먼저 사실을 이해함으로써 문제점을 해결하는 것으로서, 조사분석에는 보다 중요한 변수들과 제약요인 및 추구하는 목표와 관련된 전제들 간의 관계에 대한 조사분석이 포함된다. 조사분석의 방법으로는 의사결정 문제에 대하여 마케팅조사나 컴퓨터를 이용한 시뮬레이션(simulation) 방식이 사용된다.

3.3 의사결정의 유형

1 사이몬의 의사결정 유형

사이몬(H. A. Simon)은 의사결정의 유형을 정형적 의사결정과 비정형적 의사결정으로 구분하고 있다.

(1) 정형적 의사결정

정형적 의사결정(programmed decisions)은 프로그램화된 의사결정으로서 반복적이고 일상적으로 행해지는 의사결정을 말한다. 정형적 의사결정은 중·하위 경영층에 의해 이루어지며, 주로 조직 내부의 문제에 초점이 모아진다.

정형적 의사결정은 조직구성원들의 일상적이고 표준화된 업무수행과 관련된 의사결정을 말하며, 오늘날에는 OR(operations research), 컴퓨터 시뮬레이션, 전자자료처리 시스템(EDPS), PERT & CPM 등의 기법을 활용하여 의사결정을 하게 된다.

(2) 비정형적 의사결정

비정형적 의사결정(nonprogrammed decisions)은 프로그램화되지 않은 의사결정으로서 비반복적이고 예외적이며, 새롭고 비구조적인 문제에 관한 의사결정이다. 비정형적 의사결정은 주로 최고경영층에서 이루어지는 의사결정이며, 장기적인 예측이나 목표설정, 조직의 장기적인 전략이나 방향설정과 관련이 있다. 따라서 이러한 의사결정을 위해서는 경영자의 직관과 창의력, 경험적인 판단력 등이 필요하며, 휴리스틱 기법(heuristic method)[7)]이 주로 개발되고 있다.

그림 9-4 경영계층에 따른 의사결정 유형

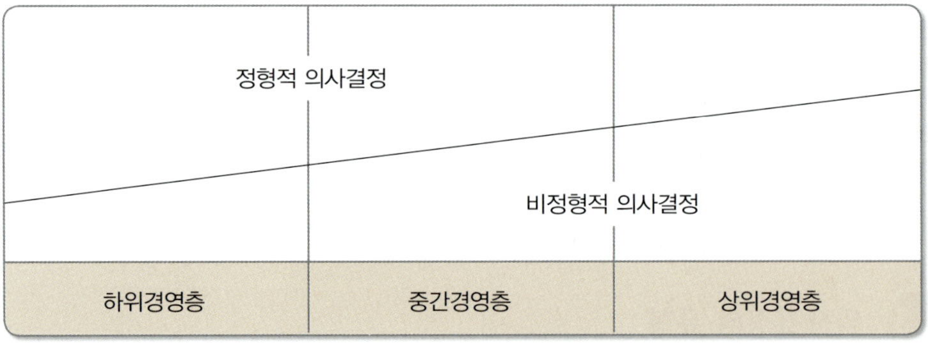

7) 휴리스틱 기법(heuristic methods)이란 불확실성하에서의 문제해결을 시도함에 있어서, 개인이 갖고 있는 과거의 경험이나 제한된 정보를 기초로 하여 막연한 정도의 어떤 해결책을 선택하고, 이를 토대로 보다 개선된 선택과정을 반복적으로 거침으로써 최적해를 얻고자 시도하는 문제해결 방법을 말한다.

2 앤소프의 의사결정 유형

앤소프(H. I. Ansoff)는 의사결정의 유형을 전략적 의사결정, 관리적 의사결정, 업무적 의사결정으로 구분하고 있다.

(1) 전략적 의사결정

전략적 의사결정(strategic decisions)은 비반복적이고 예외적인 의사결정으로, 장기적인 관점에서 조직의 자원배분과 경영전략 수립과 관련된 의사결정이다. 이것은 주로 기업의 외부문제와 관련한 의사결정으로서 최고경영층에 의해 이루어지는 의사결정이다. 여기에는 제품믹스의 결정, 신규사업 진출, 신시장과 기존시장에 대한 제품전략 등의 의사결정이 그 예가 된다.

(2) 관리적 의사결정

관리적 의사결정(administrative decisions)은 전략적 의사결정을 구체화하기 위하여 조직의 구조화와 관련된 의사결정으로서, 주로 중간경영층에 의해 이루어지는 의사결정이다. 이는 인적·물적자원의 획득, 조직개발과 편성, 권한과 책임 관계의 정립, 유통경로 선정 등의 의사결정 등이 해당된다. 즉, 조직 내 개인의 목적과 조직의 목적을 통합·조정하고, 조직의 목표나 장기적 전략과 단기적 업무활동의 갭을 극복하며, 조직의 제 자원을 조직화하는 것과 관련된 의사결정 분야가 된다.

(3) 업무적 의사결정

업무적 의사결정(operational decisions)은 관리적 의사결정을 구체화하는 것과 관련된 것으로, 반복적이고 일상적인 의사결정을 말한다. 즉, 조직 내 제 자원의 변환과정의 효율성을 최적화하는 의사결정이다. 업무적 의사결정은 하위경영층의 일상적인 업무수행과 관련된 것으로서, 생산계획, 일정계획, 재고관리, 마케팅관리 등을 주요 의사결정으로 한다.

3 구텐베르그의 의사결정 유형

구텐베르그(E. Gutenberg)는 의사결정의 유형을 확실성하의 의사결정, 위험하의 의사결정 및 불확실성하의 의사결정으로 구분하고 있다.

(1) 확실성하의 의사결정

확실성하의 의사결정(certainty state decisions)은 주어진 각 대안 중에서 어느 하나를 선택할 경우, 어떤 결과가 나타날 것인지를 사전에 정확히 예측하고 알 수 있는 상황하에서 행하는 의사결정을 말한다. 다시 말해, 어떤 선택에 대한 위험이나 불확실성이 거의 없는 상황하에서 이루어지는 의사결정이다.

(2) 위험하의 의사결정

위험하의 의사결정(risk state decisions)은 의사결정에 필요한 자료나 정보가 있기는 하지만 불완전하여 여러 대안들 중에서 잘못된 선택을 할 위험이 따르는 의사결정 상황을 말한다. 이러한 상황에서 의사결정자는 수학적 방법 또는 통계적 방법을 이용하여 선택대안에 대한 객관적 확률 또는 통계적 확률을 추정해 봄으로써 의사결정을 보다 개선시킬 수 있다. 때로는 의사결정자의 경험이나 판단에 따른 주관적 확률을 이용하여 의사결정의 위험을 개선시킬 수도 있다.

(3) 불확실성하의 의사결정

불확실성하의 의사결정(uncertainty state decisions)은 선택 대안들의 가능한 결과를 정확하게 알 수 없을 뿐만 아니라 의사결정을 위해 제공된 자료의 객관적 확률을 전혀 알 수 없는 상황에서 이루어지는 의사결정을 말한다. 따라서, 실제 상황에서 기업경영자(특히, 최고경영자)들은 대부분 불확실성하의 의사결정 상황을 맞이한다고 할 수 있다.

마음 씀씀이가 다르다

경영의 신이라 일컫는 일본의 마쓰시다 전기의 회장 마쓰시다 고노스케의 이야기다. 어느 날 마쓰시다가 식당으로 손님들을 초대하였는데 여섯 사람 모두 소갈비를 주문했다. 사람들이 식사를 거의 마치자, 회장은 소갈비를 요리한 주방장을 불러오도록 지시했다. 그런데 회장은 갈비를 반이나 그대로 남긴 상태였다. 마침내 주방장이 불려왔다. 그는 이 손님이 얼마나 중요한 인물인지를 알고 있었기에 내심 불안에 떨며 조심스레 입을 열었다. 부르셨습니까? 갈비에 무슨 문제라도 있습니까? 그러자 회장이 말했다. 오 그게 아니요. 당신의 솜씨는 훌륭했소. 나는 오늘 갈비를 대단히 맛있게 먹었소. 그러나 나이가 들어 식욕이 예전 같지가 않아서 말이오. 그러나 갈비에는 아무 문제가 없었소. 이 장면을 보고 있던 사람들은 서로 얼굴을 쳐다보며 어리둥절했다. 그러나 잠시 후 사람들은 마쓰시다 회장의 진심을 알게 되었다. 반이나 남긴 접시가 다시 주방에 들어갔을 때 얼마나 실망할까 염려가 되어서 말이오. 공연히 나로 인해 상처를 받을까 봐 이렇게 직접 설명해 주고 싶었소. 그 자리에 있던 사람들은 마쓰시다 회장의 마음 씀씀이에 탄복하지 않을 수 없었다.

한광일, 창조적 상상 리더십, 미래북, 2007.

연습 문제

1. 관리의 개념과 기능에 대하여 설명하고, 실제 사례를 찾아봅시다.
2. 의사결정의 특징에 대하여 설명하시오.
3. 의사결정의 과정에 대하여 설명하시오.
4. 의사결정의 유형을 열거하고 비교·설명하시오.

현장사례 다시 사업화 본능을!

다음 사례를 읽고 질문에 답하라.

"독일은 안정된 노사구조로 품질 중심의 기술산업, 미국은 마케팅 중심의 서비스산업에 비교우위가 있다." 누구든지 동의할 수 있는 말이다. 그럼 한국의 비교우위는? 마이클 위트 인시드(INSEAD) 경영대학원 교수는 "한국은 빠른 의사결정과 신기술 상용화 능력에 비교우위가 있다"고 한다.

1990년대까지 캐치업 기술개발 전략으로 선진국 기술을 모방·상용화해서 수출을 이끈 성공담을 떠올리면 한국기업의 상용화 능력은 부정할 수 없다. 그러나 선진 각국의 지적재산권 보호강화, 기술수명주기 단축, 개방형 기술혁신을 활용한 사업화 전략 등 급변하는 환경은 우리 기업들을 잠시 머뭇거리게 하고 있다.

지식과 기술혁신이 기업 가치와 경제성장을 주도하는 시대가 본격화하면서 기술사업화는 기업 생존의 상시적 과제가 되고 있으나, 연구개발(R&D)에 많은 투자를 하고 기술역량을 확보해도 신제품·신사업으로 이어진다는 보장은 없다.

우리도 기술기업이 죽음의 계곡과 다윈의 바다를 쉽게 건널 수 있도록 짐을 덜어주는 노력이 필요하다. 그러나 미국의 시스템을 마냥 부러워할 필요는 없다. 각 분야에서 잇따라 고정관념을 깬 성공사례가 희망을 주고 있다. 서구 선진국의 스포츠라 여겨지던 피겨 스케이팅이나 수영, 골프 등에서 김연아, 박태환, 신지애 같은 선수들이 두각을 나타내고 있다.

기술 이전·사업화가 더 활기를 띠기 위해 정부가 맡아야 할 시급한 과제는 자금과 전문성 문제라고 할 수 있다. 세계적 산업·경제환경의 지각변동으로 기존 산업기반이 흔들리고 있어 기업활동이 결코 쉽지 않은 것도 사실이다. 그러나 새로운 성장산업인 바이오, 녹색에너지 산업 등에 대한 기대와 수요는 커지고 있어, 새로운 기회가 무궁무진해지는 시기이기도 하다.

한국기업, 특히 중소기업의 '사업화 본능'을 다시 한 번 일깨울 때다.

자료: 김영학(지식경제부 산업경제실장),
한국일보, 2008. 11. 27.

문제

- 우리나라 산업의 비교우위 요인은 무엇이며, 어떠한 방법으로 향후 국가산업의 발전을 도모할 수 있는지에 대하여 토론해 보자.

제10장

조 직

제1절 조직의 의의와 중요성

제2절 조직구조의 구성요소와 결정요인

제3절 조직의 형태

제4절 조직 내의 권한관계

제5절 기업문화

학|습|목|표

제10장에서는 조직의 의의와 중요성을 살펴보고, 조직구조의 구성요소와 결정요인, 조직구조의 형태, 조직 내의 권한관계, 기업문화 구성요인에 대하여 학습한다.

스타벅스만의 특별한 경험

스타벅스 회장인 슐츠는 종업원들을 단지 월급쟁이로 생각하는 것이 아니라 회사 성장을 이끄는 사업 파트너로 생각한다. 스타벅스는 파트타임 직원들에게까지 의료보험혜택을 제공하는데, 그 결과로 이직률은 낮아지고 모든 직원들은 더욱 적극적으로 일할 수 있게 되었다. 스타벅스 기업문화의 또 다른 특징으로 빈스톡제도를 꼽는다. 이 제도는 스타벅스 사내의 스톡옵션 계획을 뜻하는 말로 연구개발직이나 숙련된 기술자뿐만 아니라 모든 직원들에게 스톡옵션을 제공하는 것이다. 슐츠 회장은 스톡옵션의 제공을 통해서 직원들이 주주의 지위를 갖게 함으로써 회사에 대한 주인의식과 가치창출을 위한 강한 동기를 유발했다.

스타벅스는 기본적으로 분리수거를 실시한다. 분리수거된 쓰레기들을 재활용하고 있으며, 고객이 사용할 컵을 가져오면 할인해 주는 다양한 마케팅을 하고 있다. 커피를 추출하고 남은 찌꺼기 또한 퇴비로 사용하거나 고객이 가져가서 냉장고 탈취제로 쓸 수 있도록 포장해서 제공한다.

스타벅스의 성공은 하루아침에 이루어진 것이 아니다. 여기에는 인내와 선견지명이 필요했다. 그리고 초기에는 손실을 감수한다 해도 브랜드의 힘을 키움으로써 장기적으로 이익을 거둬들일 수 있을 때까지 기다리도록 투자자들을 설득하였다. 슐츠는 오늘날까지도 성공을 향한 욕구를 잘 조절하고 있다. 투자자나 분석가들이 바라는 것이 무엇이든가 간에 자신들은 스타벅스만의 특별한 경험이라는 자신들의 비전에 충실하고 인내심을 가져야만 한다는 것을 잘 알고 있다.

지난 10년간 스타벅스는 1,000개가 채 안 되는 점포를 13,000개 이상으로 늘려 놓았다. 이 같은 규모와 발전, 성장을 이루기 위해서는 일련의 중대 결정들이 불가피했다. 돌아보면 이런 결정들은 스타벅스만의 특별한 경험을 퇴색시키는 결과를 낳았다.

성장은 좋은 일이지만 그 조직만이 가진 고유의 가치를 희생하면서까지 얻어지는 것이어서는 안 된다. 조직원들이 겪게 될 일들을 결정하고 만드는 것은 조직의 리더 몫이다. 성장을 조절하고 늦추지 못하는 조직은 자신들의 사명과 비전을 포기하는 위험을 감수해야 한다. 회사가 성장할 때에는 자신들을 애초에 성장하게 만들어 주었던 원칙들이 계속 지켜지는지를 눈여겨 보아야 한다.

Dan J. Sanders, 섬기는 기업문화가 경쟁력이다, 비전과 리더십, 2008.

제 1 절 조직의 의의와 중요성

조직은 어떤 공동의 목적을 달성하기 위해 분업을 통해서 함께 일하는 사람들의 집합체이다. 조직이 존재하는 이유는 개인이 혼자할 수 없는 것을 조직을 통해 많은 것을 달성할 수 있기 때문이다. 즉, 조직의 업무는 개인과 집단에게 전문화된 과업으로 분할되고 할당됨으로써 전문화의 이점을 얻을 수 있다. 조직에서는 분업을 통해 작업이 수행되고 조정되는데, 이는 조직의 공동목적을 달성하기 위한 것이다.

조직은 조직구성원들에게 삶의 터전이고 개인적 만족감과 자아성취 욕구를 실현할 수 있는 장을 제공해 준다. 즉, 사람들은 조직이 개인적인 욕구를 충족시켜 줄 것으로 기대하기 때문이다.

조직이 특정 목적을 달성하기 위하여 다양한 개인과 집단을 관리하는 것과 관련된 일련의 과정을 조직화(organizing)라고 한다.

조직화 과정과 관련된 질문은 다음과 같다.

① 경영관리 기능의 일부로서 수행해야 할 과업이 무엇인가?

② 그러한 과업의 수행을 누구에게 맡겨야 할 것인가? 과업들을 어떻게 묶을 것인가?

③ 과업수행의 결과는 누가 누구에게 보고하게 할 것인가?

④ 특정한 의사결정을 어느 위치에서 할 것인가?

1.1 조직의 개념과 중요성

계획이 수립되면 경영자는 인적·물적자원을 적절히 조직화하는 과업을 수행하게 된다. 조직화는 ① 필요한 활동의 확인과 분류, ② 기업의 목적달성에 필요한 활동의 집단화, ③ 각 집단의 활동을 감독하는 데 필요한 권한을 가진 관리자 임명, ④ 조직구조상의 수평적·수직적 영역 조정 등을 포괄하는 개념이다.

조직화(organizing)가 관리기능의 하나로서 조직 내에 채워질 구성원들의 의도적인 역할구조를 구축하는 것을 포함하는 동적인 개념이라고 한다면, 조직(organization)은 하나의 실체로서 '공식화된 의도적 역할구조 내지 지위구조(formalized intentional structure of roles or positions)' 그 자체라고 할 수 있다.

그러므로 조직은 경영자의 조직화의 노력으로부터 형성되는 결과이다. 따라서 조직화는 과업을 관리가능한 요소로 분할하고 목적달성에 적합하도록 부분적 산출결과를 조정하는 것이다. 이러한 조직화는 계획수립 후에 이루어지는 관리기능으로서, 구체적인 행동을 취하기 위하여 조직의 자원을 조달하고 배치하게 된다.

조직화는 수립된 계획을 실행할 수 있도록 과업을 결정하고 자원을 각 사람에게 할당하며, 자원과 과업을 생산적으로 결합해 경영성과를 크게 하려는 것이다.

경영자가 조직화를 잘 하면 다음과 같은 이점을 얻을 수 있다.

① 업무의 흐름을 명확히 한다.
② 개인별 직무에 대한 지침을 제공한다.
③ 각 직무를 성공적으로 수행하기 위한 행동체계를 마련하여 계획수립과 통제에 도움을 준다.
④ 의사소통과 의사결정을 위한 경로를 수립한다.
⑤ 직무의 중복과 과업에 대한 갈등을 막아준다.
⑥ 각 구성원의 활동을 조직목표에 연결시킴으로써 직무수행 결과를 증대시킨다.

조직화가 효과적으로 이루어지게 되면 각 구성원들은 자신이 해야 할 역할을 명료하게 알 수 있고, 누구에게 보고하고 누구를 부하로 두고 있으면서 어떤 책임을 져야 하는지를 알 수 있다. 또 자신의 업무가 다른 사람의 업무와 어떻게 관련되어 있는지를 이해할 수 있다. 따라서 어떠한 규모나 유형의 조직에서도 효과적인 조직화를 통하여 업무성과를 높이게 하는 것이 경영자의 과업이다.

1.2 조직의 기본원칙

조직화를 위한 보편타당한 원칙이란 존재하지 않지만 일반적으로 받아들여지고 있는 조직화의 기본원칙을 살펴보면 다음과 같다.[1)]

---

1) 박내회, 경영관리론, 서울: 세영사, 1991, pp. 189~193.

1 분업의 원칙

분업(division of labor)이란 전체 과업을 보다 작은 직무로 어떻게 분할할 것인가 하는 것이다. 즉, 전체 과업을 유사한 것끼리 묶는 방법에 관한 것이다.

전문화를 통한 분업의 가장 큰 이유는 경제적·사회적 이유 때문이다. 사회가 점점 산업화되고 도시화됨에 따라 가내수공업 생산방식에서 거대한 공장에 의한 대량생산방식으로 변해 갔다. 대량생산은 전문화에 따른 경제적 이점에 근거를 둔 것이었으며, 조직은 전문화된 노동력을 획득할 수 있는 가장 효과적인 수단인 것이다.

2 권한위양의 원칙

모든 직무에는 사전에 정해진 범위 내에서 결정할 수 있는 권리가 수반되며, 모든 직무의 모든 영역에서 부하들의 복종을 강요할 수 있는 권리가 따르는 것은 아니다. 권한의 위양(delegation of authority)은 직무에 따라 권한을 어떻게 배분할 것인가 하는 문제이다.

권한의 위양은 경영자나 관리자의 육성에 도움이 될 수 있다. 또한 권한의 위양이 많이 이루어질수록 조직 내에 경쟁풍토를 조성할 수 있다. 왜냐하면, 권한의 위양이 되기 전에는 상급관리자의 지시에 따르기만 하면 되었지만 권한위양으로 인해 자율적으로 임무를 수행하게 됨으로써 동료들과 비교가 되기 때문이다.

3 부문화의 원칙

부문화(departmentalization)는 직무를 어떻게 집단화해야 하는가에 관한 것으로 직무를 집단화하는 이유는 직무를 조정해야 할 필요성 때문이다. 즉, 조직 내에서 직무의 수가 계속 증가함에 따라 한 사람의 관리자가 효과적으로 직무를 조정하는 것이 점점 어려워지게 된다.

직무의 집단화 기준에는 여러 가지가 있다. 예를 들면, 직무를 생산, 재무, 인사, 마케팅 등으로 분류하는 기능별 부문화, 전체 과업을 지역에 따라 분류하는 지역별 부문화, 제품을 기준으로 하는 제품별 부문화, 고객의 특성에 따라 분류하는 고객별 부문화 등이 있다.[2)]

---

2) 보다 자세한 내용은 제 3 절 조직구조의 형태를 참조할 것.

4 감독한계 적정화의 원칙

조직이 보다 효율적으로 되려면 통제의 폭이 넓어야 하는가 아니면 좁아야 하는가는 기본적으로 관리자가 통제할 수 있는 대인관계의 크기를 결정하는 것이다.

관리자의 통제의 폭을 결정할 때는 다음과 같은 3가지 요인을 고려해야 한다.

① **상사와 부하 간 접촉의 필요성** 의학, 생산과 같은 부문에서는 상사와 부하 간에 긴밀한 접촉이 필요하다. 일반적으로 통제의 폭이 크면 클수록 상사와 부하 간의 접촉은 소원하게 되며, 프로젝트의 경우 완성이 지연될 수 있다.

② **전문화의 정도** 전문화의 정도는 관리계층의 각 차원에서의 통제의 폭을 결정할 때 고려해야 할 매우 중요한 요소이다. 일반적으로 낮은 계층의 관리자는 상위계층의 관리자들보다 많은 부하들을 거느릴 수 있는데, 이는 하위계층의 직무가 상위계층의 직무보다 훨씬 전문화되어 있고 덜 복잡하기 때문이다.

③ **의사소통의 능력** 지시나 지침, 방침은 대부분의 작업상황에서 서면이 아닌 구두로 부하에게 전달된다. 따라서 부하들과 분명하고 정확하게 의사소통할 수 있는 관리자는 그렇지 못한 관리자보다 많은 부하들을 관리할 수 있다.

5 명령 일원화의 원칙

명령 일원화의 원칙이란 부하 직원은 오직 한 사람의 상사에게 보고하고 명령을 받아야 한다는 것이다. 즉, 성경에 기록되어 있는 것처럼 한 종이 두 주인을 섬기지 못한다는 것을 근거로 한 것이다. 이러한 원칙이 지켜지지 않을 경우, 부하 직원은 상사들의 지시에 어떻게 따라야 할지 혼란과 갈등을 겪게 되는 것이다.

제 2 절 조직구조의 구성요소와 결정요인

2.1 조직구조의 구성요소

경영자는 조직구성원들이 효과적·효율적으로 일을 수행할 수 있도록 조직구조를 설계해야 한다.

조직구조(organization structure)란 조직의 목표를 달성하기 위하여 조직 내 개인과 집단의 행동을 이끌어갈 직무와 부서의 공식적 배열을 말한다. 조직구조는 어떤 조직의 구성단위와 직위들의 배치상황, 업무 수행방법, 여러 기능과 활동의 상호관계를 보여준다. 즉, 조직구조는 조직의 계층수, 권한구조, 의사결정 책임, 감독범위, 보고관계 등을 나타내준다. 공식적 과업과 보고관계의 설정은 조직에서 수직적 통제의 틀을 제공한다. 수직적 구조의 성격은 조직도(organizational chart)에 나타난다. 조직도는 조직구조를 가시적으로 표현한 것이다. 모든 상황의 요구를 만족시키는 최선의 구조란 있을 수 없다. 조직구조는 환경이나 상황변화에 따라 부응해야 한다.[3] 조직구조를 구성하고 있는 주요 구성요소로는 복잡성, 공식화, 집권화 등이 있다.[4]

1 복 잡 성

복잡성(complexity)은 조직활동이 분화되어 있는 정도를 말하는 것으로, 과업을 분할하고 통합시키는 정도를 말한다. 조직의 복잡성을 구성하는 요소는 수평적 분화, 수직적 분화, 지역적 분산이 있다. 수평적 분화는 단위부서 간의 수평적 분화를 의미하며, 수직적 분화는 조직의 계층적 위계(hierarchy)를 가지고 상하관계로 분화되는 것을 의미하며, 지역적 분산은 조직(단위부서)이 지리적으로 분산되어 있는 정도를 의미한다. 일반적으로 수평적 분화가 클수록, 계층의 수가 많을수록, 조직이 지역적으로 분산되어 있을수록 조직은 점점 더 복잡해진다.

---

3) 유필화 외, 디지털시대의 경영학, 제 3 판, 박영사, 2008, p. 365.

4) S. P. Robbins, *Organization Theory: Structure, Design and Applications*, 2nd ed., Englewood Cliffs, N.J.: Prentice Hall, 1987, Chapter 3, 4, 5.

2 공 식 화

공식화(formalization)는 조직 내의 직무가 표준화되어 있는 정도를 말한다. 즉 누가, 언제, 어떻게 과업을 수행해야 하는가를 나타내는 규칙·절차 등이 명시되어 있는 정도를 말한다. 종업원들이 수행할 직무가 공식화될수록 정해진 규칙과 절차에 따라 직무를 수행해야 한다. 공식화의 정도는 조직마다 다르며, 동일한 조직 내에서도 직무의 성격에 따라 다르다. 일반적으로 단순·반복적인 조직일수록 공식화의 정도는 크며, 전문화된 직무일수록 공식화되기 어렵다. 조직 내의 계층이나 활동부서에 따라서도 공식화 정도는 다르다. 조직의 상위계층에 속한 사람일수록 비반복적이며 재량권도 증가한다.

3 집권화와 분권화

집권화(centralization)와 분권화(decentralization)는 조직계층 내에서 의사결정권이 어디에 있느냐에 따라 분류하는 것으로, 조직의 권한이 얼마나 집중 또는 분산되어 있는가 하는 정도를 말한다. 즉, 조직의 권한과 의사결정권이 상위계층에 집중되어 있는 조직을 집권적 조직이라 하고, 반대로 의사결정권 및 권한이 하위계층에 대폭 위양되어 있는 조직을 분권적 조직이라고 한다.

집권적 조직은 정책·기획관리의 통일성이 제고되고 최고경영층의 리더십과 경험, 능력을 하위단계까지 활용할 수 있는 이점이 있으나 하위계층의 창의성과 사기저하, 의사소통 지연 등의 문제가 야기될 수 있다. 반대로 분권적 조직은 부문관리자의 자주성과 창의성 발휘, 사기와 책임감 향상, 의사소통 신속, 경영자 양성 등의 장점이 있으나 부문 간의 업무중복에 따른 공통비 증가, 사업부 간 이익대립 및 조정·통제 제약 등의 문제가 야기될 수 있다.

2.2 조직구조의 결정요인

조직구조의 설계에 영향을 미치는 결정요인은 조직규모, 기술, 환경, 인적자원 등이다.

1 조직규모

조직의 규모(size)는 조직의 범위와 크기를 말하며, 종업원의 수로 측정된다. 전체 조직의 규모와 하위단위의 규모는 조직구조에 영향을 미친다. 일반적으로 조직의 규모가 커질수록 다양한 업무의 효과적·효율적 처리를 위한 업무의 전문화와 표준화가 이루어져 공식화가 증대되고, 권한위양에 따른 조직의 분권화가 증대되는 경향이 있다.

2 기 술

기술(technology)이란 조직이 투입물을 산출물로 변형시키는 과정에서 사용되는 지식이나 기술, 기능, 도구, 장비 등을 말한다. 페로우(C. Perrow)에 의하면 기술이 일상화되면 될수록 조직은 그만큼 더 고도로 구조화된다고 하였다.[5] 일반적으로 사용 기술이 복잡할수록 경영자의 계층과 수가 많아지고, 복잡한 기술 사용에 따른 상황대응 능력을 높이기 위한 유연한 조직구조가 필요하다. 반대로, 사용 기술이 단순할수록 업무나 제품생산 공정이 단순하고 표준화되기 때문에 공식화가 증대된다.

3 환 경

환경(environment)은 조직의 성과에 영향을 미치는 기관이나 제 세력으로서, 조직 통제불능요인이 된다. 조직환경이 안정적인 경우에는 정해진 과업을 계속 수행하게 되므로 조직구조의 안정성과 공식성이 요구되며, 수직적 통제를 강조하는 기계적 구조가 효과적이다. 반면에 조직환경이 급변하고 불확실성이 높은 상황에서는 신속한 의사결정과 커뮤니케이션을 위한 조직구조의 유연성이 필요하며, 변동적인 환경에 대응하기 위해 수평적이고 분권화된 유기적 조직구조가 효과적이다.

셔머혼(J. R. Schemerhorn, Jr)은 [그림 10-1]에서 보는 바와 같이 환경의 불확실성이 높을수록 수평적 구조를 선택하는 것이 성과가 높고, 반대로 환경의 불확실성이 낮을수록 수직적 구조를 선택하는 것이 성과가 높고 효과적이라고 했다.[6]

---

5) C. Perrow, *Complex Organization: A Critical Essay,* Glenview, Ill: Scott Foresman, 1972, pp. 8~44.

6) J. R. Schemerhorn, Jr., *Management*, 8th ed., N.Y.: John Wiley, 2005, p. 278.

그림 10-1 환경의 불확실성과 조직의 성과

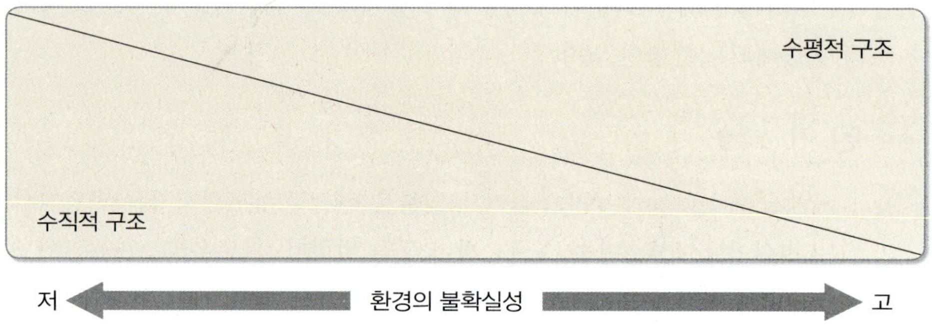

4 인적자원

조직구조는 기업이 보유하고 있는 인적자원의 질과 성격에 의해 영향을 받는다. 연구분야나 고급기술자, 전문성을 갖춘 작업자 등으로 구성된 조직의 경우는 자율성과 창의성을 선호하기 때문에 유연하고 분권화된 조직구조가 효과적이다. 그러나 상대적으로 전문성이 낮고 기술수준이 낮은 일을 하는 작업자들은 직무가 표준화되고 공식화된 조직구조가 효과적이다. 또 팀제로 일을 하는 작업자들은 팀 내의 자율성을 선호하기 때문에 수평적이고 유연한 조직구조가 효과적이다.

제3절 조직의 형태

조직의 규모가 작고 창업 초기단계에는 조직구조가 매우 단순한 형태를 보인다. 그러나 환경이 급변하고 조직의 규모가 커지게 되면 조직구조가 수직적·수평적으로 분화되고 권한위양을 통하여 경영관리 문제를 해결해 나가게 된다. 어느 시대, 어떤 기업을 막론하고 보편적으로 적용될 수 있는 조직구조나 형태는 없다. 위에서 살펴본 바와 같이 기업의 규모나 기술, 환경, 인적자원, 산업 및 업종,

경영전략 등 조직이 처한 상황에 따라 최적의 조직형태는 달라질 수 있다.

경영조직을 개념적 형태의 관점으로 구분해 보면 기계적 조직(또는 정태적 조직)과 유기적 조직(또는 동태적 조직)으로 구분할 수 있다.

기계적 조직(mechanistic organization)은 어떤 정형화된 규정이나 절차, 방식에 따라 운영되는 조직을 말하며, 주로 조직의 환경이 안정적인 상황에서 운영되는 조직형태라고 할 수 있다. 반면에 유기적 조직(organic organization)은 조직환경의 변화에 탄력적이고 유연하게 대응하면서 필요에 따라 수시로 조직의 형태를 변형시킬 수 있는 조직을 말하며, 주로 조직의 환경이 변동적이고 복잡한 상황에서 효과적으로 운영될 수 있는 조직형태이다. 오늘날 조직환경의 불확실성과 복잡성이 증가됨에 따라 많은 기업들은 전통적인 기계적 조직으로부터 유기적 조직으로의 변화해 가는 추세를 보이고 있다.

기계적 조직과 유기적 조직의 개념은 구체적인 조직형태를 선택하기에 앞서서 조직설계의 기본방향을 설정하는 데 매우 도움이 되는데, 그 특성들을 비교해 보면 〈표 10-1〉과 같다.[7)]

표 10-1 기계적 조직과 유기적 조직의 비교

구 분	기계적 조직	유기적 조직
주요 목표	효율성·생산성	유연성·적응성
운영방식	기계적 방식에 의존	인간의 잠재력 활용
조직구조의 구성요소	높은 과업의 분화 높은 집권화 높은 공식화	낮은 과업의 분화 높은 분권화 낮은 공식화
조직과정의 운영방식	조직지위에 기초한 의사결정 하향적 커뮤니케이션 상급자에 의한 조정	개인능력에 기초한 의사결정 쌍방적 커뮤니케이션 상호조절 및 자발적 조정
적합한 상황요인	대량생산·연속생산기술 안정적이고 단순한 환경	소량주문생산기술 동태적이고 복잡한 환경
조직형태 예시	기능식 조직 사업부제 조직 라인조직, 라인스탭조직	프로젝트 조직 팀 조직 네트워크 조직

자료원: J.L. Gibbson, J.M. Ivancevich & J.H. Donnelly(1991), *Organization: Structure, Process and Behavior*, Boston, M.A.: Allyn and Bacon, pp. 503~507 참조.

7) 신유근, 경영학원론-시스템적 접근, 제 2 판, 다산출판사, 2006, pp. 378~380.

〈표 10－1〉에서 보는 바와 같이, 기계적 조직은 효율의 극대화와 생산성의 향상에 조직목표를 두고 기계적 방식에 주로 의존하여 과업을 수행하며, 공식화의 정도가 높고 비인격적인 합리성을 중시하면서 고정적인 업무분담과 하향적 커뮤니케이션 방식 등이 주로 행해지는 특성을 보인다. 반면에, 유기적 조직은 유연성이나 적응력 향상을 주요 목표로 하고, 주로 구성원들의 창의적인 능력에 의존하여 과업을 수행하며, 문서화된 규칙이나 절차가 적어 공식화가 낮고 인간의 잠재력을 중시하면서 탄력적인 직무·권한·책임관계의 형성과 쌍방적 커뮤니케이션 방식 등이 주로 행해지는 특성을 보인다.

3.1 기계적 조직

기계적 조직은 정태적 조직이라고도 불리우는 것으로, 정형화된 규정이나 절차에 따라 운영되는 조직을 말한다. 이러한 조직형태로는 기능별 조직, 사업부제 조직, 라인 조직, 라인스탭 조직 등이 있다.

1 기능별 조직

기능별 조직은 생산, 마케팅, 재무, 총무 등의 직능활동을 수평적으로 분화(집단화)하여 각 직능별로 작업자들을 지휘·감독하도록 하는 조직형태를 말한다.

기능별 조직의 장점은 지휘·감독의 전문화에 따라 작업능률을 높이고, 종업원들의 성과를 측정·평가하기가 용이하며, 부문별 전문가 양성이 용이하다는 점이다. 또한 각 기능의 전문성을 살려 조직구조를 이루고 있기 때문에 인력을 효율적으로 활용할 수 있고, 인력의 교육훈련이 용이하다는 점도 장점이 된다.

반면에 기능별 조직의 단점은 전반관리자의 양성이 어렵고, 각 지휘자가 담당할 기능의 합리적인 분할이 쉽지 않아 파벌주의가 조성될 소지가 많고 책임소재가 불분명하며, 스탭의 전문적 분화에 따라 간접적인 관리비가 증대된다는 점이다. 그리고 각 부서가 자신의 전문성만을 지나치게 고집하다 보면 부서 간의 장벽이 생겨 부서 간의 갈등을 유발할 수 있으며, 기업의 이익에 대한 책임을 사장 혼자 지게 되는 구조도 약점이 될 수 있다.

기능별 조직은 단일제품을 생산하는 중소 규모의 기업에는 적용하기 쉽지만

그림 10-2 기능별 조직의 예

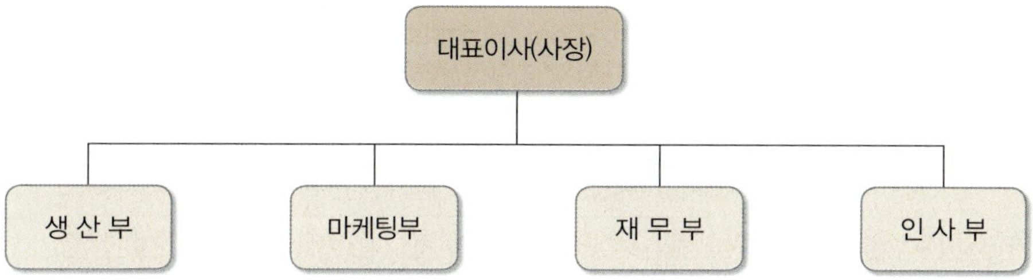

조직의 규모가 커지고 복잡하게 되면 제 기능을 발휘하기가 곤란하다. 특히 다양한 제품을 생산하는 대규모 기업에는 부적합한 형태의 조직구조이다.

기능별 조직의 일반적인 형태는 [그림 10-2]와 같다.

2 사업부제 조직

사업부제 조직(divisional organization)은 자주적·독립적 단위 분화의 원리에 따라 사업부 단위를 편성하고, 각 사업부에 독립적인 사업운영 권한을 부여하여 제품별·고객(시장)별·지역별 이익중심점(profit center)을 중심으로 독립채산제로 운영되는 조직을 말한다. 즉 사업부제 조직은 분권화와 독립채산제를 기초로 하여 각 사업부의 책임자가 자율적·독립적으로 책임경영을 한다는 점이 가장 큰 특징이다.

본사는 개별 사업부들이 기업 전체의 목표를 달성하는 데 집중할 수 있도록 기본계획을 수립하고 사업부 간의 경영활동을 조정·통제하는 역할을 주로 수행한다.

사업부제 조직을 구성하는 방법에는 제품별 사업부제, 지역별 사업부제, 고객별 사업부제 등이 있다.

사업부제 조직의 장점은 무엇보다도 사업단위별로 책임경영을 할 수 있고 미래의 경영자 양성이 용이하며, 최고경영층의 경영부담을 경감할 수 있다. 또 경영성과 확인 및 평가가 용이하며 조직구성원들에 대한 동기부여와 능력개발을 촉진할 수 있다는 점이 장점이다.

반면에 사업부제 조직의 단점은 사업부 간의 지나친 경쟁으로 갈등이 야기되기 쉽고, 사업부별 독립경영체제로 인해 조직 전체의 이익과 일관성이 훼손될

그림 10-3 사업부제 조직의 예

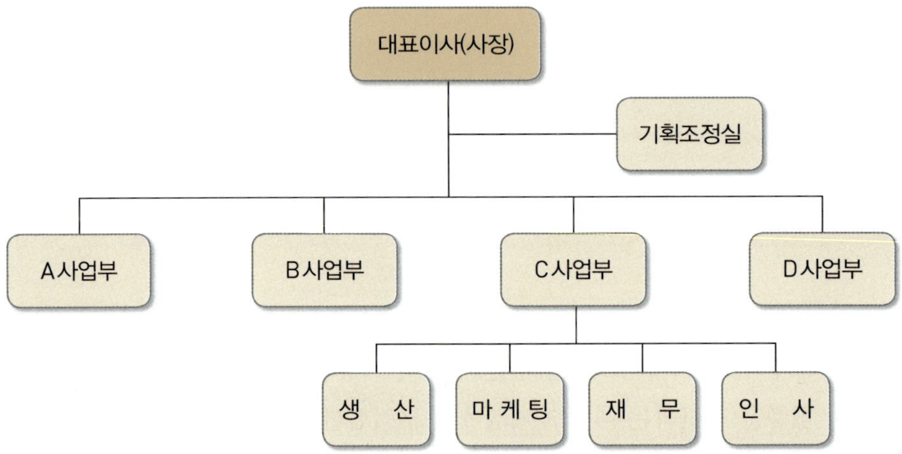

수 있다는 점이다. 그리고 과업의 중복이나 중복투자, 관리비의 증대, 자원의 분산·낭비 등으로 인해 능률이 저하되고, 각 사업부서장에 대한 통제력을 잃을 수 있다.

사업부제 조직은 기업의 규모가 커지면서 제품계열과 지역적 범위가 확장되고, 기업환경의 변화가 빠르고 불안정한 상황일 때 효과적인 조직형태가 된다. 이때, 기업은 제품·고객(시장)·지역 등의 기준으로 사업부를 편성하고, 각 사업부별로 독립된 생산, 마케팅, 재무, 인사 등의 직능을 갖는 조직을 갖추게 된다. [그림 10-3]은 사업부제 조직의 예를 보여주고 있다.

3 라인 조직

라인 조직(line organization)은 직계식 조직 또는 군대식 조직이라고도 하는데, 상급자로부터 하급자에 대한 지휘·명령의 계통이 일원성을 갖고 직선적으로 되어 있는 조직형태로서 역사적으로 가장 오래된 형태이다.

라인 조직은 명령 일원화의 원칙을 중시하고 위계구조를 통해 효율성과 생산성 향상을 강조한다. 라인 조직의 장점은 명령계통이 단순 명쾌하므로 책임과 권한 소재가 분명하고 강력한 추진력이 있으며, 조직의 질서나 규율의 확보가 용이하다는 데 있다. 또 상급자의 리더십이 강하게 발휘되고, 상급자는 직속 하급자가 수행하는 업무를 완전하게 장악할 수 있으므로 하급자의 업무조정이나 통

그림 10-4 라인 조직의 예

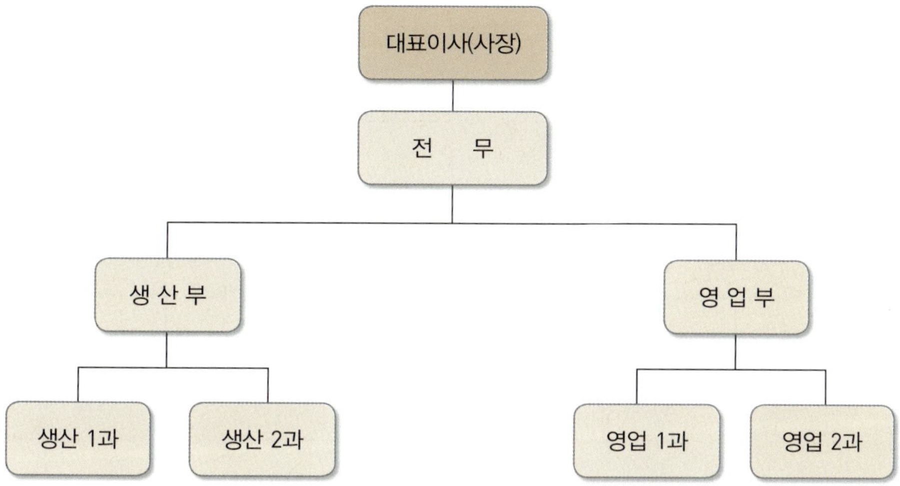

제가 용이하고, 의사결정의 신속성을 기할 수 있게 된다.

라인 조직의 단점은 전문화의 이점을 충분히 활용할 수 없으며, 부문별 업무조정이 여의치 않고, 상급자의 독선적 리더십에 따라 하급자의 사기가 저하되고 창의력 발휘가 어렵다는 점이다. 또 상급자는 하급자의 모든 활동을 지휘·감독할 수 있는 만능 관리자가 되어야 하므로 그 부담이 과중된다. 따라서 경영환경 변화의 대응능력이 제약되고 관리직위가 증가하는 경향이 있다.

[그림 10-4]는 라인 조직의 예를 보여주고 있다. 그림에서 회사의 조직구조는 대표이사(사장)를 중심으로 모든 부서가 수직적 위계구조로 되어 있음을 알 수 있다.

4 라인스탭 조직

라인스탭 조직(line and staff organization)은 직계참모식 조직이라고도 하며, 명령 일원화의 원칙에 바탕을 둔 라인 조직과 전문화의 원칙에 바탕을 둔 기능식 조직을 절충·조화시키기 위한 조직형태이다. 라인스탭 조직은 라인 조직과 기능식 조직의 장점을 결합적으로 활용함으로써 효율성과 생산성을 높이고자 하는데 목표를 둔다. 라인스탭 조직에서 라인 부문의 관리자는 명령과 집행권을 갖고, 스탭 부문의 관리자는 조언적 권한을 갖게 된다. 즉, 스탭은 참모로서 라인

그림 10-5 라인스탭 조직의 예

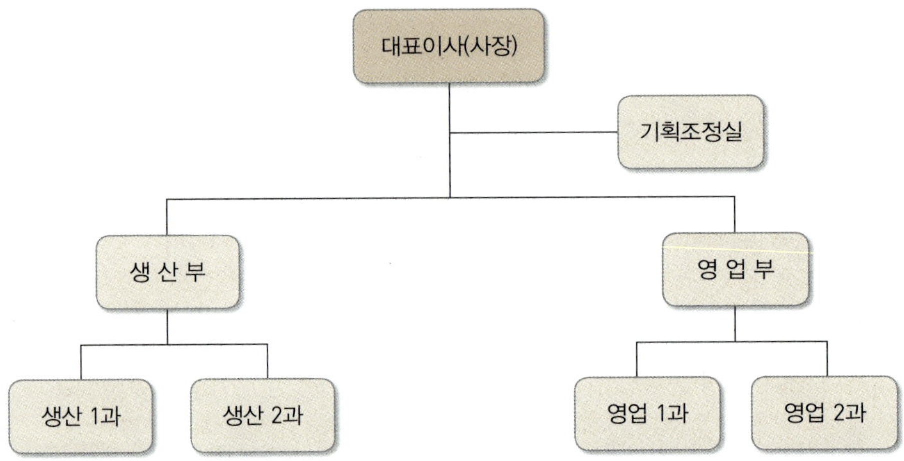

부문에 대하여 조언하고 조력하는 권한을 가질 뿐 지휘·명령권은 없다. 따라서, 기획이나 기술, 연구 등 전문적인 사항은 스탭 부문이 담당하게 되므로, 라인 부문은 집행기관으로서 상규적인 일에 전념할 수 있게 된다.

라인스탭 조직의 장점은 라인은 스탭의 권고를 받으므로 라인의 임무수행에 관계없는 문제에 시간을 소비하지 않게 되고, 라인은 가장 전문적인 부문에 주력할 수 있어서 일이 능률적으로 되며, 소수의 강력한 인물의 능력에 의존하는 위험이 줄어들고 사업이 안정된다. 반면에 이 조직의 단점은 라인의 명령계통과 스탭의 조언·권고적 참여가 혼동되기 쉬우며, 자칫 소수의 스탭 왕국이 형성될 가능성이 많다. 또 스탭은 항상 책임을 회피할 가능성이 많다. 그 밖에 일이 전문화되면 넓은 분야에 대한 체험이 어려우며, 라인과 스탭이 자신의 권한을 망각하는 경우도 커다란 문제를 야기시킬 수 있다.

[그림 10-5]는 라인스탭 조직의 예를 보여주고 있다. 이 그림에서 생산부와 영업부는 라인 기능을 수행하고, 기획조정실은 스탭 기능을 수행하게 된다.

3.3 유기적 조직

유기적 조직(organic organization)은 동태적 조직이라고도 불리우며, 상황변화에 따라 탄력적으로 반응하고 필요에 따라 변형이 가능한 조직형태를 말한다.

유기적 조직에는 팀제 조직, 프로젝트팀 조직, 매트릭스 조직, 네트워크 조직 등이 있다.

1 팀제 조직

1990년대 이후 주목을 받기 시작한 팀제 조직은 경쟁의 심화, 환경변화의 가속화에 대응하여 수평조직화와 슬림화의 원리에 충실함으로써 전통적인 기능중심의 조직과 계층형 조직구조를 탈피하는 조직이다. 팀제 조직(team organization)은 과거의 전통적 계층구조의 수직적 라인(부장, 과장, 대리 등)의 위계를 과감하게 통합하거나, 중복 또는 유사한 부분을 통합하여 [그림 10-6]에서 보는 바와 같이 하나의 팀으로 전환함으로써 팀장을 중심으로 업무가 이루어지도록 만들어진 조직을 말한다.[8)]

다시 말해, 팀제 조직은 전통적인 기능중심의 계층적 조직구조를 탈피하여 팀장 중심으로 팀의 자율성과 팀원 간의 유기적인 관계를 유지하면서 팀의 목표를 추구해 나가는 슬림화된 수평적 조직형태이다.

팀제 조직과 전통적 조직의 차이는 〈표 10-2〉와 같이 구분할 수 있다.

팀제 조직은 조직의 유연성을 높임으로써 조직환경의 변화에 신속하게 대응

그림 10-6 팀제 조직의 예

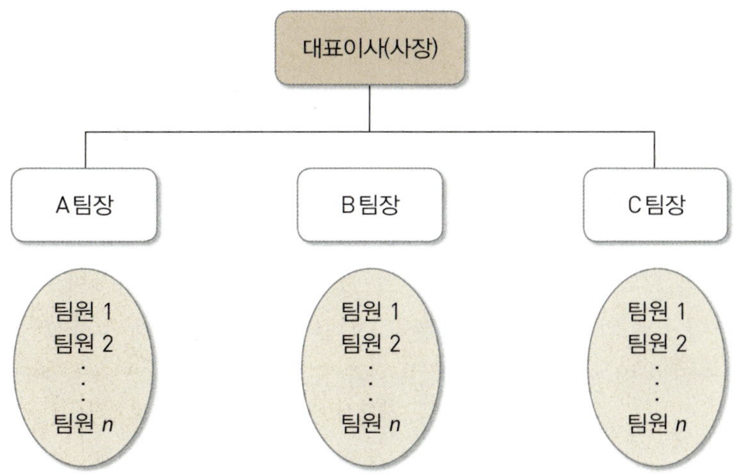

8) 신유근, 전게서, 2006, p. 388.

표 10-2 팀제 조직과 전통적 조직의 차이

구 분	팀제 조직	전통적 조직
조직구조	수평적 팀 구조	수직적 계층구조/부·과
조직화 원리	업무 프로세스 단위	기능 단위
직무설계	다기능화(다차원적 과정)	분업화(좁은 범위의 단순과업)
관리자 역할	코치·촉진자	지시·통제
리 더 십	후원적·참여적 리더십	지시적·하향적 리더십
정보의 흐름	개방적·공유적	통제적·제한적
보 상	팀별 보상/능력·성과	개인별 보상/직위·근무연수
직무과정	팀이 계획·통제 조치	관리자가 계획·통제 조치

자료원: 강신규 외, 에센스 경영학, 형설출판사, 2007, p. 363.

할 수 있고, 신속한 의사결정과 의사소통이 가능하다. 또, 팀원들의 창의성을 높이고 창조적 학습조직을 실현할 수 있으며, 조직의 효율성을 제고하고 구성원들의 사기와 자긍심을 높일 수 있다.

2 프로젝트 팀 조직

프로젝트 팀 조직(project team organization)은 태스크포스 조직(TF: task force organization)이라고 불리우며, 조직 내의 여러 하위단위의 결합된 노력이 필요한 특정 과업(프로젝트)을 수행하기 위해 형성된 임시적 조직이다.

프로젝트 팀 조직은 전통적인 라인스탭 조직이나 사업부제 조직의 보완조직이다. 프로젝트 팀은 각 부서에서 파견된 전문가들로 구성되며, 프로젝트 팀 구성원들은 과업이 완수될 때까지 프로젝트 팀에서 근무하다가 프로젝트 팀의 목표가 완결되면 팀은 해체되고 구성원들은 원래의 소속 부서로 복귀한다.

프로젝트 팀 조직의 성패는 팀 리더인 프로젝트 관리자의 리더십과 팀원 간의 팀워크에 의해 좌우된다. 뿐만 아니라 최고경영자의 전사적인 지원, 정교한 일정계획과 일정관리, 팀원들 간의 역할분담과 정보공유 등이 매우 중요하다. 프로젝트 팀 조직은 공식조직의 수직적 명령계통과 지휘·감독의 범위에 구애를 받지 않기 때문에 경영자의 지원하에 팀 리더를 중심으로 매우 유연성 있게 프로젝트 활동을 수행해 나갈 수 있다.

[그림 10-7]은 프로젝트 팀 조직의 예를 보여주고 있다. 그림에서 보는 바

그림 10-7 **프로젝트 팀 조직의 예**

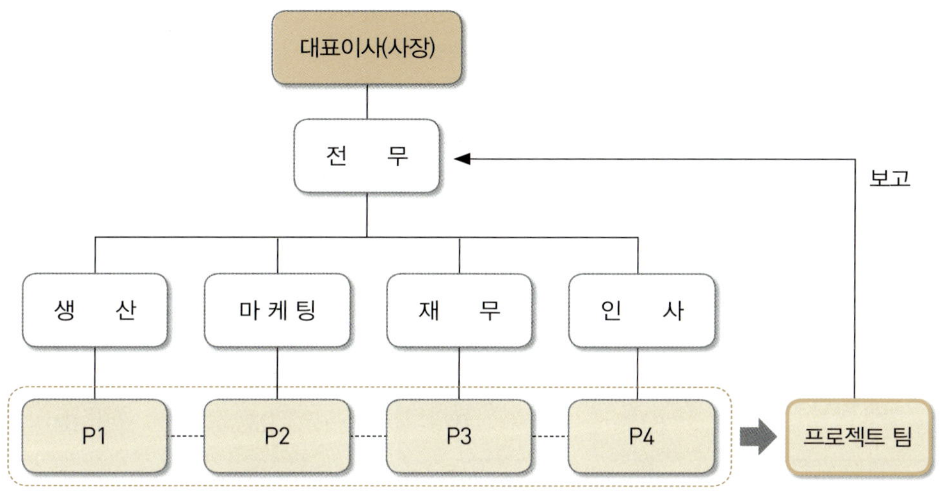

와 같이 프로젝트 팀은 생산, 마케팅, 재무, 인사, R&D 등 각 부서에서 차출된 전문가로 구성되며, 이들 중에서 프로젝트 팀 리더를 선정한 후 과제활동을 수행하고 과제 추진상황과 수행결과를 경영자 또는 관리자에게 보고한다.

3 매트릭스 조직

매트릭스 조직(matrix organization)은 전통적인 기능식 조직에 프로젝트 조직을 덧붙인 조직구조이다. 이 조직구조는 기능식 조직의 전문화의 이점과 프로젝트 조직의 탄력적이고 유능한 인력을 동원할 수 있는 장점을 결합하고자 하는 의도에서 설계되었다. 즉, 종업원들은 자신의 원래 기능조직의 구성원으로 있으면서 동시에 수평적 성격의 프로젝트 팀에도 소속되어 주어진 임무를 수행하는 조직이다.

프로젝트 팀 조직은 일시적·잠정적인 조직으로 운영되지만, 매트릭스 조직은 복수의 프로젝트 팀이 비교적 장기간에 걸쳐 존속하기 때문에 영구적인 조직형태라고 할 수 있다.

매트릭스 조직은 변동적인 환경이나 고객의 요구에 신속하게 대응하면서 구성원들의 만족도와 성과를 제고하고 조직의 기능적 효율성과 유연성을 높일 수 있는 장점이 있다. 하지만 이 조직은 기능식 조직과 프로젝트 팀 조직의 결합에

그림 10-8 매트릭스 조직의 예

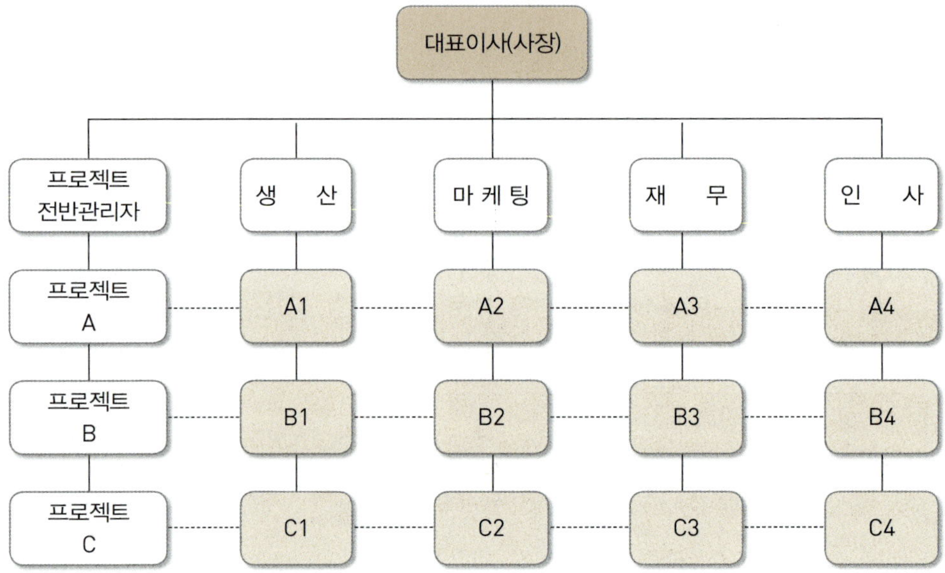

의한 이중적인 지휘·감독체계에 따라 구성원들에게 과중한 업무부담, 역할갈등, 권한갈등 등의 혼선을 야기할 수 있는 단점이 있다. [그림 10-8]은 매트릭스 조직의 예를 보여주고 있다.

4 자유형 조직

자유형 조직(free-form organization)은 조직이 생존하기 위하여 필요하면 끊임없이 형태를 변화시키는 아메바와 같은 조직이다. 이 조직은 변화에 신축성이 있고 창조적으로 대처할 수 있다. 이 조직은 위계, 엄격한 권한, 규칙, 명령계통, 상하관계의 공식화 등을 크게 강조하지 않으며, 전통적인 기능별 부서가 아닌 이익중심점이 이용된다.

이 조직은 구성원의 행위적 측면이 강조되고 있다. 이 조직은 급격한 시장요구의 변화에 직면하는 조직에서 유용하게 활용할 수 있으며, 집권화된 통제를 하면서 실제활동은 분권화를 시키고자 하기 때문에 컴퓨터에 의한 정보 시스템이 필수적이다.

5 네트워크 조직

네트워크 조직(Network organization)이란 조직내부에서 수행하던 기능들을 계약을 통해 외부조직에서 아웃소싱(외주)하기 때문에 '조직 없는 조직'이라고 한다.

가장 극단적인 네트워크 조직을 말한다면 본사의 기획기능을 제외한 모든 기능을 외부의 조직에 맡기는 형태이다. 실제로 나이키의 경우 전 세계 110개국에서 영업을 하는 세계최대의 스포츠화 회사이지만 본사가 있는 미국에 단 하나의 공장이 없다.

그림 10-9 네트워크 조직의 예

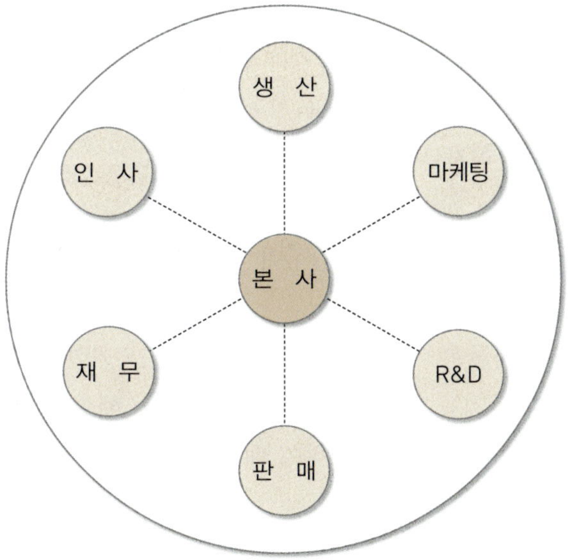

제 4 절 조직 내의 권한관계

조직 내에서 권한관계가 설정되는 이유는 각자의 직무에 할당된 책임을 완수하도록 하기 위해서이다. 전통적으로 조직 내에 존재하는 권한은 라인 권한, 스탭 권한, 기능적 권한 등 3가지로 구분하여 설명하고 있다.

라인 기능(line function)이란 기본적으로 기업의 목표달성에 직접적으로 영향을 미치는 것이고, 스탭 기능(staff function)이란 라인에 있는 사람들이 기업의 목표를 효과적·효율적으로 달성할 수 있도록 도와주는 기능을 말한다. 그러나 조직이 점차 더욱 복잡해지고 구조가 정교화되어 감에 따라 라인과 스탭의 권한 관계의 구분이 모호해지는 경향이 있다.

4.1 라인 권한(line authority)

라인 권한은 조직의 목표달성을 위해 직접적으로 기여하는 의사결정을 하고 지시할 수 있는 조직 내의 가장 기본적인 권한으로서, 상사가 부하직원에게 업무에 관한 지시·명령을 내릴 수 있는 권한을 말한다. 이러한 라인 권한은 조직의 최상층부로부터 명령의 연쇄(chain of command)를 타고 하위계층으로 내려온다.

즉, 라인 관리자는 자신의 직속부하에게 명령을 내릴 수 있는 권한을 가지며, 부하는 자신의 직속상관에게는 복종을 해야 할 의무를 갖는다. 라인 관리자는 자신의 직속부하의 업무에 관하여 자신의 재량권하에서 지시를 하여 자신에게 부여된 책임을 완수하게 된다.

모든 관리자들은 자신의 직속부하에게 라인 권한을 갖지만, 그렇다고 모든 관리자들이 라인 기능에 속한다고 할 수는 없다. 예컨대, 스탭 기능에 속하는 관리자라 할지라도 자신의 직속부하에 대해서는 라인 권한을 갖게 되는 것이다.

4.2 스탭 권한(staff authority)

기업의 규모가 점차 커지고 업무내용이 복잡해지게 되면 라인 관리자들의 능력만으로는 해결하기가 어려운 문제들이 생겨난다. 이 같은 경우, 라인의 업무를 지원하고 조언을 해 주는 스탭 기능이 필요하게 된다.

스탭에는 특정 관리자 개인에게만 지원·조언을 해 주는 개인 스탭(personal staff)과, 라인 관리자에게 자기가 갖고 있는 전문지식과 경험을 바탕으로 지원과 조언 또는 평가를 해 주는 전문 스탭(specialized staff)이 있다.

개인 스탭은 업무를 수행할 때 자신이 보좌하는 관리자의 권한하에서만 움직일 뿐 아무런 권한을 따로 갖지 못한다. 전문 스탭의 경우에도 명령을 내릴 수 있는 권한은 거의 없다고 보아야 한다. 그러나 전문 스탭들은 특정한 업무에 대해서는 지시를 할 수 있는 권한을 가지기도 한다.

요컨대, 라인 권한은 상위자가 명령의 체계에 의하여 하위자에게 지시나 명령을 내릴 수 있는 권한을 말하며, 스탭 권한은 라인 관리자를 지원하고 조언해 주는 권한을 말한다. 스탭 관리자라 해도 자신의 부하에게는 라인의 권한을 가진다.

4.3 기능적 권한(functional authority)

기능적 권한이란 특정한 과업의 수행을 위하여 자신이 지시하고 명령을 내릴 수 있는 명령계통 이외의 구성원이나 부서에 대해 지시나 명령을 할 수 있는 권한을 말한다.

조직 내의 특정 과업은 관리자들로 하여금 때때로 자신의 권한 밖의 개인이나 부서에 명령을 내려야 하는 경우가 있다. 예컨대, 원가절감 방안을 기안하라고 지시를 받은 재무담당 이사는 자신의 관할하에 있는 부서 이외의 부서에 대해서도 관련자료를 분석하여 보고하라고 지시할 수 있다. 이러한 경우에 행사되는 권한을 '기능적 권한'이라고 한다.

기능적 권한이란 라인 및 스탭 권한을 보완해 주는 것으로서, 매우 한정적

그림 10-10 라인 권한, 스탭 권한, 기능적 권한 관계

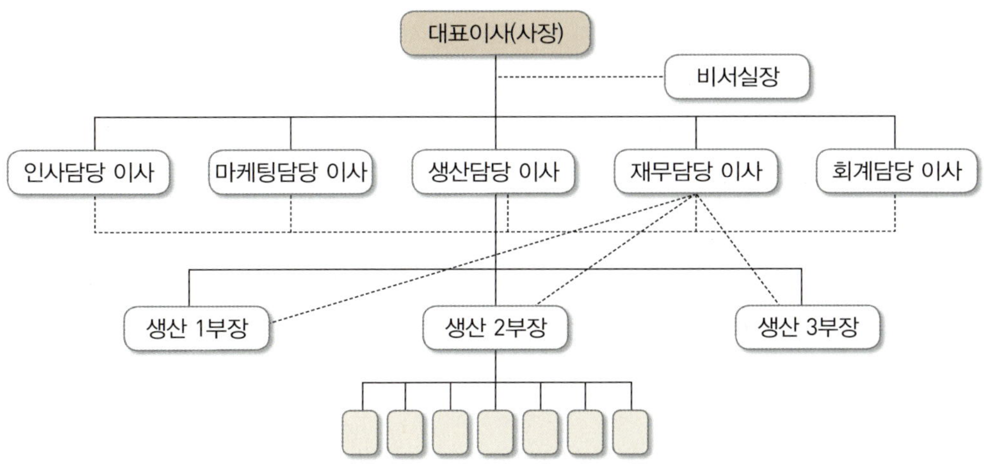

인 권한으로 이해해야 한다. 왜냐하면, 기능적 권한은 특정 과업에만 국한되어 작용하고 있기 때문에 명령계통을 무너뜨리지 않도록 하기 위해서이다. 예컨대, 앞에서 예를 든 재무담당 이사의 지시를 받은 생산부장은 원래 생산담당 이사의 지시를 받게 되어 있는데, 재무담당 이사의 지시를 동시에 받아야 하기 때문에 혼란에 빠질 수 있다.

지금까지 설명한 라인 권한과 스탭 권한, 기능적 권한을 도표로 나타내면 [그림 10－10]과 같다. 그림 속의 기능적 권한은 재무담당 이사의 경우를 표시하고 있다.

제 5 절 기업문화

1 기업문화의 개념과 의미

미국의 GE 성공 뒤에는 기업 풍토의 개혁이 중요했다. GE는 잭 웰치 회장의 강력한 리더십 아래 기업문화에 대한 변혁을 실행하였다. 그래서 그는 현장을 중시했고, 라인에게 권한을 대폭 위양하였다. 웰치 회장의 20년에 걸친 사람을 중심으로 하는 기업문화를 잘 이해 못하면 역시 GE의 성공도 잘 이해할 수 없다. 일찍부터 기업이 성공하기 위해서는 기업의 문화가 상당히 중요하다는 기업문화론에 대한 주장이 있었다. 가장 대표적인 사람이 오우치(Ouchi) 그리고 피터스와 와트만(Peters & Waterman)을 들 수 있다.[9]

기업문화란 한 기업에 속한 구성원들이 외부환경을 받아들여 장기간에 걸친 시행착오를 걸친 결과 형성된 공동의 가치관이라 할 수 있다. 사람도 각자의 개성을 지니고 있듯이 기업도 기업 나름의 독특한 특성을 문화의 형태로 지닌다는 뜻이다. 개인의 능력과 가능성을 판단하는 데 있어 개인 특성이 중요하 듯 기업도 그 기업의 능력과 가능성을 판단할 때 기업문화가 중요하게 된다.[10]

---

9) 안영진, 경영패러다임의 변화, 박영사, 2004.
10) 조동성, 21세기를 위한 경영학, 서울경제경영, 2000.

2 기업문화 요인

기업문화를 이해하기 위해서는 기업문화의 구성요인에 대한 이해가 필요하다. 피터스와 와트만은 기업문화의 구성요인으로 공유가치, 전략, 구조, 제도 및 절차, 구성원, 관리기술 그리고 행동 및 관리스타일 등 7가지 요인(7'S)을 들고 있다.

① 공유가치(shared value)가 가장 중요한 역할을 수행한다고 보고 있다. 공유가치는 다른 요인들을 연계시켜 주는 요인으로 기업구성원들이 공동으로 공유하는 기본 가치관과 이념을 의미한다.

② 전략(strategy)은 기업의 장기적인 방향과 기본성격을 지배하는 중요 요인으로 보다 높은 수준의 기업목표를 달성하기 위한 틀을 제공해 준다.

③ 구조(structure)는 전략을 수행하는 데 필요한 조직형태와의 상호관련성을 뜻하며 이는 기업 성과의 중요 원천이다.

④ 제도 및 절차(systems)는 기업의 운영과 관련된 모든 제도 및 절차, 시스템을 말하며 조직구조와 함께 구성원의 행동과 성과에 영향을 미친다.

⑤ 구성원(staff)은 기업을 구성하는 사람들로 이들 개개인의 특성은 공유가치와 기업문화 자체에 직접적인 영향을 끼친다.

⑥ 스타일(style)은 기업구성원의 행동, 스타일, 리더십을 말하며 이에 따라 기업의 분위기가 달라진다.

⑦ 관리기술(skill)은 기업운영에 실제로 적용되고 있는 것으로써 구성원 행동, 관리스타일과 더불어 기업의 성과에 직접적인 영향을 끼친다.

3 기업문화의 변혁

오늘날 환경변화는 기업이 더 이상 이기적·배타적 목적을 추구하기에는 어렵게 만들고 있다. 기업으로 하여금 사회적 책임을 더 충실히 할 것을 요구하고 있다. 성장일변도에서 벗어나 고객가치를 중시하고 기업으로 하여금 좋은 이미지를 구축하는 것을 더 높이 평가하는 방향으로 사회의 인식이 바뀌고 있다.

한편 장자세습의 족벌경영에서 전문경영인이 기업의 주요 인물로 부각되기 시작하였고, 혈연·지연·학연 등에 의한 인사관행도 능력위주의 개방체제로 전환되기 시작했다. 또한 독단적 권위지향적 리더십보다도 조화와 균형에 의한 합리성이 강조되는 분위기로 바뀌기 시작했다. 더구나 구성원들도 자신의 합리적 판단에 따라 행동하게 되어 기업문화에서 커다란 변화의 조짐이 일기 시작했다.

사람의 이름을 기억하라

미국의 강철왕 앤드류 카네기의 성공비결은 무엇일까? 카네기는 강철왕이라 불리우고 있지만 본인은 강철에 관하여 별로 아는 바가 없었다. 단지 강철에 관해 잘 알고 있는 수백 명의 기술자를 고용하고 있었을 뿐이다. 그는 사람을 부릴 줄 아는 사람이었던 것이다. 바로 이 능력이 그를 대부호로 만들었다.

실제로 카네기는 어렸을 적부터 사람들을 조직화하고 통솔하는 데 특별한 재능을 보였다고 한다. 열 살 때 이미 사람은 자기 이름에 대해 비상한 관심을 갖는다는 것을 알고 이를 남의 협력을 얻는 데 적절하게 이용했다. 그가 아직 스코틀랜드에 있던 소년 시절의 이야기인데 어느 날 그는 토끼 한 마리를 잡았다. 그 토끼가 새끼를 낳게 되자 토끼 우리는 새끼들로 가득 차게 되었다. 그러자 먹이가 부족했다. 그래서 그는 동네 아이들에게 토끼밥이 될 풀을 뜯어온 아이의 이름을 어린 토끼에게 붙여주겠다고 약속했다. 결국 그는 힘 하나 들이지 않고 많은 토끼들의 먹이를 구할 수 있었다. 카네기는 장성한 다음에도 그때의 일을 결코 잊지 않고 그 경험을 활용하였다. 대개의 사람들은 자기의 이름에 대해서 지극한 애착을 가진다.

한광일, 창조적 상상 리더십, 미래북, 2007.

새로운 시장공간

레드오션은 오늘날 존재하는 모든 산업을 뜻하며 이미 세상에 알려진 시장공간이다. 블루오션은 현재 존재하지 않는 모든 산업을 나타내며 아직 우리가 모르고 있는 시장공간이다. 레드오션에서는 산업 간의 경계선이 명확하게 그어져 있다. 우리는 이를 받아들이고 그 게임의 법칙 또한 알고 있다.

기업들은 기존 수요에서 보다 큰 점유율을 얻기 위해 경쟁자를 능가하려 애쓴다. 시장 참가자가 늘어남에 따라 수익과 성장에 대한 기대치는 낮아진다. 애써 개발한 상품은 흔한 일상품이 되고 목을 죄는 경쟁으로 시장은 유혈의 붉은 바다로 변한다. 이와는 대조적으로 블루오션은 미개척 시장공간으로 새로운 수요 창출과 고수익 성장을 향한 기회로 정의된다. 블루오션은 기존 산업의 경계선 바깥에서 완전히 새롭게 창출되는 경우도 있으나 대부분은 기존 산업을 확장하여 만들어진다.

블루오션에서는 게임의 규칙이 아직 정해지지 않았기 때문에 경쟁과 무관하다. 레드오션에서는 경쟁자를 능가하기 위해 붉은 바다를 잘 헤쳐 나가는 것이 중요하며 또한 항상 그럴 것이다. 그리고 이것은 언제나 비즈니스 라이프의 현실이다.

공급이 수요를 초과하는 대부분의 산업의 경우 축소되는 시장공간에서 점유율 경쟁이 필요한 것은 사실이다. 그러나 점유율에서 우위를 점한다고 하더라도 지속적으로 높은 실적을 내기는 어렵다. 기업은 이러한 한계를 뛰어넘어야 한다. 그리고 수익과 성장의 새로운 기회를 잡기 위해 블루오션을 창출해야 한다.

아쉽게도 블루오션은 항해지도에 잘 나타나 있지 않다. 지난 20년간 절대적 영향력을 미친 기업의 경쟁전략업무 포커스는 경쟁을 바탕으로 한 레드오션 전략이었다. 그 결과 우리는 업계의 근본적 경제구조 분석에서부터 원가절감, 품질의 차별화, 또는 포커스 가운데 하나를 선택하는 전략적 포지션 결정, 경쟁자 벤치마킹에 이르는 여러 가지 효과적인 기술로 레드오션에서 경쟁하는 방법을 배워 왔다. 블루오션 창출은 경영진이 이를 위한 분석적 프레임워크와 효과적 리스크 관리 원칙을 갖지 못한다면 전략으로 추구하기에는 위험부담이 너무 커 단순히 희망사항으로만 머무를 가능성이 있다.

김위찬·르네 마보안, 블루오션전략, 교보문고, 2007.

연습 문제

1. 조직화의 중요성과 제 단계를 논하시오.
2. 조직구조의 구성요소와 결정요인에 대하여 설명하시오.
3. 조직화의 기본원칙을 열거하고 설명하시오.
4. 기계적 조직과 유기적 조직의 차이를 비교 설명하시오.
5. 조직구조의 다양한 형태를 비교 설명하시오.
6. 라인 권한과 스탭 권한을 비교 설명하시오.
7. 기업문화의 구성요인에 대하여 설명하시오.

제11장

지 휘

학|습|목|표

지휘(leading or directing)란 조직구성원들이 조직과 집단의 목표에 공헌할 수 있도록 그들에게 영향을 미치는 과정이라고 할 수 있다. 기업을 포함하는 조직의 인적요소에 대한 올바른 이해는 관리자가 지휘기능을 수행하는 데 있어서 매우 중요하다. 경영자나 관리자가 인간을 보는 시각은 그의 동기유발 및 리더십 패턴에 직접적인 영향을 미친다. 많은 학자들은 인간의 본성을 이해하기 위한 다양한 모델들을 제시해 왔으나, 그 어느 것도 인간을 완전히 이해하고 규명하기에 충분하지는 못했다. 제11장에서는 조직의 목표달성을 위한 지휘기능의 수행과 관련하여 동기유발, 리더십, 커뮤니케이션 이론을 중심으로 살펴보고자 한다.

리더십의 활용

최근의 리더십 이론은 자기변화와 구성원의 변화를 강조하고 있다. 사람을 관리하는 것이 아니라 변화시키는 것이 리더십이며, 그 전제로 자신이 변화하는 것이 진정한 리더십 개발 프로그램이 된다. 우리는 농담으로 가장 나쁜 리더로 머리가 나쁘고 부지런한 리더를 꼽는다. 사실 우리는 이 말에서 리더는 부지런하고 머리가 좋아야 한다는 조언보다 더 많은 것을 느끼게 한다.

켈러먼(Barbara Kellerman)은 『배드 리더십』이라는 책에서 배드 리더십 7가지 유형을 제시하고 있다. 무능, 경직, 무절제, 무감각, 부패, 편협, 사악을 들고 있다. 도덕적인 문제인 부패와 사악은 둘째치고라도 경직과 무감각은 리더십에 치명적인 것이 된다. 변화를 인식하지 못하고 비전을 보지 못하는 리더는 많은 구성원을 위태롭게 한다. 결국 인간적인 미성숙이 문제다.

모든 상황에 항상 최적의 리더가 있는 것은 아니다. 회의를 잘 이끄는 리더가 반드시 마케팅을 수행하는 조직에서도 최상의 리더가 되란 법은 없다. 더 나아가 리더가 되기 위해 리더가 가져야 할 모든 덕목을 모두 갖추고 있을 필요도 없다. 만약 그 중에 한두 개라도 가지고 있다면 그 나머지를 가지고 있는 사람을 주위에 두면 된다. 또 상황에 따라 우리보다 잘 맞는 리더가 있다면 한시적으로 그들에게 권한을 위양할 수도 있다. 우리 모두는 완벽이라는 것과는 거리가 있는 보통 사람들이다. 누군가 나의 부족한 점을 채워줄 수 있다면 나의 리더십 스타일을 바꾸는 것보다 더 효율적일 수 있다.

기업의 크기나 기업의 상황에 따라 각기 다른 리더십이 요구된다. 기업은 보통 창업단계, 성장단계, 성숙단계, 효율화단계의 사이클을 반복하게 된다. 경영자는 사업이 지금 어느 단계에 있는지, 현재 단계에서 할 일은 다하고 있는지, 아니면 다음 단계로 변환을 모색하고 있는지를 판단할 필요가 있다. 물론 각 단계에서 경영자에게 요구하는 경영 접근법도 다를 것이고 또 다른 리더십이 요구된다. 창업단계에서는 기업가 정신의 리더십이, 성장단계에서는 함께 일하며 성장하는 대인 리더십이, 성숙단계에서는 새로운 구성원에 필요한 코칭 리더십이, 효율화단계에서는 구성원과 리더가 함께 변하는 변혁적 리더십이 필요할 것이다. 자기변화에 노력하고 구성원의 변화를 도와주는 것이 지식사회 리더십의 키워드다.

이면희, 명품경영학, 청년정신, 2007.

제1절 지 휘

지휘(directing or leading)란 경영자가 해야 할 중요한 기능 중의 하나로서, 구성원들을 조직의 목표달성이라는 한 방향으로 나아갈 수 있도록 정렬하는 것이다. 따라서 조직구성원들이 성실하게 자기의 임무를 수행할 수 있도록 동기유발을 시켜주고 조직 내의 의사소통이 원활하게 이루어질 수 있도록 리더십을 발휘할 필요가 있다.

지휘과정을 통해서 경영자가 해야 할 역할과 기능은 다음과 같다.

① 조직구성원들에게 동기유발을 해 주는 일
② 조직구성원들을 지도하고 선도하는 일
③ 조직구성원들 간의 의사소통을 원활하게 하는 일
④ 조직의 활성화를 가져와 건강한 조직문화를 배양하는 일

과거에는 경영자의 리더십보다 관리적 기능을 중요시했으나, 최근에는 관리보다는 리더십을 중요시하는 경향이 있다. 예컨대, 많은 악기와 단원들로 구성된 오케스트라에서 어떤 지휘자가 지휘를 하느냐에 따라 연주결과가 달라지는 것처럼 기업경영도 경영자의 리더십 능력에 따라 경영성과가 크게 달라진다.

리더십과 관리의 기능은 리더와 관리자의 역할 관계로 설명할 수 있다. 리더는 조직구성원들로 하여금 옳은 일을 할 수 있도록 방향을 제시하고, 성과 또는 목표를 향해 왜·어디로 가야 할지를 제시한다. 그리고 미래의 비전을 제시하고 변화를 도모하며 조직구성원들을 따르게(pull) 한다. 반면에 관리자는 어떤 주어진 일을 올바르게 하기 위해 일의 능률을 중요시하며 언제·어떻게 도달할 것인가를 제시함으로써 조직구성원들이 따르도록(push) 요구한다. 이를 위해 세부적인 계획을 세우고 조직 속에서의 질서와 예측을 추구한다. 조직환경이 급변하고 경쟁이 치열한 상황에서는 창의적이고 팀워크를 기반으로 한 미래지향적인 노력이 요구되므로 관리자적 기능보다 리더로서의 기능이 더 많이 요구된다고 할 수 있다.

제 2 절 동기유발

2.1 동기유발의 개념과 과정

동기유발(motivation)이란 개인이나 집단이 자발적 내지 적극적으로 책임을 지고 일할 의욕이 생기도록 그 행동의 방향과 정도에 영향력을 행사하는 것으로서 조직의 목표달성을 위한 행동을 유발시키는 역동적 과정이라고 할 수 있다. 이러한 동기유발은 인간행동을 활성화시키는 측면과 인간행동의 방향을 설정하거나 목표를 지향하도록 경로화시키는 측면 및 인간행동을 유지 또는 지지시키는 세 가지 속성을 지닌다.

인간의 행동은 일반적으로 어떤 목표를 달성하고자 하는 욕망에 의하여 동기가 유발된다. 개인의 성과는 개인의 능력, 과거의 경험 등과 같은 다른 변수에 의해서 영향을 받지만, 동기유발의 정도는 개인의 성과를 설명하는 중요한 변수 중의 하나이다.

인간행동에 있어서 동기유발의 강약은 동기(motive)의 강약에 달려 있다. 여기서 동기란 인간 내부에 존재하는 욕구(needs), 욕망(wants) 또는 동인(drive)을 포함하는 개념이다. 동기는 목표지향적인 것으로서 인간이 의식하는 것도 있고, 인간이 의식하지 못하는 것도 있다.

인간의 행동은 여러 가지 욕구가 결핍된 상태에서 이를 충족시키기 위해서 일어난다. 뿐만 아니라 인간은 욕구충족을 초래하는 행동을 반복하려고 하며, 욕구충족의 감소, 즉 처벌을 받는 행동을 회피하려는 경향이 있다. 일반적으로 동기유발이 이루어지는 과정은 [그림 11-1]과 같이 6단계의 순환과정으로 파악할 수 있다.

[그림 11-1]에서 보는 것처럼 동기유발은 욕구와 목표라는 변수를 중심으로 이해할 수 있다. 욕구란 어떤 시점에서 개인이 경험하는 결핍(deficiency)상태로서 행동의 활성화 내지는 촉진제의 역할을 한다.

그리고 개인이 추구하는 목표나 성과는 개인을 이끄는 동인으로서, 결국 동기유발과정은 개인의 목표지향적 행동과정으로 이해할 수 있다. 개인은 욕구가 결핍되게 되면 긴장을 감소시킬 수 있는 여러 가지 대안 중에서 하나를 행동안으

그림 11-1 동기유발의 기본과정

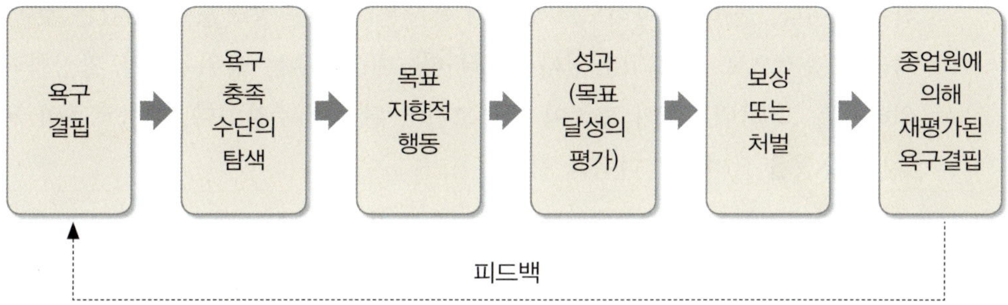

로 선택하여 목표지향적 행동을 하게 된다.

그 후 일정시간이 흐른 다음에 이룩한 성과를 평가하게 되고, 이것을 바탕으로 보상 또는 처벌이 주어진다. 이는 다시 종업원, 즉 개인에 의해 저울질되는 욕구결핍을 재평가하게 되어 순환과정을 반복하게 되는 것이다.

동기유발에 대한 이론은 그 발달과정을 중심으로 크게 내용이론(content theory)과 과정이론(process theory)으로 구분하여 설명할 수 있다. 내용이론은 주로 인간을 동기유발시키는 것이 무엇인가에 관심을 갖고 있는 것으로, 매슬로우의 욕구계층이론, 앨더퍼의 ERG이론, 허즈버그의 위생동기이론, 맥클리랜드의 성취동기이론 등이 있다. 또 과정이론은 동기유발의 과정을 분석하고 제 변수 간의 상호관계에 관심을 두고 있는 것으로, 브룸의 기대이론, 포터와 로울러의 성과-만족이론 등이 있다.

2.2 동기유발의 제 이론

1 매슬로우의 욕구계층이론

매슬로우(A. H. Maslow)의 욕구계층이론은 욕구의 강도를 설명하는 데 매우 유용한 설명의 틀을 제공하고 있다.[1] 사람들이 가지고 있는 공통적으로 가장 중요한 욕구가 무엇인가를 이해한다는 것은 대단히 중요하다.

1) A. H. Maslow, "A Theory of Human Motivation," *Psychological Review*, July 1946, pp. 370~396.

매슬로우의 욕구계층이론은 다음과 같은 두 가지의 기본전제로 구성되어 있다. 첫째, 어떤 욕구는 다시 그 욕구가 나타날 때까지는 동기로서의 힘을 상실한다는 것이다. 둘째, 일반적으로 인간의 욕구는 똑같은 강도를 갖고 있는 것이 아니라 계층적으로 구성되어 있다는 것이다. 매슬로우는 상위욕구가 활성화되기 위해서는 그 하위욕구의 충족이 선결조건이 된다고 주장했다. 매슬로우의 욕구 5단계 유형을 살펴보면 다음과 같다.[2)]

(1) 생리적 욕구(physiological needs)

동기의 최초 시발점이 되는 욕구가 생리적 욕구이다. 생리적 욕구는 모든 욕구 중에서 가장 강력하며, 이 욕구가 충족되지 못한 상황에서는 어떤 욕구보다도 생리적 욕구가 가장 큰 동인이 된다. 예를 들면, 굶주림·갈증·성·수면의 욕구 등이다.

(2) 안전욕구(safety needs)

생리적 욕구가 충족되면 다음으로 나타나는 것이 안전욕구이다. 이것은 인간이 생명의 위험이나 사고, 질병, 경제적 불안 등에서 벗어나 안전해지고 싶어 하는 욕구를 말한다. 직장인으로서의 개인은 건강보험, 재해보험, 생명보험, 퇴직연금과 같은 후생복리를 위한 부가급부의 세밀한 계획을 수립함으로써 안전욕구를 충족하기를 원하기도 한다.

(3) 사회적 욕구(social needs)

인간은 생리적 욕구와 안전욕구가 충족되면 다른 사람이나 집단과의 사랑이나 우정, 소속감 등의 사회적 욕구가 우세하게 나타난다. 즉, 사회적 동물인 인간이 소속감을 느끼면서 다른 사람들과 상호관계를 유지하고, 교제하기를 원하는 욕구로서 애정 욕구 또는 친화 욕구라고도 한다.

(4) 존경욕구(esteem needs)

이것은 사회생활을 통하여 계속적으로 자신의 능력을 높게 평가받고, 자신을 존중하며, 자존심을 지니고 타인으로부터 존경받기를 바라는 욕구를 말한다. 이 욕구는 여러 가지 형태로 나타나지만, 위신이나 지위욕, 권력욕, 자긍심이 이 욕구와 관련되는 동인이다.

---

2) *ibid.*

(5) 자아실현욕구(self - actualization needs)

자아실현욕구는 인간의 욕구 위계상 최상위 욕구에 속하는 것으로, 자기완성에 대한 갈망을 뜻한다. 즉, 인간이 잠재력을 가진 존재로서 자신의 잠재력을 최대한 발휘하면서 자신이 성취할 수 있는 모든 것을 달성하고자 하는 욕구를 말한다.

매슬로우의 욕구이론의 장점은 무엇보다도 이해하기가 쉽다는 데 있다. 즉, 인간의 욕구를 5단계로 구분하여 설명함으로써 누구나 직관적으로 이해할 수 있게 하였다. 그러나 개개인의 욕구단계는 명료하게 구분되는 것이 아니라 서로 중첩되어 나타나는 경우가 많고, 인간의 욕구가 항상 계층적으로 발생하지 않으며, 동일한 욕구라고 하더라도 모든 개인들에게 반드시 동일한 반응을 일으키는 것이 아니라는 등의 비판을 받기도 한다.

2 앨더퍼의 ERG이론

ERG이론은 매슬로우의 욕구단계이론이 갖는 한계성을 극복하기 위해 앨더퍼(C. P. Alderfer)가 제시한 욕구이론이다. 앨더퍼는 이론의 기반을 조직의 실제를 다룬 현장연구에 두고, 조직구조 내에서의 인간의 욕구를 중심으로 설명하였다.

앨더퍼는 매슬로우의 5단계 욕구이론을 3단계의 욕구 범주로 재분류하여 인간의 욕구구조를 체계화했다. 즉, 그는 인간의 욕구를 존재욕구(existence needs), 관계욕구(relatedness needs), 성장욕구(growth needs)로 나누고, 이들의 머리글자를 따서 'ERG이론'이라고 하였다.[3]

(1) 존재욕구(E : existence needs)

존재욕구는 다양한 유형의 물질적·생리적 욕구를 말한다. 굶주림, 목마름, 거처, 쾌적한 작업환경 등과 같은 욕구와 물리적 측면의 안전욕구 등이 이에 속한다. 이 욕구는 인간의 생존을 위하여 필요한 욕구이므로 이 욕구가 충족되지 못하면 인간의 생존이 위협받게 된다. 매슬로우의 생리적 욕구와 물리적 안전욕구에 해당되는 욕구이다.

(2) 관계욕구(R : relatedness needs)

관계욕구는 인간이 인간답게 살기 위하여 타인과의 관계를 유지하려는 욕

---

3) C. P. Alderfer, *Existence, Relatedness and Growth: Human Needs in Organizational Settings*, New York, N.Y. : The Free Press, 1972.

구를 말한다. 따라서 이 욕구는 자신을 둘러싸고 있는 사회환경과 인간관계에 초점을 두는 것이므로 타인과의 인간관계에 관련된 욕구를 말한다. 매슬로우의 대인관계적 안전욕구와 사회적 욕구 및 존경욕구의 일부(대인적)에 해당되는 욕구이다.

(3) 성장욕구(G : growth needs)

성장욕구는 창조적·개인적 성장과 관련된 욕구로서 개인이 자신의 능력을 개발하고 발휘하기 위한 노력과 관련된 욕구룰 말한다. 대인관계에 있어서 타인과의 비교를 통하여 얻은 자존심이 아니라 스스로 얻게 되는 자신감과 자아실현욕구 등이 이에 속한다. 매슬로우의 자기실현욕구와 존경욕구의 일부에 해당되는 욕구이다.

앨더퍼의 ERG이론이 매슬로우의 욕구계층이론과 다른 점은 여러 욕구가 동시에 발생할 수 있으며, 상위계층의 욕구로 진행하기도 하지만 때로는 퇴행적인 욕구도 발생한다고 보는 것이다. 따라서 매슬로우보다 현실적인 접근을 하고 있다.

3 허즈버그의 위생-동기이론

허즈버그(F. Herzberg)는 인간은 위생요인과 동기요인의 이원적인 두 가지 욕구구조를 가지고 있다고 주장했다. 위생요인(hygiene factors) 또는 불만족요인은 환경과 관련된 요인으로서 불유쾌한 것 또는 고통을 피하려는 것을 말한다. 또 동기요인(motivators) 또는 만족요인은 인간의 직무수행과 관련된 요인으로서 직무를 통해 보다 만족한 결과를 가져올 수 있도록 동기유발하는 요인을 말한다.[4)]

조직상황에서 만족을 주는 요인과 불만을 야기하는 요인은 서로 다른데, 직무만족의 결정인자는 직무상의 성취감과 그에 대한 인정, 도전적이고 보람 있는 직무, 직무상의 책임과 성장 등 직무 자체와 관련된 요인들을 말한다. 또 불만을 야기하는 위생요인은 조직의 정책과 행정, 감독, 보수, 대인관계, 작업조건, 금전, 지위나 신분, 안정 등 직무 외적 또는 환경적 요인들을 말한다.

위생요인(불만요인)의 제거는 불만을 줄여 주는 소극적 효과를 가질 뿐이며, 그러한 효과가 직무행동에 미치는 영향은 단기적일 뿐이다. 반면에 동기요인(만족요인)의 확대는 인간의 자아실현욕구에 자극을 주고 적극적인 만족을 가져다

---

4) F. Herzberg, *Work and Nature of Man*, Cleveland, Ohio : World Pub., 1966.

표 11-1 위생요인과 동기요인

위생요인	동기요인
• 정책 및 관리	• 성 취
• 감 독	• 인 정
• 작업조건	• 도전적이고 보람 있는 일
• 대인관계	• 책임의 증대
• 돈, 지위, 안정	• 승 진

준다.

따라서, 위생요인의 감소와 동기요인의 확대를 통해 조직구성원들의 사기 증대와 생산성 향상을 가져오고, 조직의 목표달성을 촉진시킬 수 있다.

4 맥클리랜드의 성취동기이론

맥클리랜드(D.C. McClelland)의 성취동기이론(achievement motivation theory)은 매슬로우의 이론과 같이 인간욕구를 기초로 한 동기유발이론으로, 작업상황과 관련된 동기를 성취욕구, 권력욕구, 친교욕구 등 세 가지 욕구로 나누어 설명하였다. 그는 개인의 퍼스낼리티는 인간의 행동을 동기유발할 수 있는 잠재력을 지닌 세 가지 욕구로 구성되어 있다고 보았으며, 성취욕구의 중요성을 특히 강조하였다.[5] 그는 인간의 모든 욕구는 학습된 것이며, 개인의 행동에 영향을 미칠 수 있는 잠재력을 지닌 욕구단계는 개인에 따라 차이가 있다고 보았다.

(1) 성취욕구(need for achievement)

이는 좋은 성과를 얻기 위하여 높은 기준을 설정하고, 이를 달성하려는 욕구이다. 성취욕구가 강한 사람은 노력이나 능력을 통하여 무엇인가 성취할 수 있는 상황을 좋아하고, 실현가능한 목표를 추구하며, 노력의 결과에 대하여 피드백이 주어지는 것을 좋아하고 미래지향적인 상황을 좋아한다.

(2) 권력욕구(need for power)

이는 타인에 대하여 영향력을 미치거나 통제하고자 하는 욕구이다. 이 욕구가 강한 사람은 지기 싫어하고 타인의 행동을 변화시키려 하며, 권위와 지위를 얻거나 자신의 영향력을 행사할 대상을 찾는 데 많은 시간을 보낸다.

5) D. C. McClelland, *The Achieving Society*, Princeton, N.J.: Von Nostrand, 1961.

(3) 친교욕구(need for affiliation)

이는 다른 사람과 우호적인 관계를 유지하려는 욕구이다. 친교욕구가 강한 사람은 타인에 대하여 따뜻하고 친근한 관계의 유지에 관심을 가지고 있다.

맥클리랜드는 성취동기이론을 조직의 차원을 넘어서 사회전체의 경제성장과 관련시켜 기업의 성공, 나아가 한 나라의 경제성장은 경영자의 성취동기수준과 관련이 깊다고 보았다.

제 3 절 리 더 십

리더십(leadership)이란 특정한 목적을 달성하기 위하여 집단 구성원에게 영향력을 행사하는 과정이다. 이와 같은 리더십의 개념에는 다른 구성원에게 영향력을 행사하는 리더와 영향을 받거나 영향의 대상이 되는 구성원인 부하, 즉 리더와 부하 간의 영향과정을 둘러싼 상황적 요소가 있다.

리더십이론은 리더를 중심으로 성공적인 리더의 특성을 연구하는 데 초점을 맞추고 있는 특성이론, 리더와 부하와의 관계를 중심으로 리더의 행동스타일을 집중 연구하는 행동이론, 리더십과정에서 작용하는 중요사항을 중심으로 리더와 환경적 상황과의 관계를 연구하는 상황이론이 있다.

3.1 리더십의 특성이론

리더십의 특성이론(traits theory)은 리더십 연구의 초기에 활발하였던 접근방법으로서, 영웅들의 독특한 특성이 무엇인가에 대한 초기 리더십 연구를 '위인이론(great man theory)'이라고도 부른다.[6)]

'위인'의 개념은 전통적인 계급적 사회의식에 그 근원을 두고 있다고 볼 수 있다. 즉, 한 사회의 리더는 원래 태어날 때부터 잠재적 자질을 보유하고 있다는 것이다. 이러한 시대적 출현인 영웅적 인물은 신체구조나 용모가 보통 사람들보

6) R. M. Stogdill, *Handbook of Leadership: A Survey of Theory and Research*, New York, N.Y.: Free Press, 1974.

다 특별히 구별될 수 있으며, 신분·지능지수 및 성격 등도 다른 사람들보다 뛰어나다고 본다.

한편, 성공적인 리더는 지적 능력, 감지능력, 추진력, 자신감이 강한 사람이며, 이들은 타인의 욕구에 대하여 매우 민감하다. 그러나 리더의 지적 수준이 너무 높거나 낮으면 리더십의 효과성이 저하된다. 다시 말해 조직 내 리더의 지적 수준이 부하의 수준과 너무 차이가 있으면 오히려 리더십이 효과가 감소되는 것이다.[7)]

리더의 특성이론에 관한 연구결과를 종합해 보면, 리더란 책임감이 강하고 목표달성에 대한 열성과 인내심이 있어야 한다. 더 나아가 원만한 대인관계의 능력과 자신감, 긴장에 대한 지구력과 좌절과 절박감을 극복할 수 있는 강인한 의지가 있어야 한다.

리더십의 특성이론은 효과적인 리더는 비효과적인 리더와는 명확히 구분되는 몇 가지 특성과 자질을 갖고 있다고 가정한다. 즉, 리더는 그가 처해 있는 상황이나 환경에 관계없이 항상 리더가 될 수 있다. 따라서, 모든 사람이 리더의 자질을 구비하고 있지 못하기 때문에 그러한 특성을 가진 자만 리더가 될 수 있다는 것이다.

리더가 갖추어야 할 공통적인 특성으로는 체력, 기술, 지식, 기억력, 상상력, 집단력, 지구력, 인내력, 설득력, 책임감, 용기 등이다.

3.2 리더십의 행동이론

리더십의 행동이론(behavioral theory)은 리더가 무엇을 어떻게 행동하는가에 초점을 두고 있으며, 개인의 성과나 집단의 성과에 영향을 미치는 리더의 자질을 어떻게 측정할 수 있는가를 연구한다.

화이트와 리피트(White & Lippitt)는 리더의 행동을 중심으로 권위형 리더십, 민주형 리더십, 자유방임형 리더십의 세 유형으로 분류하였다.

(1) 권위형 리더십

리더 자신에게 모든 권한과 결정권을 집중시키고 자신의 사고방식에 의하여

7) 자세한 내용은 문원택·김원석, "기업가적 리더의 특성: 기업가 자질 이론," 기업가와 기업가정신, 서울: 산업경영교육원, 1996, pp. 99~120 참조할 것.

집단을 지도해 나간다. 과업수행은 명령에 따라 진행되고 업적은 리더의 주관적인 기준에 의해 평가된다.

(2) 민주적 리더십

조직의 계획과 운영의 방침은 리더의 조언에 따라 집단이 결정한다. 업적은 객관적인 기준에 따라 평가된다.

(3) 자유방임형 리더십

리더는 조직의 계획이나 운영상의 결정에 관여하지 않고 리더는 국외자와 같은 입장에서 행동한다.

또 리더십의 행동이론 중에는 인간지향적 리더십과 과업지향적 리더십으로 구분하기도 한다. 인간지향적 리더십은 종업원의 만족에 초점을 두고, 과업지향적 리더십은 직무(과업)에 초점을 둔다.

3.3 리더십의 상황이론

리더십의 상황이론은 리더십과정에서 작용하는 중요사항을 중심으로 리더와 환경적 상황과의 관계를 연구하는 이론을 말한다. 리더십의 상황이론을 개발한 피들러(F.E. Fiedler)는 1953년 대규모의 다양한 집단의 리더를 대상으로 연구를 시작하였다. 그는 공군장교, 포병장교, 기갑사단장교, 학사장교(ROTC), 간호후보생, 철강공장의 감독자, 농기계 제조업체의 부장, 고교 농구부 단장 등을 연구대상 집단으로 포함시켰다.[8)]

피들러는 'LPC 점수'라는 리더의 태도를 측정함으로써 리더의 효과성을 예측하고자 시도한 결과, 리더에 따라 상이한 결과를 가져오게 됨을 알게 되었다. 그는 이러한 연구결과의 차이를 설명하고자 리더십 상황이론을 개발하였다.

(1) LPC의 측정 및 해석

LPC란 "가장 싫어하는 동료 작업자(least preferred coworker)"로서, 어느 리더에 대한 LPC 점수는 설문지를 통해 측정하게 되어 있다. 즉, 리더로 하여금 먼저 과거와 현재의 동료 작업자들 중에서 가장 싫어하는 사람을 하나 선정하게 한

8) F. E. Fiedler, *Improving Leadership Effectiveness*, New York, N.Y. : John Wiley and Sons, 1976.

다. 그리고 리더에게 LPC 척도의 각 항목에 대해 그 사람을 평가하도록 한다. 각 항목은 1에서 8까지의 범위 내에서 코딩되어 있어 각 항목의 점수를 합산한 것이 리더의 LPC 점수가 된다. 리더가 가장 싫어하는 동료 작업자에 대하여 평가할 때, 비판적일수록 낮은 LPC 점수를 얻을 것이고, 반대로 관대할수록 높은 LPC 점수를 얻을 것이다.

(2) 상황적 조건변수

피들러의 상황모형에서 리더의 LPC 점수와 리더의 효과성과의 관계는 여러 요소로 구성된 복잡한 상황변수에 의해 전적으로 좌우된다. 상황변수란 부하의 성과에 대하여 리더가 영향력을 행사하는 상황의 범위라고 정의된다. 이와 같은 상황변수는 다음과 같은 상황의 세 측면에서 보통 측정된다.

① **리더와 구성원의 관계** 리더십이란 원래 다른 사람의 행동에 영향을 미치는 과정이므로 구성원들이 리더를 지지·지원하거나 신뢰하게 되면, 구성원들이 리더를 대할 때 거부적이거나 마음 내키지 않은 지원을 하고 있는 경우보다 부하에 대한 리더의 영향력이 훨씬 증대될 것이다.

② **직위권력** 리더가 직위권력을 갖고 있을 때, 자기의 정책 및 통제에 따라 부하가 순응할 수 있도록 보상과 벌을 적절히 조정할 수 있다. 직위권력이 없는 리더는 부하에 대해 다른 원천의 영향력을 행사해야만 한다.

③ **과업구조** 제품 및 서비스에 대한 상세한 규정 및 성공적인 과업달성을 위한 표준적인 운영절차를 둠으로써 리더가 업무를 어떻게 수행하여야 하는지에 대한 의사결정을 쉽게 내릴 수 있을 때 과업의 구조화 정도가 높다고 말한다. 과업의 구조화가 높다면 리더가 부하의 과업행동을 감독하고 영향력을 행사하기가 매우 쉽다.

피들러에 의하면 3가지의 상황변수 중에서 리더와 구성원의 관계가 가장 중요하며, 그 다음에 과업구조, 그리고 직위권력의 순이라고 한다. 이 3가지 측면을 조합하여 가중치를 매긴다면 피들러의 상황통제변수지표를 얻게 된다. 가중치는 연구경험이 풍부한 리더나 리더십 상황을 잘 알고 있는 관찰자에 의해 결정된다.

(3) 리더의 성과

피들러에 의하면, [그림 11-2]에서 보듯이 상황이 매우 양호하거나 불량할

그림 11-2 피들러의 리더십 상황이론

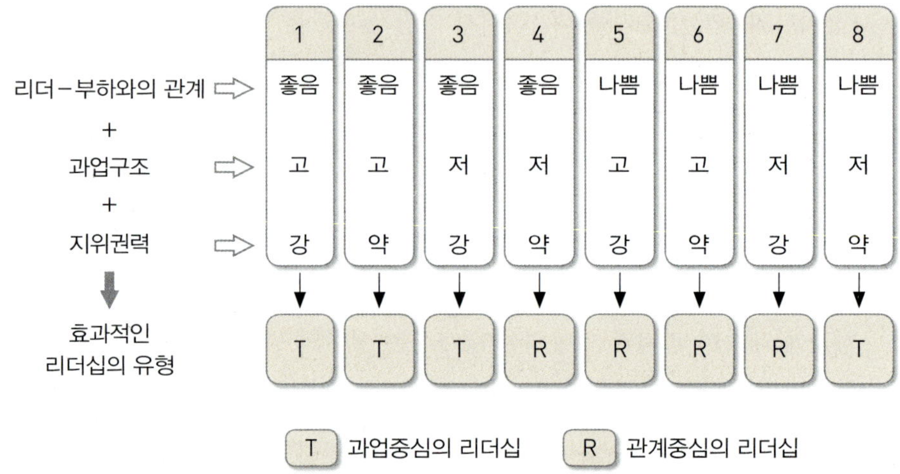

때는 LPC 점수가 낮은 리더가 LPC 점수가 높은 리더에 비하여 훨씬 더 효과적이며, 상황이 중간 정도일 때는 LPC 점수가 높은 리더가 LPC 점수가 낮은 리더보다 더 효과적이라고 한다.

3.4 거래적 리더십과 변혁적 리더십

거래적 리더(transactional leader)는 목표를 달성하기 위하여 부하가 해야 할 일이 무엇인지를 명확히 하고, 조직 내에서의 역할과 과업을 분명하게 하며, 조직구조를 수립하고, 성과에 대한 보상하고, 자신을 따르는 사람들의 사회적 욕구에 필요한 것을 제공한다.

반면에 변혁적 리더(transformational leader)는 비전을 명확히 제시하고, 추종자들에게 영감을 불러 일으킨다. 이들은 동기를 유발시키고 조직문화를 형성하며 조직변화가 일어날 수 있도록 분위기를 조장하는 능력을 가진다. 변혁적 리더는 탐욕, 질투, 미움, 두려움 등과 같은 하등 수준의 감정을 이용할 필요가 없다. 오히려 자유, 정의, 평등, 평화, 봉사, 자선 등과 같은 이상과 도덕적 가치에 호소함으로써 집단의 목표달성을 추진하게 된다. 이러한 리더 밑에 있는 부하들은 일상의 자신에서 더 나은 자신으로 변화하게 된다.

카리스마 리더십도 이 변혁적 리더십의 부류에 속한다고 할 수 있다. 변혁적 리더들은 기술에 혁신을 촉진하는 것과 마찬가지로 조직의 비전, 전략 그리고 문화에 변화를 이끄는 능력을 가지고 있다. 변혁적 리더십은 만질 수 없는 특질, 즉 비전, 공유되는 가치들 그리고 생각들을 통하여 관계를 형성해 나간다.

서번트 리더십(Servant Leadership)

서버트 리더십의 기본 아이디어는 헤르만 헤세의 단편소설『동방순례』에서 얻었다고 한다. 그 소설은 함께 여행하는 사람 중에 허드렛일을 맡아 하는 레오라는 인물에 초점을 맞추고 있다. 레오는 순례를 위한 단체의 하인이다. 레오는 특이한 존재였다. 그는 모든 것을 소리 없이 처리한다. 문제는 레오가 여행보따리와 함께 실종되면서 발생한다. 레오가 사라지기 전까지는 여행 중의 모든 일이 잘 되어 갔다. 하지만 그가 사라지자 일행은 혼돈에 빠지고 흩어져서 결국 여행은 중단된다.

그들은 충직한 심부름꾼이었던 레오 없이는 여행을 계속할 수 없다는 사실을 깨닫게 된 것이다. 그 일행 중 한 사람은 몇 년을 수소문한 끝에 당시 여행을 후원한 교단으로 가게 되었다. 거기서 그는 그저 심부름꾼으로만 알았던 레오가 그 교단의 책임자인 동시에 정신적 지도자이며 훌륭한 리더라는 것을 알게 되었다. 레오는 서번트 리더의 전형이라고 볼 수 있다. 그린리프(Robert K. Greenleaf)는 이 레오라는 인물을 기초로 섬기는 리더란 "타인을 위한 봉사에 초점을 두며, 종업원과 고객 및 커뮤니티를 우선으로 여기고 그들의 욕구를 만족시키기 위해 헌신하는 리더십이다"라고 정의하고 있다. 이를 위해서는 우선 리더이기 전에 하인이 되어야 하며, 구성원들이 스스로 역량을 개발할 수 있는 환경을 조성해 주어야 한다. 또한 구성원들에 대한 인간적인 배려와 공감대 형성이 필수적이다.

이면희, 명품경영학, 청년정신, 2007.

제 4 절 커뮤니케이션

4.1 커뮤니케이션의 의의

커뮤니케이션(communication)이란 말의 어원은 라틴어의 'communis'에서 유래된 것으로, 정보의 전달이라는 의미를 지니고 있다. 커뮤니케이션을 간단히 송신자와 수신자 간에 정보의 전달 내지는 교환을 통하여 어떤 의미를 공유하는 것(a sharing of meaning)이라고 정의할 수 있다. 즉, 효과적인 커뮤니케이션이 이루어지기 위해서는 송신자와 수신자 간에 일치된 상호교감(common ground)이 형성되어야 하며, 정보전달에 이용되는 상징물인 언어적 또는 비언어적 수단에 대하여 서로 같은 이해를 할 수 있어야 한다.

커뮤니케이션은 조직의 관리기능을 효과적으로 발휘하도록 하는 데 중요한 역할을 담당한다. 관리자가 조직의 목표를 달성하기 위하여 모든 관리기능을 통합, 연결시키는 과정에서 커뮤니케이션의 기능이 없다면 많은 어려움이 뒤따를 것이다.

커뮤니케이션은 개인과 개인, 집단과 집단 또는 개인과 집단이 정보를 교환하는 과정이라고 할 수 있다.[9)]

기업경영에 있어서 조직 커뮤니케이션이 중요시되는 이유는 다음과 같다.

① 경영규모의 확대와 복잡화로 조직 속의 개인이나 집단이 정확한 정보를 필요로 하나, 조직의 분화로 정보전달을 어렵게 하고 있다.

② 노동조합의 발달로 노동조합의 구성원들에게 경영의 실적을 바르게 전달하여 오해를 제거하고 노사관계를 개선시키는 것이 중요하다.

③ 인간관계 연구의 진보로 커뮤니케이션의 개선에 의해서 종업원의 사기를 높이려는 노력이 향상되었다.

따라서, 조직 커뮤니케이션의 중요성은 커뮤니케이션이 경영의 능률향상과 종업원의 사기향상이라는 목적을 달성하기 위한 관건이 된다는 데 있음을 알 수

9) W. G. Scott and T. R. Mitchell, *Organization Theory: A Structural and Behavioral Analysis*, Homewood, Ill.: Irwin, 1976.

있다.

조직 커뮤니케이션의 목적 내지 필요성은 다음과 같다.

① 기업의 방침을 종업원에게 주지시키기 위함이다.
② 종업원에게 희망을 주고 불만을 덜어 주기 위함이다.
③ 조직 내의 인간관계를 원활히 하기 위함이다.
④ 종업원의 사기를 높여 창의성과 의욕을 높이기 위함이다.
⑤ 직장 내의 협동심을 일으키게 하기 위함이다.

송신자와 수신자 간에 전달매체를 통하여 메시지가 전달되는 커뮤니케이션 과정은 [그림 11-3]과 같이 나타낼 수 있다.

[그림 11-3]에서 송신자(sender)는 메시지를 상대방에게 보내는 개인이나 집단 또는 조직으로서 자신의 요구나 바램을 전달하려는 목적이나 정보를 지닌 사람을 말한다. 기호화(encoding)는 송신자의 생각이나 의도를 수신자가 이해할 수 있도록 일련의 기호나 몸짓, 즉 어떤 상징적 형태로 바꾸는 과정이다.

메시지(message)는 송신자가 정보를 기호화하는 구체적인 형태, 또는 송신자가 전달하는 일체의 상징을 말하며, 전달매체(media)는 메시지가 전달되는 경로를 말한다. 송신자는 메시지를 전달함에 있어서 효율적인 전달매체를 이용하여야 할 것이다. 수신자(receiver)는 송신자의 메시지, 즉 송신자가 전달하고자 하는 의사를 받는 당사자를 말하며, 해독(decoding)이란 수신자가 송신자로부터 받은 일체의 상징인 메시지에 대하여 의미를 부여하고 자신에게 유용한 정보로 이

그림 11-3 커뮤니케이션의 과정

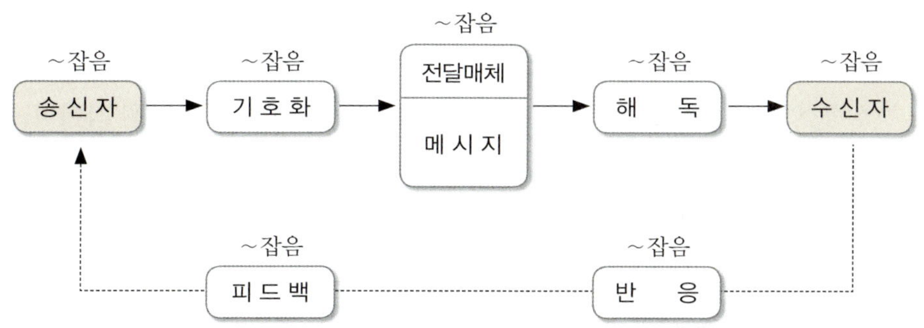

해하거나 변화시키는 과정을 말한다. 그리고 반응(response)은 수신자가 메시지에 대하여 보이는 일체의 반응행위를 말하며, 피드백(feedback)은 수신자가 송신자에게 내보내는 커뮤니케이션의 역과정이다. 이를테면, 구매제품에 대한 소비자의 불만전화나 상사의 지시에 대한 부하의 항의표시는 피드백에 해당된다고 할 수 있다. 마지막으로 잡음(noise)이란 모든 커뮤니케이션 과정에서 발생하는 일체의 커뮤니케이션 방해현상(소음, 잡담 등)을 말한다.

4.2 커뮤니케이션의 유형

커뮤니케이션은 일방적 또는 쌍방적으로 이루어질 수 있다. 일방적 커뮤니케이션과 쌍방적 커뮤니케이션은 피드백 과정의 유무에 따라 구분된다. 일방적 커뮤니케이션은 쌍방적 커뮤니케이션보다 메시지 전달이 빠르고 송신자의 권위를 보호해 준다. 그리고 쌍방적 커뮤니케이션은 보다 정확하고 많은 수신자에게 확신을 준다. 그리고 복잡한 조직과업을 수행할 때에는 쌍방적 커뮤니케이션이 일방적 커뮤니케이션보다 더 좋다고 할 수 있다.

커뮤니케이션은 커뮤니케이션의 경로에 따라 공식적 커뮤니케이션과 비공식적 커뮤니케이션으로 나눌 수 있다.

1 공식적 커뮤니케이션

공식적 커뮤니케이션은 조직의 권한체계나 공식적인 구조(절차)를 따라 조직구성원 간에 이루어지는 커뮤니케이션을 말한다. 공식적 커뮤니케이션은 다시 수직적 커뮤니케이션과 수평적 커뮤니케이션 및 대각적 커뮤니케이션으로 나눌 수 있고, 수직적 커뮤니케이션은 다시 상향적 커뮤니케이션과 하향적 커뮤니케이션으로 나누어진다. 수직적 커뮤니케이션은 명령계통을 따라 하향적 또는 상향적으로 이루어지는 커뮤니케이션을 말하는데, 관리자와 성원 사이의 신분과 권한관계에 의해 영향을 많이 받는다. 여기서는 신뢰성의 결여가 커뮤니케이션의 효과를 방해하는 요인으로 작용한다.

또 수평적 커뮤니케이션은 조직계층상 수평적인 관계에 있는 구성원이나 부서 간에 행해지는 커뮤니케이션을 말하며, 대각적 커뮤니케이션은 동일한 조직계층에도 속하지 않고 동일한 명령계통에도 속하지 않는 조직 내 하위 단위들 간의 커뮤니케이션(예, 라인과 스탭부문 간의 커뮤니케이션)을 말한다. 수평적 커뮤니케이션이나 대각적 커뮤니케이션은 조직의 갈등문제 조정이나 문제해결, 상호협조관계 유지, 성원의 만족감 향상에 이용될 수 있다.

2 비공식적 커뮤니케이션

비공식적 커뮤니케이션은 규정된 공식적 경로 이외에서 행해지는 커뮤니케이션을 말한다. 비공식적 커뮤니케이션은 공식적 커뮤니케이션을 원활하게 하는 보조적 역할을 하며, 정보의 교환이 상당히 빠르게 이루어진다는 특징이 있다. 특히 구성원들 간의 비공식적인 관계를 중심으로 정보의 교환이나 전달이 이루어지는 비공식적 커뮤니케이션은 그레이프바인(grapevine)의 형태로 설명되기도 한다.[10)]

4.3 커뮤니케이션 네트워크

집단구성원 간의 커뮤니케이션 경로의 구조를 커뮤니케이션 네트워크(network)라고 한다. 이것은 집단의 효율이나 구성원의 사기에 중요한 영향을 미치고 있다. 일반적으로 커뮤니케이션 네트워크의 구조는 다음과 같은 4가지 유형으로 구분하고 있다.[11)]

(1) 원 형

구성원들 간에 서열이나 지위가 뚜렷이 드러나지 않고 동등한 입장에서 의사소통을 하는 경우이다.

(2) 차 륜 형

집단 내에 중심적인 인물 또는 리더가 존재하여 구성원들 간의 정보전달이 한 사람에게 집중되고 있는 형태를 말한다.

---

10) K. Davis, "Management Communication and the Grapevine," *Harvard Business Review*, Vol. 31, Sept.-Oct. 1953, pp. 43～49; H. Sutton & L.W. Porter, "A Study of the Grapevine in a Governmental Organization," *Personnel Psychology*, Vol. 21, 1968, pp. 223～230.

11) A. Bavelas, "Communication Pattern in Task-Oriented Group," *Journal of Acoustical Society of America*, Vol. 22, 1950, pp. 725～730; A Bavelas and D. Barrett, "An Experimental Approach to Organizational Communication," Vol. 27, No. 5, 1951, pp. 366～370.

표 11-2 커뮤니케이션 네트워크의 유형별 특성

유형 / 평가기준	원 형	차 륜 형	연 쇄 형	전체경로형
	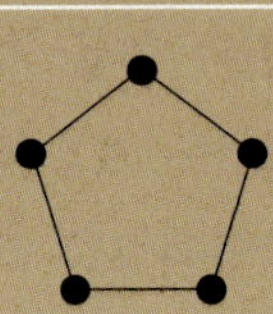	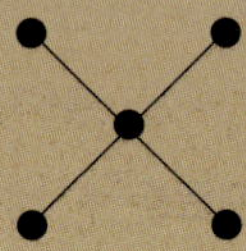		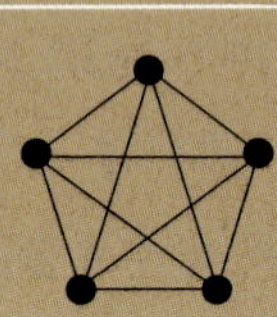
정 확 성	낮 음	높음(복잡·위기시는 낮음)	높 음	중 간
신 속 성	느 림	빠 름	중 간	빠 름
리더의 출현	낮 음	매우 높음	중 간	매우 낮음
구성원의 만족도	높 음	낮 음	중 간	매우 높음
구성원의 사기	높 음	낮 음	중 간	매우 높음
직무변화 적응력	빠 름	늦 음	중 간	매우 빠름
리더십 스타일	지 도 적	지시·독재적	지 도 적	지 원 적
리더십의 명료성	낮 음	높 음	중 간	낮 음

자료원: A. Bavelas and D. Barrett, *ibid.*, p. 370.

(3) 연 쇄 형

집단 내에서 명령계통에 따른 상·하위자 간의 커뮤니케이션 경우를 말한다.

(4) 전체경로형

모든 구성원들이 다른 모든 구성원들과 자유롭게 정보를 교환하고 의사소통을 하는 경우를 말한다. 〈표 11-2〉에는 커뮤니케이션 네트워크 유형의 특성을 보여주고 있다.

4.4 커뮤니케이션의 장애요인

수신자는 송신자의 메시지를 정확히 이해할 때 비로소 효과적인 커뮤니케이션이 이루어진다. 그러나 대부분의 경우 효과적인 커뮤니케이션이 되지 못하고 커뮤니케이션의 장애를 갖고 있다.[12] 효과적인 커뮤니케이션의 장애를 가져오는

12) R. W. Mondy and S. R. Premeaux, *Management*, Boston, M.A.: Allyn and Bacon, 1993; K. H. Chung and L. C. Megginson, *Organizational Behavior: Developing Managerial Skill*, New York, N.Y.: Harper and Row, 1981, pp. 199~203.

요인들을 기술적인 요인, 언어상의 요인, 심리적인 요인으로 구분하여 설명하고자 한다.

1 기술적인 요인

(1) 정보의 과중

커뮤니케이션상에 전달되는 정보가 너무 많아도 문제가 발생한다. 수신자에게 과중한 메시지가 전달되면 커뮤니케이션의 유효성이 감소된다. 현대를 '정보의 홍수시대'라고들 한다. 날로 복잡해져가는 환경 속에서 우리는 다양한 내용의 수많은 정보와 자료의 홍수 속에 파묻히게 되었다. 그 결과 사람들이 자신에게 전달된 모든 메시지를 완전히 소화하여 그에 대한 적절한 반응을 보이기 어렵게 되었다. 이와 마찬가지로 조직 내 커뮤니케이션에서도 특정한 수신자에 대해 너무 많은 메시지를 전달하면 그는 그러한 메시지에 적절한 반응을 보이지 못할 것이다. 커뮤니케이션에서 전달되는 정보의 양을 말할 때, 다다익선이라는 말은 별로 적합하지 못한 말이다.

(2) 시간의 압박

대부분의 관리자들은 모든 부하직원들과 자주 대화를 나눌 시간의 여유가 없다. 시간적 압박 또한 효과적인 커뮤니케이션의 장애요인으로 작용한다. 그들은 수많은 사람들과 접촉을 하면서 업무를 처리하기 때문에 자신이 접촉하는 모든 사람에게 상세한 정보를 제공할 만큼 충분한 시간이 없다. 이 때문에 관리자들이 구성원들과 나누는 대화는 피상적인 것이 되어 버리는 경우가 종종 있는데, 이러한 커뮤니케이션의 피상성은 대인관계를 악화시켜 커뮤니케이션에 지장을 초래하곤 한다.

2 언어상의 요인

(1) 어의(語義)상의 문제(semantic problem)

사람들은 대개 공통적인 상징체계로서 언어를 사용한다. 그러나 불행히도 동일한 단어가 다른 사람들에게 아주 다른 의미를 가질 수 있다. 왜냐하면, 어떠한 단어의 의미는 단어 그 자체에 있는 것이 아니라 우리 자신의 내부에 존재하는 것이기 때문이다.[13] 송신자와 수신자가 사용하는 단어가 동일하게 이해되고

---

13) S. I. Hayakawa, *Language in Thought and Action*, New York, N.Y.: Harcourt Brace Jovanovich,

제시되지 않는 한 효과적인 커뮤니케이션은 이루어질 수 없다.

사람들은 연령이나 교육수준, 문화적 배경 등 여러 가지 변수에 영향을 받아서 저마다 어휘구사와 용어에 대한 정의를 달리 한다. 그러나 송신자는 자신이 사용하는 단어나 용어의 의미를 수신자가 동일하게 이해할 것이라고 가정하는 경향이 있고, 또한 수신자도 송신자가 전달하는 메시지를 자기 나름대로의 의미로 해석하는 경향 때문에 커뮤니케이션에 문제점이 초래되는 경우가 많다.

(2) 비언어적 메시지(nonverbal messages)의 오용

대면 커뮤니케이션(face-to-face communication)에서 우리는 언어적 메시지와 비언어적 메시지를 함께 사용한다. 비언어적 메시지는 경우에 따라 언어적 메시지를 보다 효과적인 것으로 만들어 주기도 하지만 왜곡시켜 버리기도 한다. 언어적 메시지와 비언어적 메시지가 일치할 때에는 커뮤니케이션의 유효성이 향상되지만, 둘 사이에 모순이 있을 때에는 효과성이 감소된다.

예컨대, 시간에 구애받지 말고 충분히 이야기하자고 말은 해 놓고 자꾸 시계를 들여다 본다거나, 잔뜩 찡그린 얼굴로 기분이 좋다고 말하는 것 따위는 언어적 메시지와 비언어적 메시지가 일치하지 않는 것으로서 효과적인 의사소통이라고 할 수 없다.

3 심리적인 요인

(1) 송신자의 신뢰성(sender credibility) 부족

수신자가 갖는 송신자의 메시지에 대한 믿음이나 확신 및 신의 등의 태도를 송신자의 신뢰성이라고 말한다. 송신자가 지니고 있는 전문지식, 신용, 의향, 온화함, 행동적인 특성, 그리고 일반적인 평판 등은 송신자의 신뢰성에 영향을 미친다. 그러므로 수신자가 송신자의 메시지에 대해 갖는 신뢰도는 수신자가 송신자를 어떻게 평가하고 있느냐에 따라 달라진다.[14)]

(2) 평가적 경향(evaluative tendency)

평가적 경향이란 수신자가 송신자로부터 메시지를 전부 다 전달받기 이전에 메시지의 전반적인 가치를 평가해 버리는 경향을 말한다. 이러한 평가는 수신자가 송신자에 대해 내린 판단이나 수신자가 겪은 과거경험 또는 메시지로부터 기

1949, p. 292.

14) D. W. Johnson, *Reaching Out*, Englewood Cliffs, N.J.: Prentice Hall, 1972, p. 292.

대되는 의미 등에 근거하고 있다. 수신자가 송신자 개인과 그가 보낸 메시지에 대해서 미리 평가하고 판단하면, 메시지가 갖는 실제 의미는 왜곡되어 버리며, 이에 따라 메시지를 객관적으로 받아들일 수 없게 된다. 수신자가 일단 "저 사람 말은 도무지 믿을 수가 없단 말이야"라는 식의 생각을 한다면 그 다음부터는 메시지가 제대로 들리지 않게 된다.

(3) 선입관(preconceived ideas)

수신자가 어떠한 개념이나 생각에 대해서 갖고 있는 선입관은 메시지의 해독과정(decoding process)에 영향을 미친다. 수신자가 선입관에 사로잡혀 있을 때는 상대방이 하는 말을 건성으로 듣고 성급한 판단을 하기 쉽다. 수신자가 지니고 있는 선입관은 준거의 틀(frame of reference)을 형성하는데, 수신자는 이를 통하여 메시지를 받아들이고 구성하여 해석한다. 메시지가 해석될 때에는 송신자의 입장은 거의 고려되지 않고 수신자의 입장만 고려되므로 메시지가 의도한 바는 완전히 상실될 가능성도 있다.

(4) 선택적 청취(selective listening)

사람들은 자신들이 듣기 원하는 말은 듣고, 듣기 싫은 말은 귀기울이지 않는 경향이 있다. 즉, 새로운 정보가 개인이 현재 믿고 있는 사실과 모순이 될 때 그 정보를 차단시키려고 하는 선택적 지각(selective perception)과 마찬가지로 사람들은 자신들의 욕구를 충족시키거나 자신들의 신념과 일치하는 메시지는 받아들이고, 자신에게 위협을 가하거나 기존의 신념과 갈등을 일으키는 메시지는 부정하거나 왜곡하고 귀기울이지 않는 경향이 있다.

(5) 반응적 피드백(responsive feedback)의 부족

송신자가 메시지를 보냈는 데도 수신자가 아무런 반응을 보이지 않거나 부적절한 반응을 보이면 송신자를 낙심시키는 결과가 초래된다. 송신자의 의사전달에 수신자가 아무런 반응을 보이지 않는 것은 곧 수신자가 송신자의 의사전달에 아무런 관심도 갖고 있지 않다는 것을 의미하므로 커뮤니케이션이 제대로 이루어질 수 없다. 또한, 수신자가 송신자 측에서 전혀 예상하지 못한 엉뚱한 반응이나 부적절한 반응을 해도 커뮤니케이션은 어려움에 처한다. 예컨대, 시간을 묻는 사람에게 웬만하면 시계 하나 장만하라고 한다면 의사소통은 중단될 수밖에 없다.

지금까지 살펴본 커뮤니케이션의 장애요인은 효과적인 조직 내 커뮤니케이션을 방해하는 모든 요인들을 전부 망라한 것은 아니다. 하지만 여기서 살펴본 요인들은 그 존재를 인식하고 메시지를 왜곡시키는 심리적 요소들을 극복함으로써 제거될 수 있을 것이다.

재미로 보는 혈액형에 의한 리더 스타일

A형 리더: 신중하고 꼼꼼한 성격이어서 돌다리도 두들겨 보지 않으면 절대 건너지 않는 스타일이다. 완전주의적인 성격 때문에 하나를 끝내야만 다음 일을 한다. 때문에 여러 가지 일을 한꺼번에 처리하는 것보다 한 가지 일에 매진하는 것이 훨씬 더 높은 효과를 볼 수 있다.

B형 리더: 적응력과 충성도가 가장 뛰어난 혈액형이다. 자주성이 강하고 자기 중심적이며, 속박되는 일을 대단히 싫어하기 때문에 그런 환경에서는 일의 능력이 떨어진다. 하지만 어떤 일에 대해서도 과감하게, 즉각 실행에 옮기는 스타일이다.

AB형 리더: 냉정하고 지적인 성격으로 사회적으로 매사를 잘 처리하는 편이다. 특히 인간관계에 있어서 조율을 잘 한다. 그러나 주변사람의 의견에 지나치게 맞추다 보니 자주성을 잃기도 한다. 투쟁과 충돌을 싫어하는 성격이다.

O형 리더: 쾌활하고 매우 직선적이며, 자기주장이 강하다. 목표를 향하여 돌진하며, 성취력도 뛰어나다. 하지만 지나칠 때는 강압적인 스타일이 되고 타산적인 면이 부각되어 다른 사람에게 지적을 받기도 한다.

한광일, 창조적 상상 리더십, 미래북, 2007.

창의성과 실용적 가치

창조적인 상상력과 실용적 가치가 중요한 시대다. 창조성이 넘치는 국가가 강대국으로 부상하고 있고, 창의성이 넘치는 조직과 기업의 존재 가치가 높이 평가되고 있다. 실용적 가치 또한 중요하다. 창의성 없는 실용은 무의미하고, 실용이 없는 창의성은 공허하다.

창의성이 필요한 이유는 글로벌 사회가 무한한 다양성의 세계이기 때문이다. 변화의 폭과 정도는 시공간적 한계를 초월하고, 그러한 변화 속에서 모든 경제 주체는 무한의 다양성과 마주친다. 어떤 경제 주체든 창조적 활동을 통해 스스로 새로워지지 않고는 존재 가치를 주장할 수 없다. 특히, 기업의 경우 창조적 기업문화는 생존의 필수 조건이다. 기업 최고경영자(CEO)의 탁월한 리더십과 구성원의 자유로운 창의적 활동을 통해 창조적 기업문화를 구축하지 않고는 생존 여부가 불투명하다.

CEO는 꿈을 불사르며 열정적으로 나아갈 수 있는 변혁적 리더로 탈바꿈해야 한다. 리더가 구성원들에게만 창의적으로 생각하라고 요구해서는 실효성을 거두기 어렵다. 리더가 먼저 모범을 보임으로써 구성원의 창의적 사고와 행동을 독려해야 한다. 꿈과 상상력이 변혁적 리더십의 엔진이고, 열정과 불굴의 의지가 변혁적 리더십의 에너지다.

조직구성원들의 창의성 발현을 가로막고 창의적 경영의 장애 요인이 될 가능성이 있는 제도나 시스템 또한 과감히 개선해야 한다. 구성원들이 항상 창의적으로 생각하고 새로운 도전을 할 수 있어야 한다. 조금이라도 위험이 있거나 실패할 가능성이 있으면 도전하지 않는 위험 회피 태도 또한 창의적 기업문화 형성의 걸림돌이다. 구성원들이 기존의 패러다임에서 탈피하여 불확실하거나 위험이 있는 새로운 과제에 과감히 도전할 수 있는 분위기를 조성해야 한다.

실용성이 필요한 이유는 새로운 성장 동력을 끊임없이 창출하지 않고는 생존할 수 없다는 데 있다. 무한경쟁 세계는 지속적인 가치 창출이 이뤄지는 험난한 바다와도 같다. 실용적 가치가 우열을 가늠하며, 가치 추구를 등한시하는 기업은 침몰할 수밖에 없다. 역사상 존재했던 수많은 초우량 기업이 몰락한 이유도 새로운 가치 창출의 실패였다.

이처럼 창의성과 실용적 가치는 수레의 두 바퀴다. 창의적 활동을 통해 새로운 실용적 가치를 끊임없이 창조해 가는 기업이 경쟁력 있는 기업이다. 자기만의 닫힌 상자 밖으로 나와 타성과 관행을 타파하고 열린 신경영 세계로 나아갈 수 있는 창의와 실용의 자세, 즉 창조적 실용주의가 필요하다. 창조성은 다원적이고, 그 발현 여부는 어떤 것을 잘 하느냐에 있는 게 아니라 사물을 어떻게 바라보느냐에 달려 있다.

경영은 곧 서로 다른 기술과 지식을 가진 사람들을 조직화하여 새로운 가치를 창출하는 실용적 활동이다. 창조성에 근거한 전략과 실재성에 근거한 전략을 통합해 창조적 변화의 과정으로 나아가야 한다.

송인회(한국전력기술사장), 문화일보, 2008. 4. 21.

연습 문제

1. 동기유발의 과정을 예를 들어 설명해 보시오.
2. 욕구계층이론과 ERG이론을 비교·설명하시오.
3. 리더십이론 중 특성이론을 설명하시오.
4. 리더십의 상황적합적 이론을 예를 들어 설명하시오.
5. 조직 내 커뮤니케이션의 본질과 의미에 대하여 논하시오.
6. 커뮤니케이션의 장애요인과 그 해결방안에 대하여 논하시오.

제12장

통　　제

- 제 1 절　통제의 필요성과 기본과정
- 제 2 절　통제의 수준과 유형
- 제 3 절　통제의 내용
- 제 4 절　전략평가
- 제 5 절　보고제도와 감사제도

학 | 습 | 목 | 표

통제(Control)란 경영관리기능의 최종기능이자 수정조치를 위한 출발기능으로서 모든 경영관리활동이 계획대로 실행되고 있는가를 점검하고 적절한 수정조치를 취하는 피드백과정을 말한다. 이 장에서는 통제의 필요성과 기본과정, 통제의 수준과 유형, 통제의 내용, 전략평가, 보고제도와 감사제도 등에 대하여 학습한다.

자신의 원칙을 실현하라

국가경영은 공적영역에, 기업경영은 원칙적으로 사적영역에 속한다. 중국의 젊은이들은 전통적인 것에 일종의 반감을 가지고 있다. 그 원인은 유가사상에 과거 중국에서 정치화, 붕당화했거나 사람들의 사고를 세뇌시키는 경향이 있었기 때문이다. 본래 사적인 영역인 신앙문제가 통치자들의 필요에 의해 공적영역에 이용되었고, 통치자의 통치수단이 되었던 것이다. 유가의 주장은 중국 지식층의 머리를 옥죄는 틀로 체계화되었고 결국 외부의 충격을 받아 모든 통치체계가 완전히 붕괴될 때까지 그 강도는 점점 더해졌다.

유가사상이 주도적인 이데올리기로 변모한 과정과 기독교의 로마 정복의 과정을 비교해 보면 큰 차이가 있다. 기독교는 기독교가 가진 원죄, 천당, 지옥이라는 종교적 역량에 힘입어 장장 3세기에 걸친 온갖 질곡과 희생을 거쳐 통치자를 정복했다. 이에 비해 유가사상은 현세적·내향적·초월적 가치체계로서 예리하고 지혜로운 문인 계층에게 강한 공감을 일으켰다. 유가사상은 밭 갈고 장사하는 하층민에게 강력한 종교성을 발휘하기 어려웠다.

왜 원칙인가? 성공하는 기업은 모두 절차가 아니라 원칙에 따라 지도·운영되기 때문이다. 의사결정은 기업성공의 핵심 동인을 이해하고 있는 리더에 의해 이루어져야 한다. 그런 다음 이 원칙들을 실용적인 지혜와 현 상황에 맞는 판단력 및 기술과 결부시켜 주어진 환경에 적용해야 한다. 강령이나 노선 자체는 어렵지 않다. 문제는 누가 판단을 하는가이다. 직원들의 행위가 회사의 원칙에 부합하는지 여부를 누가 판단할 것인가? 공적영역의 노선이나 원칙이 문제가 되는 것은 이 판단의 주체 때문이다. 최종 판결은 자칭 대표자들로부터 나올 수밖에 없다. 이에 비해 기업의 기본 이익의 최종 대표자는 그리 복잡하지 않다. 누구일까? 주주가 바로 그들이다.

샤오지싱, 논어 경영학, 에버리치홀딩스, 2007.

제 1 절 통제의 필요성과 기본과정

경영관리는 계획, 조직, 지휘, 통제의 과정을 거치게 된다. 계획을 통하여 조직이 달성해야 할 목표를 설정하고, 조직을 통하여 목표달성에 필요한 인적·물적자원을 구성한 뒤, 지휘과정을 통해서 조직구성원들이 조직의 목표달성을 위하여 일할 수 있게끔 이끌고 동기유발을 한다 할지라도 조직구성원들의 활동이 계획된 대로 이루어진다는 보장은 없다.

따라서, 관리자들은 계획대로 일이 이루어지고 있는지 여부를 끊임없이 점검하고 필요한 수정조치를 취해야만 한다. 그런 의미에서 통제란 경영관리 과정에서 필수적인 과정이라고 할 수 있다.[1)]

1.1 통제의 필요성

통제(control)란 모든 관리활동이 계획대로 집행되고 있는가를 점검하고 계획과 집행의 편차와 그 원인을 찾아내어 그에 적절한 조치를 취하고 수정함으로써 목표달성을 촉진시키는 과정을 말한다.

통제활동은 경영관리 기능의 마지막 기능이자 수정조치를 위한 출발기능이 된다. 조직 내에서 통제활동이 필요한 것은 다음과 같은 이유 때문이다.

첫째, 모든 조직 내의 활동들이 조직의 목표달성에 제대로 기여하고 있는지 여부를 알아내기 위해서는 조직구성원 각자가 자신이 해야 할 일이 무엇인지를 알고 있으며, 또한 그러한 일을 제대로 수행하고 있는가를 점검해 볼 필요가 있기 때문이다.

둘째, 조직과 관리자는 항상 끊임없는 변화에 직면하고 있기 때문에 통제가 요구되기도 한다. 현대와 같이 급변하는 조직의 대내외적 환경은 계획수립과 통제가 밀접하게 연계되어야 할 필요성을 증폭시키고 있다. 조직의 계획과 목표는 그것을 달성하는 데 상당한 시간을 소요하기 마련인데, 목표달성에 시간이 소요되는 동안 조직내부 또는 외부환경에서 변화가 일어나는 경우가 다반사이다. 이

1) 1) 박내회, 경영관리, 서울: 세영사, 1991, pp. 401~412 참고.

러한 변화는 조직의 목표수정을 불가피하게 하기도 하고 기존의 목표를 무용지물로 만들어 버리기도 한다.

셋째, 조직의 규모가 커지고 참여하는 시장범위가 확대됨에 따라 통제가 필요해지기도 한다. 조직이 비교적 소규모일 때에는 관리자들이 거의 모든 활동들을 면밀히 관리할 수 있다. 그러나 조직규모가 방대해지고 시장영역이 확대되면 제한된 시간과 능력으로 말미암아 모든 활동을 면밀하게 감독하기 어려워지기 때문에 권한의 위양과 분권화가 이루어지는데, 이를 적절히 관리하기 위해서는 공식적인 통제시스템이 갖추어져야만 한다.

위와 같은 이유 때문에 통제는 관리과정에서 매우 중요한 위치를 차지하고 있다. 통제는 조직의 목표달성에 영향을 미치는 조직의 내적·외적 환경의 변화를 감지하고 조직 내의 모든 활동들의 진척내용 및 결과를 점검하여 적절한 관리적 조치를 취하고, 더 나아가서는 조직의 목표자체까지도 수정하는 매우 중요한 과정인 것이다.

1.2 통제의 기본과정

통제는 보통 다음과 같은 다섯 가지 단계를 통하여 이루어지는 과정이다. 즉, ① 상황의 파악, ② 표준(standards)의 설정, ③ 정보의 수집, ④ 실제성과와 표준의 비교, ⑤ 수정조치(corrective action) 등의 5단계이다. 어떠한 유형의 통제라 할지라도 이러한 기본적인 단계를 거쳐 이루어지는 것이 통례이다.[2)]

1 상황의 파악

조직의 목표달성을 위한 표준을 설정하기 전에 상황을 파악하는 것이 무엇보다도 먼저 선행되어야 한다. 표준은 항상 측정가능성을 염두에 두고 설정하기 때문에, 선택성의 원칙(principle of selectivity)에 입각하여 상황파악을 하게 된다.

선택성의 원칙이란 파레토의 법칙으로 더욱 잘 알려진 개념으로서, 소수의 몇 가지 특성이 나머지 대다수의 효과를 발생시킨다는 원칙이다. 예컨대 맥주의 맛은 좋은 물과 온도, 숙성기간에 의해 거의 좌우된다고 한다. 마찬가지로 통제

---

2) D. Helliegel and J.W. Slocum, Jr., *Management*, 5th ed., Reading, M.A.: Addison Welsley Pub. Co., 1989, pp. 636~630.

를 위한 중요한 몇 가지의 특성(characteristics)을 파악하는 일이야말로 가장 중요하다.

2 표준의 설정

표준이라 함은 모든 활동이나 성과 또는 변화를 비교하는 지침이 되는 바람직한 수준이라고 할 수 있다. 표준은 조직의 목표로부터 나오게 되는데, 통제의 표준과 조직목표가 밀접하게 연계될수록 조직구성원들이 통제과정을 보다 잘 납득하고 이해할 수 있다. 조직의 목표는 활동 그 자체보다는 활동의 결과에 초점을 맞추게 된다. 또 표준은 목표를 근거로 하여 설정되기 때문에, 이 역시 활동 그 자체보다는 활동의 결과에 초점을 맞추어 설정된다.

3 정보의 수집

실제성과를 측정하는 데 필요한 정보를 수집하는 방법에는 직접관찰, 통계보고, 구두보고, 서면보고 등이 있는데, 이들은 각기 장단점을 갖고 있기 때문에 네 가지 방법을 적절히 혼합하여 사용하면 보다 타당한 정보를 얻을 수 있다.[3)]

(1) 직접관찰(personal observation)

관리자가 직접 구성원들의 활동을 관찰하여 실제활동에 관한 정보를 얻으면 정보가 다른 사람들에 의해서 왜곡되는 것을 방지할 수 있으며, 세세한 부분까지도 파악할 수 있다. 그러나 직접관찰에는 많은 시간이 소요될 뿐만 아니라 관리자 개인의 편견이 개입될 수 있다.

(2) 통계보고(statistical reports)

통계보고는 컴퓨터에 의해 작성된 보고서에만 국한되지 않고 각종 그래프나 도표, 수치자료 등도 포함된다. 통계자료는 여러 가지 관계내용을 이해하기 쉽고 일목요연하게 나타내 준다는 장점을 갖고 있지만, 통계자료만으로 조직 내에서 이루어지고 있는 활동을 구체적으로 파악하기가 어렵다는 단점이 있다.

(3) 구두보고(oral reports)

실제성과에 관련된 정보를 회의, 면담 또는 전화통화를 통하여 수집할 수도

---

3) S. P. Robbins, *Management: Concepts and Applications*, Englewood Cliffs, N.J.: Prentice Hall Inc., 1988, pp. 473~474.

있다. 구두보고의 장단점은 직접관찰의 그것과 비슷하다. 구두보고는 직접관찰에 비하여 정보가 왜곡될 소지가 있기는 하지만 신속하고 피드백이 가능할 뿐만 아니라 상대방의 대화내용에서 미묘한 정보를 얻어낼 수도 있다. 구두보고의 가장 큰 단점은 차후에 참고할 수 있도록 기록해 놓기가 용이하지 않다는 점이다.

(4) 서면보고(written reports)

서면보고는 통계보고와 마찬가지로 구두보고보다 느리기는 하지만, 훨씬 일목요연하며, 보관했다가 필요할 때마다 참조할 수 있다는 장점이 있다. 이것은 조직에서 가장 공식적으로 쓰이는 정보수집방법이라고 할 수 있다.

실제성과를 측정하는 방법보다는 측정하는 내용이 구체적으로 무엇인지가 오히려 더 중요하다고 볼 수 있다. 왜냐하면 측정하는 내용이 잘못된 경우에는 여러 가지 심각한 부작용이 야기되며, 조직에서 어떠한 것을 측정하는가에 따라 조직구성원들이 역점을 두는 활동내용이 달라지기 때문이다.

관리자는 수많은 활동을 수행하기 때문에 관리자가 달성하는 성과의 종류도 상당히 많다고 할 수 있다. 관리자가 달성하는 성과 중 일부는 거의 모든 관리자들에게서 공통적으로 측정되어야 한다. 예컨대, 관리자란 본질적으로 다른 사람들의 활동을 지휘하기 때문에 종업원의 만족도나 이직률, 결근율 등은 거의 모든 관리자들에 대해 측정되어야 할 것이다.

4 실제성과와 표준의 비교

네 번째 단계는 실제성과와 성과표준을 비교하여 차이가 있는지를 알아보는 것이다. 실제성과는 표준과 거의 같을 수도 있고 완전히 다를 수도 있다. 관리자는 실제성과와 표준 간에 상당한 차이가 있을 때 특히 관심을 가져야 하는데, 중요한 것은 실제성과와 표준 간의 차이를 어느 정도까지 허용해야 할지를 결정하는 일이다. 즉, 관리자는 실제성과가 표준에 어느 정도 수준까지 미달 또는 초과했을 때 각별한 관심을 갖고 통제에 임해야 될지의 지침이 되는 실제성과와 표준 간의 차이 허용범위(acceptable range of variation)를 결정해야 한다.

실제성과가 표준에 크게 미달 또는 초과했을 때 관리자는 그 원인을 파악하여 적절한 수정조치를 취할 준비를 해야만 한다.

5 수정조치

마지막 단계는 실제성과와 표준을 비교하는 평가과정을 거친 뒤, 관리자가 자신이 통제하는 활동들이 바람직한 방향으로 전개될 수 있도록 적절한 수정조치(corrective action)를 취하는 것이다. 수정조치는 다음과 같은 세 가지 중 하나가 될 것이다.

(1) 현상태의 유지

만일 실제성과를 표준과 비교해 보았을 때 그 차이가 허용범위를 넘지 않거나 표준보다 초과달성이라면 관리자는 그러한 상태를 계속 유지하는 데 노력을 기울여야 한다. 만일 실제성과가 차이의 허용범위 내에서 표준과 비슷하게 나타난다면, 이는 조직의 활동이 계획대로 이루어짐을 나타내어 주기 때문에 그러한 성과를 달성한 구성원들의 노고를 인정해 주어야 할 것이다.

(2) 성과의 수정

실제성과가 표준에 훨씬 미달했을 때, 관리자는 성과의 수정조치를 취해야 한다. 수정조치의 예로서는 전략, 구조, 보상관행, 훈련 프로그램 등의 변화와 직무의 재설계, 인원의 재배치 등을 들 수 있다. 성과를 수정하는 데에는 두 가지 방법이 있다. 첫째는 즉각적인 수정조치로서, 해당상황을 즉시 수정하여 원래의 궤도에 올려놓는 것을 말한다. 둘째는 근본적인 수정조치로서, 표준과 차이를 가져온 원인을 추적하여 그 근본원인을 수정하는 것을 말한다.

(3) 표준의 수정

실제성과와 표준이 상당한 차이를 보이는 이유는 비현실적으로 높거나 낮게 설정된 표준 때문일 수가 있다. 이러한 경우에는 성과를 수정하기보다는 표준을 수정하는 조치가 필요하다. 왜냐하면, 표준에 미달하는 성과를 낸 사람들은 대부분 표준이 비현실적으로 너무 높다고 탓하는 수가 많기 때문이다. 따라서, 표준을 낮추어 설정하고자 할 때에는 먼저 표준이 정말로 비현실적으로 높은 것인지 여부를 철저하게 검토해야 할 것이다.

제 2 절 통제의 수준과 유형

2.1 통제의 수준

통제는 조직계층상으로 볼 때 전략적 수준에서의 통제와 운영적 수준에서의 통제로 구분할 수 있다.[4)]

전략적 통제(strategic control)는 조직의 상층부에서 실행되는 통제로서, 조직의 외부환경과 관련이 있다. 즉, 기업전략(corporate strategy)이나 사업전략(business strategy)을 책임 맡고 있는 사람들이 실행하는 통제가 바로 전략적 통제인 것이다.

조직의 최고경영층은 경쟁업자, 고객, 공급업자, 기술, 지역사회 등 조직을 둘러싸고 있는 외부환경에 대한 정보를 끊임없이 수집하고 분석하여, 조직의 목표달성에 영향을 미칠 수 있는 요인을 파악함으로써 조직이 적절히 적응할 수 있게 해야 한다.

그림 12-1 통제의 주요 범위

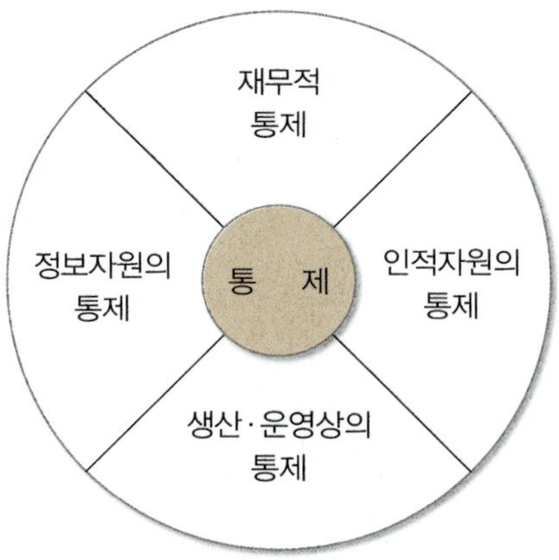

4) J. A. Pearce Ⅱ & R. B. Robinson, Jr., *Management*, New York, N.Y.: McGraw Hill, 1989, pp. 582~583.

운영적 통제(operating control)란 조직의 목표달성을 위해 관리자들이 물적자원(physical resources), 재무자원(financial resources), 인적자원(human resources), 정보자원(information resources) 등을 사용하는 데 관련하여 이루어지는 통제를 말한다([그림 12-1 참조]).

2.2 통제의 유형

조직의 활동을 간략히 나타내면 일련의 투입물(inputs)을 받아들여 이것을 변환(transformation)시켜서 산출물(output)을 만들어 내는 과정이라고 할 수 있다. 투입물을 산출물로 변환시키는 과정을 기준으로 볼 때, 통제는 변환과정 이전에 이루어지는 사전통제, 변환과정상에서 이루어지는 동시통제, 변환과정이 끝난 이후에 이루어지는 사후통제 등으로 그 유형을 나눌 수 있다.[5] 이를 그림으로 나타내면 [그림 12-2]와 같다.

그림 12-2 통제의 유형

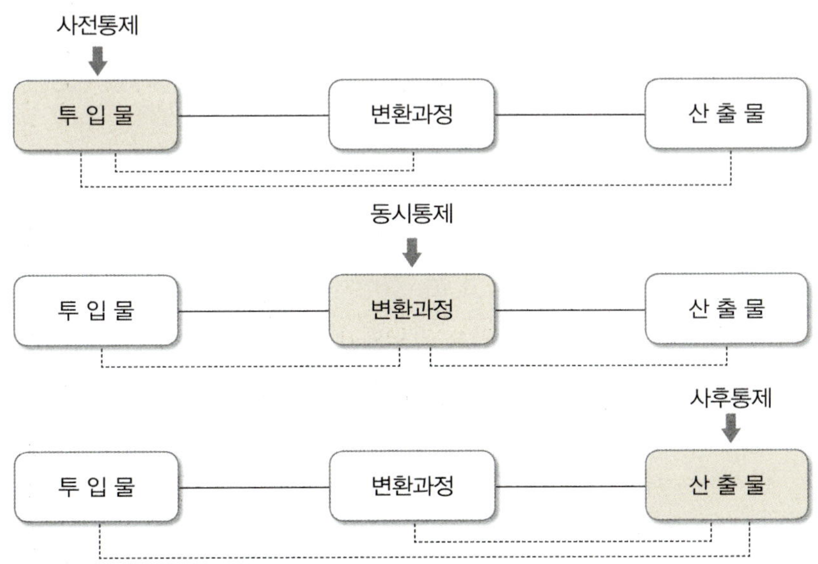

자료원: J.A. Pearce Ⅱ & R.B. Robinson, Jr., *Management*, New York, N.Y.: McGraw-Hill, 1989, p. 585.

5) 박내회, 전게서, pp. 410~412.

1 사전통제

사전통제(preliminary control)란 변환과정에 들어가는 투입물을 통제함으로써 예상되는 문제점을 미연에 방지하는 방법이다. 즉, 사전통제는 가장 적절한 투입물을 선택하여 문제점이 발생하지 않도록 활동을 미리 통제하는 것으로 피드포워드 통제(feedforward control)라고도 한다. 운영적 수준에서의 사전통제는 투입물을 신중하게 선택하거나 규정 및 절차를 개발함으로써 예상되는 문제점을 방지하는 것을 말한다.

2 동시통제

동시통제(concurrent control)는 사전점검이 끝난 후 구체적인 업무가 실행되는 과정에서 이루어지는 통제를 말한다. 동시통제는 최종결과가 나타나기 전에 수정조치를 취할 수 있어서 목표달성에 현실적으로 기여할 수 있다는 특징이 있다. 운영적 수준에서의 동시통제는 작업이 적절하게 이루어지고 있으며 모든 상황이 계획대로 진척되고 있는가를 점검하여 적절한 관리적 조치를 취하는 것이다. 또한, 전략적 수준에서의 동시통제는 전형적으로 분기별 실적이나 중요한 성과지침에 초점을 맞추어 조직의 진전상황을 점검하고 필요한 수정조치를 취하는 것을 말한다.

3 사후통제

사후통제(post-action control)는 조직이 활동하여 나타난 결과에 초점을 맞추어 통제하는 것이다. 즉, 실제로 나타난 조직의 성과가 계획했던 목표와 어떻게 다르며, 그 원인은 무엇이고, 또 실행과정에서는 어떠한 문제점들이 있었는지를 최종적으로 검토하는 것으로, 피드백 통제(feedback control)라고도 한다.

운영적 수준에서의 사후통제는 다음과 같은 세 가지 역할을 한다. 첫째, 각 기능부문을 책임지고 있는 관리자들에게 자신이 책임지고 있는 활동을 전반적으로 평가하는 데 필요한 정보를 제공해 준다. 둘째, 종업원을 평가하고 보상해 주는 기준의 역할을 한다. 셋째, 사후통제는 조직에 들어오는 투입물을 책임지고 있는 관리자와 그 변환과정을 관리하는 사람에게 활동의 성과를 일깨워 주는 역할을 한다.

전략적 수준에서의 사후통제는 조직의 향후 계획을 수정 또는 변화시키는 데 필요한 정보를 최고경영층에게 제공해 준다. 조직 전체에 걸친 사후통제 정보는 최고경영층으로 하여금 기존계획의 성패여부를 판가름하게 해 준다. 즉, 사후 통제는 기존계획의 적절성 여부를 판단하고, 조직 전체에 걸쳐 향후에 취할 조치를 수정해야 할 필요가 있는지 여부를 결정하게 해 준다.

제 3 절 통제의 내용

관리자들이 통제활동을 수행할 때, 통제의 대상이 되는 것은 조직 내에서 이루어지는 모든 활동이라고 해도 과언은 아니지만 여기서는 관리자들이 가장 일반적으로 접하는 통제대상인 재무통제, 인적자원 통제, 생산·운영 통제, 정보자원 통제를 중심으로 살펴보기로 한다.

생산·운영상의 통제에는 ① 적정한 품질의 물품을 적정한 가격으로 정해진 기간 내에 구입하는가를 통제하는 구매관리, ② 적정재고수준을 유지하도록 통제하는 재고관리, ③ 필요한 시설과 기계를 확보하도록 통제하는 장비관리, ④ 적정수준의 품질을 유지하도록 통제하는 품질관리 등이 포함된다. 인적자원의 통제는 조직구성원을 적절히 선발하고 훈련시키며, 제대로 평가하고 보상하도록 통제하는 것을 말한다. 정보의 통제는 조직 내의 모든 활동을 지원하는 데 필요한 정확한 정보를 시의적절하게 확보하는 것을 내용으로 한다. 끝으로, 재무자원의 통제는 조직의 자본을 효과적으로 활용하기 위해 이루어진다.

3.1 재무통제

조직은 재무자원을 모든 단위부서에 배분하여 업무수행에 사용하게 한다. 통제의 관점에서 관리자들은 각 단위부서들이 재무자원을 능률적이고 효과적으로 사용하는지의 여부를 점검하고 적절한 조치를 취해야 한다. 여기서는 재무자원을 통제하는 데 가장 일반적으로 사용되는 비율분석(ratio analysis) 및 예산편성(budgeting)에 대하여 살펴보기로 한다.[6)]

6) J. A. Pearce Ⅱ & R. B. Robinson, Jr., *Strategic Formulation and Implementation*, 3rd ed., Homewood, Ill.: Richard D. Irwin Inc., 1988, pp. 238～239.

1 비율분석

비율분석(ratio analysis)은 재무자원의 배분을 점검하고 조정하기 위하여 각종 재무비율(financial ratios)을 분석하는 것을 말하는데, 가장 일반적으로 사용되는 재무비율은 크게 네 가지 범주로 구분될 수 있다.

(1) 유동성 비율(liquidity ratios)

유동성 비율은 조직이 단기부채를 상환할 수 있는 능력을 나타내 주는 것으로서 유동부채를 상환하기 위하여 유동자산을 조달할 수 있는 능력을 나타내 준다.

(2) 레버리지 비율(leverage ratios)

레버리지 비율은 채권자들로부터 장기자본을 공급받을 수 있는 정도를 나타내 준다.

(3) 활동성 비율(activity ratios)

활동성 비율은 조직이 자원을 얼마나 효과적으로 활용하는가를 나타내 준다. 즉, 매출액을 매출액 창출에 사용된 자원과 비교함으로써 조직이 얼마나 능률적으로 조업을 수행하는가를 알 수 있다.

(4) 수익성 비율(profitability ratios)

수익성 비율은 전반적으로 볼 때 얼마나 효과적으로 관리되고 있는지를 나타내 준다. 왜냐하면, 수익성이란 조직 내의 여러 가지 방침, 의사결정, 활동, 노력 등이 한데 융합되어 나타나는 결과이기 때문이다.

비율분석이 효과적인 통제수단이 되려면 비교할 만한 기준이 있어야 한다. 비교기준을 마련하는 방법으로서는, 첫째로 과거의 비율을 기준으로 삼는 것으로, 현재의 비율을 과거 비율에 대비해 봄으로써 관심 있는 부분의 향상 여부를 판가름해 볼 수 있다. 둘째로 비슷한 수준의 다른 회사의 비율 또는 동종 산업 내 평균비율을 기준으로 삼는 것인데, 이는 최고경영층이 자기 회사의 취약부분을 파악하여 개선하는 데 자주 사용된다.

2 예산편성과 예산통제

예산편성(budgeting)이란 어떤 조직 또는 단위부서의 향후 활동을 금전단위 또는 수량적 단위로 나타내는 것이다. 예산은 모든 통제시스템의 기초가 되는데, 일반적으로 1년 단위로 수립된다. 관리자들이 재무자원을 통제하기 위해 사용하는 예산에는 여러 가지가 있다. 특히, 예산을 수립하는 방법에는 상향식 예산수립과 하향식 예산수립이 있다.

(1) 상향식 예산편성(bottom－up budgeting)

상향식 예산편성은 조직의 하위계층에서 자기 부서에 필요한 예산요구액을 산정하여 중간계층의 관리자에게 올리면, 중간계층의 관리자가 다른 하위부서의 예산들을 모아 검토·수정한 뒤 취합해서 예산위원회 또는 예산담당부서에 제출하게 된다. 그 후 예산위원회 또는 예산담당부서는 조직의 전략과 재무상태에 비추어 제출된 예산들을 종합 검토하여 최고경영층에 보고하게 된다. 최고경영층이 각 부문별로 제출된 예산을 검토하여 최종 승인을 하게 되면, 각 부문별로 예산이 확정되고 각 단위부서로 배정되게 된다.

상향식 예산수립은 각 부서의 모든 활동에 대해 가장 잘 알고 있는 사람들이 초기예산을 책정하기 때문에 현실적인 예산수립이 될 수 있으며, 자기자신이 직접 예산을 상정하기 때문에 일단 예산이 확정되면 그 예산범위를 반드시 지켜야 한다는 일종의 의무감이 조성될 수 있다.

(2) 하향식 예산편성(top－down budgeting)

하향식 예산편성은 최고경영층에서 각 부문별 예산을 책정해서 아래로 보내면, 각 부문별로 그 예산을 검토하고 평가하여 수정이 필요하면 예산수정을 요청하게 된다. 만일, 요청된 예산수정이 타당한 것이라면 그러한 의견을 받아들여 예산을 수정한 뒤 최종예산을 확정하게 된다.

한편, 하향식 예산수립은 여러 단위부서들이 제각기 예산수립 활동을 하는데 있어서 야기되는 시간과 노력의 중복을 피할 수 있다는 장점을 갖고 있다.

(3) 제로베이스 예산편성(zero－based budgeting)

대부분의 경우 예산은 전년도를 기준으로 하여 일정비율만큼 증감하여 책정되는데, 그렇게 할 경우 당해연도에 할당된 예산은 전부 다 지출하고 보자는 심리가 작용할 수도 있다. 이와 같은 예산수립상의 한계점을 극복하기 위해 최근에는 제로 베이스 예산편성이 각광을 받고 있다. 제로 베이스 예산이란 이전의 예산수립방식은 완전히 무시하고 새로운 사업이나 프로젝트에 대해 독립적으로 예

산편성하는 것을 말한다.[7)]

예산편성 지침을 보면 다음과 같다.

첫째, 예산편성에는 최고경영자의 방침 및 계획이 반영되어야 하지만 집행부문을 예산편성 과정에 참여시켜 현장의 실정을 반영하여야 한다.

둘째, 예산편성의 기초조건이 되는 전사적 이익계획에 최고경영자의 기본방침, 장기경영계획, 경영전략, 신년도 업무계획 등을 종합적으로 조정하여야 한다.

셋째, 판매, 생산, 구매, 재무 등의 실적을 분석하여 차년도의 예산편성에 필요한 기본적인 변동경향을 파악하고 문제점을 파악한다.

넷째, 장기목표와 단기목표의 조정, 판매부문과 생산부문의 조정 등 전사적 관점에서 종합적으로 조정하여 균형된 예산을 편성한다.

다섯째, 통제가 가능한 조직의 각 부문별로 예산을 편성하여 관리자로 하여금 스스로의 달성목표, 업적평가기준을 분명히 함으로써 동기유발시킬 수 있도록 한다.

여섯째, 판매예산, 생산예산, 인력예산, 자본예산(capital budgeting) 및 현금예산 등은 반드시 편성해야 한다.

예산통제라 함은 기업이 장래의 일정기간에 대한 예산을 편성하고, 이 예산에 의거하여 기업 전체 및 각 부문의 활동을 지휘·조정하고, 예산과 실적의 차이를 파악하고 분석함으로써 경영관리를 효율적으로 수행하고자 하는 제도를 말한다.

예산통제를 효과적으로 실시하기 위한 절차는 기업의 경영활동에 필요한 각종 예산을 편성하고, 예산을 집행하고, 예산집행의 결과인 성과와 예산을 비교하는 예산차이의 분석의 순으로 진행된다.

각 부문예산 및 종합예산이 편성되면 관련 책임자에게 전달되어 예산기간의 시작과 더불어 집행하게 된다. 이때 예산집행의 과정에 있어 예산과 실적의 차이 발생시 주의하고 크게 차이가 나면 그 원인을 밝혀내어야 한다. 합리적인 예산통제의 실시를 위해 다음 조건이 충족되어야 한다.

첫째, 조직구성원 모두 예산통제에 관한 이해를 충분히 하고 적극적으로 지

---

7) R. W. Mondy and S.R. Premeaux, *Management*, 6th ed., Boston, M.A.: Allyn and Bacon, 1993, p. 649.

지해야 한다. 둘째, 예산통제를 위한 조직이 확립되어야 한다. 셋째, 예산통제는 변동하는 상황에 적합하도록 탄력성이 있어야 한다. 넷째, 예산통제의 방침이나 절차를 명시한 예산통제 관계의 규정이 정비되어 있어야 한다. 다섯째, 예산기간은 회계연도와 동일하게 하는 것이 바람직하다. 여섯째, 예산통제는 경영통제의 한 기법에 지나지 않는다.

예산통제의 위험을 제거하고 예산에 탄력성을 부여하기 위하여 고안된 예산이 변동예산이다. 변동예산을 편성하게 되면 기업은 여러 가지 상황변화에 따라 예산을 탄력적으로 운영할 수 있다.[8)]

3.2 인적자원 통제

조직이 관리하는 자원 중 가장 중요한 것이 인적자원이라고 해도 과언이 아니다. 일반적으로 인적자원의 통제는 선발과 업적평가 그리고 인적자원비율을 다루는 것이다.

1 선 발

선발(selection)은 신규 채용될 사람을 선정하는 것인데, 이는 인적자원의 사전통제(feedforward control)라고 할 수 있다. 특정한 직책이나 과업에 적절한 사람을 뽑게 되면 그만큼 해당업무를 잘 수행할 확률이 높아진다고 볼 수 있다.

2 업적평가

인적자원을 통제할 수 있는 가장 기본적인 수단이 바로 업적평가(performance appraisal)이다. 통제과정과 마찬가지로 업적평가도 이루어진다. 즉, 달성해야 할 업적 또는 성과의 표준을 설정하고 개인 또는 작업집단의 성과를 측정하여 표준과 비교한 뒤 적절한 조치를 취하는 업적평가과정은 통제과정과 기본적으로 동일하다.

효과적인 관리자는 업적평가를 동시통제와 사후통제로 활용한다. 조직구성원들의 성과를 주기적으로 검토하고 때때로 현장에 직접 나가서 성과를 점검하는 것은 동시통제를 가능하게 하며, 1년에 한 차례씩 업적평가를 하여 그 결과를

8) 이재규, 지식경영학원론, 박영사, 2003.

종업원들에게 알려주고 이듬해의 성과표준을 설정하는 데 활용하는 것은 사후통제를 가능하게 한다.

3 인적자원비율

인적자원이 어느 정도 효과적으로 활용되고 있는가를 점검하기 위해 인적자원비율(human resource ratios)이 활용된다. 예를 들면, 특정기간 동안에 조직을 떠난 사람들의 수를 전체의 종업원 수로 나눈 종업원 이직률은 급여 및 채용정책에 관련된 사항을 점검하는 데에 활용되며, 특정 기간동안 결근한 종업원수를 전체 종업원수로 나눈 결근율은 인적자원 운용에 관련된 문제점을 파악하는 데 활용된다. 또한 인력구성비율(workforce composition ratios)은 성별, 학력, 연령, 직급 등을 기준으로 볼 때 조직구성원들이 어떻게 구성되어 있는가를 일목요연하게 할 수 있기 때문에 각종 인사정책에 활용될 수 있다.

3.3 생산·운영 통제

생산·운영과 관련된 통제방식은 생산 및 재고통제와 품질통제가 있다. 이들 통제방식에 대해 살펴보기로 한다.

1 생산 및 재고의 통제

소비자의 수요에 적응하기 위하여, 어떤 제품을 얼마의 수량으로 생산할 것인가를 결정하는 과정을 생산계획(production planning)이라고 한다. 생산계획은 총괄적 생산계획과 기본적 생산계획으로 구분된다.

총괄적 생산계획이란 예측된 수요에 따라 비교적 중간 정도의 기간(6~12개월) 내에서 유효한 생산량을 계획하는 것으로서, 예를 들어 현대자동차의 총괄적 생산계획은 에쿠스, 그랜저, 소나타, 아반테 등의 전 모델을 합친 생산량을 의미한다. 기본적 생산계획은 기업 내의 자원, 자재 및 생산능력 등의 모든 요소를 고려한 생산가능성을 기초로 수립되는 생산계획이다.

생산계획이 결정된 후 관리자가 해야 할 과제는 최소의 비용으로 이 계획이 달성되도록 생산활동을 통제하는 것이다. 생산 및 재고통제는 최소의 생산비용으로 바람직한 질적 수준의 계획된 생산량을 달성하기 위해 필요한 자재의 공급과 관련된 모든 의사결정을 의미한다.

재고통제에 있어서 가장 중요한 과제는 적시적량의 재고수준을 유지하는 것이다. 즉, 재고는 생산공정이나 판매의 계속적 조업을 가능케 하고, 고객에게 서비스 기능을 하며, 투기적 기능을 하기도 한다.

전통적으로 재고관리의 중요한 기법으로는, 경제적 발주량 결정기법(EOQ Model), ABC분석기법, 총괄적 재고관리기법 등이 있으나, 최근에는 자재소요량계획(MRP), 전사적 자원관리(ERP)기법이 많이 활용되고 있다.

2 품질통제(quality control)

품질통제는 생산공정이 계획된 품질수준의 제품을 생산하고 있는가를 확인하는 의사결정과정으로서, '품질관리'라고도 한다. 효과적인 품질관리를 위해서는 잘 설계된 품질통제시스템이 필요하다.

품질통제시스템을 설계하기 위해서는 첫째, 제품생산공정 중 검사를 필요로 하는 중요한 작업을 설정하는 것이 중요하다. 둘째, 측정하는 척도의 종류를 결정하고, 검사의 규모를 결정해야 한다. 마지막으로 검사요원의 선발과 훈련이 중요하다.

3.4 정보자원 통제

[그림 12-3]에서 보는 것처럼, 내적·외적 환경요인들이 조직에 영향을 미치고 있으며, 경영정보 시스템(management information system: MIS)의 개발을 필요로 하고 있다. 내적·외적 환경요인들은 관리자들에게 필요한 정보를 제공하며, 내적 환경요인으로는 마케팅, 생산, 재무 등이 포함되며, 외적 환경요인으로는 경쟁업체, 노동력, 주주, 공급업체, 고객, 지역사회 등 여러 이해관계자들이 포함된다.[9)]

따라서, MIS는 경영자의 필요를 충족시켜 줄 수 있는 정보를 제공해 줄 수 있도록 정교하게 설계되어져 개발되어야 한다. 예컨대, 고객이 무엇을 원하는지에 대한 정확한 정보를 알아야, 거기에 맞는 제품을 개발하고 공급할 수 있는 마케팅 및 생산 시스템을 설계할 수 있기 때문이다.

---

9) R. W. Monday and S. R. Premeaux, *op. cit.*, pp. 603~604.

그림 12-3 필요한 경영정보

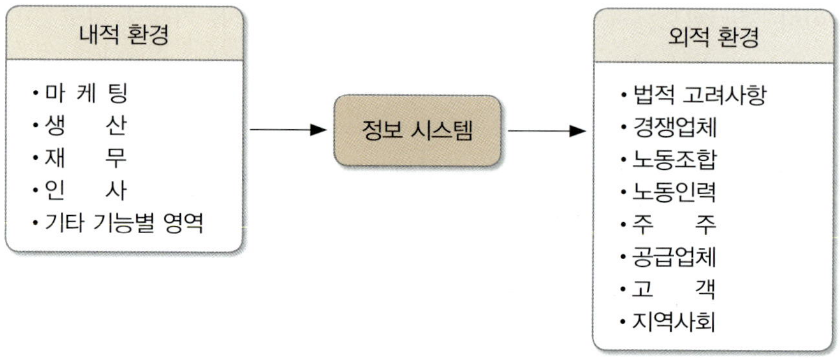

자료원: R. W. Mondy and S. R. Premeaux, *Management*, 6th, ed., Boston, M.A.: Allyn and Bacon, 1993, p. 603.

정보의 통제(information control)가 중요한 이유는 다음과 같다.

첫째, 경영자는 의사결정을 위해 정보에 의존하게 되고, 잘 설계된 MIS는 정보의 양과 질을 개선시키고 정보획득의 시간을 빠르게 해 주기 때문이다.

둘째, 정보를 중심으로 권력구조가 변화하고 있기 때문이다. 예컨대, 희귀하고 중요한 정보에 대한 접근의 용이성에 대한 변동은 조직 내에서의 권력관계를 변화시키고 있다. MIS는 조직 내의 계층관계를 변화시키고 있기 때문에 최고경영자의 직접적인 정보처리업무가 많아진다.

제 4 절 전략평가

기업은 비전과 목표를 달성하기 위해 계획, 실행, 평가라는 일련의 경영활동을 수행하며 평가는 수립된 계획, 목표 및 전략의 실행결과를 측정하여 차기 계획에 반영하게 된다. 기업은 평가를 통해 지속적으로 전략을 수립·실행하고 이를 개선시킬 수 있다. 전략평가 시스템은 기업이 비전과 목표를 달성하기 위하여 조직단위별로 실행한 행위 결과를 적정한 기준에 따라 측정한 결과를 다른 경영시스템에 피드백하는 시스템이다.

전략평가 시스템은 조직에 대한 평가인 집단평가와 사람에 대한 평가인 개인평가로 구분된다. 집단평가는 경영(전사)평가, 사업부평가, 팀(부서)평가로 구분되고 개인평가는 평가대상에 따라 임원평가와 사원평가로 구분된다.

경영(전사)평가의 초점은 기업의 성장과 생존 기업가치의 극대화, 장기적 핵심역량 등이며 다각화 전략, 신규사업개발 전략, 홍보 전략에 대한 평가가 이루어진다.

사업부평가의 초점은 사업부의 경쟁력, 이익 기여도, 중·단기 핵심역량이며 경쟁전략, 시장심화전략, 마케팅 광고전략 등에 대한 평가가 이루어진다.

팀평가의 초점은 기능부서 효율과 팀 간 협력도이며 사업부기능 전략, 팀 고유전략에 대한 평가가 이루어진다.

임원평가는 첫째, 스탭으로서의 역할, 즉 정보제공자, 방침전달자, 전략제안자 등에 대한 평가이고 둘째, 리더로서의 역할은 방향제시자, 업무조정자, 실천경영자, 부하육성자 등에 대한 평가이고 셋째, 대표자로서의 역할은 협상자, 홍보자로서의 역할에 대한 평가이다.

사원평가는 개인평가로 발휘된 능력에 대한 평가(업적평가와 태도평가)와 보유능력에 대한 평가로 구성된다.[10)]

제 5 절 보고제도와 감사제도

1 보고제도의 의의와 유형

보고제도(reporting system)의 확립은 경영통제를 위한 전제라고 할 수 있다. 결국 경영통제란 올바르게 확립된 보고제도하에서만 그 유효성을 발휘하게 된다고 해도 지나친 말은 아니다. 일반적으로 보고제도는 외부보고제도(external reporting system)와 내부보고제도(internal reporting system)로 구분된다.

외부보고제도는 주주에 대한 상법상의 영업보고서, 세무당국에 대한 세무신고보고서, 금융기관에 대한 각종 보고서, 각급 감독관청에 대한 신고조사회답 보

---

10) 조동성, 21세기를 위한 경영학, 서울경제경영, 2000.

고서 등은 기업의 외부보고제도 가운데 의무적 직무이며, 기업활동의 일부이기도 하다.

내부보고제도는 주로 기업 내의 최고경영층을 비롯한 각 계층의 관리층에 있어서의 경영통제를 위한 내부적인 보고이다. 내부보고는 그 내용이나 형식이 자율적이며 보고횟수 또한 잦은 것도 특징이다. 외부보고는 재무회계가 중심이고, 내부보고는 관리회계가 중심이다.

내부보고가 경영통제를 위한 효율적 도구가 되기 위해서는 우선 어떠한 형태로든 기업 내에서 제도화가 필요하다. 제도화와 관련하여 다음을 염두에 두는 것이 바람직하다. 첫째, 어떠한 보고를 언제, 어디서, 어디로 제출해야 하는가를 미리 결정한다. 둘째, 목적적합성의 관점에서 자료나 정보의 측정처리 보고에 이르는 일련의 체계적 질서가 있어야 한다.

보고제도는 경영통제의 효율성을 기하기 위해 적시성의 원칙, 정확성의 원칙, 책임성의 원칙, 종합성의 원칙, 피드백의 원칙 등이 준수되어야 바람직하다.

2 내부감사와 외부감사

첫째, 내부감사는 자기감사이고, 외부감사는 타인감사이다. 내부감사의 목적은 경영관리목적에 있지만 외부감사의 목적은 여신분석이나 투자분석이다.

둘째, 내부감사보다 외부감사가 훨씬 권위가 높다.

셋째, 내부감사는 자유의사로 이루어지며 외부감사는 공인회계사 같은 직업감사인에 의해 실행된다.

넷째, 일반적으로 내부감사는 회계감사 이외의 감사도 실행하나 외부감사는 회계감사에 한정된다.

내부감사는 경영에 대한 운영감사이다. 따라서 그것은 관리과정의 도중에 수시로 계획결과와 실적감사를 대비함으로써 업무활동의 올바른 수행을 확보한다.[11]

---

11) 이재규, 지식경영학원론, 박영사, 2003.

연습 문제

1. 통제의 중요성과 기본과정을 설명하시오.
2. 사전통제와 사후통제를 비교·설명하시오.
3. 재무자원의 통제를 예를 들어 설명하시오.
4. 인적자원의 통제를 예를 들어 설명하시오.
5. 생산운영상의 통제를 예를 들어 설명하시오.
6. 정보자원의 통제를 예를 들어 설명하시오.
7. 전략평가 시스템에 대하여 설명하시오.
8. 예산편성과 예산통제에 대하여 설명하시오.
9. 보고제도와 감사제도에 대하여 설명하시오.

현장사례 '틈새 굴뚝기업' 세계 주름잡는다

'소리 없이 강하다'는 표현은 전통제조업 분야의 '강소기업'들에 어울리는 표현이다. 단조, 용접, 금형, 사출 등 기술혁신과는 동떨어져 보이는 기반기술을 바탕으로 세계시장을 주름잡고 있기 때문이다. 세계의 공장이라는 중국·인도의 업체들이 낮은 원가와 풍부한 노동력을 자랑한다면, 태림산업, 신진볼텍 등 국내 산업계의 '숨은 강자들'은 기술 특화, 국외 마케팅, 숙련 기능인력의 힘을 무기로 삼고 있다.

경남 창원시에 소재한 신진볼텍은 볼트와 너트를 생산한다. 한때 기계산업의 메카인 창원의 특산품이었지만 이제는 중국 업체들이 세계시장을 장악한 기초부품을 계속 고집하고 있다. 임성근 사장은 "볼트, 너트 하면 로테크(저급 기술)처럼 보이지만 원가절감과 틈새시장 개척 노력만 지속하면 블루오션으로 만들 수 있다"며 "사업부별 월 결산 손익을 공개해 투명하게 인센티브를 주면서 직원들의 창의성을 높이려 애쓴다"고 말한다. 까다로운 단조 기술이 필요한 제품을 만드는 이 회사의 임직원은 20여 명뿐이지만 지난해 50억원대의 매출을 올렸다.

창원산업단지에 있는 태림산업은 '업그레이드'된 용접기술을 바탕으로 베엠베·지엠·포드 등의 고급차종에 조향장치 관련 부품을 공급한다. 태림은 파이프와 부속물을 고무로 감는 대신 용접을 하는데, 용접열이 가해져도 100분의 1~2㎜ 오차를 벗어나지 않게 가공하는 기술을 바탕으로 연간 150억원 안팎의 수출 실적을 자랑한다. 오승한 사장은 "외국인 인력 도입은 최대한 억제하는 대신 손재주 좋은 퇴직자와 여성인력을 적극 활용하는 것도 경쟁력의 비결"이라고 밝혔다.

국내 중소기업계 전체를 돌아보면 전통업종에서 비범한 성과를 내는 사례들이 적지 않다. 플라스틱 버클 세계 1위인 우진프라스틱은 스포츠용품 업체들에 버클 수납장을 설치해 주는 '찾아가는 마케팅'을, 삼성전자가 벤치마킹한 스프링 제조업체 삼원정공은 전 직원을 대상으로 한 1초 단위 시간관리를 바탕으로 사양산업임에도 높은 매출과 영업이익률을 자랑한다. 또 휴대전화 카메라 렌즈 등을 생산하는 재영솔루텍은 일본 업체들도 시도하지 못한 금형기술의 매뉴얼화를 추구하는 등 '지식경영'으로 유명하다.

백필규 중소기업연구원 연구위원은 "로테크를 첨단기술로 만드는 것은 결국 사람"이라며 "국내 중소기업들도 기술·인력 관리를 체계화하는 경영혁신을 통해 제조업 경쟁력을 키워갈 수 있다"고 설명했다.

자료: 한겨레신문, 2008. 3. 24

문제

- 사례에서 제시된 기업이 작지만 강한 기업이 될 수 있었던 요인을 찾아보자.

제 3 부

기능별 경영관리

제13장

마케팅관리

학|습|목|표

기업경영에 있어서 경쟁이 치열하고 소비자의 요구가 다양화·고도화될수록 마케팅의 중요성은 더 커진다. 마케팅은 고객만족을 통해 고객과의 교환을 창출하고 유지해 나가는 경영활동이라 할 수 있다. 제13장에서는 현대 마케팅의 기본 개념과 원리를 이해하고, 마케팅전략, 마케팅믹스 활동, 마케팅의 새로운 흐름에 대하여 학습한다.

브랜드화

오늘날 상거래의 중요한 역할을 하는 상표의 기원은 석기 시대인 B.C 5000년쯤으로 추정된다. 또한 B.C 3200년쯤에 제작된 진흙으로 구워 만든 질그릇에 상표가 새겨진 것이 출토됐다. B.C 500년에서 A.D 500년까지의 로마제국시대에는 상표가 보편화됐음을 문서를 통해 알 수 있다.

오늘날 특정 상표가 부착된 제품들은 특정 회사가 동일한 품질로 제조했음을 알게 된다. 상표가 명성을 얻게 되면 사업상에 중요한 이익도 창출된다. 대부분 맞벌이가 많기 때문에 물건을 고를 충분한 시간적 여유가 많지 않아 특정 상표를 보고 물건을 고르게 된다. 상표는 곧 회사의 평판을 의미한다. 상표는 소비재뿐 아니라 거래은행을 고를 때나 투자회사를 선택할 때, 병원을 고를 때, 보험회사를 고를 때에도 중요한 역할을 한다.

세계가 점점 좁아지면서 다국적기업들이 전 세계를 상대로 영업을 할 때 상표가 매우 귀중한 자산이 된다. 소비자들은 IBM이나 메릴린치, 사우스웨스트 항공 등 좋은 브랜드의 회사에 몰려든다. 이들 회사는 좋은 품질의 제품과 서비스를 일관성 있게 제공함으로써 명성을 얻고 있다. 이와 같은 명성은 하룻밤 사이에 얻어지지 않는다. 한 번에 단 한 명의 고객을 확보할 뿐이다.

거대한 조직체가 브랜드를 확보하는 것처럼 개인도 마찬가지다. 자신의 분야에서 이름을 상표화하기 위해서 꼭 영화배우나 TV스타, 재벌기업가가 될 필요는 없다. 자신의 부서에서 최고의 명성을 얻게 되면 고용주는 당신의 가치를 재평가하게 되고 경쟁 업체에서는 당신을 스카우트하려 할 것이다. 자신의 분야에서 성실과 의지를 갖고 최선을 다하라. 그런 당신에게 세계의 문은 항상 열려 있다. "지극히 작은 것에 충성된 자는 큰 것에도 충성되고, 지극히 작은 것에 불의한 자는 큰 것에도 불의하느니라"라고 한 성경의 말씀처럼 항상 언제나 최선을 다해야 한다.

데이비드 스튜어드 & 로버트 슈크, 섬김으로 성공한 기업경영, 가이드포스트, 2005.

제 1 절 마케팅의 의의

1 마케팅의 개념

일반적으로 기업활동은 생산요소를 구매하여 생산과정을 거쳐 만들어진 제품을 판매하는 일련의 순환과정을 통해 부가가치를 창출해 나가는 일련의 과정으로 이해할 수 있다. 기본적으로 마케팅의 중요성은 기업이 아무리 애써 생산하고 내부경영을 잘 했다 하더라도 판매를 하지 못하면 그 기업은 망할 수밖에 없다는 데 있다.

마케팅은 고객만족을 통해 교환(또는 고객, 수요)을 창출하고 유지·관리하는 활동을 말한다. 기업이 고객과의 거래나 교환을 원활하게 하기 위해서는 양질의 제품을 적절한 가격에 적절한 유통경로를 통해 공급하며 적절한 광고 촉진활동을 전개할 때 가능해지는 것이다.

경제사회의 발전과 더불어 마케팅의 개념과 대상, 영역은 세월의 흐름에 따라 계속 발전되어 왔다. 한국마케팅학회는 2002년 최근의 마케팅 흐름을 반영하여 마케팅을 "조직이나 개인의 목적을 달성시키는 교환을 창출하고 유지할 수 있도록 시장을 정의하고 관리하는 과정"이라고 정의하였다. 미국마케팅협회(AMA)는 2004년 마케팅을 "고객에게 가치를 창출하고 전달하는 동시에 조직과 이해관계자 상호간에 이익이 되는 방향으로 고객관계를 관리하는 일련의 과정"이라고 정의하였다. 또 2007년에는 마케팅의 대상을 고객뿐만 아니라 사회에까지 확대하여 마케팅을 "고객과 파트너, 사회를 위해 가치를 창출하고 커뮤니케이션하고 전달하며 교환하는 일련의 과정 또는 활동"이라고 정의하였다.

요컨대, 현대 마케팅의 개념은 "조직이나 개인의 목적을 달성하기 위해 시장에서 제품이나 서비스, 아이디어 등의 교환을 창출하고 유지해 나가는 과정"이라고 할 수 있다. 여기서 교환을 창출하는 것은 시장에서 신규고객을 유치하는 것을 의미하며, 교환을 유지하는 것은 기존고객이 이탈되지 않도록 유지·관리하는 것을 의미한다.

[그림 13-1]에는 교환을 중심으로 한 현대적 마케팅의 이러한 개념을 보여주고 있다.

그림 13-1 마케팅의 기본개념

2 마케팅 컨셉트

생산규모가 소비규모를 능가함에 따라 기업 간의 경쟁이 심화되고 소비자 욕구가 다양하게 표출되는 상황이 도래하였고, 종전의 판매자중심 시장(seller's market)은 구매자중심 시장(buyer's market)으로 변화하게 되었다. 이에 따라 기업은 과거의 생산중심이나 판매중심의 경영 사고에 변화를 가져오지 않을 수 없었고 새로운 경영철학을 모색하게 되었다.

현대 마케팅의 실천적 지도이념이자 철학이 되는 마케팅 컨셉트(marketing concept)란 "고객의 욕구충족을 통한 조직(기업)의 목표달성을 위하여 전사적 차원에서 통합적 노력을 경주하는 고객지향적 경영철학"을 말한다.

마케팅 컨셉트가 지향하는 3대 중심과제는 고객지향성(customer orientation), 통합적 마케팅(integrated marketing), 고객만족을 통한 이익(profit through creating customer satisfaction) 등이다.

[그림 13−2]와 〈표 13−1〉에는 판매 컨셉트와 마케팅 컨셉트의 개념을 비교 설명하고 있다.

그런데 1970년대 이후에 접어들면서 고객의 욕구충족을 통한 조직의 목표달성을 추구하는 마케팅 컨셉트가 장기적인 고객의 이익과 사회의 이익을 증대시켜 주지 않을 수 있다는 사회적 비판이 제기되면서, 마케팅 컨셉트는 새로운 국면을 맞이하게 되었다. 즉, 고객지향적인 마케팅은 물질만능주의를 조장할 뿐만 아니라 자원을 낭비하며, 환경을 오염하고 소비를 조장하는 등의 역기능이 대두되었다.

그림 13-2 판매 컨셉트와 마케팅 컨셉트

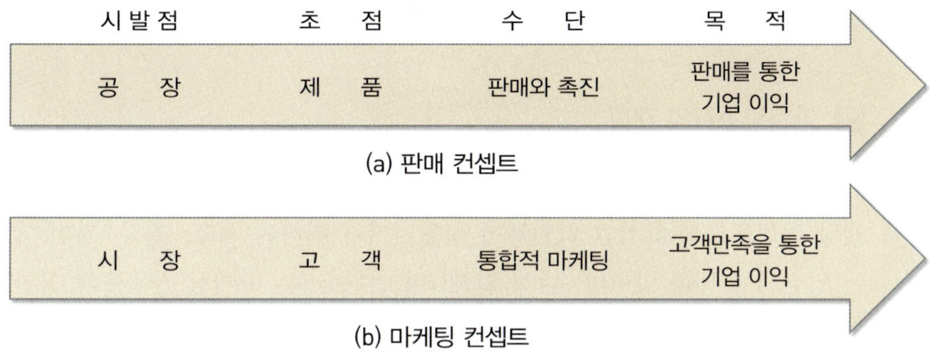

자료원: P. Kotler, *Marketing Essentials*, 7th ed., Prentice-Hall, 1991, p. 17.

단기적인 고객의 욕구충족이 결과적으로 장기적인 고객만족과 사회의 복리 이익을 해칠 수 있다는 인식이 고조되면서 기존의 마케팅 컨셉트를 일부 수정하여 '사회지향적 마케팅 컨셉트'를 추구하게 되었다.

사회지향적 마케팅 컨셉트(social marketing concept)란 고객과 사회전체의 장기적인 욕구충족을 통하여 기업의 이익 또는 조직의 목표를 추구하고자 하는 인간 및 환경지향적인 마케팅철학이라고 할 수 있다.

사회지향적 마케팅의 특징은 기업의 사회적 책임과 환경에 대한 영향을 고려하면서 사회 및 인간에 대한 배려를 한층 강조한다는 점과 단순한 물질적 생활수준의 향상이 아닌 보다 나은 생활의 질(quality of life)을 창출하고 증대시키는 데 깊은 관심을 두고 있다.

표 13-1 판매 컨셉트와 마케팅 컨셉트의 비교

판매 컨셉트	마케팅 컨셉트
① 제품을 강조한다.	① 소비자(고객)의 욕구를 강조한다.
② 생산된 제품의 판매증대를 통한 이익을 추구한다.	② 고객의 욕구충족을 통한 결과적 이익을 추구한다.
③ 판매지향적이다.	③ 고객지향적이다.
④ 단기적 이익을 추구한다.	④ 장기적 이익을 추구한다.
⑤ 판매자중심시장 상황	⑤ 구매자중심시장 상황
⑥ 고압적 마케팅	⑥ 저압적·통합적·전사적 마케팅

제 2 절 마케팅관리

1 마케팅관리의 개념

마케팅관리(marketing management)는 마케팅활동을 관리하는 것으로서, 마케팅 컨셉트를 전략적인 차원에서 실현시키기 위하여 계획, 조직, 지휘, 통제하는 일련의 활동을 말한다. 다시 말해, 마케팅관리는 마케팅 컨셉트의 실천을 위하여 마케팅목표를 설정하고, 마케팅관리 수단을 동원하여 변동적인 마케팅환경에 능동적으로 적응할 수 있도록 계획, 조직, 지휘, 통제하는 일련의 활동과정이라고 정의할 수 있다.

이러한 마케팅관리의 정의가 함축하고 있는 의미를 구체적으로 살펴보면 다음과 같다.

첫째, 마케팅관리의 목표는 고객지향적인 마케팅 컨셉트의 실천이다.

둘째, 마케팅관리는 마케팅믹스 요소(4P's)라 불리우는 제품과 가격, 유통, 촉진을 그 수단으로 하고 있다.

셋째, 마케팅환경은 마케팅활동을 제약하는 통제불능요인이며, 변동적인 마케팅환경에 능동적으로 적응하기 위한 해결책을 강구해 나가는 것이 마케팅관리이다.

넷째, 마케팅관리는 마케팅환경에 부합하는 마케팅 믹스를 개발하고, 이를

그림 13-3 마케팅의 통제가능요인과 통제불능요인

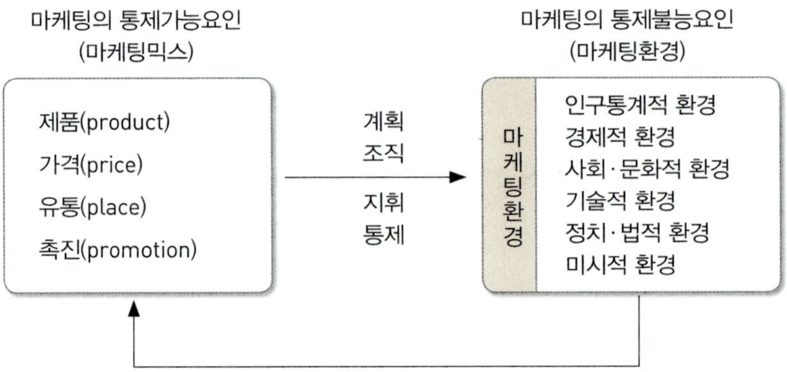

계획, 조직, 지휘, 통제해 나가는 일련의 전략적 활동과정이다.

다섯째, 마케팅관리는 기업과 마케팅환경 간에 상호작용하는 개방시스템적 접근방법(open systems approach)을 기초로 하고 있다.

[그림 13-3]은 마케팅의 통제가능요인인 마케팅관리요인(마케팅믹스요인)과 통제불능요인인 마케팅환경요인 간의 관계와 마케팅관리과정을 나타내 주고 있다.

2 마케팅믹스

마케팅관리활동은 기본적으로 통제가능요소인 마케팅 제 수단, 즉 마케팅 관리요소의 최적배합의 문제로 귀결되는데, 이것은 마케팅믹스의 개념으로 설명된다.

마케팅믹스(marketing mix)란 "표적시장을 만족시키기 위하여 기업이 통제가능한 제 요소를 결합하는 것"[1]으로서 마케팅목표를 달성하기 위해 결합되는 마케팅 제 수단의 집합을 말한다.

마케팅관리자는 [그림 13-4]에서 보는 바와 같이 복잡하고 변동적인 마케팅환경(통제불능요인)하에서 고객을 표적으로 하여 마케팅관리요인(통제가능요인)인 제품(product), 가격(price), 유통(place), 촉진(promotion)을 최적의 상태로 결합하게 되는데, 이들 네 가지 요소를 마케팅믹스 요소(4P's)라고 한다. 마케팅믹스 요소들의 내용을 구체적으로 살펴보면 다음과 같다.

제품(product)은 기업경영의 성패를 좌우하는 중요한 열쇠가 된다. 마케터는 제품계획을 통해 기존제품을 개량하거나 신용도를 개발하여 지속적으로 소비자욕구에 적응해 나가야 하며, 소비자의 욕구충족을 위한 신제품을 개발하는 등 최적의 제품믹스(product mix)가 유지되도록 해야 한다. 상표화(branding), 포장, 제품서비스 등에 관련된 의사결정도 제품계획의 대상이 된다.

가격(price)은 구매제품에 대하여 고객이 지불하게 되는 반대급부로서, 고객에게 적정한 가격수준이고 생산자와 판매업자에게 적정한 수준의 이익이 보장되는 가격이어야 한다. 가격정책이나 할인정책, 지불조건의 결정 등이 여기에 속한다.

유통(place)은 시간적·공간적 차원의 마케팅활동을 취급하는 것으로서, 표

---

1) E.J. McCarthy, & W.D. Perreault, Jr., *Basic Marketing*, 9th ed., 1987, p. 35.

그림 13-4 마케팅관리자가 고려해야 할 제 요소

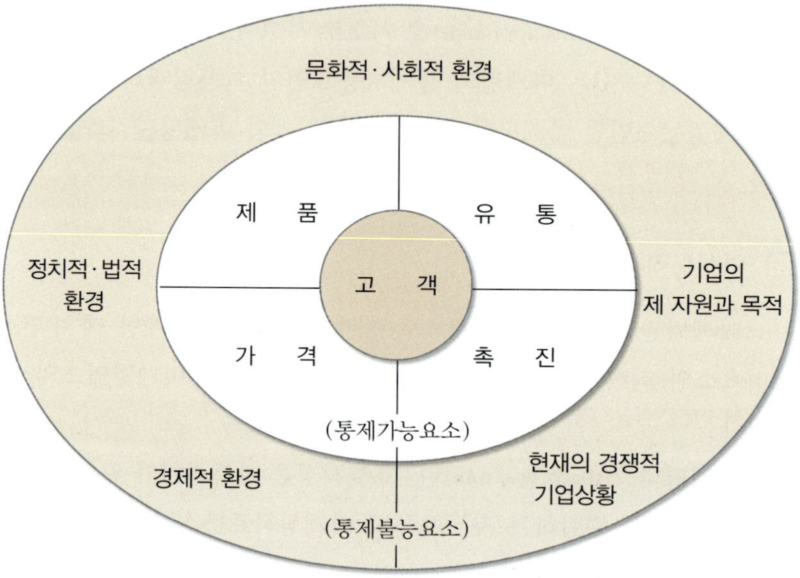

적고객에게 적정한 상품을, 적정한 시간에, 적정한 장소에서 제공하는 데 필요한 활동이다. 여기서는 유통경로관리와 물적 유통관리가 주된 관심대상이 된다.

촉진(promotion)은 제품의 수요를 자극하는 제 활동으로서, 잠재고객들에게 정보를 제공하고 그들을 설득하기 위한 제 수단을 말한다. 촉진의 수단으로는 광고, 인적 판매, 홍보, 판매촉진 등이 있다.

3 마케팅관리의 과업

마케팅관리자는 조직의 목표를 달성하는 데 이바지할 수 있는 방법으로 수요의 수준과 시기 및 수요의 성격을 규명하는 일이 무엇보다도 중요하다. 마케팅관리의 핵심과제는 소비자의 수요를 창출하고 유지하는 일이다. 따라서 마케팅관리의 과업은 곧 수요를 관리(demand management)하는 것이라고 할 수 있다.

소비자의 수요상황에 따른 마케팅관리의 과업은 다음과 같이 8가지로 구분할 수 있다. 전환마케팅(conversional marketing)은 부정적인 수요상황에서 필요하게 된다. 부정적 수요란 잠재시장이 특정 제품이나 서비스를 싫어하는 수요상황을 말한다. 이러한 수요에 대응하기 위해서는 負의 수요를 正의 수요로 전환시킴으로써 공급수준에 상응하는 수준까지 수요를 끌어올리는 마케팅 과업이 필요하다.

자극마케팅(stimulation marketing)은 수요가 전혀 없는 상황에서 필요하게 된다. 영(零)의 수요란 잠재시장이 특정제품이나 서비스에 대하여 기호나 관심이 없는 상태를 말한다. 이러한 수요에 대응하기 위해서는 영의 수요를 긍정적 수요로 활성화시키는 방법을 강구함으로써 제품의 잠재고객들을 자극하는 마케팅 과업이 필요하다.

개발마케팅(development marketing)은 잠재수요가 있는 상황에서 필요하게 된다. 잠재된 수요란 실제적으로는 제품이 존재하지 않지만 상당수의 사람들이 강한 욕구를 가지고 있을 때 나타나는 현상이다. 잠재된 수요는 신제품 개발을 위한 좋은 기회가 된다(예: 니코틴 없는 담배, 무공해 자동차). 이러한 수요에 대응하기 위해서는 잠재수요가 실제 수요화될 수 있도록 신제품이나 서비스를 개발하는 마케팅 과업이 필요하다.

재마케팅(리마케팅, remarketing)은 수요가 감퇴되어 가는 상황에서 필요하게 된다. 감퇴적 수요란 어떤 제품에 대한 수요가 종전보다 감퇴되거나, 계속 감소될 것으로 예상되는 수요상황을 말한다(예: 고속버스의 등장에 따른 철도 승객의 감소). 이러한 수요에 대응하기 위해서는 수요를 부활시키는 마케팅 과업이 필요하다.

동시화 마케팅(synchro marketing)은 불규칙적인 수요상황에서 필요하게 된다. 불규칙 수요란 현재의 수요의 행태가 파동이 심하여 공급행태와 일치하지 않게 되는 수요상황을 말한다(예: 해변의 호텔). 이러한 수요에 대응하기 위해서는 수요와 공급의 시기를 일치시키는 마케팅 과업이 필요하다.

유지마케팅(maintenance marketing)은 완전수요상황에서 필요하게 된다. 완전수요란 기업이 기대하는 수요수준이 현재 실현되고 있는 수요상황을 말한다. 이러한 수요상황하에서는 마케팅 업무를 효율적으로 수행하고, 잠재경쟁자의 수요잠식을 경계하면서 현재의 수요수준을 유지하는 마케팅 과업이 필요하다.

디마케팅(demarketing)은 제품에 대한 수요가 공급을 초과하는 경우에 필요하게 된다. 초과수요란 공급업자가 의도하는 공급수준을 초과하는 수요가 일어나는 수요상황을 말한다. 이러한 수요상황에서는 일시적 또는 영구적으로 고객의 수요를 억제시키는 마케팅 과업이 필요하다.

대항마케팅(counter marketing)은 소비자나 공공적·사회적 또는 기업이익이라는 관점에서 볼 때, 그 수요가 건전하지 못하다고 판단되는 제품의 수요상황에서 필요하게 된다(예: 술, 담배). 불건전한 수요상황에서는 지나친 수요를 가급적 억제하거나 소멸시키는 마케팅 과업이 필요하다.

제 3 절 마케팅전략

1 마케팅전략의 개념

마케팅전략(marketing strategy)이란 경영전략의 일환으로서 복잡하고 변동적인 마케팅환경의 동향에 능동적으로 적응하면서 '지속적 경쟁우위(sustainable competitive advantage)'를 구축하기 위한 마케팅 제 활동을 계획하고 결정하는 것이라고 정의할 수 있다. 다시 말해, 마케팅전략은 가용한 마케팅 제 수단을 동원하여 경쟁시장에서 효율적으로 이길 수 있는 방책을 강구하는 일이라고 할 수 있다.

마케팅전략의 수립에 있어서 직접적으로 관련되는 세 당사자는 고객(cus-

그림 13-5 마케팅전략의 3C와 STP

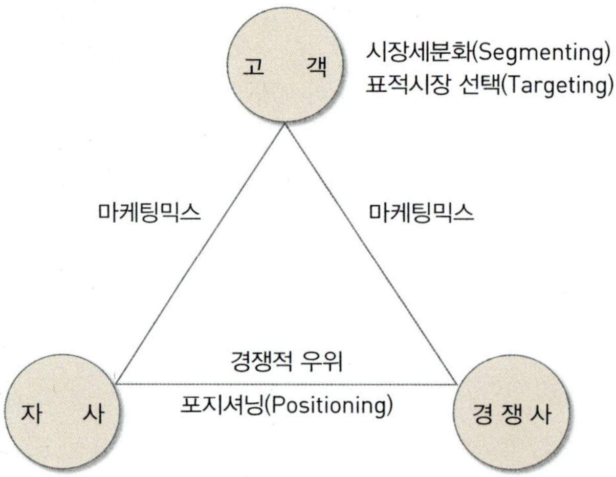

▷3C: Customer, Company, Competitor
▷STP: Segmenting, Targeting, Positioning

tomer), 자사(company), 경쟁사(competitor)이며, 이들 세 당사자의 영문 머리글을 따서 '마케팅전략의 3C'라고 한다.

마케팅전략을 수립하는 출발점은 고객을 파악하는 데서부터 시작된다. 잠재고객의 다양한 욕구를 이해하고 분석하기 위해서는 먼저 이질적인 전체시장을 동질적인 작은 세분시장으로 나누는 시장세분화(market segmentation)가 이루어져야 하며, 이를 통하여 표적시장(target market)을 선정하는 일이 필요하다. 표적시장(고객)이 선정되고 이들의 욕구나 특징이 파악되면, 표적고객들에게 자사가 의도하는 특성을 가진 제품이나 상표로 인식시키는 활동인 제품 포지셔닝(product positioning)의 과제에 직면하게 된다.

[그림 13-5]에서 보는 바와 같이 현대적인 전략적 마케팅의 핵심은 이상에서 언급한 시장세분화(Segmenting), 표적시장 선정(Targeting), 제품 포지셔닝(Positioning)으로 집약되며, 이들 3자의 머리글을 따서 'STP 마케팅' 또는 '마케팅전략의 STP'라고 한다.

2 마케팅전략의 전개

(1) 시장세분화

마케팅의 관점에서 볼 때, 시장(market)이란 상품의 매매가 이루어지는 장소적인 개념이 아니라 기업과 화폐를 교환하는 상대방인 '수요자의 집합' 내지 '제품이나 서비스에 대한 잠재구매자의 총수요'의 개념으로 이해된다.

시장세분화(market segmentation)란 소비자들의 다양한 욕구에 따라 이질적인 전체시장을 동질적인 몇 개의 세분시장으로 나누는 행위를 말한다.

효과적인 시장세분화를 하기 위해서는 ① 측정가능성, ② 접근가능성, ③ 실체성(규모와 수익성), ④ 집행력 등의 요건을 갖추어야 한다.

시장세분화를 위한 기준과 변수는 시장의 성격에 따라 적절히 선정, 사용되어야 하는데, 일반적으로 다음과 같이 4가지 유형으로 나누어진다.

① **인구통계적 세분화** 연령, 성, 직업, 교육수준, 가족수, 소득, 종교, 인종, 국적, 사회계층 등의 변수
② **지리적 세분화** 지역, 지역규모, 인구밀도, 기후 등의 변수
③ **사이코그래픽 세분화** 개성, 동기, 라이프스타일 등의 변수
④ **행위적 세분화** 사용률, 구매동기, 상표충성도, 편익, 태도 등의 변수

(2) 표적시장의 선정

적절한 세분화기준에 따라 시장세분화가 이루어지고 나면, 마케터는 세분시장의 규모와 성장성, 세분시장의 구조적 매력성, 기업의 목표와 자원 등을 검토하면서 여러 세분시장을 비교·평가하고, 최적의 세분시장을 표적시장(target market)으로 선정한다.

표적시장의 선정과 관련하여 마케터가 고려할 수 있는 마케팅전략 대안으로는 시장의 동질성과 이질성에 대한 사고를 기준으로 하여 비차별적 마케팅전략, 차별적 마케팅전략 및 집중적 마케팅전략으로 구분된다.

비차별적 마케팅전략(undifferentiated marketing strategy)은 각 세분시장의 차이를 무시하고 하나의 제품으로 전체시장을 향해 마케팅활동을 전개하는 전략이다. 차별적 마케팅전략(differentiated marketing strategy)은 이질적인 전체시장을 세분화한 다음 두 개 이상의 복수 세분시장을 표적시장으로 삼고 각 세분시장의 욕구에 부응할 수 있는 마케팅믹스전략을 개발하여 적용하는 마케팅전략이다. 집중적 마케팅전략(concentrated marketing strategy)은 여러 세분시장 중에서 하나의 세분시장만을 표적시장으로 삼고 기업의 마케팅 노력을 집중하는 전략이다.

(3) 제품 포지셔닝

기업의 시장확보전략과 기업이 당면한 제반 여건을 고려하여 가장 합당한 표적시장이 선정되면, 기업은 그 표적시장에 대응하는 제품 포지셔닝 전략을 수립해야 한다. 제품 포지셔닝(product positioning)이란 경쟁제품이나 상표와 관련하여 고객들의 마음 속에 자사제품의 제품 컨셉트를 개발하고 유지시키고자 하는 마케팅활동을 말한다. 기업은 표적고객들을 대상으로 적절한 제품 포지셔닝 노력을 통해 자사제품의 경쟁적 이점을 구축하게 된다.

제 4 절 마케팅믹스 전략

마케팅믹스 전략은 마케팅목표의 달성을 위하여 4P's라 불리우는 제품(product), 가격(price), 경로(place), 촉진(promotion) 등의 통제가능요소들을 효과적으로 결합하는 활동을 말하며, 마케팅활동에 관한 의사결정의 중심과제이자 마케팅 제 활동의 총합이라 할 수 있다. 즉, 표적시장에서 마케팅 관리자가 통제할 수 있는 마케팅 제 수단을 조합하여 마케팅전략을 전개하는 것이다.

따라서, 마케팅믹스는 마케팅전략을 구성하는 중핵으로서 표적시장에 대한 마케팅 수단과 방법을 선택하고 편성하는 것을 말한다.

1 제품관리

(1) 제품의 개념

제품(product)이란 인간의 욕구를 충족해 주는 제공물로서, 기능적·사회적·심리적인 편익(benefits)이나 효용(utilities)을 제공해 주는 유형·무형의 제 속성의 복합체를 말한다. 다시 말해, 제품은 교환을 통해 획득할 수 있는 모든 것으로서 재화와 서비스 및 아이디어를 포괄하는 개념이다.

(2) 제품수명주기

인간과 마찬가지로 제품에도 수명주기가 있다. 기업의 마케팅전략의 성패는 제품수명주기를 올바르게 이해하고, 이를 적절히 관리하는 능력에 좌우된다고 할 수 있다. 제품수명주기(product life cycle: PLC)란 하나의 신제품이 개발·출시되어 경쟁제품에 의하여 다시 시장에서 사라지기까지의 과정을 말하는데, 일반적으로 도입기, 성장기, 성숙기, 쇠퇴기 등의 4단계로 나누어진다.

[그림 13-6]은 전형적인 S자형의 제품수명주기곡선을 보여주고 있다. 이

그림 13-6 제품수명주기곡선

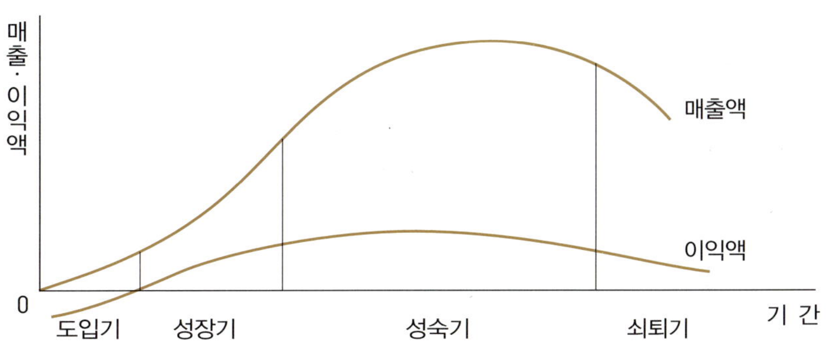

그림에서 신제품이 시장에 처음 출시되는 도입기에는 완만한 매출성장과 손실을 면치 못하다가 성장기가 되면 매출과 이익이 급성장하게 된다. 기업 간의 치열한 경쟁과 제품수요의 포화상태를 이루는 성숙기에는 매출성장률이 둔화되고 이익률도 떨어지며, 종국에 가서는 대체적인 경쟁상품에 의하여 쇠퇴기를 맞이하고 시장에서 철수하게 된다.

2 가격관리

마케팅관리뿐만 아니라 기업경영에 있어서 가장 중요한 문제는 제품의 가격결정과 판매가격을 합리적이고 적정하게 결정하는 것이다. 가격(price)이란 기업이 생산하는 각 제품의 가치를 화폐단위로 표시한 것으로서, 그 결정은 기업노력의 성과(이윤)와 직접 결부되는 가장 중요한 의사결정의 하나이다.

일반적으로 제품의 가격결정방법은 가격결정요소가 되는 원가중심, 수요중심 및 경쟁중심 가격결정법으로 구분된다.

3 유통관리

(1) 유통경로의 개념과 기능

유통경로(marketing channel, channel of distribution)란 어떤 유통구조하에서 생산자로부터 소비자(또는 사용자)에게 상품이나 서비스를 이전시키는 경로를 말

그림 13-7 유통경로와 그 기능

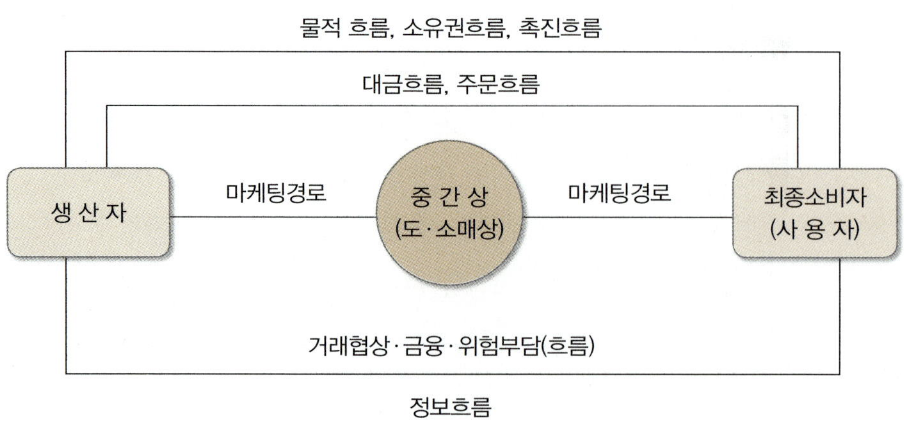

하며, 마케팅경로 또는 판매경로라고 불리운다. 유통경로는 소비자가 원하는 제품을 원하는(편리한) 곳에서 거래를 통한 소유권 이전을 가능하게 해 줌으로써 소비자에게 시간효용과 장소효용 및 소유효용을 제공하고 제품의 부가가치를 창출하는 역할을 한다.

[그림 13-7]에서 보는 바와 같이 유통경로는 생산자와 최종소비자 간에 전방적·후방적·쌍방적 흐름을 조성하는 기능을 수행한다.

(2) 유통경로의 유형

유통경로의 유형은 크게 소비재의 유통경로와 산업재의 유통경로로 구분할 수 있다.

1) 소비재의 유통경로

① 제조업자-소비자(직접유통방식)

② 제조업자-소매상-소비자

③ 제조업자-도매상-소매상-소비자

④ 제조업자-대리점(거간) 등

2) 산업재의 유통경로

① 제조업자-사용자(직접유통방식)

② 제조업자-도매상(유통업자)-사용자

③ 제조업자-대리점-사용자 등

(3) 유통경로정책

기업이 자사제품에 대한 유통경로선정이 이루어지면, 다음에는 유통경로정책을 결정해야 한다. 유통경로정책의 유형은 경로의 집중도, 중간상에 대한 통제나 참여범위에 따라 개방적 유통정책, 선택적 유통정책, 전속적 유통정책으로 구분된다.

개방적 유통정책(intensive distribution policy)이란 제조업자가 자사제품을 취급하는 중간상의 수를 한정하지 않고 어떤 판매업자라도 자사제품을 제한 없이 취급할 수 있도록 하는 유통정책이다.

선택적 유통정책(selective distribution policy)이란 제조업자가 자사제품을 취급하는 중간상의 수를 일정한 기준 이상의 중간상들로 제한함으로써 제품의 효율적 판매를 시도하는 유통정책이다.

전속적 유통정책(exclusive distribution policy)이란 제조업자가 특정 지역에서 특정 중간상에게만 제품을 공급·판매할 것을 계약하고, 중간상은 이 계약에 따라 타 경쟁업자의 제품을 취급하지 못하도록 하는 것으로서 중간상에 대한 통제력이 가장 높은 유통정책이다.

4 촉진관리

촉진(promotion)이란 광의의 판매촉진이라고도 하며, 제품, 가격, 유통과 함께 마케팅믹스를 구성하는 요소로서, 제품에 대한 소비자나 유통업자의 수요를 자극하는 일련의 커뮤니케이션 활동을 말한다.

촉진활동은 정보제공(informing)과 설득(persuading), 회상(reminding)이라는 세 가지의 기본적인 목적을 수행한다. 마케팅관리자가 활용할 수 있는 촉진수단은 광고, 인적 판매, 홍보, 판매촉진의 네 가지로 나누어지는데, 이들 4요소를 일컬어 촉진믹스의 수단 또는 프로모툴(promo-tools)이라고 한다.

광고(advertising: AD)란 확인된 광고주(sponsor)가 유료의 광고료를 지불하고 제품이나 서비스, 아이디어에 관한 메시지를 신문, TV, 라디오, 잡지 등의 대량매체를 이용하여 촉진하는 모든 형태의 비인적 커뮤니케이션 수단을 말한다.

인적 판매(personal selling)는 판매원이 잠재고객을 직접 만나 대화를 통해 상품의 판매를 위해 노력하는 활동으로서 대면판매(face-to-face selling)라고도 한다. 인적 판매는 소비자의 제품선호와 구매행동을 유발시키는 데 가장 효과적인 수단이다.

홍보(publicity)는 기업에 의한 대금지불이 없이 신문, 잡지, 라디오, TV 등의 대중매체를 통하여 뉴스화됨으로써 수요를 자극하고 비인적 촉진효과를 거두는 방법이다. 이것은 메시지에 대한 신뢰도가 높기 때문에 촉진효과가 매우 크지만 기업이 통제하기가 곤란하다는 단점이 있다.

판매촉진(sales promotion)은 기업이 제품의 판매증가를 위해 짧은 기간에 소비자나 중간상을 대상으로 벌이는 광고, 인적 판매, 홍보활동 이외의 모든 비인적 촉진활동을 말한다. 예컨대, 견본이나 쿠폰, 경품, 할인권 제공, 상품전시회, 제품진열 등의 촉진활동을 말한다. 판매촉진은 단기적이고 직접적인 촉진수단이며, 구매시점에서 구매행동을 유도하는 데 효과가 있다.

제 5 절 새로운 마케팅 흐름

1 고객유지 마케팅

최근의 마케팅 흐름은 고객창조 중시에서 고객유지 중시로 서서히 변화하고 있다. 신규고객을 창조하는 것보다 기존 고객의 이탈을 줄여 그들이 평생 구매할 수 있도록 극대화하는 것이 더 효율적이고 고수익으로 이어질 가능성이 크기 때문이다. 오늘날의 치열한 경쟁환경에서 살아남기 위해서 고객창조만으로는 어렵다. 물론 새로운 비즈니스를 시작할 때는 신규고객 확보가 중요하지만 라이프사이클의 다양화, 고객니즈의 빠른 속도 변화, 불확실성이 높은 고객에 대한 막대한 자원을 투입하는 표적마케팅은 점점 통용되기 어려워지고 있다. 이 때문에 확보한 고객과의 관계를 잘 유지하여 최대한 수익을 올리는 고객유지형 마케팅에도 힘을 쏟아야 한다.

고객유지 마케팅 방법에는 1 대 1 마케팅과 데이터베이스 마케팅이 있다. 1 대 1 마케팅은 고객 한 사람 한 사람을 파악하는 것을 전제로 전개하는 마케팅으로 시장점유율을 높이는 것이 아니라 고객당 점유율을 높이는 데 초점을 두고 있다. 즉 여러 고객이 구매하는 것보다 고객 한 명이 여러 차례 구매하는 것을 중시하는 것이다. 고객을 기업의 파트너로 보고 그들과 우호적 관계를 구축하면서 평생에 걸쳐 그들의 니즈를 충족시키는 제품을 계속 제공해 그 고객을 통해 최대한의 이익을 얻는 것이 핵심이다.

데이터베이스 마케팅은 IT, 특히 데이터 처리 기술과 함께 발전한 마케팅 방법이다. 이 방법의 특징은 데이터베이스화한 고객정보를 가공해서 유효한 가설을 도출해 내고, 그것을 토대로 새로운 마케팅 자극을 창조하여 고객에게 피드백하는 것이다. 또한 궁극적으로는 양질의 고객을 확보 혹은 확대를 목적으로 한다. 통상적으로 데이터베이스가 사장되어 버리는 경우가 많고 제대로 활용하기가 그리 쉽지 않다.

2 웹 마케팅

최근에 강력하면서도 독특한 특성을 지닌 인터넷을 어떻게 활용하느냐가 기업의 큰 과제가 되고 있다. 인터넷은 일반 기업의 경우, 웹사이트나 여러 형태의 광고를 통한 판촉활동, 전자메일 등을 이용한 조사, 나아가서는 소비자의 상품개발 참여 등의 방법으로 마케팅에 응용한다. 최근에는 실제 점포 없이 하는 온라인 비즈니스도 늘고 있다. 인터넷을 전제로 한 비즈니스 모델이 등장하고 있으며 디지털 제품인 경우 온라인상에서 비즈니스가 완결되는 경우도 많다.

웹에 의한 인지 판촉활동으로는 웹사이트 운영과 인터넷 광고가 있다. 인터넷 광고로는 웹 광고, 메일광고 등이 있고, 웹 광고는 다시 배너광고, 팝업광고 등이 있다. 웹사이트를 이용한 소비자 조사를 한다거나 고객을 상품개발, 나아가서는 프로모션 전략 등에 참여시키는 것은 인터넷 시대의 새로운 현상이다.

연습 문제

1. 현대적 마케팅의 개념을 정의하고 그 의미를 설명해 보자.
2. 마케팅 컨셉트와 판매 컨셉트를 비교·설명하시오.
3. 마케팅관리의 주요 과업에 대하여 설명하시오.
4. 시장세분화의 개념과 마케팅적 의미에 대하여 논하시오.
5. 제품수명주기의 단계별 특성과 전략적 대안에 대하여 논하시오.
6. 마케팅전략의 의의와 수립과정에 대하여 설명하시오.
7. 마케팅믹스의 구성요소와 그 중요성에 대하여 논하시오.
8. 마케팅의 새로운 흐름에 대하여 설명하시오.

현장사례 코카콜라의 비밀

코카콜라는 약 120년 전인 1886년에 약제사인 펨퍼턴 박사가 코카나무의 잎과 열매, 카페인을 주원료로 해서 만들었다. 원래 코카콜라는 박카스와 같은 강장제를 만들기 위해 거듭된 실험에 의해 탄생되었다고 한다. 1886년 이 강장제가 거의 완성단계에 왔을 때 펨퍼턴은 실수로 물 대신 소다수를 넣었다. 비록 실수로 만들어지기는 했으나 액체에서 느껴지는 독특한 단맛 때문에 괜찮다 싶었던 펨퍼턴은 그 액체를 약국에서 팔았다고 한다. 하지만 별 소득을 남기지는 못했다.

그런데 이 약의 가치를 알아주는 사람이 있었다. 그는 아틀란타의 작은 약국의 점원으로, 나중에 코카콜라의 창업자가 된 에이서 캔들러였다. 그는 자신의 전 재산인 2,300달러를 투자하여 이 약의 조제법과 한 주전자의 약을 사들였다. 그때까지만 해도 이 주전자에 담긴 액체가 황금알을 낳는 물이 되리라곤 누구도 상상하지 못했다. 캔들러는 이 검은 액체를 약이 아닌 청량음료로 판매하였고, 이 액체가 바로 오늘날 전 세계 최고의 히트 상품인 코카콜라이다. 코카콜라는 콜라시장의 최초 진입자이며 지금도 최대의 시장을 점유하고 있다. 영국의 브랜드 자산가치 평가기관인 인터브랜드가 2000년 평가한 코카콜라의 브랜드 가치는 100조원 정도로 세계 1위라고 한다.

최초의 브랜드가 선도적 지위를 차지하는 한 가지 이유는 그 이름이 가끔 동일한 유형의 제품을 나타내는 대명사처럼 되기 때문이다. 만약 어느 영역에서 최초로 제품을 소개할 경우에는 늘 쉽게 일반화시킬 수 있는 이름을 채택해야 할 것이다. 사람들은 실체에는 아랑곳하지 않고 맨 먼저 기억하게 된 최초의 제품을 가장 우수하다고 인식한다. 코카콜라가 콜라의 대명사처럼 인식되는 것이 좋은 예라고 할 수 있다.

이면희, 명품 경영학, 청년정신, 2007.

문제

- 최초의 브랜드가 선도적 지위를 차지한 예를 우리 주위에서 찾아보자.

제14장

생산관리와 정보시스템

제1절 생산 및 운영관리 시스템

제2절 생산성 향상을 위한 도구

제3절 정보시스템

학 | 습 | 목 | 표

생산관리란 생산시스템의 생산효율을 극대화할 수 있도록 생산활동이나 생산과정을 관리하는 것을 말한다. 제14장에서는 생산관리 시스템의 기초개념을 살펴보고, 생산성 향상의 개념을 이해하고 생산성 향상을 위한 생산관리 제 방안에 대하여 살펴본다. 그리고 정보흐름에서는 자료, 정보기술, 정보시스템 유형, 인터넷, 전자상거래 등의 기초 개념에 대한 이해를 한다.

고객가치 높이면 기업 경쟁력 쑥쑥

기업경영에 있어서 고객은 가장 소중한 존재이다. 고객만족 경영을 통해 제품과 서비스를 차별화·차등화함으로써 경쟁력을 강화해 나가기 위해서는 우리 산업계가 강한 의지와 열정, 혁신철학을 가지고 고객만족을 추진해야 한다. 최고경영자가 열정을 다해 고객의 중요성, 고객가치, 고객의 기회 창출, 기존고객과 신규고객 대응논리 개발 등에 대해 선도적으로 논리를 전개하고 그 구성원들에 대한 교육을 강화해 한 방향으로 향하기 위한 팀워크 훈련을 부단히 하면 그 기업 경쟁력은 날로 발전할 것이다.

고객만족 경영을 성공적으로 추진하기 위해 하나 더 신경을 써야 할 일은 직원만족이다. 기업경영에서 중요한 의사결정은 경영자 몫이지만 결정된 내용을 실천하고 추진하는 것은 직원들 몫이다. 그렇기 때문에 직원만족을 중요시해야 한다. 직원만족을 급여 인상으로 착각하기도 하는데 꼭 그렇지만은 않다.

CEO는 직원에게 끊임없이 관심과 배려를 제공하는 것을 습관화하고, 조직 내 인간관계가 수직이 아닌 수평적인 관계로 유지될 수 있도록 조직문화를 구축하는 것 또한 중요한 요소이다. 상사와 직원, 직원과 직원 사이에 끊임없이 관심과 배려, 칭찬과 격려가 이뤄지는 조직문화를 구축하는 것이 중요하다. 타율이 아닌 자율, 모방이 아닌 창조가 일하는 현장에서 생활하면 직원만족도는 저절로 향상될 수 있다.

고객만족 경영은 고민이나 사색으로 성취되는 혁신활동이 아니다. 그러므로 준비되고 갖추어진 대로 실행에 옮겨서 고객 목소리와 반응을 경청할 수 있도록 하는 것이 중요하다. 아무리 예리하게 칼을 갈아 두어도 사용하지 않으면 쓸모가 없는 것과 마찬가지다. 고객만족 경영의 성공방식을 지속적으로 개발해 현장에 응용하고 활성화해 나가는 데 주저함이 없어야 한다.

허태학(삼성석유화학사장), 매일경제, 2008. 10. 14.

제 1 절 생산 및 운영관리 시스템

기업, 정부, 기타 어느 종류의 조직체에서나 주요한 분야의 하나가 생산관리 분야이다. 이 분야는 과학을 바탕으로 한 기술로서의 관리가 시작되었던 영역이었다. 과거에는 생산관리(production management)란 제품을 만들어 내는 데 필요한 활동을 말하였다. 그러나 오늘날 이 분야는 구매, 보관, 운송 등 원료조달에서부터 상품판매에 이르기까지 다양한 활동이 포함되도록 활동의 영역이 확대되었다. 아울러 운영관리(operation management)란 용어는 서비스 및 물적 상품을 생산하고 공급하는 데 필요한 활동을 말한다.

생산 및 운영관리는 하나의 시스템으로 보아야 한다. 생산 및 운영관리 모델에서 투입물은 소비자들의 욕구, 재료나 보급품, 정보, 기술, 노사관계, 고정자산, 변환과정에 관련된 유동자산, 관리자, 근로자, 토지, 공장부지, 건물, 기계, 창고 등이다. 변환과정은 이 시스템을 계획하고 운영·통제하는 것을 말한다. 산출물은 제품과 서비스, 컨설팅 용역정보까지도 포함된다.

한 기업의 전략은 제품이나 용역에 대한 탐색과 선택을 결정하게 된다. 여기서 제품의 생산(가치 창출활동)을 강조하고 있지만 이 개념은 용역을 제공하는 데도 제공된다. 최종적으로 제품선택이 이루어지면 기술적 실행가능성이 고려된다. 생산 및 운영설계는 설비의 위치, 생산량, 품질에 관한 의사결정을 필요로 한다.

기업이 해야 할 가장 중요한 결정 중 하나는 어떤 제품을 선택할 것인가이다. 이는 소비자의 욕구를 만족시키고 기업의 목표달성에 도움이 되며 기업전략과 부합한 제품에 대한 아이디어를 수집하게 된다.

제품을 생산할 때, 몇 가지 배치방안을 고려할 수 있다. 첫 번째는 제품을 생산하거나 조립하는 순서대로 작업을 배열하는 것이다(자동차 조립라인). 두 번째는 제조과정에 따라 생산시스템을 배치하는 것이다(병원). 세 번째는 배치가 생산품 조립을 한 장소에서 이루어지도록 배치하는 것이다(조선소). 네 번째는 프로젝트의 성질에 따라 배치하는 것이다(터널공사). 다섯 번째 배치는 제품의 판매를 촉진하도록 배치하는 것이다(슈퍼마켓). 여섯 번째는 제품의 보관 및 이동이 용이하도록 제조과정을 설계하는 것이다.

제품을 선택하고 제품생산을 위한 생산시스템을 설계하고 나면 다음 단계는 생산시스템을 운영하는 일이다. 이것은 조직구조를 구성하고 직위에 맞는 사람을 배치하고 조직구성원을 훈련시키는 일도 필요하다. 제품을 생산하고 용역을 제공하는 데 필요한 활동을 수행할 감독능력과 리더십을 갖춘 관리자를 필요로 한다. 시스템을 운영하는 데 구매활동과 적정재고 유지와 같은 활동도 필요하다. 이 활동의 목표는 양질의 품질을 고려하여 일정기간 내에 최대의 생산성을 달성하는 것이 요구된다.

생산 및 운영관리에 있어도 운영통제 활동도 성과기준을 설정하고, 이 기준에 대비하여 실적을 측정하고, 바람직하지 않은 편차를 시정하는 행동을 취할 것을 요구한다. 이를 통하여 생산량, 제품품질, 신뢰성수준, 재고수준, 노동자 실적들의 실적을 통제할 수 있다. 이러한 운영통제에 정보시스템의 역할이 중요하다. 즉시 정보를 통합하고 그렇게 함으로써 효과적 통제를 방해하는 문제 요소를 상당히 해결할 수 있다. 그동안 구축해 놓은 정보시스템은 이제 어떤 사건이 일어나면 이를 측정가능한 자료로 보고하는 것이 가능한 세상이 되었다. 오늘날 정보시스템은 총체적 운영에 관계가 있는 자료에 대한 신속하고 체계적인 수집을 제공하며, 이들 자료를 즉각적으로 이용할 수 있게 해 준다. 또한 효과적인 계획 및 통제가 이루어지도록 고안된 전사적 자원관리 시스템이 있다. 이들은 모든 생산영역에서 계획이 더욱 정확해지고 통제가 더욱 효과적으로 이루어질 날을 분명히 재촉하고 있다.

제 2 절 생산성 향상을 위한 도구

생산성은 21세기 경영자들의 주요 관심사 중의 하나이다. 생산성 향상은 경쟁력을 유지하기 위한 주요한 요소이기 때문이다. 생산성이라는 것은 측정과 연관된 것으로 통제를 수행하는 과정에서 발생한다. 생산성을 향상해야 할 필요성에 대해서는 일반적으로 의견이 일치하고 있지만, 이 생산성 문제에 대한 근본적인 원인과 거기에 대해 무엇을 해야 할 것인가에 대한 합의는 거의 이루어지고 있지 못한 실정이다.

생산성(productivity)이라 함은 품질을 유지하는 것을 전제로 일정기간 동안의 투입량과 산출량의 비율이라고 할 수 있다. 이 정의는 조직 및 관리자, 스탭진, 근로자의 생산성을 논의할 때 적용할 수 있다. 제품과 서비스의 생산성 향상을 위한 많은 도구와 기법들이 있다. 이러한 도구들로는 재고계획 수립과 통제, 재고관리 시스템, 아웃소싱, 운영분석, 가치공학, 작업단순화, 품질관리분임조, 총체적 품질경영, 린생산관리, 컴퓨터지원설계, 컴퓨터지원제조 방식 등이 있다.

재고수준을 결정하기 위한 경제적 주문량(economic order quantity : EOQ) 접근법은 오랫동안 기업에서 사용되어 오고 있다. 종속제조환경에서는 자재소요량계획(material requirement planning : MRP)이, 반복제조환경에서는 적시재고방법(Just in Time : JIT) 같은 재고통제방식이 이용되고 있다. 일본이 높은 생산성을 보이는 이유 가운데 하나가 적시재고 방법을 통해 달성되는 비용절감이다. 이는 공급자가 조립될 시간에 맞춰서 생산라인에 부품들을 조달하는 것을 말한다. 이와 유사한 방식이 무재고시스템 방식(zero inventory)이다.

아웃소싱(outsourcing)은 기업이 가장 경쟁력 있는 핵심역량에 초점을 두기 위해 어떤 특정한 분야에 전문성을 가진 외부업체와 계약을 통하여 생산과 운영의 일부를 담당하게 하는 것이다. 목표는 인력을 감축하거나, 인건비를 줄여서 비용을 절감하거나 또는 더욱 중요한 업무에 내부직원을 재배치하기 위한 것이다. 따라서 아웃소싱은 기업을 확장하거나 경쟁우위를 위해 필요한 도구이다. 아웃소싱은 세계에서 가장 우수한 자원을 획득하고, 위험부담을 공급회사와 공동으로 지게 되며, 자원의 배분을 가장 핵심적인 성공요소에 집중 배분하고 관리가 어렵거나 능력이 부족한 업무를 외부에 줄 수 있다는 점이다.

경영과학(management science : MS)은 최선의 해결책에 도달하기 위해 수량적인 것에 기반을 두고 문제상황에 대한 대안을 연구하는 데 있어 과학적 방법을 적용하는 것이다. 따라서 여기서는 과학적 방법, 수량자료, 목표, 목표에 도달하는 최선의 수단을 결정할 것을 강조하게 된다.

가치공학(Value Engineering : VE)을 통해 생산성을 개선할 수 있고 생산원가도 더 낮춰질 수 있는데, 이 가치공학은 제품이나 서비스에 대한 운영분석과 각 운영활동의 가치측정, 각 단계나 부서에서 원가를 절감하려는 노력으로 그 운영을 개선하기 위한 시도이다.

작업방법은 작업단순화를 통해 향상될 수 있다. 그 목적은 이들 작업을 단순화시킬 수 있도록 근로자들의 참여를 얻는 데 있다.

품질관리분임조(Quality Circles : QC)는 직무에서 경험한 문제점들을 해결하기 위해 정기적으로 모임을 가지며 같은 조직부서 내의 통상 6명에서 12명으로 이루어지는 집단이다. 구성원들은 문제해결, 통계적인 품질관리, 집단적 작업에 대해 훈련을 받는다. 품질경영을 수행하는 데는 리더십과 상당한 노력이 요구되며 많은 기업에서 계속적인 노력을 통하여 성과를 보고 있다. 모토롤라(Motolora)는 백만 개의 부품 중에 3.4개 이하의 불량률의 달성을 강조하는 6시그마 수준의 품질을 유지함으로써 고객만족을 얻고 있다. 품질경영은 서비스분야에서도 활용하고 있다. 품질경영은 공공분야에서도 적용되고 있다. 품질과 고객만족의 향상을 위한 접근방법은 다양한데, 이들 모두는 우수한 품질 만들기 운동에 근거를 두고 있다.

오늘날 총체적 품질경영 프로그램이 많은 기업에서 수행되고 있다. 총체적 품질경영(Total Quality Management: TQM)의 정의는 다양한데, 일반적으로 TQM은 조직차원에서 장기적으로 계속하여 전체 조직의 각 계층이 참여하여 고객의 욕구에 맞도록 또는 그 이상으로 품질을 향상시키는 것이다. 최고경영층은 비전과 품질을 강조하는 가치관을 고무시키고, 품질향상 프로그램에 필요한 자원을 공급해 주어야 한다. 총체적 품질경영에는 상하 간, 동료 간에 자유로운 정보의 유통이 필요하다는 것은 명백하다. 훈련과 교육개발은 기술과 품질경영에 관한 통계나 각종 도구와 기법의 사용법을 배우는 데 매우 중요하다. 이러한 품질향상을 위한 계속적인 노력은 학습하는 조직이라는 환경을 만드는 데 필요하다. 품질향상을 위한 노력은 자료의 수집, 평가, 피드백 및 프로그램의 개발 등을 통하여 계속적으로 살펴보아야 한다. 총체적 품질경영은 일시적인 노력이 아니며 계속적이고, 장기적 관점에서 욕구를 인식하고 장려하며, 보상되어야 한다.

린생산(lean production) 방식은 조직 전체적인 차원에서 보다 적은 자원을 투입하여 보다 큰 가치를 갖는 제품을 설계하고 개발하며 제조하는 시스템을 말한다. 린 시스템은 절약형 생산시스템이라고도 불리워지며 JIT시스템을 기초로 하여 구축된다. 린생산 시스템은 생산관리 활동에 있어서 고객만족에 대한 적극적인 노력, 완벽한 납품시스템의 구축, 그리고 자원이용 네트워크의 통합 등 세 가지 특징을 가지고 있다.[1)]

제품설계 및 제조는 최근 몇 년간 크게 변화하고 있는데, 그 큰 이유는 컴퓨터 기술을 응용하는 데 있다. 컴퓨터 지원 설계(Computer Aided Design: CAD), 컴

1) 김길선 외 7인, 생산시스템과 SCM, 법문사, 2005.

퓨터 지원 제조(Computer Aided Manufacturing: CAM), 컴퓨터 통합 제조(Computer Integrated Manufacturing: CIM) 등은 미래공장을 이루는 초석이다.

공급체인관리(Supply Chain Management: SCM)와 가치체인관리(Value Chain Management: VCM)는 유사한 용어이다. SCM은 원자재의 획득과 부수적인 공장 설비의 순서를 어떻게 경제적인 방식으로 생산과정에서 수행하느냐에 초점을 맞춘 것이다. 그러나 VCM은 원자재의 관리에서부터 최종 소비자에게 제공하는 단계에 이르는 동안 가장 저렴한 비용으로 가장 큰 가치를 제공하는 데까지의 모든 단계를 분석하는 것이다. SCM은 자원의 효과적인 흐름에 대하여 내부적인 프로세스에 더욱 강조점을 두고 있는 반면, VCM은 이러한 것에 더하여 고객 등과 같은 외부적인 요소를 추가하는 것으로 본다. VCM의 목표는 공급자의 활동에서부터 생산과정을 통하여 최종 고객에게 그들이 기대한 것만큼 또는 기대 이상으로 느끼도록 하는 활동의 체인이 원활히 이루어지도록 해 나가는 것이다.[2)]

제 3 절 정보시스템

정보(information)는 자료(data)와 다르다. 자료는 단순한 사실이나 수치이다. 반면에 정보는 조직적으로 정리하여 의미를 부여한 자료이다. 따라서 정보는 어떤 의미를 가지고 있다. 또한 의사결정의 기준이 된다. 정보가 유익하기 위해서는 첫째, 정보는 정확해야 하고, 신뢰성과 타당성이 있어야 하며 믿지 못할 정보는 가치가 없다. 둘째, 정보는 시기적절하여야 한다. 즉 필요할 때에 정보가 있어야 한다. 셋째, 정보는 완전하여야 한다. 전체가 아닌 일부 사실만 포함하는 정보는 사실을 왜곡되게 전달할 수 있다. 넷째, 정보는 관련성이 있어야 한다. 즉 필요한 욕구를 충족시키는 정보이어야 한다.

정보기술(Information Technology: IT)은 정보를 관리하기 위해 조직에서 사용하는 자원을 말한다. 정보기술은 다섯 가지 기본적인 요소를 지니고 있다. 입력기기는 마우스, 키보드, 스케너 등 자료나 정보를 시스템에 입력시키는 기기이다. 프로세스는 CPU(central processing unit)처럼 자료를 가지고 계산, 분류, 조직

---

2) Heinz Weihrich & Harold Koontz, *Management: A Global Perspective*, 11ed., Mcgraw Hill, 2006.

또는 다른 기능을 수행하는 시스템을 구성하는 중요 요소이다. 저장기기는 하드 드라이브, 디스크, CD-ROM처럼 자료를 저장하는 기기이다. 출력기기는 프린터, 모니터, 비디오 등 정보를 출력하는 기기이다. 통제시스템은 정보기술시스템을 총괄적으로 운영하는 소프트웨어이다.

정보시스템에는 경영정보시스템, 의사결정지원시스템, 전문가시스템 등이 있다. 경영정보시스템인 MIS(Management Information System)는 경영자를 지원하는 시스템으로 모든 정보를 수집하고 분석하고 제공하고 공유하는 시스템으로 통합적인 데이터베이스를 제공한다. 의사결정지원시스템인 DSS(Decision Support System)는 의사결정을 지원하기 위한 정보를 관리하는 상호작용시스템으로 경영자의 의사결정을 지원하는 시스템이다. 전문가시스템인 ES(Expert System)는 전문가의 전문적 지식을 축적하여 전문적인 정보를 전문가가 아닌 자도 전문적 지식을 활용할 수 있게 만든 시스템을 말한다.

인터넷은 현대 문명의 중요 산물이다. 이제 우리는 인터넷 없이는 하루도 생활할 수 없는 시대에 살고 있다. 인터넷은 네트워크와 네트워크를 세계적으로 연결하는 거대한 네트워크이다. 인터넷의 증가로 무한한 잠재력을 지닌 전자상거래가 등장하였다. 전자상거래(e-commerce)를 처음 개척한 기업은 Amazon으로 온라인 서점으로 출발한 아마존은 지금 영역을 확대하여 서적뿐만 아니라 음반, 전자제품도 판매하고 있다. 아마존의 등장은 단순히 온라인으로 판매하는 것 이상을 의미하며 우리에게 유통의 대변혁을 가져왔다. 즉 유통망에서 중개업자 수를 대폭 감소시켰으며 따라서 유통비용도 감소시켰다. 인터넷은 유통에만 영향을 끼치는 것이 아니라 기업과 기업 간의 비즈니스 프로세스를 통합하는 데에도 상당히 효과적이다. 비즈니스 프로세스의 통합은 21세기가 지향하는 기업과 기업 간에 존재하는 벽을 허무는 주요한 과제이다. 인터넷은 새로운 비즈니스 모델(Business Model)[3]을 만들었다.[4]

인터넷을 통해 지구촌 누구나 하나의 네트워크로 연결될 수 있다. 바로 유비쿼터스의 세계로 이는 언제, 어디서나 동시에 존재하는 의미로 언제, 어디서나 누구라도 컴퓨터와 네트워크를 손쉽고 편리하게 이용할 수 있는 환경을 말한다. 유비쿼터스는 정보혁명에 뒤이은 제 4 의 혁명으로 일컬을 만큼 우리 사회의 변

3) 비즈니스 모델이란 어떤 제품과 서비스를 만들어 어떤 경로를 통해 누구에게 팔아 어떻게 수익을 낼 것인가 하는 것을 말한다.

4) 안영진, 경영 패러다임의 변화, 박영사, 2004.

혁을 예고하고 있고 이들 새로운 기술과 제품은 정보통신의 기술융합으로 가능해지는 디지털 컨버전스(Digital Convergence)라고 부르는 이런 추세는 점차 유선과 무선, 방송과 통신, 통신과 컴퓨터 등을 융합하여 새로운 형태의 상품과 서비스를 만들어 내고 있다.

일이란 자기표현의 하나이다

일이란 고통을 견뎌내어 돈을 버는 것이라고 생각하는 사람이 많다. 이는 잘못된 생각이다. 일이란 어디까지나 자기표현의 하나이다. 예전부터 Sony사의 화장실에는 많은 낙서가 있다. 청소하는 아주머니는 아무리 열심히 지워도 금새 또 다시 누군가의 낙서로 채워졌다. 청소 아주머니의 입장으로는 화장실은 자신의 직장이자 화장실을 깨끗이 하는 것이 자신의 일이며 긍지이기도 하였다. 그래서 다음과 같은 안내문을 붙였다. "여기는 나의 직장입니다. 낙서를 삼가해 주십시오." 그러자 바로 낙서를 하지 않게 되었다. 그녀의 일에 대한 자부심을 모두가 이해한 것이다. "겨우 화장실 청소 아닌가"라고 분명히 무시하는 사람도 있을 것이다. 그러나 화장실 청소를 하는 사람에게 있어 화장실은 자신의 직장인 것이다. 비즈니스맨에게 있어 비즈니스 현장이 자기표현의 장인 것과 마찬가지로 청소 아주머니에게 있어 화장실 청소는 신성한 자기표현의 무대인 것이다.

야마다 히도시, 토요타 최강경영 낭비제거, 두남, 2003.

연습 문제

1. 생산 및 운영관리시스템의 개념을 설명하시오.
2. 생산성의 개념을 설명하고 생산성의 종류를 조사해 보시오.
3. 생산성 향상을 위한 제 기법에 대하여 설명하시오.
4. 정보시스템의 유형을 설명하고 오늘날 기업에서 주로 사용되는 정보시스템의 유형은 무엇인지 조사해 보시오.
5. 아마존에 대하여 인터넷상에서 조사해 보시오.

현장사례 리더가 스피드 경영 진두지휘

최근 이건희 삼성 전 회장은 법정에서 "삼성전자에서 나오는 제품의 11개가 세계 1위이고 1위는 정말 어렵다"며 그런 회사를 또 만들려면 10년, 20년 갖고는 안 될 것이라며 눈물을 내비쳤다. 그의 회한 섞인 눈물처럼 삼성전자의 눈부신 성장과 이 전 회장의 리더십은 떼려야 뗄 수 없는 요인으로 꼽힌다. 이 전 회장은 1987년 삼성전자 대표이사로 취임한 후 높은 경영성과를 냈다.

현대차도 상황은 비슷하다. 포니, 스텔라급 자동차를 만들었던 현대차는 1999년 정몽구 회장의 취임 이후 본격적인 성장의 길을 걸어왔다. 1998년 현대차 매출은 8조 6,980억원, 영업이익은 3,670억원에 불과했다. 하지만 2007년 현대차 매출은 20조 4,891억원, 영업이익은 1조 8,149억원으로 증가했다.

원조 휴대폰 업체인 모토롤라를 꺾고 세계 3위 휴대폰 업체로 등극한 LG전자가 휴대폰 사업을 시작한 것은 불과 12년 전인 1996년이다. 우남균 LG전자 사장은 "집에 금송아지가 있으면 뭐하나, 시장에 누가 먼저 내놓느냐가 중요하다"며 빠른 기술 적용에 주력했다고 한다. 이 같은 스피드경영에 힘입어 LG전자는 2008년 상반기 창립 이래 사상 최대의 실적을 거뒀다. 휴대폰 생산 12년 만에 세계 3위로 도약한 원동력도 스피드에서 왔다. 이처럼 삼성전자와 현대차, LG전자 모두 강력한 리더십이 빠른 성장의 핵심요인으로 자리잡고 있다는 점을 부인하기 어렵다.

매일경제, 2008. 8. 1

문제

- 삼성전자, 현대자동차, LG전자 등은 어떤 회사인지 알아보고 동 분야에서 1등 세계기업과는 어느 정도 격차가 있는지도 조사해 보자.

제15장

인적자원관리

학|습|목|표

정보화사회에 있어서 생산요소를 통합하는 인간의 능력은 그 어느 때보다 더 중요시되며, 따라서 인적자원은 오늘날 가장 중요한 경영자원으로 인정받고 있다. 제15장에서는 기업의 인적자원관리와 관련한 제반 경영활동에 대하여 살펴보고자 한다.

핸디소프트의 성공사례

'벤처기업다운 독특한 경영체계로 벤처 신경영문화를 주도한다.'

기업용 소프트웨어 개발 전문업체 핸디소프트(대표 안영경 · www.handsoft.co.kr)는 지난 91년에 설립된 벤처 1세대 기업이다.

경영이념 가운데 첫 번째로 '경천애인'을 꼽을 만큼 차별화된 인사문화를 갖고 있다. 즉, 도전과 실패를 두려워하지 않는 벤처정신이 살아 있는 기업문화 조성, 능력과 성과가 중시되는 평가와 보상 체계, 기업가정신과 주인의식을 가진 책임경영의 실현에 중점을 두고 있다.

특히 기술과 학문적 능력이 다소 떨어지더라도 도전의식을 갖고 있는 창의적인 사람과 도덕적 자질이 뛰어난 인재를 중시한다. 이런 정신에 따라 이 회사는 지난 3월 인사체계를 혁신적으로 재정비했다.

우선 기존 7단계 직급체계를 하나로 바꾸는 혁명적인 직급 파괴를 성공적으로 마쳤다. 사원, 대리, 부장 등의 호칭을 없앴다. 직급은 없고 다만 직무와 역할 중심의 호칭을 사용하는 수평적 체제가 됐다. 또 연봉체계도 능력과 성과 중심의 능력급제로 과감하게 바꿨다. 회사가 이룬 과실을 직원 개개인의 능력과 성과에 따라 공정하게 나눠갖자는 취지다.

이와 함께 핸디소프트는 개인들의 창의력 활성화와 업무개선 의욕증진을 통한 기업 경쟁력 강화를 위해 사내 아이디어 제안 제도를 시행하고 있다. 제안된 우수 아이디어에 대해서는 공정한 심의를 거쳐 평가 등급에 따라 시상금을 주고 있어 직원들의 참여 열기가 뜨겁다.

아울러 매달 한 번씩 전 임직원이 모여 단합대회를 갖고 △경영전반에 관한 정보 공유 △제품 및 사업발표 △경영진과의 대화 △칭찬MVP시상 등의 다양한 행사를 실시하고 있다. 주요 경영진들은 회사발전을 위한 중·장기 비전을 마련하고자 워크숍을 따로 열고 있다.

핸디소프트 기업문화

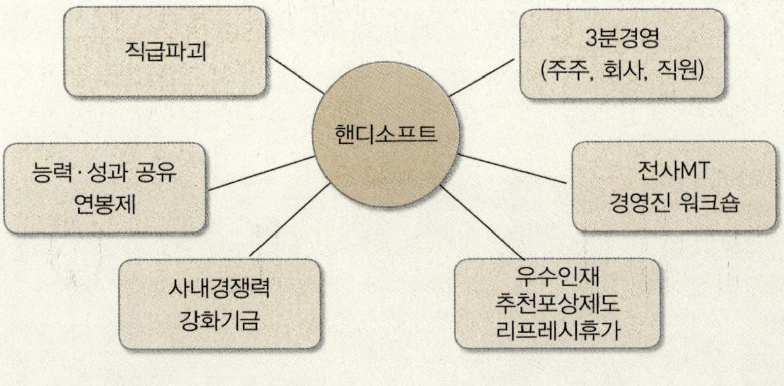

자료: 한국경제신문, 2000년 10월

제 1 절 인적자원관리의 본질

경영자는 기업이 보유하고 있는 인적자원, 즉 모든 구성원들의 능력과 잠재력을 가장 효과적이고 효율적으로 활용할 수 있도록 인적자원관리를 해야 한다. 인적자원관리란 기업의 인적자원에 대한 일련의 관리활동으로서, 기업이 필요로 하는 인적자원을 선발·충원, 교육·훈련·개발, 배치, 보상, 유지 등의 제반 활동을 계획, 조직, 지휘, 통제하는 일련의 과정을 말한다.

1.1 인적자원관리의 개념

인적자원관리(human resource management)란 기업이 보유하고 있는 인적자원에 대한 일련의 종합적인 관리활동으로서, 기업이 필요로 하는 인적자원의 조달, 개발, 유지 및 동기유발 등의 제반 활동을 계획, 조직, 지휘, 통제하는 일련의 과정을 말한다. 여기서 인적자원의 조달활동이란 충원으로서 종업원의 모집·면접·시험·선발 등의 채용기능을 말하며, 개발활동이란 종업원의 잠재적 능력을 실현할 수 있도록 훈련개발·배치·전보·승진 등을 통한 인적자원의 능력과 지적 향상을 꾀하는 기능을 뜻한다. 그리고 유지활동이란 종업원의 직무·보상·복리후생·안전후생·의사소통·제안제도 등을 통해 그들이 일할 수 있는 양호한 직무환경이나 작업분위기를 유지하는 기능을 의미한다.

따라서, 인적자원관리란 경영의 목적을 달성하기 위하여 조직구성원의 능력을 조달, 개발, 유지하며, 아울러 스스로 신바람나게 일에 몰두할 수 있도록 구성원들에게 동기를 유발하는 일련의 과학적 기법을 뜻한다.

1.2 인적자원관리의 중요성

기업을 경영함에 있어서 동원되는 경영자원 중에서 인적자원을 관리대상으로 하는 것이 인적자원관리이다. 따라서, 인적자원관리는 경영활동의 하나의 부문적인 영역이 된다. 정보화사회에 있어서 생산요소를 통합하는 인간능력이 중요시됨에 따라 인적자원은 오늘날 가장 중요한 경영자원으로 인정받고 있다.

오늘날 기업이 발전하기 위해서는 조직 내의 인적자원이 어떻게 협동심과 인화로 결속된 조직풍토를 조성하는가에 달려 있다. 오늘날 인적자원관리의 중요성이 부각되는 데에는 다음과 같은 배경이 있다.

① 종업원의 융통성 있는 생활양식과 관심사의 변화에 알맞은 경력개발과 업무에의 적응이 점차 중시된다.
② 종업원들의 불만을 어떻게 처리하여 이들을 동기유발시킬 것인가의 문제가 미래의 지대한 관심사이다.
③ 남녀고용평등법 등 여러 법률적인 문제에 관리자들은 많은 관심과 시간을 바치게 된다.
④ 종업원들의 작업에 대한 가치관이 크게 변화하고 있다.
⑤ 인적자원의 관리에 속하는 많은 기능은 특수하고 고도의 전문성을 필요로 한다.

1.3 인적자원관리의 기능

인적자원관리의 기능은 다음과 같이 요약할 수 있다.

① 효율적인 고용
② 종업원훈련
③ 승진·전보·휴직 및 징계방침
④ 임금 및 봉급관리
⑤ 복리후생
⑥ 건강 및 안전관리
⑦ 노동관계관리
⑧ 인간관계

이러한 인적자원관리의 기능은 모두 상호관련되어 있고, 특히 연속적이어서 서로가 불가분의 관계에 있고 서로가 원인이 되고 결과가 된다. 이러한 기능의 중요성은 시대적인 흐름이나 국가에 따라 다르다. 무엇보다도 인적자원관리는 조직의 목적과 종업원의 욕구 양자를 통합하고 극대화함을 목적으로 한다.

제 2 절 인적자원계획과 확보

2.1 인적자원계획

인적자원계획은 고용계획이라고도 불리우며, 이는 조직의 목적달성에 도움이 되는 과업을 효과적·능률적으로 수행할 수 있는 사람, 즉 적절한 사람을 적정한 곳에 알맞은 수만큼 보유하려는 목적이 인적자원관리의 첫 번째 과정이다.

인적자원계획의 수립은 다음과 같은 이점을 지닌다고 하겠다.

① 인적자원의 활용을 증대시킨다.
② 인적자원관리의 활동과 미래의 조직목적을 효과적으로 연결시킨다.
③ 서로 상이한 인적자원계획들을 조정한다.

인적자원계획의 기본적인 과정을 들면 다음과 같다.

첫째, 미래의 필요성에 대한 계획으로, 이는 미래에 조직이 활동을 계속하기 위해서 어떤 능력 있는 사람이 요구되는가에 관한 계획이다.

둘째, 미래의 균형을 위한 계획으로, 현재 고용된 인적자원 가운데 특정 미래시점에 얼마나 남아 있을 것인가에 관련된 계획이다.

셋째, 모집과 선발 또는 해고에 관한 계획으로, 이는 조직이 필요로 하는 사람의 수를 어느 정도로 보아야 할 것인지에 관한 계획이다.

넷째, 개발을 위한 계획으로, 이는 조직이 경험 있고 능력 있는 종업원들을 계속적으로 공급하기 위해 어떻게 교육훈련하고 이동할 것인가에 관련된 계획이다.

2.2 인적자원의 모집

인적자원계획의 기초를 제공해 주는 기본적인 활동이 바로 직무분석(job analysis)이다. 즉, 직무분석이란 조직구성원들이 수행하는 직무의 요건과 특성을 연구하는 것을 말하며, 직무분석의 기본자료는 여러 가지 직무활동에 대한 관찰, 직무수행자들과의 면접, 종업원들에 대한 설문조사, 종업원들의 작업일지 등을 통하여 수집될 수 있으며, 직무분석의 결과는 어떠한 직무를, 어떤 기능을 갖춘 사람이 어떻게 수행해야 하는가를 알게 해 준다.

직무분석이 이루어지고 나면 구체적인 직무의 의무 및 책임내용을 설명해 주는 직무기술서(job description)와 특정 직무를 수행하는 사람들의 교육, 기능, 경력 등 자격요건을 나타내는 목록인 직무명세서(job specification)를 작성할 수 있다. 이와 같이, 직무기술서와 직무명세서를 정확히 작성해야 특정 직무를 효율적으로 수행할 수 있는 자질을 갖춘 인력을 충원할 수 있다.

인적자원의 모집(recruitment)이란 기업이 필요로 하는 적절한 기능을 갖춘 인력들이 그 회사의 선발과정에 응모하도록 하는 일련의 활동을 말한다.

일반적으로 기업에서 인력을 모집할 때 흔히 활용하는 모집방법으로는 광고, 종업원의 추천, 직업안내소, 교육기관, 자발적 응모, 근친등용, 용역업체의 활용 등이 있다.[1)]

① **광고** 일반적으로 가장 많이 활용하는 모집방법은 신문이나 잡지 등의 대중매체를 통해 광고하는 방법이다. 기업규모가 크고 다수의 종업원을 일시에 공개모집하는 기업체일수록 광고방법을 선호하게 된다.

② **종업원들의 추천** 기존 종업원들은 자신이 몸담고 있는 기업과 추천할 사람 양쪽을 모두 다 잘 알기 때문에 특정 직위에 필요한 인물을 가장 잘 지목할 수 있다.

③ **직업안내소** 각종 공공 직업안내소와 민간 직업안내소를 통하여 적절한 기능을 갖춘 인력을 모집할 수도 있다. 특히 생산직의 경우, 미숙련공, 반숙련공, 숙련공 중에서 필요한 인력을 선별하여 모집할 수 있다.

④ **교육기관** 대학이나 전문대학과 같은 학교를 통하여 모집하거나 직업훈련소를 통하여 필요로 하는 인적자원을 모집할 수 있다.

⑤ **자발적 응모** 회사에 취직하기를 원하는 사람이 직접 해당 업체를 찾아가는 경우가 있는데, 이때 적절한 자격을 갖춘 사람이라면 회사의 입장에서는 모집에 많은 시간과 비용을 들이지 않고도 훌륭한 인재를 확보할 수 있다.

⑥ **근친등용** 특히 가족 중심의 기업에서는 근친등용이 자주 이루어지는

---

1) E. B. Fllippo, *Personnel Management*, 5th ed., New York, N.Y.: McGraw Hill, 1980, pp. 134~135.

데, 이는 기업체에 필요한 기능을 갖춘 자격자를 채용할 수 있다는 보장은 없지만 조직에 충성심을 확보할 수 있다는 장점이 있다.

⑦ **용역업체의 활용**　인적자원의 필요성이 수시로 바뀌는 경우 용역업체로부터 시간제 인력을 모집하여 활용할 수 있다. 특히, 업무 중 일시에 잡다한 많은 업무가 있을 때 유용하다. 업체의 입장에서는 정규직원과 달리 연금이나 보험, 부가급여 등을 지급하지 않아도 되기 때문이다.

2.3 선발과 배치

선발(selection)이란 지원한 사람 중에서 가장 적합한 인력을 선별해 내는 과정으로서, 가장 중요하고도 시간을 많이 투자해야 할 부분이라고 할 수 있다. 대다수의 회사들이 선발과정의 중요성에 비해 많은 시간을 들여 좋은 인력을 선발하려고 하지 못하는 것은 공개모집을 한다고 하면서도 출신학교나 지연, 혈연 등을 고려하고 있으며, 학교성적이나 학교의 우열을 더 신경쓰기 때문이다. 그러나 실제로 가장 많은 시간과 관심을 가져야 할 것은 지원자의 성품이나 성격 및 적성이라고 생각된다.

일반적으로 종업원의 선발과 배치시에는 다음과 같은 도구들을 고려해야 한다.

1 입사원서

대부분의 기업체에서는 지원자의 인사기록에 관한 정보를 얻기 위하여 입사원서를 작성하도록 한다. 입사원서에는 성명, 연령, 주소, 전화번호, 교육배경 및 경력 등 개인에 관한 정보를 기입하도록 하고 있다.

이때 지원자가 입사원서를 얼마나 정확하게, 조심성 있게, 그리고 정밀하게 작성하였는지를 살피는 일이 매우 중요하다. 특히, 입사원서가 제공하는 정보 중에서 지원자의 과거 경력을 살펴보는 것이 매우 중요하다. 과거의 경력 중 한 직장에서 얼마나 오랫동안 근무했으며, 얼마나 직장을 자주 옮겨 다녔는지에 대한 정보는 경력사항뿐만 아니라 지원자의 태도나 자질 등을 엿볼 수 있기 때문이다.

2 입사시험

입사원서 등의 서류전형에 그치지 않고 입사시험을 추가하여 요구하는 회사들이 많이 있다. 대부분의 기업들은 입사시험에서 전공과목, 영어, 상식 등에 대한 간단한 지식을 테스트하는 시험을 치르고 있으며, 최근에 더욱 관심을 갖기 시작한 시험으로서는 특수한 적성 및 능력검사(aptitudes and abilities tests), 흥미도검사(interest tests), 인성검사(personality test), 그리고 성취도검사(achievement test) 등이 있다.

입사시험이나 각종 검사를 실시할 때는 반드시 자격 있는 검정기관이나 교육기관에 의뢰하여 전문가들의 도움을 받아 실시하는 것이 좋다. 무자격자에 의한 잘못된 평가는 득보다 손실이 더 많을 것으로 기대되기 때문이다.

3 면 접

면접(interview)을 통하여 얻을 수 있는 가장 큰 장점은 지원자에 대한 추가적인 정보를 직접 수집할 수 있다는 점이다. 실제로 면접을 통하여 입사원서에 기재한 내용을 확인할 수 있으며, 첫인상이나 사람됨, 태도, 표현능력, 개성, 잠재능력, 사상경향, 열의, 신념, 가정환경, 희망직종 등을 직접 확인할 수 있다.

면접은 너무 딱딱하고 경직된 분위기에서 진행되면 소기의 목적을 달성하기가 어려우므로 면접 때 질문의 내용을 통일시킨 구조화된 면접(structured interview)이라고 할지라도 엄격하게 이루어지는 것보다는 부드럽게 담소하는 분위기 속에서 이루어지는 것이 훨씬 효과적이라고 할 수 있다.

4 신체검사

우리나라의 대부분의 기업체들은 입사지원자들에게 건강진단서를 요구한다. 대기업일수록 지정병원에서의 신체검사를 필수적으로 요구하고 있으며, 효과적인 직무수행에 지장을 줄 만한 신체상의 결함이 있는가를 살펴보아야 한다. 그러나 신체상의 결함이 있다 하더라도 특정 업무수행에 지장이 없다면 그것을 이유로 배제해서는 안 된다.

제 3 절 인적자원의 훈련 및 개발

여러 가지 테스트와 면접 등을 통하여 일단 지원자 중에서 적절한 인력을 선발하였다면 각 기업체는 신입사원들을 구체적인 직무에 배치하기에 앞서 그들에게 오리엔테이션(orientation)과 간단한 교육훈련을 실시하는 것이 일반적이다. 신입사원을 선발하였다고 해서 그들이 곧장 업무에 들어갈 수 있을 정도로 모든 지식과 경험을 갖추었다고 보기는 어렵기 때문이다.

3.1 신입사원 오리엔테이션

오리엔테이션이란 신입사원들에게 그 회사의 규정이나 방침, 분위기, 구조 및 절차 등 제반사항을 알리고 함께 일할 사람들에게 소개해 주는 활동을 말한다. 이는 새로운 구성원들에게 새로운 조직에 적응하도록 하기 위한 일종의 사회화 과정(socialization process)의 출발점이라고 할 수 있다. 오리엔테이션을 잘 활용함으로써 신입사원이 회사의 업무에 적응하는 시간과 비용을 감소시켜 줄 수 있고, 신입사원의 불안감을 덜어 주고, 이직률을 감소시켜 주며, 높은 성과를 거둘 수 있는 계기를 마련해 주기 때문이다.

3.2 사원 교육훈련

오늘날 많은 기업체들이 기능공뿐만 아니라 일반사원으로부터 최고경영층에 이르기까지 다양한 분야와 기간에 걸쳐 사내교육훈련을 실시하고 있으며, 외부의 많은 연수기관에 위탁 또는 파견하여 교육을 시키고 있는 실정이다.

이러한 연수 또는 사내교육을 실시하는 가장 큰 이유는 종업원의 기술 및 관리능력을 향상시킴으로써 기업의 목적달성에 보다 효과적인 인력활용을 하기 위해서이다. 사내교육훈련은 현장에서 직접 상사가 지도하는 훈련에서부터 세미나 참석, 대학 또는 대학원에 파견하여 학위를 취득케 하는 과정에 이르기까지 매우 다양하다.

경험을 통한 교육, 즉 시행착오를 겪으면서 배우는 것이 가장 비용이 많이 드는 방법인 것을 잘 알고 있는 기업일수록 교육훈련에 대한 투자를 많이 한다. 구체적으로 사원들의 능력개발을 위하여 흔히 활용되는 방법들을 소개하면 다음과 같다.

1 OJT 방법

OJT 방법(on-the-job method)이란 일하는 현장에서 실제로 업무를 수행해 가면서 상사나 숙련된 선배로부터 업무수행의 방법 등을 훈련받는 방법을 말한다. 이 훈련방법은 상당히 경제적인 방법으로 인정되고 있지만, 훈련자를 처음 현장에 투입하였을 때는 생산성이 일시적으로 떨어지는 경향이 있기 때문에 주의를 요하며, 기능을 전수해 주는 사람이 잘 가르쳐 주지 않거나 가르치는 방법이 서툴다면 별 효과를 볼 수 없기 때문에 어느 작업장에서고 마음대로 활용할 수 있는 방법은 아니다.

2 강의식 교육방법

강의식 교육훈련방법은 영화, 비디오 테이프 또는 강사에 의하여 이루어지는 것으로서, 특정한 주제를 다루는 데는 가장 경제적이고 능률적인 훈련방법으로 인정받고 있다. 그러나 강의는 일방적으로 되기가 쉽기 때문에 피드백이 부족할 가능성이 크고 수강자가 열의를 갖고 하지 않는다면 전혀 실효를 거둘 수 없다는 단점도 있다.

강의식 방법보다는 집단토론방식이 보다 효과적이라는 평가가 있으나 시간과 비용이 훨씬 많이 소요되며, 토론의 진행자가 얼마나 능력을 발휘하느냐에 성과가 좌우된다는 약점이 있다.

3 시뮬레이션 방법

시뮬레이션 방법(simulation technique)은 실제와 거의 똑같은 환경을 인위적으로 설정해 놓고 훈련자들로 하여금 보다 안전한 조건하에서 실습과 시행착오를 통하여 직무수행에 필요한 기능을 습득하게 하는 것을 말한다. 이 방법의 전형적인 예는 비행조종사들의 조종훈련장치를 들 수 있다. 미숙련자가 실수를 할 경우 엄청난 비용이나 위험이 초래될 수 있는 장비라면 그와 비슷한 장치를 하여 시뮬레이션을 통해 기능을 습득케 할 수 있다.

일반적으로 기업에서 활용할 수 있는 시뮬레이션 기법은 의사결정과 관련된 것이 많다. 특히 많이 사용되는 기법으로는 사례연구방법, 역할연기방법, 의사결정실습, 경영게임방법 등이 있다.

제 4 절 인적자원의 이동, 승진 및 이직

4.1 인사이동

인사이동(personnel transfer)이란 책임, 보수, 또는 권한의 증감 없이 종업원을 한 직위에서 다른 직위로 이전시키는 행위를 말한다. 인사이동을 시킬 때는 공명정대하게 하여야 하며, 형평을 잃지 말아야 한다.

인사이동을 시키는 이유는 여러 가지가 있을 수 있다. 예컨대, 적재적소에 인재를 배치함으로써 종업원의 만족감과 능률을 향상시키기 위하여, 계층별 또는 직책별로 적절한 후계자를 양성하기 위하여, 위험하거나 작업조건이 좋지 못한 직책을 교대근무하기 위해, 또는 장기간 근무로 인해 타성에 젖을 수 있거나 부패가능성이 있는 경우 이를 방지하기 위하여 인사이동을 시킬 수 있다.

4.2 승 진

승진(promotion)이란 종업원을 권한과 책임이 다같이 증가된 새로운 직책으로 이전시키는 것을 말한다. 승진에는 승급이 동시에 따르는 것이 일반적이지만, 항상 그런 것은 아니다.

종업원을 승진시킬 때는 대상 종업원이 승진할 만한 가치가 있는지, 입사시기와 근무기간은 어떠한지를 고려하여야 한다.

다른 종업원이 더 오래 그 회사에 근무하였고 승진할 만한데도 특별한 이유 없이 공정치 못한 승진을 시키게 되면 다른 종업원들의 사기를 꺾게 되며, 종업원들의 불만을 사게 되는 요인이 되기 때문이다.

인사이동이 단순한 수평적인 이동(horizontal transfer)이라면, 승진은 수직적인 이동(vertical transfer)이라고 할 수 있다. 강등도 물론 수직적인 이동에 속한다.

4.3 이 직

이직 또는 퇴직(separation)은 잠정적·일시적일 수도 있고 장기적·영구적일 수도 있다. 해고 또는 파면은 채용자의 의사에 따라 영구적으로 종업원을 결별시키는 행위로서, 기업의 여러 가지 노력에도 불구하고 직무수행능력이나 자격이 부족할 때, 종업원이 사규를 위반하였거나 규칙을 고의적으로 어기는 습관이 있을 때, 상사의 명령을 거부하고 반항할 때, 심각한 범법행위나 반사회적 행동을 하였을 때, 그리고 직업윤리에 심각히 저촉되는 행위를 하였을 때 해고 또는 파면할 수 있다.

또한 종업원이 일정 연령이 되면 회사를 떠나게 되는데, 이를 우리는 정년퇴직(retirement)이라고 부른다. 이는 노동조건의 하나이므로 반드시 취업규칙 등에 명시해 두어야 한다.

제 5 절 인적자원의 업적평가

5.1 업적평가의 개념과 목적

인적자원관리의 하나의 중요한 기능인 업적평가는 인사고과(personnel rating)라는 이름으로 종업원의 특성과 퍼서낼리티를 평정의 내용으로 다루어 왔다. 업적평가란 종업원의 실제적인 직무업적을 지정된 업적표준과의 비교를 통해 측정하려고 설계된 공식적이고 구조적인 시스템이다. 이러한 업적평가시스템에서는 왜 평정을 하는가 하는 이유, 무엇을 평정할 것인가, 어떻게 평정할 것인가, 누가 평정할 것인가, 언제 평정할 것인가 그리고 업적평가를 어떻게 의사소통할 것인가 하는 등의 요인이 중요하다.

업적평가를 하는 이유는 다음과 같다.

첫째, 종업원이 기업의 사명을 수행할 잠재력을 알고, 또한 최대한 활용하도록 도움으로써 그들의 업적을 증대시키는데 있다.

둘째, 종업원과 관리자에게 작업과 관련한 의사결정에 필요한 정보를 제공하기 위해서이다.

5.2 업적평가의 내용과 방법

업적평가의 다음 과제는 무엇을 평가할 것인가, 즉 평가의 내용에 관한 것이다. 업적평가의 내용에는 첫째, 기능·능력·지식·자질, 둘째, 이들 개인적인 특성에서 비롯되는 행동, 셋째, 행동에서 비롯되는 결과 등의 세 가지로 크게 구분되고 있다.

업적평가의 방법에는 다음과 같은 것이 있다.

① 서열법(ranking method)
② 평가척도법(rating scale method)
③ 체크리스트법(check list method)
④ 주요 사건법(critical incidents)

이상의 평가방법들은 각각 장단점을 지니고 있으므로, 활용목적과 여러 가지 측면을 고려하여 바람직한 방법을 선택하여야 한다.

연습 문제

1. 인적자원관리의 개념과 중요성에 대하여 설명하시오.
2. 인적자원계획의 과정에 대하여 설명하시오.
3. 인적자원의 업적평가의 내용에 대하여 설명하시오.

현장사례 "토요타자동차 왜 강한가?"

"임금인상 자제+종신고용" 50년 무분규

현대자동차, 기아자동차의 잇따른 파업사태에 이은 GM대우자동차의 파업 결의로 한국 자동차산업이 일대 회오리에 휘말려있다. 이런 상태가 계속된다면 생존경쟁이 어느 업종보다 치열한 세계 자동차시장에서 국내 업체가 설 자리는 없다는 경고도 제기되고 있다. '잃어버린 10년'으로 표현되는 극심한 불황 속에서도 꾸준한 성장세를 이어가고 있는 일본 최고의 기업 토요타자동차의 현지 취재를 통해 기로에 놓인 한국 자동차 산업의 돌파구를 모색해 본다.

나고야에서 고속도로를 타고 40분을 달리면 'Welcome to Toyotacity'라는 인사말이 붙은 톨게이트가 나온다. 이곳이 바로 토요타자동차 본사와 일본 내 공장 15곳 가운데 12곳이 모여있어 '토요타 왕국'의 본거지로 불리는 아이치현 토요타(豊田)시다.

일본 기업으로는 렉서스 브랜드로 BMW, 벤츠 등 세계의 명차와 당당히 어깨를 겨루는 글로벌 기업이면서도 일본 특유의 '종신고용제'를 고집스럽게 지켜가는 기업. 50년 넘는 무분규 전통을 이어오며 노조가 스스로 임금 인상을 자제하는 기업.

일본 기업들이 노동시장의 유연성을 중시하는 글로벌 경제법칙을 잇따라 도입하고 있지만, 토요타 경영진은 종신고용제를 고집스럽게 지켜 나가고 있다. 마케팅 본부 아시아부 직원 이치카와 나오카 씨는 "10년, 20년 후의 모습을 그릴 수 있기 때문에 더욱 열심히 일할 수 있다"면서 "회사가 성장하는 것이 곧 나의 발전이라고 생각한다"고 말했다. 토요타의 한 관계자는 "한국의 자동차산업은 무서운 경쟁자로 떠올랐지만, 앞으로 노사관계를 어떻게 풀어나가느냐에 따라 미래가 달라질 것"이라며 "한국 자동차회사 노조들이 강경하게 나오는 것도 나름의 이유가 있겠지만, 노사가 서로 양보해야만 살아 남을 수 있다는 것이 우리의 경험"이라고 말했다.

자료 : 한국일보, 2003. 8. 25.

문제

- 토요타자동차가 세계적인 자동차 회사로 부상한 이유를 찾아보자.

제16장

재무관리

학습목표

재무관리의 목표는 주주 부의 극대화이다. 제16장에서는 자금의 흐름을 관리하고 기업가치의 극대화를 위한 재무관리의 개념과 기능, 재무계획과 재무분석, 투자의사결정과 자본비용 등의 내용에 대하여 학습한다.

한국기업 CFO 진정한 '재무마스터' 되려면 '가치창조자'가 되라!

2008년 글로벌 금융위기 이후 기업들의 사업환경이 더욱 악화되는 추세다. 이에 따라 재무담당 최고책임자(Chief Finance Officer: CFO)가 조직의 역할을 강화해야 한다는 목소리가 높아지고 있다.

액센츄어가 최근 발간한『재무분야의 고성과 연구』결과에 따르면 글로벌 금융위기 이후 해외 글로벌 기업의 재무조직은 리스크 관리, 사업전략, 실적 부문의 역량을 극적으로 향상시킨 것으로 조사됐다. 이에 반해 한국 기업들의 재무분야 혁신은 상대적으로 부진한 것으로 나타났다.

한국 재무조직의 특성과 문제점을 감안하여 한국 CFO들이 향후 나아갈 방향은 다음과 같다.

첫째, 한국 기업 내 CFO 조직이 발전하려면 개인보다는 조직을, 효율성보다는 효과성에 더 높은 우선순위와 가치를 두어야 한다. 둘째, 사업환경의 불확실성이 갈수록 높아지는 만큼 기업 전반에 걸친 협업을 통해 사업에 영향을 주는 가치를 높이고, 타 부서와 함께 협력해 사업목표를 이루도록 할 필요가 있다. 셋째, 한국 기업은 경영자의 리더십 등 개인의 능력을 중심으로 재무기능이 운영되는 경향이 있다. 하지만 안정적인 재무성과를 유지하려면 조직 내의 개인적인 견해나 능력이 아닌, 회사의 요구사항에 따라 재무조직이 움직이도록 해야 한다. 넷째, 한국의 CFO들은 지금까지처럼 재무영역의 비용절감에 초점을 두기보다 내부고객의 기대를 충족시키고, 더 큰 가치창출에 기여할 수 있도록 재무역량 확보에 선택적인 투자를 해야 한다.

한국의 CFO 조직이 이제 급변하는 세계 시장에 효과적으로 대응하기 위해서는 단순히 개인 능력에 의존하지 말고 체계적인 조직과 운영 모델을 갖춰야 하며, 전략과 예산 계획에서부터 실적분석과 성과관리에 이르는 전 과정을 관리하는 시스템을 만들어야 한다. 지금 같은 글로벌 시대에 재무조직의 역량은 단순히 회계, 원가와 같은 기본적인 재무분야의 마스터여서는 곤란하다.

재무영역을 넓혀 전 기업의 가치창출을 선도할 수 있는 '가치 창조자(Value Creator)'이자 타 부문의 사업전략과 연계해 가치를 만들어 내는 '사업 동반자(Business Partner)' 역할도 동시에 할 수 있는 진정한 '재무 마스터'만이 한국의 기업을 한국 혹은 아시아급 플레이어에서 진정한 글로벌 리더로 도약을 이끌 수 있다.

자료: MK뉴스, 2012. 8. 17.

제 1 절 재무관리의 의의

1.1 재무관리의 개념

기업경영에서 재무의 역할은 경영목표를 실현하기 위해 어떤 투자 대상에 얼마를 투자할지, 어떤 방법으로 필요한 자금을 조달할지를 판단하고 실행하는 것이다. 이를 위해 재무관리를 이해해야 한다. 재무는 경영목표를 달성하기 위해 사업활동과 함께 움직이는 자금의 흐름을 관리하여 기업가치의 극대화를 도모하려 한다. 재무에서는 장래의 기업활동에서 현금흐름을 얼마나 효율적으로 증가시킬지가 주안점이기 때문에 당연히 기업의 현재보다는 미래에 중점을 둔다.

기업이란 경영활동에 필요한 자금을 주주나 채권자로부터 조달하여 그 자금을 운용하여 여러 가지 자산에 투자하는 경제주체라고 할 수 있다. 따라서 기업은 항상 어디로부터 얼마의 자금을 조달하며, 그 자금으로 어느 자산을 얼마만큼 보유할 것인가 하는 재무적 의사결정 문제가 발생하게 된다.

재무관리(financial management)는 생산관리, 마케팅관리, 인적자원관리 등과 함께 수평적 경영관리 기능의 한 분야로서, 기업의 경영활동에 필요한 자금의 흐름에 관한 재무기능을 효율적으로 수행하기 위한 일련의 관리과정이다. 따라서, 자금의 조달(financing)과 운용(investing) 및 그와 관련된 계획, 집행, 통제 등의 활동이 재무관리의 연구대상이다.

재무관리의 주된 목표는 기업이 보유하는 자산과 부채 및 자본을 효율적으로 구성하여 기업가치의 극대화, 즉 주주의 부를 극대화하는 것이라고 할 수 있다. 어떤 기업이든 기업의 가용자원은 제한되어 있기 때문에 재무관리자는 기업 내 각 부문에서 요구하는 투자대안들을 분석·검토하여 기업의 능력이나 관련된 투자위험 요소들을 고려하여 기업의 목표달성을 위한 최적의 투자결정을 내려야 한다.

1.2 재무관리의 기능

재무관리의 기능은 다음과 같이 세 가지로 요약할 수 있다.

(1) 자본조달 기능

자본조달 기능은 자산 취득에 필요한 자금을 어디에서 조달할 것인가 하는 자금조달의 원천과 각 원천으로부터의 자금조달 비율을 어떻게 할 것인가 하는 기업의 최적자본배합 내지 최적자본구조를 결정하는 기능을 말한다. 이 문제는 결국 자본비용의 문제가 된다.

(2) 투자결정 기능

투자결정 기능은 조달된 자본을 어떻게 운용할 것인가를 결정하는 기능으로서, 자산의 최적구성을 찾으려는 노력을 말한다. 즉, 어떤 자산에 얼마만큼 투자할 것인가를 결정하는 것으로서 기업의 미래 수익성과 성장성을 결정짓게 된다.

(3) 배당결정 기능

배당결정 기능은 주주 부의 극대화 차원에서 기업의 배당정책을 결정하는 기능으로서, 배당의 종류나 배당의 안정성, 배당률 등의 문제가 된다.

이러한 세 기능은 상호 유기적인 관련성을 갖고 있다. 재무관리자는 투자결정과 이에 필요한 자본조달 및 배당결정과 관련한 의사결정이 상호 조화와 균형을 유지할 수 있도록 최적결정을 함으로써 기업가치의 극대화를 기할 수 있게 된다.

제 2 절 재무계획과 재무분석

2.1 재무계획

재무계획(financial planning)이란 기업의 영업활동에 필요한 자본의 조달과 그 투자운용에 관련되는 재무활동을 미리 계획하는 것으로서 양자 간에는 균형이 유지되어야 한다. 재무계획은 재무관리의 첫 번째 기능으로서 재무활동을 통제하는 기초가 된다. 따라서, 기업의 재무계획이 수립되어야 재무통제도 유효하게 할 수 있다.

재무계획을 간단히 설명하면, 일정 기간에 자금이 어떻게 들어와서 이것을 어떻게 유리하게 이용할 것인가를 계획하는 것이다. 재무계획은 자금조달계획이고 자금지출을 통제하기 위한 계획이며, 지출결과를 평가하기 위한 계획이라고 한다. 이와 같은 세 가지 계획의 목적은 기업의 모든 경영활동을 조정하고 통제하여 기업목적을 달성하게 된다. 재무계획에 따라 경영활동을 한 결과는 이익 또는 손실로 나타나게 되는데, 이것은 이익계획과 관계된다.

2.2 재무분석

재무분석(financial analysis)은 재무제표에 나타난 재무 계수를 중심으로 분석하는 것을 말하며 재무제표분석이라고도 한다. 재무제표란 경영활동을 일반적으로 인정된 회계원칙(GAAP)에 따라 간결하게 요약한 재무 보고서를 말한다.

재무제표의 종류는 이용자가 어떤 유형의 재무정보를 이용하느냐에 따라 대차대조표, 손익계산서, 이익잉여금처분계산서(또는 결손금처리계산서), 현금흐름표, 자본변동표 등이 있다.

대차대조표는 일정 시점에서 자산, 부채, 자본 등 기업의 재무상태를 나타내는 재무제표이다.

손익계산서는 일정기간 동안 기업의 경영활동으로 발생한 수익과 비용을 대응시켜 기업의 손익을 나타내는 재무제표이다.

이익잉여금처분계산서 또는 결손금처리계산서는 결산 후 주주총회의 승인을 얻어 확정된 이익잉여금 또는 결손금의 처분내역을 표시하는 재무제표이다.

현금흐름표(statement of cash flows)는 회계기간 동안 경영활동으로 발생한 현금흐름 상황을 나타내는 재무제표이다.

자본변동표(statement of changes of capital)는 기업의 자본의 크기와 그 변동에 관한 정보를 나타내는 재무제표이다.

재무분석은 그 분석목적에 따라 실수법, 비율법 등이 있다.

첫째, 실수법이란 재무제표상의 실제계수를 비교하여 분석하는 재무분석법으로 비교대차대조표나 비교손익계산서와 같이 두 시점 또는 기간의 주요 항목의 증감 잔액을 산출하는 분석법이다.

둘째, 비율법이란 재무제표상의 여러 항목 중에서 밀접한 관계가 있는 두

개 또는 그 이상의 항목의 계수를 분자와 분모에 놓고 100을 곱하여 산출하고 이것을 분석하는 방법이다. 비율분석(ratio analysis)은 재무자원의 배분을 점검하고 조정하기 위하여 각종 재무비율(financial ratios)을 분석하는 것을 말한다. 일반적으로 재무비율은 기업의 안정성, 성장성, 수익성, 활동성, 시장가치 등을 분석하는 형태로 이루어진다.

비율분석이 효과적인 통제수단이 되려면 비교할 만한 기준이 있어야 한다. 비교기준을 마련하는 데에는 두 가지 방법이 있다. 그 하나는 과거의 비율을 기준으로 삼는 것으로, 현재의 비율을 과거 비율에 대비해 봄으로써 관심 있는 부분의 향상 여부를 가늠해 볼 수 있다. 또 한 가지 방법은 비슷한 위치에 있는 다른 기업의 비율 또는 동종산업의 평균비율을 기준으로 삼는 것인데, 이는 최고경영층이 자기 회사의 취약부분을 파악하여 개선하는 데 자주 사용된다.

제 3 절 투자의사결정

투자가치의 평가는 현금흐름이 기업가치의 최대화에 얼마나 공헌하느냐에 있는만큼 이 목표실현에 부합되는 투자안을 선택하도록 해야 한다. 투자안의 평가에 있어서 반드시 고려해야 할 요소는 투자안의 수익성과 위험도에 대한 분석이다.

기업이 투자를 결정하거나 투자안의 경제성을 분석하는 방법으로는 순현가법, 내부수익률법, 회수기간법 등이 있다.

순현가법(net present value method: NPV)은 투자를 하여 얻은 현금흐름의 현재가치와 초기 투자금액을 비교하여 투자의 적정성을 평가한다. NPV법은 현금의 시간적 가치나 위험 등의 재무이론에 기초하고 있으며 가장 바람직한 평가방법이다. 현금흐름의 현재가치를 구할 때 적용하는 할인율은 투자의 위험에 상응하는 비율, 즉 위험에 따른 기대수익률을 이용한다.

내부수익률법(internal rate of return method: IRR)은 투자 대상의 내부수익률을 비슷한 위험을 지닌 다른 투자의 수익률과 비교하여 투자 판단을 한다. 여기서 내부수익률은 투자로 얻은 수익률을 말한다. 그리고 IRR은 NPV가 제로(0)가

되는 할인율로 정의한다.

회수기간법(Payback period method)은 초기 투자액은 일정한 기간에 회수해야 한다는 개념에 기초한다. 예를 들어 1억원을 투자해서 매년 1,000만원을 창출하는 경우 회수기간은 10년이 된다. 회수기간법은 쉽게 이해할 수 있기 때문에 실제로 널리 사용되고 있다. 하지만 이 방법은 금전적·시간적 가치를 고려하지 않는다는 점이다.

주식투자는 운이 좋으면 돈을 벌지만 반대로 손해를 볼 때도 있다. 이처럼 수익률에 기복이 있는 자산을 위험자산이라고 한다. 위험자산에 투자했을 때 미래의 수익률이 얼마가 될지 정확히 알 수 없다. 그래서 얼마의 수익이 어느 정도의 확률로 발생할지 추정해서 그 분포의 기대치를 투자의 수익률로 보고, 위험의 크기는 예상 수익률의 분포인 표준편차나 분산을 위험으로 본다. 보유자산을 하나의 자산에 집중시키지 않고 여러 자산에 분산해서 투자하는 것을 포트폴리오(portfolio)를 구성한다고 말한다.

제 4 절 자본비용

기업의 재무이론은 자본비용을 중심으로 이루어지고 있다고 할 수 있다.

자본비용(cost of capital)은 기업이 자본을 사용한 대가로 자본제공자에게 지급하는 비용을 말한다. 기업은 자본비용이 가장 저렴한 자금을 조달함으로써 가장 이상적인 수준의 자본구조를 이룰 수 있으며, 이것은 장기적으로 기업의 가치를 증대시킬 수 있게 해 준다. 자본비용은 자본제공에 대한 희생과 이득을 균형시킬 수 있는 투자가의 기회비용 또는 투자가가 요구하는 최저 필수수익률을 말하는 것으로서, 자본평가 및 자본조달결정의 기준이 되는 지표가 된다.

기업이 소유하고 있는 자본은 자본의 원천에 따라 자기자본과 타인자본으로 구분된다. 그리고 자기자본은 보통주, 우선주 등의 주식자본과 잉여금(사내유보금)으로 구성되며, 타인자본은 단기부채와 장기부채로 이루어진다.

자기자본비용은 자본의 기회비용이라고 할 수 있는 것으로 타인자본의 이자와 같이 실체적인 것이 아니기 때문에 그 측정이 쉽지 않다. 자기자본비용은 기업이 자기자본으로 투자를 할 때 그 기업의 가치를 현상유지시켜 줄 수 있는 투자로부터 획득하여야 할 필수수익률이 된다.

타인자본비용은 기업이 단기부채나 장기부채의 타인자본을 이용할 때 지급해야 하는 대가로서 타인자본의 사용에 따른 이자율이라고 할 수 있다. 따라서 자기자본비용에 비하여 그 측정이 용이하다. 타인자본비용에는 직접적인 것과 간접적인 것으로 구분되는데, 직접적인 비용은 부채의 실질이자를 말하고, 간접적인 비용은 자본구조에 타인자본이 증가함에 따른 재무위험을 말한다.

연습 문제

1. 재무관리의 개념과 기능에 대해 설명하시오.
2. 재무계획과 재무분석 방법에 대하여 설명하시오.
3. 투자의사결정 기법에 대하여 설명하시오.
4. 자본비용의 개념과 종류에 대하여 설명하시오.
5. 기업경영에 있어서 재무관리의 중요성에 대하여 토의해 보시오.

현장사례 제품품질과 재무성과를 중시

기업들이 국내시장보다는 해외시장에 초점을 두면서 양보다는 품질이 중요해지게 된다. 이건희 전 회장은 1990년대 초반 미국 로스앤젤레스의 한 백화점 구석에 먼지 쌓인 삼성 TV를 보며 싸구려 TV를 생산하는 회사 이미지를 탈피하기 위해 質 경영을 추구했으며, 1995년에는 설날 선물로 임직원에게 보낸 휴대폰에 문제가 발생하자 휴대폰 15만대(150억원)를 전량 불에 태우는 휴대폰 화형식을 통해 질 경영을 강조하기도 했다.

현대차도 정몽구 회장 취임 후 품질을 최우선하는 경영풍토를 조성했다. 막대한 손실이 예상됨에도 불구하고 신차 출시를 1~2개월 연기하면서 최상의 품질 확보에 주력하기도 했다. 품질에 자신감을 갖게 된 현대자동차는 북미시장에서 10년 10만마일 무상 수리 캠페인을 실시하게 된다. 이 캠페인으로 인하여 현대차의 2005년 대미수출은 1999년 대비 360%나 증가하는 쾌거를 이루게 되었다.

성공기업들의 또 하나의 성공 DNA는 예외 없이 성과중심 운영시스템을 갖고 있다는 점이다. 경영학자들은 1987년 이전을 입사연도나 학력과 연령 등을 중시한 연공주의시대라면, 1988~1997년을 직무수행능력을 중시한 능력주의시대, 그리고 1998년 이후는 재무성과를 중시하는 성과주의시대로 구분한다.

자료 : 매일경제, 2008. 8. 1.

문제

- 기업의 경쟁력 요소에는 품질, 원가, 납기, 유연성 등이 있다. 그 중에서 품질은 가장 중요시되는 경쟁력 요소인데 왜 그러한지 생각해 보고 결국 경쟁력은 재무성과로 나타나야 되는 이유를 설명해 보시오.

제17장

전략경영

학습목표

'전략'이라는 말은 원래 군사용어로서 전쟁에서 승리하기 위한 마스터 플랜이라고 할 수 있다. 아무런 준비 없이 총칼만 들고 전쟁에 임한다면 어떻게 되겠는가? 어떻게, 어디를 공략할 것인지 사전에 치밀한 전략과 계획 없이 적과 대결한다면 그 전쟁은 명약관화한 일이 될 것이다. 따라서 기업에서의 전략이란 전쟁에서의 승리의 가장 중요한 요소라 할 수 있다. 제17장에서는 전략의 수립, 즉 기업의 외부환경과 내부자원을 분석하고, 이와 같이 수립된 전략이 실천되도록 적절한 조직구조와 통제시스템을 설계하는 과정에 대하여 살펴보고자 한다.

단단한 경영전략 세워 100년 기업 이룬다!

현대제철은 창립 60주년과 고로(高爐 · 용광로) 3기 완공을 맞는 올해를 100년 기업으로 가는 재도약의 원년으로 삼는다는 계획이다. 현대제철은 글로벌 경제 위기, 철강 수요 산업의 침체 등 당면한 문제를 해결하기 위해 2,400만t 경영체제 구축, 차별화된 경쟁역량 배양, 변화 대응 체계 강화 등 3대 경영방침을 세웠다. 위기 극복과 변화 대응에 초점을 둔 경영전략을 적극 실천해 나간다는 계획이다.

현대제철은 올해 고로 3기의 성공적 건설과 조업 조기 안정화에 집중하기로 했다. 이와 함께 일관제철소와 기존 전기로 사업 간 시너지 창출에도 힘쓸 계획이다. 일관제철소란 철광석과 유연탄에서 쇳물을 뽑아 철강 제품을 생산하는 제선 · 제강 · 압연 등의 공정을 모두 갖춘 제철소를 뜻한다. 현대제철은 또 최고 수준의 품질과 서비스, 시장 선도기술 배양을 위해 인적자원 역량을 강화하고 경영 시스템을 개선해 외형 성장에 걸맞은 질적 성장 체계도 함께 갖춘다는 계획이다. 아울러 현대제철만의 차별화된 요소를 찾아 강화함으로써 '차별화된 경쟁 역량'을 배양한다는 방침도 세웠다.

고객에게 왜 현대제철의 제품을 구매해야 하는지 분명한 이유를 제시할 수 있도록 신제품과 신강종 개발로 고객의 기호를 선점하고 시장 중심 조업, 서비스 등 비가격 경쟁력을 강화하는 등 고객 최우선 경영을 실천하기로 했다.

현대제철은 올해 철강업계의 불황이 지속할 것으로 예상되는 만큼 저비용 공정 개발 등 글로벌 원가 경쟁력 확보에도 힘을 쏟기로 했다. 위기관리 시스템을 도입하고 협력 중소기업들과의 동반성장 활동도 강화하기로 했다.

자료: 조선일보, 2013. 2. 4.

제 1 절 전략의 개념 및 특성

1.1 전략(Strategy)이란 무엇인가

1 전략개념의 기원

전략(strategy)이라는 단어의 어원은 희랍어 Strategos에서 찾을 수 있으며, 그 어의는 세월의 흐름에 따라 조금씩 다른 뜻으로 변화하거나 보완되어 왔다. 초기에는 주로 "사령관의 역할"이라는 의미로 사용되었으나, 이후 "사령관이 자신의 역할을 수행하는 데 있어서 사용하는 기술"이라는 의미로, 페리클레스(B.C. 450)에 이르러서는 "관리, 리더십, 파워 등을 동원하여 행하는 경영기술"의 의미로, 알렉산더(B.C. 330)시대에는 "적을 극복하기 위하여 군대를 운영하고, 통일된 시스템으로서 전체적인 지배권을 만들어 내는 기술"의 의미로 바뀌어 왔다.

위의 전략에 대한 정의를 종합에 보면, 다음과 같은 특성적인 면들을 살펴볼 수 있다. 첫째로, 전략이라는 개념은 최고사령관과 밀접한 관계가 있다는 사실이다. 따라서 전쟁에서와 마찬가지로, 기업의 경영에 있어서의 전략도 최고경영자 혹은 최고경영층의 역할 및 업무와 매우 밀접한 관계를 가지고 있다고 할 수 있다.

둘째로, 전략은 통합적인 의미를 갖는다. 사령관은 전쟁 전체에 대하여 책임을 지고 있는 만큼, 병력을 동원하고 병참물자를 확보하는 문제는 물론, 고지 저편에 있는 적을 효과적으로 이기기 위한 전략계획을 수립·집행하는 모든 사안에 대하여 관심을 기울이고 주도적인 의사결정을 하여야만 한다. 따라서 사령관으로서의 의무를 훌륭히 수행하기 위해서는 자신이 거느리고 있는 부대 내부적인 문제에 대한 전반적인 이해와 아울러 적에 대한 이해는 물론 지형, 지물, 날씨 등에 대한 총체적인 이해와 분석능력을 요구받게 된다. 한 기업을 책임지고 있는 경영자나 혹은 기업의 전략적 행동에 관여하는 일반관리자들 역시도 사령관과 마찬가지로 자신의 기업이 가지고 있는 능력과 자원에 대한 이해는 물론 시장환경에 대한 이해와 예측능력을 가지고 있어야 한다.

셋째로, 전략을 효과적으로 수립·실행하기 위해서는 균형감각이 필요하다는 점이다. 기업 외적인 환경에 대한 이해와 예측능력은 물론 기업 스스로에 대한 평가도 충분히 객관적으로 할 수 있는 능력이 겸비되어야만 진정한 의미에서 성공이 가능하고 경쟁자들보다는 잘할 수 있고, 또한 지속적으로 경쟁우위를 달성할 수 있는 전략대안을 추출해 낼 수 있는 것이다. 이는 "자신을 알고 상대방을 알면 백전백승"이라는 고대 중국의 병서 『손자병법』의 논의와도 그 맥을 같이 하는 것이다.

2 전략의 정의

전략이라는 개념이 1960년대 초 경영학 분야로 흘러들어 오면서 의미상에 커다란 변화를 가져오게 된다. 대표적인 예로 챈들러(Chandler, 1962)는 전략을 "기업의 기본적인 장기목표를 결정하고 행동의 코스를 적용하고, 목표달성을 위해 자원을 배분하는 것"으로 정의하고 있다. 그러나 아직까지 "전략이란 이것이다"라고 모두가 공감 혹은 동의할 만한 정의는 찾지 못하고 있는 실정이다. 따라서 근래의 학자들은 "전략의 의미는 우리가 어느 위치에서 무엇을 보느냐에 따라 달라질 수 있다"고까지 말하고 있다. 본서에서는 전략을 "한 기업 혹은 독립적 사업단위의 특정한 목표를 달성하기 위하여 하위수준의 행동계획에 통제를 가하거나 혹은 가이드라인을 제공하기 위해 사용되는(상위의) 행동계획이다"라고 정의하기로 한다.

1.2 전략의 특성

전략을 보다 실전적으로 이해하기 위해서는 전략이 가지는 기본적인 특성들에 대하여 검토하는 것이 바람직하다. 이미 언급한 바와 같이 전략의 개념에 대하여는 이견이 있는 반면, 전략이 가지고 있는 속성(그것이 군사적인 의미이든 혹은 경영학적인 의미이든 관계없이)은 시간의 흐름이나 사용되는 맥락에 관계없이 일반적인 특성으로 동의하는 바가 훨씬 많다.

1 계층적인 특성

군대에서의 지휘명령체계를 한번 생각해 보자. 우리나라의 경우 국군의 최고통수권자는 대통령이고, 대통령의 명령은 국방장관에게, 참모총장, 군단장, 사단장 등의 채널을 통해 말단 소대의 소대장에게 전달된다. 이와 마찬가지로 경영에 있어 전략도 역시, 최고경영자 혹은 최고경영자팀에 의해서 전략대안이 수립되고, 수립된 전략은 이사, 부장, 차장 등의 명령계통을 통해 조직의 하부구성원들에게 전달된다.

일반적으로 이러한 전략의 계층구조는 3단계로 구분하여 그 의미를 파악하고 있다.

(1) 기업전략(Corporate Strategy) : Which businesses to be in?

전사(全社)전략이라고도 하며 2개 이상의 사업영역을 가지고 있는 기업의 경우에 관련되는 전략이다. 기업전략에서 특히 관심 있는 분야는 다각화(Diversification)에 관련된 사항이다. 즉, 어떠한 사업영역에 진출할 것인지, 혹은 어떠한 사업영역을 처분하는 것이 바람직할 것인지, 혹은 시너지효과를 극대화하기 위하여 사업분야의 연계성은 어떻게 확보할 것인지의 문제를 해결하려는 노력이 그것이다.

(2) 사업전략(Business Strategy) : How to Compete in a given industry?

사업전략이란 주어진 사업영역 내에서 어떻게 경쟁우위를 달성하고 성장과 생존을 할 것인가 하는 문제가 관심의 초점이다. 따라서 이러한 물음에 대한 답을 찾기 위해 경쟁우위나 기업의 수익에 영향을 주는 요소들을 파악하고 이들 요소를 분석하는 일이 전략의 중요부분을 형성한다. 마이클 포터(Porter, 1980)가 제시하는 경쟁전략 역시 사업전략의 대표적인 관심영역이다.

(3) 기능별 전략(Functional Strategy)

기능별 전략은 한 사업단위 내에서 사업전략의 가이드라인하에서 수행하는 보다 세부적이고 기능에 초점이 맞추어진 전략이다. 예를 들면 마케팅전략, 생산전략 등이 대표적인 기능별 전략으로서 이들 전략은 사업전략이 제시하는 일정한 틀 안에서 사업목표를 달성하는 데 일정한 몫을 담당하게 된다.

2 목표지향적(Direct-setting)

전략의 주요 관심사는 목표를 어떻게 달성할 것인가 하는 것이다. 따라서 전략의 성과는 목표달성도를 의미하는 효과성으로 측정된다. 다양한 상황하에서 전략적으로 의미 있는 요인들을 파악하고 이들을 집중관리하여 목표를 달성하고자 하는 일련의 노력이 전략경영의 핵심을 이루고 있다.

3 미래지향적(Future-oriented)

전략은 또한 미래지향적인 특성을 가지고 있다. 전략의 정의에서도 볼 수 있듯이 행동하고 계획하는 궁극적인 목적은 현재가 아닌 미래의 어떤 목표를 달성하기 위함이다. 따라서 전략이라는 말 자체에 미래지향이라는 의미를 담고 있다고 말할 수 있다.

1.3 전략경영의 정의

전략경영은 (목표달성을 위해) 변화하는 환경과 조직과의 최적의 적합성을 추구하는 일련의 과정이라고 일반적으로 정의된다. 흔히 우리는 SWOT분석이라고 하면 기업 외적 환경에서부터 오는 기회(Opportunities)와 위협(Threats)을 파악하는 동시에 기업내부자원에 관련하여 약점(Weaknesses)과 강점(Strengths)을 고려하여 대안을 도출하는 것을 의미한다. 전략경영의 개념적 정의는 결국 SWOT분석이라는 균형분석틀의 하나라고 할 수 있다. 즉, 적합성의 추구를 통해 최적의 전략적 대안을 찾아내려는 노력은 환경과 전략, 그리고 전략과 기업내부요인과의 적합성 제고를 통한 균형점을 이루려는 시도라고 볼 수 있을 것이다.

제 2 절 전략경영의 일반과정

전략적 경영은 일반적으로 미션과 비전을 개발하는 일, 목표를 설정하는 일, 전략을 수립하는 일, 전략을 수행하는 일, 전략적 통제의 다섯 가지의 과정으로 나누어 볼 수 있다.

그림 17-1 경영전략의 수립과정

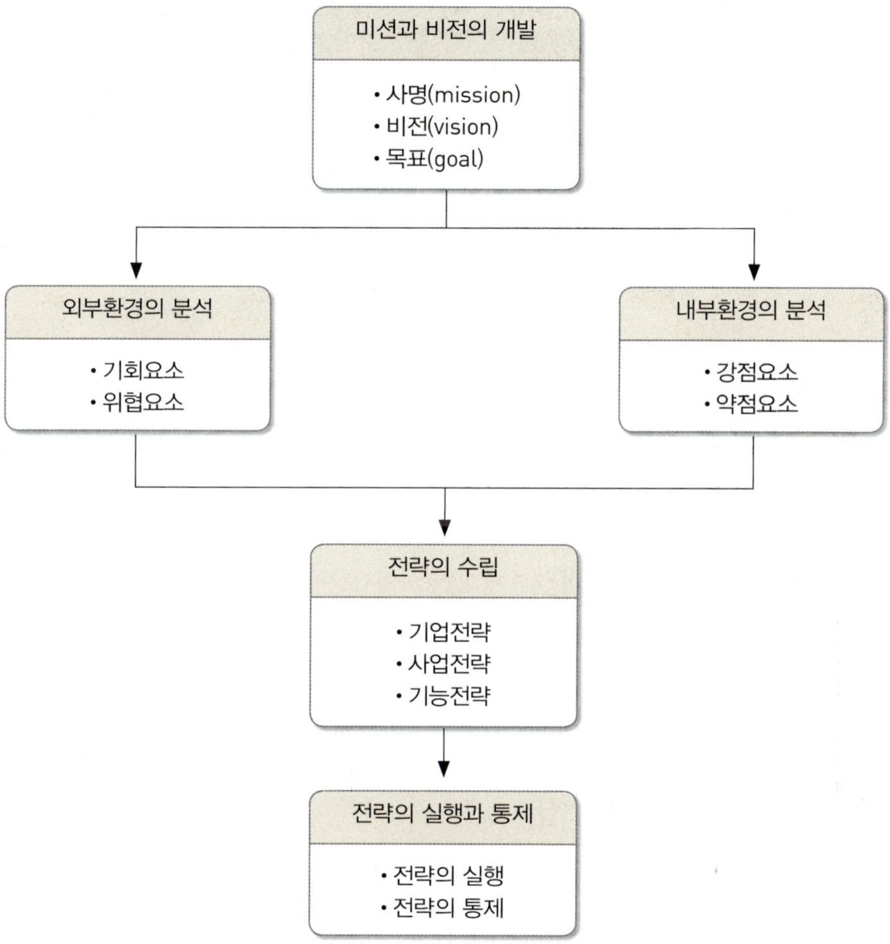

2.1 미션(Mission)과 비전(Vision)의 개발

전략적 경영에 있어 우선적으로 고려하여야 할 사항은 기업의 미션과 비전을 설정하는 일이다. 미션 및 비전을 설정함으로써 다음과 같은 부분에 있어 기업의 방향성을 제공한다.

1 존재이유

미션을 설정함으로써 기업의 존재이유를 밝히고 정체성을 명확히 하는 일이다. 즉, "우리 회사는 왜 존재하는가?"에 대한 이유를 구체화하는 것이다. 기업의 생산시스템이 효율적이고 목표달성에 있어서 효과적인 경우에도 사회전체적인 과점에서 그 존재이유가 확실치 않은 경우, 그 존립자체가 위협을 받을 수 있다. 특히 오늘날 기업을 둘러싼 이해관계자들이 다양해지고 그 수적인 면에서 증가되고 있는 상황에서는 기업이 사회의 구성원으로서 존재이유가 명확치 않은 경우, 경영에 있어 심각한 문제에 봉착할 위험이 있다.

2 사업범위의 결정

미션과 비전이 가지는 또 하나의 의미는 기업이 성장하는 과정에서 어떠한 사업범위에 초점을 맞출 것인가 혹은 지향하는 바에 대한 경계를 설정한다는 점에서 찾을 수 있다. 예를 들면 1960년대 이전에 Exxon사의 미션은 "석유산업에서 리더"이었으며 이러한 미션하에 Exxon의 모든 다각화 전략도 전방 혹은 후방수직계열화를 통하여 석유 혹은 석유화학분야에 투자를 집중하고 시너지를 높여가고 있다.

2.2 목표(Objectives)의 수립

미션이나 비전이 총을 겨누는 표적지라고 한다면 기업의 목표는 표적지에 표시된 과녁이라고 할 수 있을 것이다. 전략경영에서 기업의 전체목표를 설정하는 데에는 다음의 3가지 요건을 충족시켜야 한다고 볼 수 있다.

1 목표는 도달가능(achievable)하여야 한다

기업의 목표는 자신들이 가지고 있는 자원이 뒷받침될 수 있어야 한다. 그리고 이와 아울러 환경의 기회요인이 정확히 파악되어 도달가능성이 충분히 검토되어야 한다.

2 목표는 도전적(challenging)이어야 한다

기업의 목표는 또한 모든 구성원들이 동기부여를 받을 수 있고, 기업의 활동이 정체되지 않도록 도전적으로 설정되어야 한다. 거의 100% 도달가능한 목표를 수립하고 이를 손쉽게 달성하는 것은 비록 목표달성도라는 측면에서는 긍정적인 일이지만 경쟁자와 관련하여 경쟁우위를 달성한다는 점에서는 매우 회의적인 측면이 있다. 목표는 내부적으로 도전적이어야 할 뿐만 아니라 외부적으로도 경쟁자의 목표와 비교하여 경쟁우위를 창출할 수 있도록 설정되어야 한다.

3 목표는 구체적이어야 한다

목표는 언제까지 달성할 것인가, 얼마만큼을 달성할 것인가, 또한 무엇을 달성할 것인가 등에 대하여 구체적으로 명시되어야 한다. 예를 들면 품질을 높이자, 시장점유율을 높이자, 혹은 그냥 잘 해 보자는 식의 목표설정은 막연하기만 할 뿐 기업 내의 구성원들의 업무활동에 관련하여 구심점을 마련하기에는 부족한 것이다.

2.3 전략의 수립(Strategy Formulation)

일단 기업의 목표가 설정된 후, 목표를 달성하기 위해서는 어떠한 "행동계획"을 취하여야 할 것인가를 결정하는 것이 전략수립의 단계이다. 경쟁자들보다 우위에 서기 위해서, 위협적인 환경에 대처하기 위해서, 또한 기업의 경영노력에 있어서 일관성을 기하기 위해서도 어떠한 전략을 수립하느냐 하는 문제는 중대한 의미를 갖는다. 바람직한 전략을 수립하기 위해서는 외부환경에 대한 충분한 검토와 아울러 내부자원의 강점과 약점을 파악하여 SWOT분석을 행하여야 한다. 전략수립의 구체적인 과정과 방법에 대하여서는 산업분석과 경쟁자분석, 그리고 기업상황분석을 다룰 때 보다 구체적으로 언급하기로 한다.

2.4 전략의 실행(Strategy Implementation)

일단 전략이 수립되면, 계획을 구체적으로 실천하기 위해서는 기업내부적으로 행정적인 문제를 활성화하여야 한다. 기업 상부에서 수립된 전략은 하부구성원들에게 원활하게 전달되어야 함은 물론, 의도하는 전략을 수행하는 데 필요한 자원을 배분하여야 한다. 이러한 과정에서 중요한 것은 무엇보다도 기업내부적인 조직구조이다. 요즈음 우리나라 기업의 경우 경영혁신과 관련하여 조직개편의 문제가 자주 논의되는 이유도 거기에 있다. 이와 아울러, 조직구성원들이 수립된 전략에 적극 동참케 하기 위해서는 인사고과제도라든지 보상제도, 승진제도 등의 기업내부적인 관리과정들도 조직구조를 뒷받침할 수 있도록 조정되어야 한다. 이러한 과정에서 최고경영층의 기획능력과 함께 지휘능력이 중요성을 띠게 된다.

2.5 전략적 통제(Strategic Control)

기업이 전략적 경영을 위해 미션과 비전을 설정하고, 목표를 정하고, 전략을 수립하고, 이를 수행하는 단계와 아울러 관심을 가져야 할 사항은 전략적 경영이 제대로 이루어지고 있는가의 여부를 판단하고 평가하는 일이다. 통제를 위해서는 통제의 기준이 있어야 하며 그 기준은 일반적으로 기업의 목표에 의해서 결정된다. 예를 들어 기업의 전략목표가 시장점유율을 올해 25%로 끌어 올리는 것이었다면, 평가의 기준도 시장점유율 25%를 달성하였는가의 여부가 될 것이다. 성과가 목표와 차이를 보이는 경우 그 원인을 찾아내고 치유책을 모색하는 과정이 전략적 통제의 핵심이라고 할 수 있다.

전략적 통제에 있어 한 가지 유념할 점은 목표달성을 제대로 하지 못한 경우에만 국한된 것이 아니라는 점이다. 대부분의 기업은 목표를 달성하지 못했을 때에는 그 이유를 알아보려는 노력을 기울이는 반면, 목표를 초과달성하였을 경우에는 이에 만족하고 그 성공원인을 밝히려는 노력을 게을리한다. 그러나 초과달성의 경우에는 이를 가능케 하였던 요인이 무엇인가를 밝혀냄으로써 지속적인 경쟁우위를 유지하기 위한 도구로 활용할 수 있어야만 한다.

제 3 절 경쟁전략의 수립

전략수립에 관한 논의를 단순화하기 위하여, 하나의 사업영역 내에서 경쟁자들과 경쟁을 어떻게 할 것인가의 문제, 즉 사업전략의 전형이라고 할 수 있는 경쟁전략의 수립방법을 먼저 검토해 보기로 한다. 앞서 전략경영의 정의에서 볼 수 있었던 바와 같이 효과적인 전략수립이란 경쟁우위의 초석이 되어야 하며, 이를 위해서는 기업의 외적인 환경과 내부적인 상황과의 조화 혹은 적합성이 전제가 되어야 한다.

3.1 산업 및 경쟁분석

1 산업분석의 배경 및 의미

산업은 기업이 가장 근접하고 있는 외부상황임과 동시에 전략의 수립에 가장 직접적인 영향을 끼치는 외부요소이기도 하다. 산업조직론에 따르면 기업의 전략은 산업의 구조에 의해서 결정되고, 산업구조에 맞는 전략을 선택하는 기업은 산업 내에서 생존하는 반면, 그렇지 못한 기업은 도태되어 버린다는 것이다. 따라서 기업의 입장에서는 자신이 속한 혹은 속하려는 산업의 경제구조에 대한 충분한 이해를 통해 상황에 걸맞는 전략을 수립하여야만 한다는 것이 산업조직론의 생각이라고 할 수 있다.

2 산업분석: 경쟁의 결정요소를 중심으로

포터는 전략수립의 핵심은 경쟁에 대처하는 것으로 보고 있다. 포터에 따르면 한 산업에서의 경쟁은 산업의 경제적 특성에 그 뿌리를 두고 있으며, 경영자의 전략수립에 있어 궁극적인 목표는 경쟁에 영향을 주는 요소들로부터 자유로울 수 있거나 혹은 이들 요소를 임의로 변화시킬 수 있는 산업 내의 특정한 위치를 찾아내는 것이다.

포터는 경쟁을 결정하는 요소로서, 잠재적 진입자, 공급자, 소비자, 대체재, 그리고 경쟁자를 들고 있다. 이들 각 요소에 대한 구체적인 논의를 살펴보면 다음과 같다.

① **잠재적 진입자** 잠재적인 진입자가 얼마만큼 위협적이냐의 정도는 진입장벽, 기존 경쟁자의 보복능력, 그리고 기술수준 등에 의해서 결정된다.

② **공급자** 산업 내의 생산자들에게 제품의 원료를 공급하는 공급자가 힘

이 있는 경우에는 경쟁상황이 산업전체에 불리하게 되고 이에 따라 산업의 매력도도 감소하게 된다. 특히 공급자들의 숫자가 적고 몇 개의 공급자들에게 자원이 집중되어 있는 경우, 공급자들의 힘은 커지게 된다. 이에 더하여 공급자들이 공급하는 제품이 표준화되어 있지 않고 특이한 경우에는 공급자의 힘이 커지게 된다.

③ **소비자** 소비자 집단이 집중되어 있거나 대량구매를 하는 경우에는 소비자들의 힘이 강해지고 가격교섭이라든지 제품사양 등에서 판매하는 기업의 자의성을 충분히 발휘할 수 없게 된다. 따라서 이러한 경우에도 경쟁상황이 산업전체에 불리하게 작용되며 이에 따라 산업전체의 매력도도 떨어지게 된다. 제품이 표준화되어 있는 경우에도, 소비자들의 입장에서는 언제든지 구매선을 바꿀 수 있는 상황이기 때문에 소비자의 힘이 커진다.

④ **대체제** 진입장벽을 쳐서 잠재적인 진입자를 방어하는 한편, 공급자나 소비자의 힘을 무력화시킴으로써 경쟁상황에 유리한 조건을 유지하는 것은 넓은 의미에서 보면 모방에 관련된 요소를 견제하는 것이다. 그러나 아무리 모방을 용의주도하게 견제할 수 있다 하더라도 대체제의 출현에 대비할 수 없다면 지속적인 경쟁우위를 확보하는 것을 기대하기가 어려워진다. 예를 들어, Kodak사는 100여 년 넘게 필름기술을 바탕으로 성장하여 왔으나 필름이 없는 카메라가 대중화되는 현재의 상황에서 Kodak사의 수익기반은 일거에 무너지고 말았다.

⑤ **경쟁자** 경쟁자의 수가 엄청나게 많고 또한 경쟁자들의 크기나 힘이 비슷한 경우 경쟁이 심화되고 산업전체의 수익률은 떨어지게 된다. 또한 산업의 성장률이 둔화되고 기술개발의 잠재력이 한계에 다달은 경우에도 경쟁이 심화된다고 말하고 있다.

3.2 기업내부 분석

기업의 내부에 대한 분석은 기업내부의 자원과 능력에 대한 분석을 통해 강점과 약점을 파악하여, 경쟁우위의 원천을 밝히고자 하는 것이다. 자원과 능력이 전략의 기초로 보는 자원기반관점은 다음 두 가지 전제에 기초하고 있다. 첫 번째 전제는, 기업의 정체성을 정의하는 데 있어서 자원의 역할에 관련되어 있다. 전략수립은 기업의 정체성과 목표에 대한 언급에서부터 시작한다. 즉, "우리의 사업은 무엇인가?"라는 물음에 대한 답으로서 미션을 만드는 일이다. 전통적으로 사업에 대한 정의는 "우리의 고객은 누구인가?," "우리는 그들의 어떠한 욕구를 충족시킬 것인가?" 등 주로 사업을 영위하고 있는 사업영역이 중심이 되어 왔다. 그러나 만약에 외부환경이 항상 유동적이거나, 서로 다른 기술이 동일한 소비자 욕구를 충족하는 데 사용될 수 있는 경우, 혹은 소비자의 정체성이 쉽게 변화되면, 외부상황에 초점을 맞추는 분석을 통해서는 장기적인 전략수립을 위한 안정된 기반을 제공받을 수 없을 뿐만 아니라 전략방향의 일관성을 기할 수 없다. 외부환경이 수시로 변화하는 상황에서는 기업을 자원과 능력이라는 관점에서 파악하는 것이 기업의 정체성을 정의하는 데 있어 보다 안정적인 기반을 제공할 수 있을 것이다.

따라서 전략에 대한 자원기반 접근방법의 근간은 기업에 대한 정의를 새롭게 하는 것이다. 즉, 기업을 "소비자 욕구를 만족시키기 위한 존재"라기보다는 "어떠한 일을 수행할 수 있는 존재"로 정의하는 것이다. 전략에 있어 주요한 이슈는 기업이 할 수 있는 것이 무엇인가를 결정하는 일이다. 또 다른 중요한 이슈는 기업이 가지고 있는 능력을 최대한 활용할 수 있는 산업부문을 찾아내고 경쟁전략의 유형을 결정하는 일이다.

두 번째 전제는, 기업이 소유하고 통제하는 자원의 궁극적인 보상은 수익이라는 것이다. 앞서의 산업분석에서 기업의 수익은 그 산업 내에서 경쟁우위를 달성할 수 있는가의 여부에 의해서 결정된다고 보았다. 그러나 경쟁우위를 좀더 깊이 분석해 보면 이들 수익의 원천이 기업의 자원에서 비롯된다는 것을 추적해 낼 수 있다. 경쟁우위의 경우 경쟁자에 비해 비용우위를 가지기 위해서는 규모의 경제를 갖춘 공장과 공정기술의 우위, 저가의 원재료 조달, 입지우위 등의 능력을 지녀야만 한다. 차별화를 통한 경쟁우위도 상품인지도, 특허권, 판매 및 서비스망 등의 자원에 대한 소유권이나 통제권을 가져야만 가능하다. 따라서 경쟁우위의 결과로 얻게 되는 우수한 성과는 실제에 있어서는 이러한 기업의 내부자원으로부터 얻어지는 보상인 것이다.

3.3 경쟁전략의 수립: SWOT분석

산업 및 경쟁자분석과 기업의 내부에 대한 분석자료를 토대로 경쟁전략이 수립된다. 다음에서는 〈표 17-1〉을 예로 경쟁전략의 작성방법을 자세히 살펴보도록 하자.

표 17-1 SWOT분석의 예시

내부성공요인 / 외부성공요인	강점(strength)	약점(weakness)
기회(opportunity)	SO전략	WO전략
위협(threat)	ST전략	WT전략

1 SO전략

주요 성공요인 중의 기회요인과 기업내부의 강점을 매칭시키는 전략으로 대부분 기업의 기본전략이라고 할 수 있으며 이 전략이 잘못 수립되었을 경우 전략의 성공을 기대하기 힘들어지게 된다. 이러한 전략이 효과적으로 수립되었을 경우 그 수행도 비교적 수월할 뿐만 아니라 특별한 환경상황 변화가 수반되지 않는다는 것을 전제로 했을 때, 기대하는 기업목표를 달성할 수 있는 가능성이 커지게 된다. 왜냐하면 기업이 수립한 목표를 달성하기 위해서는 이에 필요한 기회요인을 적절히 활용하여야 함은 물론이고 기회를 효과적으로 붙잡을 수 있는 기업내부적인 능력이 뒷받침되어야 하기 때문이다. 이러한 의미에서 SO전략은 기업의 성과와 직접적인 연계성을 가지고 있다고 할 수 있다.

2 WT전략

외부적 위협요인과 기업내부의 약점을 고려하여 위협요인을 회피하고 내부의 약점을 보완하는 전략이다. 이 전략은 기업이 수립된 전략을 수행하는 데 수반하는 위험과 밀접한 관계를 가지고 있다. 목표를 원활하게 달성하기 위해서는 기회와 강점을 조화시키는 전략을 통하여 성과에 관련된 사항들을 관리하여야 하는 한편으로, 위협이 되는 요인들을 줄이고 자신들의 약점을 보완하거나 최소화함으로써 위험을 줄여나가야만 한다. 따라서 SO전략이 성과를 높이는 데 필요한 전략이라면 WT전략은 위험을 줄이는 데 관계된 전략이라고 할 수 있는 것이다.

3 WO전략

WO전략은 기회요인과 기업의 약점을 매칭시키는 전략이다. 이 전략은 일견 전략수립의 기본개념인 적합성과는 다소 거리가 있는 전략수립의 방법이다. 왜냐하면 적합성의 추구란 기회요인과 기업의 강점을 적합시키는 것이며 따라서 기회요인과 약점을 적합시킨다는 것은 적합성이라기보다는 비적합성을 추구하는 것이기 때문이다.

그러나 이러한 방식의 전략수립은 근래에 와서 매우 각광을 받고 있다. 그 이유는 후발주자의 입장에서 선발주자를 따라잡고 추월하기 위해서는 어쩔 수 없이 빈약한 내부자원이라는 약점을 창조적으로 활용하여 외부적 기회요인에 도달하려는 노력이 필요하고 이를 위해서는 전통적인 SO전략으로는 불가능할 것이기 때문이다.

4 ST전략

ST전략은 기업의 강점을 십분활용하여 외부로부터의 위협요인을 줄이거나 제거하려는 노력이다. WT전략과 마찬가지로 전략수행에 수반되는 위험을 줄이기 위해서는 매우 중요한 의미를 갖는 전략이며, 특히 WT전략이 효과를 보기 위해서는 WT전략을 수행하기 이전에 ST전략을 통해 강점으로 위협요인을 제거하는 노력이 선행되어야 할 것이다.

3.4 경쟁전략의 유형

앞서 살펴본 바와 같이 산업 및 경쟁자분석을 통해 위협요인과 기회요인을 파악하고, 기업내부분석을 통해 기업내부적인 자원과 능력의 강점과 약점을 파악한 다음에는 이를 기초로 어떠한 전략을 선택할 것인가를 결정하게 된다. 여기에서는 가장 널리 사용되는 전략유형이라고 판단되는 포터의 경쟁전략 분류를 중심으로 각 경쟁전략의 특성과 이들 전략이 적합한 상황에 대하여 검토해 보기로 한다.

1 포터의 본원적 경쟁전략

(1) 비용주도전략(Cost Leadership)

비용주도전략은 생산성 등의 효율향상을 통해 생산원가를 낮추고 이를 상품이나 재화의 가격에 반영함으로써 경쟁우위를 달성하려는 방법으로 이러한 전략을 수립하는 경우에 경영자의 관심은 주로 기업내부적인 문제에 모아지게 된다. 예를 들어, 상품이 표준화되어 있고, 소비자들은 가격에 민감하며, 기업은 규모의 경제나 경험곡선효과를 살릴 수 있는 경우 비용주도전략이 바람직하다고 알려져 있다.

비용주도전략을 수행하는 방법에는 크게 두 가지가 있을 수 있다. 그 하나는 적은 비용으로 생산한 만큼 낮은 가격에 판매하는 방법이고 다른 하나는 적은 비용으로 생산했음에도 불구하고 경쟁자들과 같은 가격을 유지하는 방법이다. 일반적으로 비용주도전략이란 전자를 의미하며, 그 이유는 다른 경쟁자들보다 낮은 가격의 판매를 통해 판매량을 늘리고 시장점유율을 높여 새로운 규모의 경제를 추구하고, 이에 따른 비용절감을 또 다시 가격결정에 반영하는 과정을 순환함으로써 시장이 갖고 있는 특성에 부응하는 한편, 기업이 가지고 있는 규모의 경제의 장점을 개발해 갈 수 있다는 점에 있다.

(2) 차별화전략(Differentiation)

차별화전략은 제품의 품질, 성능, 서비스, 기술적인 우위 등을 통하여 다른 제품과의 차별성을 가질 수 있을 때 이에 대한 프리미엄을 가격에 포함시키고 이를 통해 경쟁우위를 달성하려는 전략이다. 예를 들면, 시장에서 판매되는 제품이 특이하고, 소비자들 또한 이러한 제품의 특이함을 선호하고, 기업의 입장에서는 이러한 제품을 적정한 가격에 생산할 수 있는 능력이 있을 경우에 차별화전략이 가능해진다고 할 수 있다. Rolex시계라든지, Benz자동차 등이 전형적인 예가 될 것이다.

(3) 틈새전략(Focusing or Niche)

틈새전략이란 시장전체를 대상으로 하기보다는 시장의 특정부분만을 사업영역으로 설정하고 이를 집중공략하는 전략을 말한다. 틈새전략은 비용주도(저가)전략을 통해서나 차별화전략을 통해서나 가능하다. 예를 들면, 차별화를 통한 틈새전략으로 Rolex나 롤스로이스가 있고 비용주도전략을 통한 틈새전략으로는 우리나라의 E-land, 미국의 Motel 6 등이 있다.

제 4 절 다각화전략

이제까지의 산업 및 경쟁자분석, 기업내부분석에 대한 논의는 주로 단일사업을 영위하는 기업을 대상으로 한 것이었다. 여기에서는 여러 가지의 사업영역에 걸쳐 사업을 영위하는 기업에 관련된 전략, 즉 기업전략(Corporate Strategy)에 대하여 알아보기로 한다. 기업전략은 앞서 전략의 특성과 관련하여 밝힌 바와 같이 기업전략의 계층상에서 가장 윗쪽에 위치하는 전략이다. 기업전략은 다각화된 기업의 나아갈 방향을 제시하는 한편, 각 사업부나 계열회사의 사업전략 (혹은 경쟁전략)의 가이드라인을 제공함으로써 기업경영 전반에 대한 운영을 총괄할 수 있게 한다.

4.1 다각화전략이란 무엇인가

다각화전략이란 두 개 이상의 사업을 영위하는 기업에 관련된 전략으로, 일반적으로 어떠한 사업영역에 진출하고 퇴출할 것인가(which businesses to be in?)의 문제가 내용의 핵심을 이루게 된다.

이와 아울러, 여러 사업영역을 어떻게 관리하여야만 기대했던 시너지의 효과를 창출할 수 있을 것인가의 문제도 사업영역의 선택 못지않게 다각화전략을 효과적으로 수행하기 위한 관건이 된다.

최근 유행하고 있는 다운사이징 등의 규모 축소를 위한 기업전략들은 주로 기업의 효율성을 높이기 위한 단기적인 방안임에 반하여, 기업의 규모를 늘려 나가는 전통적인 의미의 다각화전략은 보다 장기적인 안목에서 규모의 경제나 범위의 경제를 실현한다는 기본적인 목표와 아울러 기업의 효과성이나 환경적응성의 제고를 통해 기업의 경쟁우위를 확보하기 위한 전략적 대안의 일환이라는 맥락에서 파악되어야 할 것이다.

4.2 다각화는 왜 하는가

먼저 우리가 관심을 가져야 할 사항은 기업들이 어떠한 동기에서 다각화를 하는가 하는 점이다. 다각화의 동기에 관련하여서는 전략분야뿐만 아니라 기존의 여러 학문분야(예를 들자면 경제학의 한 분야인 산업조직론, 경영학에서의 기업재무관리 분야 등)에서도 폭넓게 논의되어져 왔다. 여기에서는 이들 분야의 대표적인 이론들을 중심으로 다각화의 동기를 알아보도록 한다.

1 시장 장악력(Market Power)의 확보

전통적으로 경제학적인 입장(특히 산업조직론)에서는 기업의 다각화의 시각이 독과점에 따른 부정적인 영향요소에 맞추어져 있다. 즉, 다각화된 기업은 독과점을 하고 있는 기업의 경우와 마찬가지로 다각화되지 않은 기업들을 희생양으로 하여 시장장악력을 갖게 되고 따라서 산업전체의 효율성을 떨어뜨리는 효과를 갖는다는 것이다.

2 경영자의 개인이해 추구

주로 대리인이론에서 논의되는 다각화의 동기로서, 전문경영자는 주주들의 대리인으로서 주주들의 효용을 극대화하기보다는 자신의 효용(직업의 안정성, 보수의 극대화 등)을 추구하게 되고, 이에 따라 다각화의 대상을 선정하는 데 있어서도 미래수익률이 높은 투자대안을 선택하기보다는 위험이 적은 대안을 고르는 가능성이 높아진다는 것이다.

3 자원의 효과적인 활용

펜로즈(Penrose, 1959)에 따르면 기업의 성장 혹은 다각화하는 이유는 "남는 자원을 효과적으로 활용하기 위해서"라고 한다. 기업에게 남는 자원이 쉽게 분할할 수 없고 시장에서 효율적으로 거래될 수 없는 성격을 가지고 있는 경우, 기업의 입장에서 남는 자원을 효과적으로 활용할 수 있는 방법은 다각화라는 모습이 된다는 것이다.

4 위험의 분산

다각화의 동기를 논의할 때 가장 쉽게, 혹은 널리 이야기되는 개념으로서, 소득(수익)의 흐름이 상이한 산업에 있는 기업을 중심으로 다각화함으로써 수익의 흐름에 안정을 기하려는 것이 다각화하는 이유라는 것이다. 예를 들면, 소금장수를 하는 사람이 여름 비수기에도 보다 균형적인 수입을 올림으로써 소득의 변동폭이 큼으로 인하여 발생하는 위험을 줄이기 위해서는 여름에 수익을 올릴 수 있는 우산장수를 겸업하는 경우 소금장수의 입장에서는 위험감소를 위해 다각화했다고 말할 수 있을 것이다.

5 기업통제 시장(Market for Corporate Control)

주로 기업재무관리 분야의 기업의 인수·합병에 관련된 이론에서 주장하는 다각화의 동기로서, 이 이론에 따르면 기업이 인수·합병을 하는 이유는 효율적으로 기업을 경영할 수 있는 경영자들이 효율적으로 기업을 경영하지 못하는 경영자를 간파해 내고 이들 기업을 인수·합병하는 과정이 다각화라고 한다. 따라서 이러한 이론에 따르면 기업의 다각화는 국민경제 전체적으로 볼 때 비효율을 제거하는 긍정적인 의미를 갖는다고 하겠다.

6 시너지 효과의 창출

시너지란 구성요소들을 합한 성과가 각각 구성요소들을 개별적으로 종합한 성과보다 커지는 경우를 말한다. 유사한 개념으로 범위의 경제(economies of scope)가 있으며 이는 제품 A와 제품 B를 별도로 생산하는 비용보다 두 제품을 한 공장 혹은 한 회사에서 생산하는 비용이 적게 드는 경우[C(A)+C(B)>C(A+B)]를 일컬으며, 시너지의 개념은 이러한 비용 개념보다 포괄적인 내용(경영자의 노하우)을 담고 있다.

4.3 다각화전략의 방법: 어떠한 방법으로 다각화를 할 것인가

다각화를 추진하는 방법에는 여러 가지가 있을 수 있다. 가장 전형적인 방법은 기업인수, 내부개발 등으로 구분할 수 있으며 이들 각각의 특성 및 장단점은 〈표 17-2〉와 같다.

표 17-2 다각화 방법의 유형 및 특성

	기업인수	내부개발
추진속도	빠 름	느 림
진입장벽	낮고, 극복이 용이함	높고, 극복이 힘듦
비 용	높 음	낮 음
다각화의 유형	비관련형	관 련 형
위 험		
수 립 시:	낮 음	높 음
실 행 시:	높 음	낮 음
환경의 변화속도	빠 름	느 림

4.4 다각화전략의 수립

다각화전략을 수립하는 분석틀로 널리 활용되어 왔던 포트폴리오 분석방법 중 성장-점유율 매트릭스는 Boston Consulting Group이라는 자문회사에 의해서 개발되었다. 2×2매트릭스의 횡축에는 상대적인 시장점유율을, 종축에는 시장성장률을 표시한다. 상대적인 시장점유율은 해당 사업부의 시장점유율과 산업 내에서 가장 강한 경쟁기업(매출기준)의 시장점유율과의 비율을 의미하며, 해당 사업부의 시장성장률이 전 산업 평균성장률보다 성장률이 높으면 "high," 전 산업 평균성장률보다 낮으면 "low"로 분류된다. 그리고 각 셀에 표시되어 있는 원의 크기는 기업전체에서 해당 SBU 혹은 사업단위의 매출(혹은 자산)이 차지하는 상대적 비중을 의미한다.

아래의 매트릭스가 의미하는 바를 먼저 간단히 소개하면, 시장점유율이 높아질수록 기업에 들어오는 돈은 많아지고, 한편으로 시장성장의 잠재력이 크면 클수록 나가는 돈이 많아진다는 것이다. 따라서 상대적으로 나가야 할 돈은 적고 들어오는 돈은 많은 Cash Cow를 가능한 한 통통하게 살을 찌우고 서서히 추수를 준비하면서 남는 자원(돈)을 다른 곳에 투자함으로써 기업이 Dog의 상태로 옮아가는 것을 방지하여야 한다는 것이다.

성장-점유율 매트릭스는 두 가지 기본적인 전제하에서 출발하고 있다. 그 중 하나는 "시장점유율이 높을수록 기업에 들어오는 돈이 많아진다"는 위의 설명

그림 17-2 **성장-점유율 매트릭스**

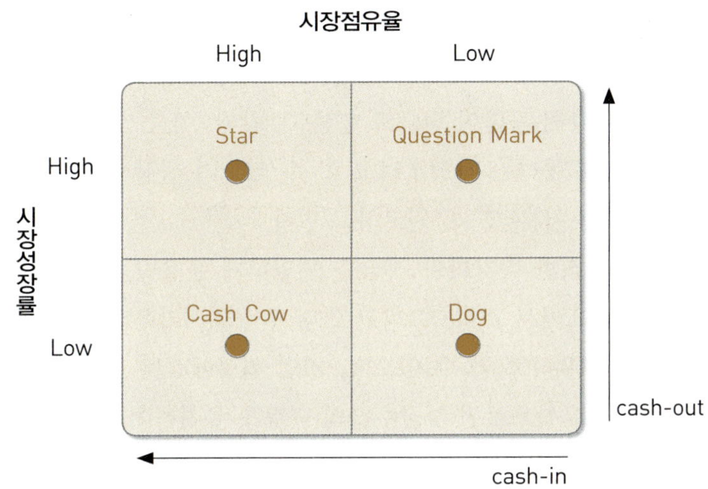

에서도 알 수 있는 바와 같이, 시장점유율과 수익률 간에 正(+)의 관계를 가진다는 것이다. 경험곡선효과와 규모의 경제라는 개념에 근거하여 시장점유율이 높은 기업은 비용주도전략을 추구할 수 있는 위치에 있다는 것이다. 성장-점유율 매트릭스의 또 하나의 가정은 (기업 혹은 산업의) 수명주기가 초기단계(Question Mark), 성장단계(Star), 성숙단계(Cash Cow), 그리고 쇠퇴단계(Dog)를 거친다는 것이다.

물음표(Question Mark 혹은 Wildcat, problem children이라고도 불리운다)에 속한 사업부는 성공할 잠재력은 있으나 이를 실현하기 위해서는 많은 자금이 소요된다. 그러나 물음표에 속한 사업부는 스스로 자금을 조달할 여건이 되지 못하기 때문에 다른 사업부(예를 들면 Cash Cow)의 지원을 필요로 하게 된다. 스타(Star)에 속한 사업부는 시장점유율이 높기 때문에 자원조달이 원활한 한편으로 시장성장률이 높기 때문에 설비투자나 R&D투자 등에 많은 자원을 또한 필요로 하게 된다.

따라서 이러한 사업부가 할 일은 현상을 유지하면서 시장성장률이 둔화하는가 여부를 예의주시하고 시장점유율을 더욱 높이려는 노력을 하게 된다. 가능하다면 시장성장률을 둔화시킬 수 있는 방안을 모색할 수도 있을 것이다. 캐시카우(Cash Cow)는 시장성장률이 둔화된 시장상황에서 시장점유율이 높은 경우이므로 소요되는 자원보다는 벌어들이는 자원이 많다. 따라서 이러한 여유자원을 충분히 비축하고 이를 새로운 사업부(Question Mark에 해당되는)에 투자함으로써 기업 전체의 자금흐름의 균형을 유지하고 자원을 효율적으로 활용할 수 있게 된다. 개(Dog)의 위치에 있는 사업부는 대부분 물음표 상태에서 시장이 성숙된 경우이다. 투자하여야 할 자원은 많이 필요로 하는 데 반해, 이를 지원할 수 있는 충분한 자금을 벌어들이지 못하는 사업부라고 할 수 있으며 성장－점유율 매트릭스에서는 이러한 사업부는 처분하도록 권고하고 있다.

결국, 바람직한 다각화란 자금을 원활하게 운용할 수 있도록 캐시카우에서 물음표로, 물음표에서 스타, 그리고 스타에서 캐시카우의 과정을 순환적으로 지속할 수 있는 경우라고 할 수 있으며, 기업 입장에서는 각각의 셀에 속한 사업부를 균형 있게 보유함으로써 자금수급의 균형을 유지하여야 하는 것이다.

4.5 다각화전략의 유형

다각화에 대한 유형분류는 학자들에 따라 매우 다양하다. 그러나 본서에서는 설명의 편의를 위하여 관련형, 비관련형, 수직계열화로 다각화전략을 구분하기로 한다.

1 관련형 다각화(Related diversification)

관련형 다각화란 제품이나 판매망, 기술 또는 생산방식, 원재료 등이 서로의 연관성을 갖도록 다각화하는 경우를 말한다. 일반적으로 관련형 다각화에서는 기술이나 조직구성원의 기능, 판매망, 경영 노우하우, 제품 등이 전략적 적합성(strategic fit), 즉 시너지 효과를 창출할 수 있을 때 바람직한 전략으로 인식되고 있다.

전략적 적합성은 위에 언급한 여러 가지 요소들 간에 공통점이 있거나, 유사성이 있거나, 혹은 상호보완적인 관계를 가지고 있을 때 실현될 수 있으며, 관련된 요소들이 많으면 많을수록, 또한 이들 요소 간의 관계가 복합적이면 일수록 전략적 적합성이 커지게 되고 그 가능성도 높아지게 된다.

2 비관련형 다각화(Unrelated diversification)

비관련형 다각화란 제품이나 판매망, 기술 또는 생산방식, 원재료 등이 서로의 연관성을 갖도록 다각화하는 관련형의 경우와는 달리, 사업영역 간의 관계와는 큰 상관이 없이 이루어지는 다각화의 유형을 말한다.

비관련형 다각화는 전략적인 적합성이나 시너지를 추구하는 것이 목적이라기보다는 위험의 분산이나 재무적인 적합성 등을 추구하기 위한 다각화 방법이라고 할 수 있다. 여기에서 재무적인 적합성 (financial fit)이란 내부자금시장의 효율성뿐만 아니라, 위험분산에 따른 파산위험의 감소나 기업의 크기가 커짐으로 해서 생기는 이점 등에 따른 자금조달능력의 확보를 의미한다.

3 수직계열화 (Vertical integration)

수직계열화란 주어진 산업 내에서의 경쟁의 범위를 확장하는 전략이다. 예를 들면 Exxon사의 경우와 같이, 석유탐사 및 채굴에서부터 유조선, 파이프라인, 정유시설, 육로수송시설 및 주유소까지를 기업내부에 포함시키는 것을 말한다.

수직계열화를 통해 얻을 수 있는 일반적인 이점은 외부의존에 따른 불확실성을 줄임으로써 자립도를 높이고 이를 통해 시장에서의 위치를 강화시키는 데 있다. 공급선이 가격을 인상한다거나 적기에 제품을 공급해 주지 못한다거나 계약상의 조건을 이행하지 않음으로써 생기는 거래비용을 최소화할 수 있는 이점이 있는 것이다.

제 5 절 전략의 실행

이제까지 논의되어 왔던 전략에 관련된 내용이 주로 전략을 "계획"하는 데 관련된 내용이라면, 여기에서의 논의는 전략을 "행동"으로 옮기는 데 관련된 사항이다.

일단 전략이 수립되고 나면 이를 조직내부적으로 적절히 수행할 수 있도록 자원과 설비 및 인원을 배분하여야 한다. 아무리 훌륭하고 특이한 전략이라고 할지라도 이를 실행에 옮길 수 있는 기업내부적인 관리행동들이 뒤따르지 않으면 그 의미를 상실하게 된다. 전략을 행동으로 옮기고 계획된 방향으로 기업을 움직여 나가기 위해서는 전략수립에서와는 다른 업무와 기술을 필요로 하게 된다. 전략을 수립하는 일은 주로 기업가적인 창의성과 분석력이 필요한 업무라고 한다면, 전략을 수행하는 것은 기업내부적이고 관리적인 성격이 강한 업무이다. 전략을 성공적으로 수행하기 위해서는 사업에 대한 비전이나 산업 및 경쟁자 분석, 기업가적인 판단력이 필수적인 요소라고 한다면, 전략의 실행이 성공적이기 위해서는 다른 조직구성원들과 함께 일을 하는 과정에서 조직을 설계하고, 구성원을 동기부여시키고 기업문화를 만들어 내고, 수립된 전략에 적합한 조직의 관행들을 만들어 내는 능력이 중요시된다.

전략의 실행에 영향을 주는 요소들은 매우 다양하며 이들 요소들 간의 관계도 매우 복잡하게 얽혀 있다. 따라서 이러한 여러 요소들 각각에 대한 문제와 아울러 이들 간의 상호연관성을 고려하여 효과적인 전략실행을 추구한다는 것은 어떤 면에서 전략을 수립하는 것보다도 훨씬 어렵고 시간이 소요되는 일이라고 할 수 있다. 전략을 효과적으로 수행하기 위해서는 일반적으로 다음의 요소들에 대한 구체적인 분석, 평가 및 변화가 필요하다고 인식되고 있다.

5.1 조직의 구조

전략의 실행에 관련하여 조직구조를 논의하는 데 앞서, 챈들러의 기념비적인 연구를 언급하지 않을 수 없다. 챈들러는 1962년 『전략과 조직구조』(*Strategy and Structure*)라는 책을 통해, 새로운 전략이 수립되면 새로운 인적자원과 시설 및 재원을 필요로 하게 되고 기업의 책임을 맡고 있는 경영자의 경영에 관련한 영역을 변경시키며 조직구조의 형태에 커다란 영향을 준다고 말하고 있다.

조직구조는 새로운 전략을 수행하는 데 적절하도록 수정되어야 한다(structure follows strategy). 예를 들어, 생산의 확장을 통한 전략을 수립한 경우 기업의 생산활동에 복잡성이 더하여지게 되며 이러한 복잡성의 증가는 분업의 증가를 요구하게 되고, 분업을 통한 전문화(specialization)는 경영자들로 하여금 특정 전문분야에 관련된 기능을 수행하도록 유도하게 된다.

5.2 기업문화

조직구조가 전략수행에 필요한 조직 전체적인 틀을 형성해 주는 하드웨어라고 한다면, 조직전체의 수준에서 소프트웨어적인 측면으로 전략수행을 보조하는 것이 기업문화라고 할 수 있다. 기업문화는 그 특성상 기업의 역사적인 배경이나 창업자의 영향이 뿌리 깊게 자리잡고 있어 역사의존적이고 경로의존적인 성격이 매우 강하며 쉽게 변화될 수 없는 성질을 가지고 있다. 따라서 새로운 전략에 적합한 기업문화를 시의적절하게 바꾸어 나간다는 것은 실제적으로 매우 어려운 일이라고 할 수 있다. 어떤 의미에서는 전략에 적합한 기업문화를 만들어야 한다는 논리보다는 기업문화에 적합한 전략이 선택된다고 말하는 것이 오히려 더 적합한 논리가 될 수도 있을 것이다. 그러나 기업상황의 급격한 변화로 인하여 기업이 가지고 있는 문화와는 무관하게 전혀 새로운 전략이 수립되었다면, 새로운 전략을 수행하기에 적합한 기업문화로의 변화를 고려하지 않을 수 없다.

5.3 전략적 리더십

전략을 수행하는 데 있어 경영자가 어떠한 역할을 담당하는가 하는 문제 역시도 전략의 수립과 집행의 적합성을 추구하는 데 중요한 의미를 갖는다. 먼저 수립된 전략이 어떠한 유형이냐에 따라 리더의 역할이 달라질 수 있을 것이다. 예를 들어, 차별화전략을 수행하고자 하는 경우에는 전략의 궁극적인 목표달성의 잣대가 효과성 및 민첩성을 이룰 수 있는가에 달려 있으므로 전략의 수립과정에는 최고경영자의 주도적인 역할이 중요한 반면, 전략수행 과정에서의 문제는 주로 기업 내의 하부구성원들에게 위양되는 방식이 바람직할 것이다. 한편, 비용주도전략을 추구하는 경우에는 효과성이나 민첩성보다는 효율성에 초점이 맞추어져 있으므로 기업내부적인 통제나 조정의 문제에 최고경영자의 관심이 기울어져야 할 것이다.

5.4 보상 및 인센티브 시스템

전략의 실행과 관련하여 보상 및 인센티브 시스템 또한 매우 중요한 의미를 갖는다. 훌륭한 전략이 수립되고 이러한 전략을 실행하기 위한 조직 내의 구조적인 문제가 확립된다 할지라도 전략을 실제로 수행하는 주체는 최고경영진 이하의 조직구성원들이다. 따라서 조직구성원들이 동기부여를 받고 새로이 수립된 전략에 몰입하고 참여할 수 있는 여건이 마련되어야만 전략이 궁극적인 행동으로 옮겨질 수 있을 것이다.

5.5 예산 시스템

새로운 전략이 수립되면 이 전략을 실행하는 데 필요한 예산을 분배하는 작업이 뒤따르게 된다. 예산문제에 있어 중요한 사항은 각 사업부에 얼마만큼을 할당할 것인가 하는 문제와 아울러 분배되는 예산의 생산성을 어떻게 하면 극대화할 수 있을 것인가 하는 문제이다. 따라서 전략을 수행하는 데 필요한 만큼의 자원을 효과적으로 배분할 수 있는 능력은 전략수행의 성패를 좌우하는 매우 중요한 요소라고 할 수 있다. 분배된 자원이 너무 적으면 계획했던 목표를 달성하는 것이 힘들어질 것이고, 한편 너무 많은 예산이 배분될 경우에는 자원의 낭비를 가져와 비효율을 초래할 것이다.

5.6 정책 및 절차, 정보시스템, 통제시스템 등

정책 및 절차란 표준적인 업무절차를 의미하며 이를 통하여 개인이나 집단의 노력이 전략이 추구하는 방향과 일치하도록 하는 한편, 전략의 실행에 필요한 업무행동을 거부하는 경향을 억제하는 역할을 한다. 전략분야에서는 정책과 절차를 “전략을 수행하기 위한 세부적인 사항에 관련된 전술적인 것”으로 일반적으로 정의하고 있다.

5.7 기능전략: 마케팅, 재무, 생산, R&D 등

그 밖에 기능수준의 제 경영활동들, 마케팅, 재무, 생산, R&D 등에 관련된 기능전략들 역시도 사업전략이나 기업전략과 일관성을 유지하여야 함은 물론, 상위전략이 제공하는 가이드 라인에 부합되어야 한다. 예를 들어서 비용주도적인 경쟁전략을 취하는 기업에서는 생산전략이 상대적인 중요성을 갖고, 차별화전략을 갖는 기업에서는 판매전략이나 R&D전략 등에 경영활동의 초점이 맞추어지게 된다.

좋은 전략의 3가지 특징

포커스: 모든 전략은 뚜렷한 포커스가 있으며, 기업의 전략적 프로파일이나 가치곡선은 이를 명확하게 보여준다. 사우스웨스트 항공의 프로파일을 보면 이 회사가 단지 세 가지 요소(친절한 서비스, 속도, 소도시 간 빈번한 운항)만 강조하는 것을 바로 알 수 있다. 사우스웨스트는 이와 같은 몇몇 요소에 집중함으로써 자동차 여행비용에 맞춘 항공료를 책정할 수 있었다.

차별성: 경쟁업체를 따라잡으려고 반사적으로 기업의 전략을 수립하다 보면 그 기업만의 독특한 전략을 잃게 된다. 블루오션 전략가들은 ERRC[제거(eliminate), 감소(reduce), 증가(raise), 창조(create)]액션 적용을 통해 자신들의 프로파일을 업계의 일반적 프로파일과 차별화했다. 사우스웨스트는 기존 항공업계가 대도시 터미널 집중방식으로 운항하던 것과 달리 도시 간의 직항노선을 개척했다.

멋진 슬로건: 훌륭한 전략은 전달 메시지가 뚜렷하고 강렬하고 멋진 슬로건을 갖고 있다. "언제라도 당신이 원할 때 자동차 비용으로 비행기 속도 여행을 즐겨라"가 사우스웨스트 항공의 슬로건이다.

김위찬·르네 마보안, 블루오션전략, 교보문고, 2005.

연습 문제

1. 경영전략의 수립과정을 설명하시오.
2. 전략의 수준에 따른 경영전략 유형을 설명하시오.
3. 포터의 본원적 경쟁전략을 열거하고 설명하시오
4. 다각화전략에 대해서 설명하시오.
5. 전략의 실행에 대하여 설명하시오.

색　　인

ㄱ

ㅇ

ㅈ

ㅊ

ㅋ

ㅌ

ㅍ

ㅎ

【공저자약력】

황복주(bokju@konyang.ac.kr)

서강대학교 대학원 졸업(경영학 박사)
서강대학교 경영대학 강사
한국생산관리학회 편집위원
한국경영교육학회 편집위원
건양대학교 학사관리처장, 기획연구처장, 대학종합평가위원장 역임
현　건양대학교 글로벌경영대학장 겸 경영사회복지대학원장

저서 및 주요논문

『생산시스템운영관리』(공저), 『통계학』(공저), 『물류관리론』,
『화물운송론』, 『보관하역론』, 『전자상거래』

이영희(yhlee@bscu.ac.kr)

성균관대학교 및 경희대학교 대학원 졸업(경영학 박사)
마케팅 · CS · 경력개발 컨설턴트
현　백석문화대학교 광고 · 마케팅학부 교수

저서 및 주요논문

『경영학원론』(두남), 『최신 마케팅』(삼우사), 『창업과 경영』(삼영사)
『에센스 서비스마케팅』(청목), 『최신 서비스마케팅』(두남)
『성공취업과 진로』(전교협), 『자기주도형 인성과 경력개발』(전교협)
『대인관계능력』(산업인력공단)
소비자몰입이 고객의 지각된 서비스 품질에 미치는 영향에 관한 연구
교육서비스 품질의 측정과 평가에 관한 연구 외 다수

신진교(sdata88@kmu.ac.kr)

연세대학교 대학원 경영학 박사
한국중소기업학회 부회장
(사)산학연구원 부원장
대구전략산업기획단장 및 지역산업평가단장 역임
현　계명대학교 경영학과 교수

저서 및 주요논문

『전략경영과 경쟁우위』(시그마프레스, 2002)

경영학원론

2013년　2월　28일　　초판발행
2015년　3월　 2일　　초판2쇄발행

공저자　황복주 · 이영희 · 신진교
발행인　이구만
발행처　유원북스 도서출판

121-130 서울특별시 마포구 토정로 198, 204호
전화　(02)593 1800　FAX　(02)593 1801
등록　2011. 9. 6.　제25100-2012-3호
www.uwonbooks.com　uwbooks@daum.net

정　가　25,000원　　ISBN 978-89-97926-07-7

이 도서의 국립중앙도서관 출판시도서목록(CIP)은 e-CIP홈페이지(http://www.nl.go.kr/ecip)와 국가자료공동목록시스템(http://www.nl.go.kr/kolisnet)에서 이용하실 수 있습니다.(CIP제어번호: CIP2013000667)